21世纪卓越人力资源管理与服务

组织行为学简明教程

（第4版）

陈国海 ◎ 编著

清华大学出版社
北京

内 容 简 介

组织行为学是现代管理科学的一门核心课程。本书研究并回答了工作组织中的个体、群体行为模式是怎样的,它们之间如何互动,个性如何影响工作绩效,如何激励员工,如何应对组织的环境变化进行组织变革等。本书详细论述并分析了组织中的各种现象,其内容包括组织行为学概述,知觉、归因理论与个人决策,个性与心理测验,价值观与态度,激励理论及其应用,群体心理与行为,管理沟通,权力与政治,领导理论,组织文化,组织变革与发展,员工心理健康,共十二章。

本书语言通畅、条理清晰、结构严谨、例证风趣、体例活泼,既方便教师教学,增加课堂教学气氛,提高教学效果,也方便学生自学,十分适合作为经济管理类专业的本科和专科教材或者企业员工的自学读物,也适合作为网络课程及组织行为学相关培训的教材或辅助教材。

图书在版编目(CIP)数据

组织行为学简明教程 / 陈国海编著. —4 版. —北京:清华大学出版社,2020.10
(21 世纪卓越人力资源管理与服务丛书)
ISBN 978-7-302-56565-9

Ⅰ. ①组… Ⅱ. ①陈… Ⅲ. ①组织行为学—教材 Ⅳ. ①C936

中国版本图书馆 CIP 数据核字(2020)第 187096 号

责任编辑: 邓 婷
封面设计: 刘 超
版式设计: 文森时代
责任校对: 马军令
责任印制: 杨 艳

出版发行: 清华大学出版社
    网 址: http://www.tup.com.cn, http://www.wqbook.com
    地 址: 北京清华大学学研大厦 A 座   **邮 编:** 100084
    社 总 机: 010-62770175   **邮 购:** 010-62786544
    投稿与读者服务: 010-62776969, c-service@tup.tsinghua.edu.cn
    质量反馈: 010-62772015, zhiliang@tup.tsinghua.edu.cn
印 刷 者: 北京富博印刷有限公司
装 订 者: 北京市密云县京文制本装订厂
经 销: 全国新华书店
开 本: 185mm×260mm **印 张:** 18.75 **字 数:** 438 千字
版 次: 2010 年 9 月第 1 版   2020 年 10 月第 4 版 **印 次:** 2020 年 10 月第 1 次印刷
定 价: 49.80 元

产品编号:088459-01

第 4 版前言

　　《组织行为学简明教程（第 4 版）》是《组织行为学（第 6 版）》（陈国海，清华大学出版社，2020 年）的精简版，旨在为我国全日制普通院校和职业院校经济管理类本科和专科的专业课程、选修课程、网络课程、自学考试课程和企业员工自学提供方便。本书第 1 版自出版以来，深受广大院校老师，尤其是教授网络课程老师的喜爱。笔者为了增强本书的实用性和适用性，在第 4 版中，除了注意每章节的正文内容少而精外，还在正文之后增加了思考练习题、心理测试、管理游戏、案例分析以及讨论辩论题等内容，以使课堂教学形式多样化，增强师生之间的互动性。在编写过程中，笔者力求在以下六个方面做出特色。

　　第一，内容简洁，科学严谨。

　　本书对每章正文的理论阐述尽量做到"少而精"。正文中的例证和正文后面的心理测试、管理游戏、案例分析等内容都经过精心挑选，严格控制数量和质量。除了简明扼要外，本书还注意内容的科学严谨性，仔细推敲每部分内容的科学性和逻辑顺序的合理性。第 4 版对第十一章（组织变革与发展）进行了较大修改，增加了不少组织发展的内容。

　　第二，例证说明，通俗易懂。

　　本书在每个章节中都适当采用一些例证来说明相应的概念、原理和方法。这些例证占用了正文的部分版面，内容通俗易懂，旨在介绍企业或者其他组织管理心理和组织行为的某个方面的事件和具体做法，能够较好地帮助学生理解和接受教材所阐述的概念、原理和方法。这些例证对于缺乏企业实践和工作经验的大学生而言有很大启发，对具有一定工作经验的企业员工也有借鉴作用。除了主要介绍国有大中型企业、外资企业或者跨国公司的例证外，本书还介绍了一些具有中国本土特色的来自中小企业的真实例证。

　　第三，思考练习，作业布置。

　　本书在每章正文之后均提供了相应的思考练习题，题型包括选择题、简答题和学以致用等。课堂上，教师可以有效地通过习题检查学生的学习情况，学生也可以通过相关的练习检查自己对本书内容的掌握情况。本书还从理论结合实际的角度设计了作业。教师可布置作业，学生课后完成调研或者作答之后提交结果并由教师评分，作为总评成绩的一部分。本书末尾附上了所有的选择题及部分管理游戏的参考答案。

　　第四，心理测试，管理游戏。

　　本书在部分章节正文之后提供了相关的心理测试，供学生自测或教师教学使用。每种心理测试尽量注明完成该测试大约所需要的时间，师生在使用时可根据实际情况加以选择。本书提供的心理测试内容比较新颖，经过笔者的测试和修订，具有较高的信度和效度，并尽量提供相应的常模供解释测试结果时参考。

体验教学是管理学科教学的一种重要方法。本书在贯彻体验教学方式时，力求采用游戏、情境模拟、角色扮演、户外拓展等多种形式的身心互动，在教师的引导下让学生充分体悟组织行为学的一些基本原理和规律。本书尽量在每章正文之后提供与本章内容相关的管理游戏，教师可根据场地、器材和时间来灵活选择开展。如果对教学中使用的某个管理游戏不熟悉，应该认真阅读游戏规则，并且在课前精心准备，还可进行必要的预演。

第五，案例分析，讨论辩论。

本书选用的案例主要根据知名企业的案例改编而成，力求简洁短小，尽量不超过两千字。案例可供课堂或者课后讨论。课前可要求学生预习，让学生事先熟悉案例的背景材料和内容，这样有利于节约课堂讨论时间，提高课堂教学效率。限于篇幅，每章只提供一个案例。对于案例分析，笔者要求学生做到：① 理论联系案例，运用所学理论分析案例；② 紧扣所讨论的问题和案例实际，避免泛泛而谈；③ 自圆其说，逻辑条理清晰。

根据每个章节的热点、难点、兴趣点，本书在每章正文之后尽可能提供讨论辩论题。教师授课时可重点围绕这些问题组织学生展开讨论或者辩论。辩论时可将整个班级或者部分同学分为正方和反方，由教师或者选举出来的学生则作为主席或者协调人。这些讨论题或辩论题还可以放到局域网，让师生参加线上讨论。

第六，从我做起，学以致用。

这主要是针对当前工商管理毕业生"眼高手低""理想化""知行脱节""缺乏实际工作经验"的现状而提出来的一个课题。在组织行为学这门课程的基础上，本书首先结合大学生生活、学习、实习、社团活动及勤工俭学和高校管理的实际，设计了相应的例证、思考练习题和讨论辩论题，专门设置了"学以致用"题型，这种题型可以作为学生的课外作业，也可以供课堂讨论。其次，在正文内容上，增加了将现有理论和知识应用到实际中的方法指导，如第五章"如何运用内容型激励理论""激励理论的跨文化适用性""构建有效的激励系统"，第七章"有效沟通和改善沟通"等内容。这样做的目的是通过这些环节，使学生活学活用，提高他们分析问题和解决问题的能力，增强课程教学和培训的实际效果。

因为版权问题，第 4 版仅提供了两个教学录像（三个和尚的故事和海尔砸冰箱——质量意识）。

通过访问清华大学出版社网站（http://www.tup.com.cn）可获取本教材的 PPT 演示文稿。为方便教师教学，减少教师备课的工作量，我们特地制作了本教材的配套资料包，内容包括：① 教材 PPT；② 正文后的习题解答；③ 中英文课程教学大纲；④ 课程考试大纲；⑤ 教学进度表；⑥ 习题题库及解答；⑦ 考试 AB 卷及解答；⑧ 教学视频；

⑨ 教学方法指导。如有需要，可与我联系，我的电子邮件地址为 gdhrs@vip.163.com。

　　本书主要由陈国海教授/博士独立撰写和统稿。为本书再版提供帮助的人员有邓婷编辑，戴素强、邓晓雨、罗钰玲、线雪峰、黎思、林焕成等研究助理，广州市八方锦程人力资源服务有限公司、深圳市西点探索教育科技有限公司等提供了例证。在此，笔者对他们的帮助表示衷心的感谢！

陈国海

广东外语外贸大学商学院教授

广东省人力资源研究会秘书长

香港大学心理学博士

2020 年 6 月 18 日

目 录

第一章
组织行为学概述

 学习目标

- ➢ 了解组织行为学的发展背景
- ➢ 了解霍桑实验对组织行为学发展的影响
- ➢ 掌握组织行为学的概念
- ➢ 了解管理心理学与组织行为学的联系与区别
- ➢ 掌握组织行为学的研究方法和模型
- ➢ 了解积极组织行为学和心理资本的概念

引例

福特的积极心理管理法

福特汽车公司的创始人老亨利的儿子亨利·福特二世对于职工的心理状况问题十分重视。他曾经在大会上发表了有关此项内容的演讲："我们应该像过去重视机械要素取得的成功那样，重视人性要素，重视员工的心理状况，让员工拥有积极的心态面对工作，这样才能解决战后的工业问题。"亨利·福特二世说到做到，他任命贝克为总经理来改变公司职员消极怠工的局面。亨利·福特二世还亲自听取员工的意见，并积极、耐心地着手解决一个个存在的问题，让员工感受到企业的温暖，同时给予员工袒露心声的机会。亨利·福特二世还和工会主席一道制订了"雇员参与计划"，在各车间成立由工人组成的"解决问题小组"，并鼓励员工共同解决问题，以激发员工的智力和自我效能感。工人们有了发言权，不但解决了他们自身的问题，更重要的是对工厂的整个生产工作起到了积极的推动作用。

（李小勇，2004）

从引例我们可以看到，员工的积极心态对于企业的发展有着举足轻重的作用。那么，企业应该如何衡量员工的心理状况并采取相应措施来培养员工的积极心态呢？这正是组织行为学需要探讨的一个重要问题。

组织行为学的发展有近百年的历史，可以追溯到早期的工业心理学。人际关系理论及行为科学的发展为组织行为学学科的形成奠定了基础。从 20 世纪 50 年代组织行为学作为独立的学科开始，到 80 年代分化，再到 21 世纪初积极组织行为学兴起，至今，组织行为学重点关注的问题既有一贯的核心问题，也有一些热点问题。从 20 世纪 70 年代末到现在，组织行为学在中国得到了一定程度的发展，但与西方发达国家，特别是与美国的研究水平相比仍存在一定的差距。组织行为学与管理心理学既有联系，又有区别。对组织行为学的教学和实际应用，应该首先掌握其基本模型。

第一节　组织行为学的发展

20 世纪初以来，组织行为学的发展主要划分为以下四个阶段：① 以泰勒为代表的经典科学管理理论阶段（1900—1927 年）；② 以霍桑实验开始的人际关系理论以及后来的 X 理论和 Y 理论阶段（1927—1965 年）；③ 以权变态度和方法来看待人及其组织行为的阶段（1965—2000 年）；④ 积极组织行为学阶段（2000 年至今）。

一、组织行为学的早期研究

组织行为学得以发展的一个重要原因是心理学在工商业的应用有效地提高了生产效率。在 19 世纪末 20 世纪初，提高生产效率成为一个非常突出的社会问题，它主要表现为如下两个方面。

一方面，提高劳动生产率有助于缓解早期工业社会劳资关系的矛盾。在早期的工业社会，成本最小化、利润最大化是资方的目标，而提高工资福利待遇和改善工作条件是劳方的要求。资方追求利润和效益，劳方期待劳动回报和公平、满足生活和人性方面的需求。劳资矛盾的加剧，如引发的大规模罢工、关闭工厂甚至流血冲突等，使得劳资双方两败俱伤。在资本主义发展的早期，特别是资本的原始积累阶段，劳资矛盾非常突出。解决劳资矛盾的一个重要方法是提高劳动生产效率。劳资双方不应该为争夺少得可怜的、相对固定的利益而无休止地争斗，应该设法提高生产效率，进而提高产出和利润，提高工资并改善工作条件。只有这样，劳资双方的日子才好过。

另一方面，第一次世界大战期间，提高劳动生产率有助于满足军需物资生产的需要。当时各交战国的男性青壮年大量应征入伍。工厂由于缺乏熟练工人，除了雇用大量妇女外，还必须采取加班加点、延长劳动时间等办法来增加生产。但延长劳动时间，增加了工人的疲劳度，还是达不到提高工作效率的目的。这就引起了对疲劳的研究，如英国就专门设立了疲劳研究所。

"科学管理之父"弗雷德里克·温斯洛·泰勒（F. W. Taylor，1856—1915）最早采用科学方法研究工人的工作效率问题。他在美国伯利恒钢铁厂对工人实行严格管理，并用计件奖励工资激励工人努力生产。他运用"时间—动作分析"的方法进行了大量试验，提出了"劳动定额""工时定额""工作流程图""计件工资制"等一系列科学管理制度和方法（F. W. Taylor，1964），工人按他设计的工具和操作方法进行劳动，工作效率加倍提高。

被人们称为"工业心理学之父"的雨果·闵斯特贝格（Hugo Münsterberg，1863—1916），在其 1913 年出版的具有里程碑意义的《心理学与工业效率》一书中首次明确提出，他的目标在于发现：① 如何使人们的智能与其所从事的工作最适合；② 在什么样的心理条件下，才能从每个人的工作中获得最大和最令人满意的产出；③ 企业如何去影响工人，以便从他们那里获得最好的结果。

闵斯特伯格的著作得到了莉莲·吉尔布里斯（L. M. Gilbreth，1875—1972）创新思想的补充。在 1914 年出版的《管理心理学》（L. M. Gilbreth，1980）一书中，吉尔布里斯想把早期的心理学概念应用到科学管理实践中去。她关心工作中人的因素。她强调，在应用科学管理原理时，必须首先看到工人，并且要了解他们的个性和需要。工人有很多的不满，并不是因为工作的单调，而是因为管理人员对工人的关心不够。她首次提出"管理心理学"的概念，力图把早期心理学的概念应用到管理实践中去，但在当时并未引起人们足够的重视。

另一位主张把心理学应用到管理方面的重要的早期管理心理学家是沃尔特·斯科特（W. D. Scott，1869—1955），他于 1900 年获得了心理学博士学位，写过许多关于把心理学概念应用于广告和市场销售方面的书（W. D. Scott，1908），还包括一些关于有效选拔人才等人事管理实务方面的著作（W. D. Scott，1961）。

第一次世界大战期间，兵员选拔的需要也推动了组织行为学的发展。各交战国为了有效地使用兵员资源，需要对应征入伍的大量兵员进行甄别和选拔。这有力地推动了心理学的人员测评研究。例如，第一次世界大战期间，美国有很多心理学家被征召从事兵员的选拔工作。第一次世界大战之后，心理学家设计的人事测评方法和技术很快被应用于工业界，成为选拔工人的重要手段。此外，从 20 世纪 20 年代起，人们逐步认识到心理学在工作环境研究中的作用越来越重要，工业心理学开始兴起。这里所指的工业心理学是指以企业中的人—机关系、人际关系和人—工作环境关系作为研究对象的学科（朱祖祥，2001）。由于工业心理学与组织行为学在内容上相互交叉和渗透，因此工业心理学的兴起和发展极大地促进了组织行为学的发展。

二、霍桑实验的影响

1927—1932 年，埃尔顿·梅奥（Elton Mayo，1880—1949）、弗里茨·朱利斯·罗特利斯伯格（F. J. Roethlisberger，1898—1974）和其他一些人在西方电气公司的霍桑工厂进行的试验对组织行为学的发展产生了巨大影响。早在 1924—1927 年，美国国家研究委员会就与西方电气公司合作，开展了一项研究，以确定照明和其他条件对工人和生产率的影响。他们发现，对试验小组的照明，无论是增强还是减弱，生产率都有所提高。在研究人员打算宣布整个试验失败之际，哈佛大学的埃尔顿·梅奥却看出某些不寻常的东西，便和罗特利斯伯格以及其他人继续进行研究。改变试验小组的照明度，改变休息时间，缩短工作日和变换有鼓励性的工资制度，似乎都不能解释生产率产生变化的原因。于是梅奥和他的研究人员得出结论，必定有其他因素在起作用。他们认为，生产率的提高是一些社会因素在起作用，如士气、劳动集体成员之间满意的相互关系（一种归属感）以及有效的管理。这一类的管理工作，要求了解人的行为，特别是集体行为，并且通过一些个人之间的处事方法，如激励、劝导、领导和信息交流等方式开展管理工作。上述试验小组所出现的现象，基本上是由于受人"注意了"而引起的，这些现象通称为"霍桑效应"（Elton Mayo，1960；F. J. Roethlisberger，1941；F. J. Roethlisberger & Dickson，1966）。

霍桑实验和早期人际关系学家提出了许多关于组织中人的行为的概念，其中引人注目之处包括如下七个方面：① 企业组织不仅是一个技术—经济系统，而且是一个社会系统；② 个体不仅受经济奖励的激励，而且受各种不同的社会和心理的影响；③ 企业中存在着"非正式组织"；④ 强调"民主"而不是"独裁"的领导模式；⑤ 强调参与管理，重视在组织等级中的各层次之间建立有效的沟通渠道；⑥ 管理者不仅需要有效的技术才能，而且需要有效的社会才能；⑦ 组织成员都可以通过满足某种社会—心理需求来调动工作的积极性。

例证 1-1

霍桑实验中的电话线圈装配工实验

为了研究非正式组织的行为、规范及其奖惩对工人生产率的影响，最主要的一项霍桑实验选了 14 名男工在一间单独的观察室中进行。通过实验，研究者注意到了工人们对"合理的日工作量"有明确的概念。而他们认为的"合理的日工作量"低于企业管理当局拟订的产量标准。工人们估计，如果他们的产量超过了那个非正式的定额，工资率就会降低，或者产量定额就会提高；如果他们的产量低于那个非正式的定额，又会引起企业管理当局的不满，所以他们就制定了这个非正式的定额，并运用群体压力使每个工人遵循这个定额。对电话线圈装配工中社会关系分析的结果表明，在组织中存在着两个非正式群体。在非正式群体中有四条不成文的纪律：① 你不应该干活过多；② 你不应该干活过少；③ 你不应该向监工报告任何有损于同伴的事；④ 你不应该对同伴保持疏远的态度，或者爱管闲事。

梅奥等人提出的"人际关系理论"（Human Relations Theory）闻名于世，成为行为科学研究的先声。从此，更多的管理学学者、专家关注并致力于对人的行为的研究，自然科学和社会科学方面不断取得的成果又加快了对该问题的研究进程，从而导致行为科学这一新兴学科在 20 世纪 40 年代末 50 年代初正式形成。1949 年在美国芝加哥大学召开的一次跨学科的讨论会上，学者们提出了"行为科学"的概念。1953 年美国福特基金会邀请一些大学的著名学者研讨后，正式把这门综合性极强的学科定名为"行为科学"（Behavior Sciences）。行为科学凭借心理学、社会学、人类学以及其他一切与人的行为有关的学科（如政治学、历史学、教育学、生物学、医学、宗教学等）的理论来研究人的各种行为，因而是一门综合性很强的科学，是由相关学科组成的学科群，心理学是其形成的一块重要基石。行为科学的产生和发展促成了行为科学学派的形成。20 世纪 60 年代后，行为科学进入组织行为的研究阶段，60 年代末开始形成组织行为学。进入 20 世纪 80 年代，组织行为学又分为宏观组织行为学和微观组织行为学。宏观组织行为学来源于社会学、政治学、经济学，探讨在一定社会经济背景下的组织结构、组织设计、组织变革、组织发展和其他组织行为；微观组织行为学来源于心理学，研究个体行为、态度、动机与组织系统之间的相互关系和影响。

在梅奥的理论引导下，麦格雷戈进一步发展了这一学说，提出了 X 理论和 Y 理论。他认为，有关人的性质和人的行为的假设对于决定管理人员的工作方式来讲是极为重要的。各种管理人员以他们对人的性质的假设为依据，可用不同的方式来组织、控制和激励。基于这种思想，麦格雷戈提出了有关人性的两种截然不同的观点：一种是消极的 X 理论，即人性本恶；另一种是基本上积极的 Y 理论，即人性本善。X 理论阐述了独裁式的管理风格，而 Y 理论则阐述了民主式的管理风格。

三、组织行为学在中国的发展

虽然我国传统文化蕴含着丰富的管理心理学思想，但这些思想基本停留在经验和朴素的认识层面上。组织行为学作为一门独立的学科，是从西方引进的。1935—1937 年，周先庚在"中央"研究院心理研究所与陈立合作，在北平南口机车厂进行了关于职工提合理化建议的调查研究，试图从心理学的角度摸索调动职工积极性的途径。这是中国最早的工业心理实验研究。1935 年，我国著名心理学家陈立撰写并出版了《工业心理学概观》一书，第一次从环境、疲劳、休息、工作方法、事故与效率，以及工业组织、激励与动机等重要方面，系统论述了中国工业心理学和管理心理学的基本问题。从 20 世纪 50 年代开始，我国已逐步开展工程心理学和劳动心理学的研究，但管理心理学的起步较晚。由于"文化大革命"（1966—1976 年）的影响，在 20 世纪 60 年代我国学术界对西方正在迅速发展的工业与组织心理学知之甚少。直到 20 世纪 70 年代末，我国转向以经济建设为中心，工业部门需要运用心理学的知识调动企业管理者和职工的积极性，心理学界也需要开展有关生产管理中的心理学问题的研究，正是在这种改革开放的形势下，管理心理学才逐步发展起来。1980 年，中国心理学会工业心理专业委员会成立，标志着我国组织行为学起步。中国行为科学学会成立于 1985 年，实际上是组织行为学会。迄今为止，我国各省市基本上都成立了行为科学学会。

从 20 世纪 80 年代开始，我国有两个工业心理学的专门研究机构从事组织行为学的研究：一个是中国科学院心理研究所社会经济与心理行为研究中心（原名工业心理研究室）；另一个是浙江大学的应用心理学专业（工程心理学方向）（原杭州大学的工业心理专业）。它们均为博士学位授予单位。20 世纪 90 年代后，随着我国人力资源管理热的兴起，全国许多高校的管理学院的教师开始从事组织行为学的教学和研究，一批硕士生和博士生以组织行为学领域作为学位论文的课题，如暨南大学以凌文辁教授为学科带头人的团队培养了一批组织行为学博士。同时，从 20 世纪 80 年代起，我国一些学者翻译出版了一批在国外比较有影响的著作，如《组织心理学》（薛恩，1987）、《动机与人格》（马斯洛，2005）、《工业与组织心理学》（麦考密克，伊尔根，1991）以及一些以"管理心理学"和"组织行为学"命名的其他著作。1985 年，第一部由我国学者卢盛忠编写的《管理心理学》教材出版。随后，有许多管理心理学和组织行为学的教材及专著陆续出版。其中，比较有影响的有苏东水的《管理心理学》（复旦大学出版社，1987），俞文钊的《管理心理学》（甘肃人民出版社，1988），陈立的《工业管理心理学》（上海人民出版社，1988），徐联仓、陈龙的《管理心理学》（光明日报出版社，1988）和三重鸣的《劳动人事心理学》（浙江教育出版社，1988）等。美国学者斯蒂芬·P. 罗宾斯的《组织行为学》一书及其衍生作品在国内业界得到了广泛的认可，并被作为 MBA、EMBA 教材使用。在组织行为学领域，国内学者也开展了多方面的研究，包括激励、人员测评、岗位胜任特征、工作业绩评价、管理培训与发展、领导的 CPM 理论、变革型领导、管理决策、跨文化管理、组织气氛和组织文化、心理契约、组织公民行为、情绪劳动等，取得了可喜的成绩；近年来，少数学者也开始注意到了积极组织行为学的研究（苗青，2004；侯奕斌，凌文辁，2006；曾晖，赵黎明，2007）和创业组织行为学（蔡莉，单标安，2013；陈国海，许国彬，2017；等等）以及其他新型组织行为学的研究。但是，与西方发达国家，特别是与美国相比，我国的组织行为学研究在从业人员数量、成果的数量和创新性、社会影响等方面仍存在一定的差距。

四、组织行为学的新发展

20 世纪 90 年代以来，组织行为学出现了一些新的发展动向，主要表现为传统取向的组织行为学的新发展、积极组织行为学的兴起以及新型组织行为学（包括创业组织行为学）的兴起。

（一）传统取向的组织行为学的新发展

传统取向的组织行为学的新发展主要表现为如下四个方面（时勘，卢嘉，2001）。

第一，组织变革与组织发展已成为全球化经济竞争中组织行为学研究的首要问题。随着经济全球化的潮流和经济结构的调整，对企业重组、战略管理、跨国公司或国际合资企业管理的研究呈现强劲势头，由于复杂性增加而导致研究的注意力全面转向整个组织层面。这个方面的研究主要探索组织变革的分析框架、理想的组织模式、干预理论以及变革代理人的角色。

与组织变革密切相关的是领导行为研究，受权变理论的影响，先后出现了多种领导理论。在组织变革中，管理决策十分重要。目前，在个体层面上，组织行为学比较注重决策和判断中所采用的认知策略和判断决策问题；在组织层面上，组织行为学主要分析不同背景下的决策模式、权力结构和参与体制，并特别重视决策技能的开发和利用。与组织变革密切相关的还有激励机制和企业文化，它们也成为组织行为学研究的热点。

组织发展是一个应用广泛的行为学知识和技能来获得能力使组织改变并提高效率的过程，包括提高组织的经济效益、雇员满意度和环境可持续性。组织变革与组织发展有十分密切的关系，组织发展意味着需要深层次和长期性的组织变革，可以看成实现有效组织变革的手段（托马斯，克里斯托弗，2003）。

第二，组织行为学强调对人力资源的系统开发。组织行为学更加关注研究管理者决策、技术创新和员工适应中必须具备的胜任素质，更加关注如何充分利用和开发人力资源。相应的组织行为学研究由原来的局部、分散转变为整体、系统。目前有关胜任特征评价、个体对于组织的适应性和干预等人力资源问题的研究正向纵深发展。

第三，组织行为学研究更加关注国家目标。在跨国公司和国际合资公司的比较研究、科技投入的行为研究、失业指导研究、劳动力多元化、国家金融安全等方面，均取得了客观的经济效益和社会效益。目前组织行为学家把组织作为开放的社会—技术系统来看待和研究，研究领域已突破传统框架，涉及管理培训与发展、工业业绩评价、管理决策、组织气氛和组织文化、组织公民行为、跨文化比较等新领域。

第四，组织行为学研究除了秉承强调生产效率的传统外，更加关注工作生活质量。组织行为学认为强调生产效率与强调工作生活质量并非相互排斥。如果工作生活质量不令人满意，就很难实现高生产效率。相反，较高的生产效率是拥有改善工作生活质量所必需的先决条件。组织行为学越来越重视有关工作满意度、雇员安全与健康、组织文化、组织承诺、心理契约、压力管理、员工心理援助计划、工作—家庭平衡等方面的研究。

（二）积极组织行为学的兴起

传统组织行为学更多地关注组织、团队、管理者和员工等负面障碍问题的解决，例如，研究怎样引导和激励消极、懒惰的员工；研究如何更有效地解决冲突、压力和工作倦怠问题；改进不良的态度和对组织变革的抵制。积极组织行为学的提出弥补了传统组织行为学的不足。

积极组织行为学（Positive Organizational Behavior）的理论基础源于积极心理学的研究成果。西方积极心理学的发展始于 20 世纪 60 年代，到了 20 世纪 90 年代，有关积极心理学的研究成果大量涌现。塞利格曼和席克珍特米哈依（Seligman & Csikszentmihalyi，2000）正式提出了积极心理学的概念。受积极心理学理论的影响，路桑斯（Luthans，2002）提出积极组织行为学的概念。积极组织行为学的概念一经提出，就得到一些学者的响应，近年来有关积极组织行为学的研究成果开始大量出现。有关积极组织行为学的具体介绍请参见本章第三节的内容。

（三）新型组织行为学的兴起

1. 新型组织行为学的产生与发展

知识经济的发展在对传统经济模式提出挑战的同时，也对传统经济模式下的组织行为学提出了挑战（龚春，2009）。企业组织变革产生了适应知识社会、信息经济和组织创新要求的新型组织结构形式，包括团队型组织、虚拟组织、学习型组织、多元化组织、无边界组织、跨文化组织等（刘晓善，2007；柳清瑞，张今声，2002）。组织行为学作为一门应用科学，必须适应这些新型组织的出现。由此，许多新型组织行为学理论，如跨文化组织行为学、学习型组织行为学等，也就应运而生。

此外，基于美国管理学家伊查克·爱迪思在 1988 年提出的企业生命周期理论（伊查克·爱迪思，赵睿，2015），新型组织行为学根据企业组织的发展与成长的动态轨迹的四个阶段，又划分出了更为具体的四个组织行为学研究方向，即创业组织行为学、成长组织行为学、成熟组织行为学和衰退组织行为学。下面主要介绍创业组织行为学的兴起。

2. 创业组织行为学的兴起

随着 20 世纪 70 年代世界范围创业活动的蓬勃发展，相关学者开始运用组织行为学来研究创业现象。他们注意到不同的组织制度安排会影响创业活动，研究了与传统组织相比创业组织拥有的特性，探析了创业组织中各要素及其相互作用机制对创业活动的影响等。

创业组织行为学逐渐兴起并发展，其研究对象是创业组织中人的行为（指外观的活动、动作、反应或行动）和组织行为，理论基础来自社会科学、行为科学、管理科学、自然科学等。创业组织中的个体、群体行为模式是怎样的，他们之间如何互动，个性如何影响创业绩效，如何激励创业中的员工，如何应对创业组织的环境变化并进行组织变革等，是该分支学科的研究重点，在此之上，创业组织行为学所要实现的学术追求和现实目标是通过对创业过程中个体、群体以及组织的研究，揭示其规律，并以此规律指导个体、群体或组织的行为，从而提升创业组织有效性，提高创业成功率（陈国海，许国彬，2017）。

第二节　组织行为学的概念、作用和研究方法

组织行为学是管理心理学的新发展，它们既有一致性，也存在一定的差别。

一、组织行为学的概念

关于组织行为学的定义有很多，本书采用美国学者罗宾斯（1997）的定义。他认为，"组织行为学是一个研究领域，它探讨个体、群体以及组织结构对组织内部行为的影响，以便应用这些知识来改善组织的有效性。"

与组织行为学密切相关的学科有管理学（包括人力资源管理学、组织管理学）、行为科学（包括心理学、社会学、人类学）、社会科学（包括政治学、经济学、伦理学）等，如表 1-1 所示。

表 1-1　与组织行为学密切相关的学科

学　科	具体学科	主要影响和涉及的研究领域
管理学	人力资源管理学	员工招聘与选拔、培训与开发、绩效管理、薪酬管理、劳资关系
	组织管理学	组织结构与设计、组织变革与创新、组织发展、组织文化
行为科学	心理学	激励、领导、知觉、个性、个体决策、工作满意度、态度、工作压力、工作设计
	社会学	制度变迁、群体动力、群体行为、团队建设、沟通、行为改变、态度改变、群体决策
	人类学	价值观、态度、宗教与仪式、社会化、沟通、人体差异、婚姻与家庭、跨文化研究、组织文化、社会分层、政治组织与社会控制
社会科学	政治学	国家与政府、政党与政治团体、政治民主、政治管理与参与、政治文化与发展、国际政治、冲突、组织内权力与政治、劳资关系
	经济学	经济全球化、工作与失业、投资与经济增长、领导有效性、工作绩效
	伦理学	个体道德、道德评价、道德教育、职业精神、组织公民行为、企业社会责任、激励、领导、沟通的伦理问题

组织行为学研究的问题既有一贯的核心问题，也有一些热点问题。在 21 世纪的今天，

组织行为学研究需要应对经济社会转型中的组织变革与发展、人力资源开发与管理、经济心理与国家金融安全、组织文化与学习模式、工作方式变化等问题。但以下四个问题一直是组织行为学研究的核心问题。

（1）人与工作、组织和环境的匹配问题。早期的组织行为学家主要研究人与工作、职业的匹配问题，组织行为学的研究已从过去的人如何适应机器转为机器怎样适应人。近年来，组织行为学家开始注意研究人与组织、环境的匹配问题。其研究结论为人力资源的招聘和选拔、绩效管理提供了坚实的理论基础。

（2）组织中的激励问题。过去产生了内容学派、过程学派和强化学派等有关激励的理论。此外，与激励问题密切相关的研究是有关工作承诺、心理契约、组织公民行为的研究，主要从工作价值观、职业发展、工作责任心、组织认同和对社会的态度等方面进行研究。

（3）领导科学问题。领导科学主要研究了领导者的个体素质、领导行为、思维方式、实践经验以及领导方法等与领导力和领导效能相关的问题。领导在组织变革和发展中的作用日益受到重视。

（4）幸福人生问题。随着社会经济的发展，员工的需求层次日益提高，组织不仅要考虑自身的效率、利润、生存和发展，也要考虑员工的发展和幸福生活。与幸福人生问题有关的研究关注了员工的工作满意度、生活满意度、工作量感知、个人控制/自由感，以及积极情绪与员工在工作场所绩效的关系，更有甚者涉及员工家庭、子女教育、闲暇等。

二、组织行为学与管理心理学的联系与区别

组织行为学与管理心理学有着密切的联系，许多人，尤其西方的一些学者认为，组织行为学就是管理心理学，但二者其实又略有不同（Eren，2001；张昱，1994）。正如华东师范大学心理学教授俞文钊在接受采访时所说："在西方，管理心理学与组织行为学是一致的。管理心理学侧重从心理方面进行研究，组织行为学研究一定组织中人的行为，必然要以心理为基础。它们是一致的，但名字不同、侧重点不同、背景有差异。可以发挥各自的优势，从不同的角度进行研究，达到同一个目的。可以殊途同归，应该互相结合，不应该有门户之见。"（注：《行为科学杂志》1992年第5期第1页）

（一）组织行为学与管理心理学的联系

从组织行为学的发展来看，组织行为学可以看作是管理心理学的新发展。组织行为学与管理心理学在研究目的、对象、内容和理论来源方面是一致的，具体表现在以下几个方面。

（1）研究的目的相同。即通过对组织中人的心理与行为的研究，揭示其规律，并以此规律指导个体、群体或组织的行为，达到组织的预定目标。

（2）研究的对象相对一致。组织行为学和管理心理学都把行为与心理作为研究对象。组织行为学在研究一定组织中人的行为特点及其规律时，不可避免地会涉及人的心理，管理心理学在研究管理过程中人的心理特点及其规律时又会涉及人的行为。

（3）研究的内容大同小异。组织行为学与管理心理学研究的内容构架基本相同，包括个体问题、群体问题、激励问题、领导问题、组织文化与变革问题等。

（4）很多理论来源相同。虽然组织行为学的理论来源比较广泛，但很多理论来源与管理心理学的理论来源相同，如心理学、社会学、人类学、教育学、生理学等。其中，心理学是一门主要学科。

（二）组织行为学与管理心理学的区别

虽说组织行为学与管理心理学在诸多方面是相同或一致的，如它们都是边缘学科和应用学科，但它们也存在一些差别。表1-2对这些差别做出了比较。组织行为学与管理心理学的主要区别在于研究对象的不同，前者的研究对象是组织中人的外在、可观测、可开发的行为，而后者的研究对象是组织中人的心理（既包括外在、可观测、可开发的行为，也包括内在的，甚至是不可观测、不可开发的行为，如思维、本能等）。由此决定了组织行为学的研究成果更为具体、直观、实用，而管理心理学的研究成果则比较抽象、隐晦和理论化。

表 1-2　组织行为学与管理心理学的比较

	组织行为学	管理心理学
研究对象	一定组织中人的行为（指外观的活动、动作、运动、反应或行动）	管理过程中各层次人员的心理（感觉、知觉、记忆、思维、情绪、意志、气质、性格等心理现象的总称）
理论基础	社会科学、行为科学、管理科学、自然科学等	心理学、社会学、经济学、教育学、管理学、生理学等
学科性质	行为科学	心理科学
形成背景	1949年"行为科学"一词出现； 1953年正式命名； 20世纪60年代末开始形成组织行为学； 20世纪80年代组织行为学分为宏观组织行为学和微观组织行为学； 21世纪初兴起积极组织行为学	莉莲·吉尔布里斯在《管理心理学》（1914）一书中首次使用"管理心理学"一词； 20世纪20年代和30年代工业心理学与人际关系学说的发展； 莱维特正式使用"管理心理学"（Leavitt, 1958）一词，管理心理学成为独立学科

三、学习和研究组织行为学的作用

学习和研究组织行为学主要有如下六个方面的作用。

（1）有助于强化人性化管理意识，充分调动人的工作积极性。

（2）有助于合理选拔和使用人才，做好职业生涯规划。

（3）有助于改善管理沟通，增强团队的凝聚力。

（4）有助于提高领导能力和水平。

（5）有助于促进组织的变革和发展。

（6）有助于积极心理品质和能力的开发及有效管理。

例证 1-2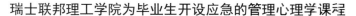

瑞士联邦理工学院为毕业生开设应急的管理心理学课程

在大部分学科中，学生几乎都没有接触过管理心理学方面的课程。然而，当他们走上工作岗位后，几乎立即就会面临人际关系、集体协作、交流技巧、处理压力等诸多问题。为了给学生们提供最低限度的"进入准备"，瑞士联邦理工学院开设了一系列管理心理学方面的强化、应急课程。其主要内容涉及时间与压力管理、不同的管理风格、交际技巧、有感召力的公开演讲、顾客关注焦点及高质量服务、谈判技巧和艺术、冲突处理等。这些专题的强化教学班，每班人数不得超过 12 人，除了要求学生了解重要的原理外，还特别强调立刻应用。为此他们设计了大量的实践练习、情境练习，并配有相应的教材。这一短期应急课程对各个专业即将毕业的学生们开放。多年来的实践证明，这一做法是行之有效的。

四、组织行为学的研究方法与模型

通过有效的研究方法才能掌握组织行为学中概念、变量和事物之间的关系及相互作用。由于单一的方法和单一的研究存在不足，可能会限制研究结论的解释力和可推广性（张志学，鞠冬，马力，2014）。因此，组织行为的研究通常是传统方法与现代方法的有机结合。

（一）研究方法

传统组织行为学家关心的是组织理论内部的逻辑一致性，即设法保证得出的结论是从一系列数据中合乎逻辑地推衍出来的。在大多数情况下，这些数据来自实验室实验，而不是来自现实的组织及其行为。20 世纪 30 年代至 70 年代末，这种实验室研究方法在组织行为研究中颇为盛行。但到了 20 世纪 70 年代末和 80 年代初，组织行为学以实验室实验为基础的传统方法论体系受到人们的质疑，人们认为这种方法得出的结论并不适合现实的组织，理论脱离实际。由此引发了组织行为学研究方法转向外部有用性的体系（张钢，1995）。这种以现实有效性为基础的研究方法面向现实的组织，强调研究的现实意义，发展出一种直接与现实组织相联系的概念模型和研究方法。具体研究方法除了实验室实验或现场实验等传统方法外，还包括经验总结法、观察法、研究者与实践者相互参与的准实验方法、现场研究法、案例研究法和测验法等。下面对其中的几种加以介绍。

1. 实验法

这是研究者有目的地在严格控制的环境中或创造一定条件的环境中，诱发被试验者产生某种心理现象或行为，以研究人的心理活动和行为规律的一种方法。按实验地点的性质可分为实验室实验法和现场实验法。过去，组织行为学中的一些研究采用实验室实验法，但目前比较多地使用现场实验法。现场实验法主要有如下三个步骤：① 进行实验设计，主要包括明确研究目的和假设，确定研究对象，并将其分为实验组和控制组，拟订实验程序；② 进行实验，主要是观察和收集由自变量引发的心理现象（因变量）等方面的数据；③ 对从实验组和控制组获得的有关数据进行统计分析，得出结论，并写出实验报告。

2. 经验总结法

这是研究者根据实际工作者的经验，用组织行为学的理论和知识进行归纳、总结的一种研究方法。优秀企业家和管理者在实践中积累了丰富的管理经验，他们的管理经验在媒体发表后产生很大的社会影响，但由于他们可能缺乏管理理论，包括组织行为学的知识，其经验还不是十分丰富，从而缺乏普遍意义和推广价值。这就需要组织行为学家与他们合作，开展咨询活动和案例研究，把他们的经验上升到理论，使之科学化，总结后再加以推广。

3. 现场研究法

现场研究是在现有的组织环境范围内进行的研究，通常与实际工作者合作完成。现场研究需要收集大量资料，其中包括观察者记录的组织成员的行为、组织成员填写的问卷、谈话记录或录音、书面文件、各种有关产量和质量的报表等，并对这些资料进行整理和内容分析，从而得出相关的结论。

现场研究也包括研究者出于研究目的的挂职行为。研究者以某一层次的真正管理者的身份出现，参与企业的某些实际管理过程，从而在管理一线获得机会，超前识别并解决管理过程中的组织行为问题。

4. 案例研究法

案例研究是对一个或多个组织进行的详尽分析，分为单一案例研究和多重案例研究。多重案例研究是将若干案例比较后得出一般性的结论，这种方法在于认识和描述不同组织结构中的相同点。对这些相同点的收集和分析，可以产生一些能够作为预测未来发展的工具而应用于其他类似的或可比较情境的一般结论。可见，多重案例研究法具有比较广泛的实用价值。

5. 测验法

上述各种方法都有与测验法结合使用的可能。测验法是采用标准化的心理量表或精密的测量仪器测量被试者有关心理品质的一种方法。运用测验法需要使用标准化的测验工具，这些用文字或图形等表达内容的测验工具称为"量表"。在组织行为学研究中，许多心理学量表被采用。测验法在时间和经济上都比较经济，通常情况下测试结果还可用来探求个体、群体和组织心理之间的关系。

从目前国际流行的实证研究方法来看，假设和研究中的许多变量需要通过具有良好的信度和效度的量表加以测量。

组织行为学研究的主导方法是有关量的研究的实验法、测量法、统计模型法等，并长期处于统治地位。近年来，组织行为学研究方法的发展出现两个重要变化：一是随着对人类心理活动脑机制研究的进展，采用神经科学的 PET（正电子发射断层扫描）、MEG（脑磁图）、SPECT（单光子发射断层扫描）等技术来阐释人类管理心理活动神经机制；二是质的研究方法开始引起组织行为学家的兴趣。质的研究主要包括非反应性研究、观察研究、鉴赏学研究、社区研究、民族学研究、人类种族学研究、人类学生活史研究、微观民族志、交流民族志、常人方法学、谈话分析、现象学、后结构主义、新闻调查、传记研究、历史研究、口语史研究、文学批评、哲学研究、内容分析等。

（二）一般模型

组织行为学在以下三个层面上研究一定组织中人的行为。

（1）个体层面：主要研究个性特征、知觉、价值观和态度以及能力对个体行为的影响。

（2）群体层面：主要研究沟通模式、领导方式、权力和政治、群体间关系和冲突水平如何影响个体和群体行为。

（3）组织层面：主要研究正式组织的设计、技术和工作过程、组织文化、工作压力水平等对个体、群体和组织行为的影响。

组织行为学的一般模型是指个体、群体与组织的心理和行为总是通过特定的外部有效性表现出来的，从而显示心理和行为（自变量）与行为有效性（因变量）之间的某种相关或者因果关系。自变量有时通过中间/中介变量（如环境、文化差异）影响因变量。

中介变量是自变量对因变量发生影响的中介，是自变量对因变量产生影响的实质性的、内在的原因，通俗地讲，就是自变量通过中介变量对因变量产生作用（卢谢峰 & 韩立敏，2007；Baron & Kenny，1986）。例如，研究发现自我效能感是外界应激源与职业紧张之间的重要中介变量，即同样的外界应激源对自我效能感低的员工造成的职业紧张更为严重（陆昌勤，方俐洛，凌文辁，2002）。

需要注意的是，中介变量与调节变量、控制变量的概念常常容易被混淆。与中介变量不同，调节变量是影响因变量与自变量关系的第三个变量，它影响了因变量与自变量之间关系的方向和强弱（温忠麟，侯杰泰，张雷，2005）。控制变量也被称为额外相关变量、无关变量，是实验中除自变量以外对因变量有影响的变量（郭秀艳，杨志良，2005）。

因变量是研究者从自变量出发想要进行解释或预测的变量或主要因素（Kerlinger，1986）。组织行为学中的主要因变量有哪些呢？首先是动机（Motivation），它是早期微观组织行为中最为广泛的研究内容；其次是工作态度（Work Attitude）、工作设计（Job Design）、离职（Turnover）和缺勤（Absenteeism）；最后是领导力（Leadership）（张志学，鞠冬，马力，2014）。

根据哈克曼（Hackman，1983）对行为有效性（Performance Effectiveness）的研究，如果以下三个标准都得到满足，就可以说个体、群体或组织在有效地从事工作：① 组织的产出（产品或服务）超过那些接受、评价或使用这种产出的个体或群体所需要的最低质量或数量标准；② 从事目前工作的经历有助于提高组织完成新工作的能力；③ 组织中的人在本组织中工作所获得的经验，有利于他们自身的成长和满足程度的提高。

表现这种行为有效性的指标比较常见的有：① 效果（Effectiveness）；② 效率（Efficiency）；③ 缺勤（Absenteeism）；④ 离职（Turnover）；⑤ 工作满意度（Job Satisfaction）。其中，效果和效率是两个不同的概念，前者是指方向、目标正确，做正确的事；后者是指快速地实现目标，正确地做事，少走弯路。组织行为学模型就在于通过定量的数学方法揭示个体、群体或组织心理和行为及其行为有效性之间的相互关系（如相关关系或者因果关系）。掌握了这个模型，便可以用它来分析组织中发生的各种现象，提出可能的应对策略和管理措施以达到相应的目标；也可以利用这个模型对已有的某种现实和现象的合理性提出质疑，并在此基础上有所创新。

例证 1-3

个体的年龄、工龄、婚姻、性别对行为有效性的影响

年龄：年龄大——流动率低，工作满意度高；可避免缺勤率低，不可避免缺勤率高；强调技能的生产率低，强调经验的生产率高。

工龄（任职时间）：任职时间长——缺勤率低，流动率低。

婚姻：已婚——责任感强，缺勤率和流动率低，工作满意度高。

性别：女性——顺从权威，缺勤率高；男性——进取心强，成功期望高，工作热情高。

第三节　积极组织行为学的兴起

积极心理学是 20 世纪末最早在西方心理学界兴起的一股重要的心理学力量。它最早是由美国心理学家塞利格曼和席克珍特米哈依（Seligman & Csikszentmihalyi，2000）提出来的，主张心理学研究从人们实际的、潜在的、具有建设性的力量和美德出发，倡导以一种积极的方式来对人的心理现象做出新的诠释，从而激发人们内在积极的力量和优秀的品质，并在这个过程中寻找到帮助人们最大限度地挖掘自身潜力并获得幸福的途径。积极组织行为学正是在这样一个背景下兴起和发展起来的。

一、积极组织行为学概述

（一）积极心理学的概念和研究领域

1. 积极心理学的概念

"积极"一词源于拉丁语"Positum"，含有"实际的"和"潜在的"意义。在心理学中，它是指每个人实际的和潜在的能力。希顿（K. M. Sheldon）和劳拉·金（Laura King）对积极心理学的定义：致力于研究人的发展潜力和美德等积极品质的一门科学（马甜语，2006，2009）。换句话说，积极心理学就是利用心理学目前已经比较完善和有效的实验方法与测量手段来研究人类力量和美德等积极方面的一个心理学思潮。

2. 积极心理学的研究领域

目前，积极心理学的研究领域主要集中在三大方向：主观层面上积极情绪体验研究、个人层面上积极人格特质研究以及群体层面上积极的社会支持系统研究。

（1）积极情绪体验。这个层面主要研究人的积极情绪体验对自身情绪和行为的影响。Fredick（2001）提出了"拓展—构建"（Broaden and Build）理论，其研究表明，人类的各种积极情绪并不是截然分开的，而是具有高度的相关性和一致性，往往在体验到一种积极情绪的同时会体验到其他积极情绪。看起来相对离散的积极情绪会增强个体瞬时的思想和行动能力，并对指导自己思想和行动的心理资源有长远的影响。

（2）积极人格特质。人格是一个复杂组织，人格的形成受遗传因素和后天的各种生活经验的影响，它在日常生活中支持着个体的认知、情感和行为。积极心理学的人格理论被称为积极人格理论。积极人格理论认为个体的良好人格并不一定意味着没有心理疾病或任何人格问题。积极人格，是指个体能在生活中不断主动追求幸福并时时体验到这种幸福，同时使自己的能力和潜力得到充分发挥。

 **例证 1-4**

杰克·韦尔奇的积极人格特质

被人们称为"全球第一CEO"的美国通用电气公司前首席执行官杰克·韦尔奇曾有句名言："所有的管理都是围绕'自信'展开的。"韦尔奇的积极人格特质——自信，与他所受的家庭教育是分不开的。韦尔奇的母亲对儿子的关心主要体现在培养他的自信心上。韦尔奇从小就患有口吃症，说话口齿不清，因此经常闹笑话。韦尔奇的母亲想方设法将儿子这个缺陷转变为一种激励。她常对韦尔奇说："这是因为你太聪明，没有任何一个人的舌头可以跟得上你这样聪明的脑袋。"因为他从心底相信母亲的话，所以从小到大，韦尔奇从未对自己的口吃有过丝毫的忧虑。在母亲的鼓励下，口吃的毛病并没有阻碍韦尔奇学业与事业的发展。而且注意到他这个弱点的人大多对他产生了某种敬意，因为他竟能克服这个缺陷，在商界出类拔萃。美国全国广播公司新闻部总裁迈克尔就对韦尔奇十分敬佩，他甚至开玩笑说："杰克真有力量，真有效率，我恨不得自己也口吃。"

（韦尔奇，2010）

（3）积极的社会支持系统。个体通过增加自身的积极体验会有利于其形成积极人格，而积极人格一旦形成，个体也将有可能体验到更多的积极体验。而在这一过程中，创造一个积极的社会支持系统对个体获得积极体验和形成积极人格也是十分重要的。积极心理学把那种能够促使个体获得更多积极体验并易于形成积极人格的环境系统称为积极的社会支持系统。

（二）积极组织行为学的概念

组织行为学研究早在霍桑实验时代就认识到员工的积极感受与绩效之间的关系。多年来，组织行为学家发现积极的帮助、正面的影响、员工积极的态度、幽默感均对绩效有显著的影响。但尽管如此，组织行为学的研究重点仍然放在对员工的负面障碍的问题解决上，如研究如何更有效地解决冲突、压力和工作倦怠，改进不良的态度和对组织变革的抵制；如何激励那些处于边缘状态的、缺乏工作动力的员工等。

而积极组织行为学主要关注那些导向积极的，能够被有效测量、开发和管理并与高绩效相关的心理资源或要素的研究和应用。它强调对人类心理优势的开发与管理，将研究重点放在如何采取积极的方法和怎样发挥组织成员的优势以提高组织的绩效水平上。对此，路桑斯（Luthans，2007）将积极组织行为学定义为：为提高工作绩效，对心智能力测量、开发以及有效的管理，并以员工的积极活力为导向的应用学科。

在管理实践中，自我效能感（自信）、希望、乐观、主观幸福感和韧性（复原与超越）五种积极心理要素的研究最具有代表性，如表 1-3 所示。

表 1-3　典型的五种积极心理要素

积极心理要素	内　涵	名 人 名 言
自我效能感（自信）	在特定情境下，为有效执行任务，个体对于调动积极性、认知资源和开展行动方案的能力的信心	在真实的生命里，每桩伟业都由信心开始，并由信心跨出第一步。 ——奥格斯特·冯史勒格
希望	个体相信自己能够设置目标，想出如何实现目标的途径，并激励自己去实现目标的一种信念	这世上的一切都是借希望而完成，农夫不会播下一粒玉米，如果他不曾希望它长成种子。 ——马丁·路德
乐观	一种倾向于做积极结果预期和积极因果归因的认知特性	快乐不在于事情，而在于我们自己。 ——理查德·瓦格纳
主观幸福感	人们关于自己生活的情感性和认知性的评价	幸福并不在于外在的原因，而是以我们对外界原因的态度为转移。 ——列夫·托尔斯泰
韧性（复原与超越）	面对丧失、困难或者逆境时的有效应对和适应能力	有了坚定的意志，就等于给双脚添了一双翅膀。 ——乔·贝利

二、心理资本及其开发

（一）心理资本的概念和维度

心理资本的概念最早出现在经济学、投资学和社会学等文献中。经济学家 Goldsmith, Veum & Darity（1997）认为，心理资本是指一些能够影响个体生产率的个性特征。之后，越来越多的心理学家从不同角度来定义心理资本，本书采用路桑斯等人（2004）的定义。他们认为，心理资本是个体积极的心理发展状态，这种状态符合积极组织行为学的标准，能够通过有针对性地投入和开发而使个体获得竞争优势。与一般特质不同，心理资本是一种重要的个人积极心理能量，是个体在特定的情境下对待任务、绩效和成功的一种积极状态，对个体的认知过程、工作满意感和绩效均能产生显著的正向影响。心理资本强调个体的积极性和优点，关注的重点是个体的心理状态。另外，心理资本还具有投资和收益特性，可以通过对它的投资和开发来改善绩效，进而提升组织的竞争优势。

根据以上心理资本的定义和特点，路桑斯等人（2004）在对积极组织行为学研究成果进行归纳总结的基础上，提出心理资本的五个维度，即上文提到的自我效能感（自信）、希望、乐观、主观幸福感和韧性（复原与超越）。

（二）心理资本的测量

目前，国外学者对于心理资本测量的研究较多，但由于对心理资本的内涵和结构的理解不同，各测量工具的开发也存在差异。国内对于心理资本的测量研究主要集中在修订国外心理资本量表上，使之向本土化靠拢。如温磊等人（2009）对路桑斯的心理资本问卷（PCQ-24）进行了修订。真正的本土化心理资本问卷的开发很少，目前主要有柯江林和孙健敏等人（2008）以组织雇员为测量对象的"本土心理资本量表"，此量表具有较高的信效度。总体而言，心理资本作为优势心理能力的核心体，不仅应该加强本土化问卷的开发研究，而且要扩展其研究领域，开发出不同人群的心理资本量表。

目前，心理资本的测量方式主要有以下三种。

（1）自我报告法：主要通过心理资本测量问卷来收集心理资本状况的资料，也可以采用实验法进行数据采集。

（2）观察法或专家评价法：通过第三方获得被评价者个体心理资本方面的资料。

（3）结果变量的测量：通过测量与心理资本相关的结果变量间接了解心理资本的状况。

（三）积极心理资本的开发

路桑斯等人（2004）认为，积极心理资本是可投资和管理的，并非固定的品质，而是状态，因此可以得到开发。

1. 提升自我效能感（自信）

从企业的角度来讲，一方面，企业应该提供一切有利于员工工作成功的支持环境，使员工自我效能感（自信）的提高成为可能；另一方面，企业可以通过开展内部培训会等形式请受人尊敬的和有能力的人对员工进行暗示、评价或劝说，鼓励员工探索应对挑战的方式，使每个员工相信只要计划得当、时间安排合理，就一定能够实现目标，从而提高员工的自我效能感和必胜的信心。从员工的角度来讲，员工可以积累成功经验，并通过交流的方式分享他人的成功经验，观察或观摩与自己背景和情形相似的人持续努力后的成功。

2. 树立希望

从企业的角度来讲，企业应该建立目标导向的绩效管理。具体的、富有挑战性的、可衡量的组织目标和个人目标，有利于员工主动将目标分解为容易管理和实现的阶段目标。而这种容易达成的目标易获得阶段性成功，从而有利于培育员工的信心。从员工的角度来讲，员工应该扩大与增强方法的思维与策略。员工应该确定实现工作目标的途径，明确完成目标的过程中可能遇到的困难与障碍，并制订消除障碍的计划。在实施过程中，每个员工都会得到他人关于如何消除障碍或实现目标的建议，并在这些信息的提示下完善其目标计划。通过这种树立希望的练习，员工实现目标的途径能在很大程度上得到扩展，这将有利于削弱障碍对员工心理造成的负面影响，从而保证员工在工作过程中具有明确的目标和较强的意志力。

3. 培养乐观精神

从企业的角度来讲，企业应建立一种和谐、宽容的文化与氛围，时刻鼓励员工积极进取、不怕失败。同时，加强对员工的及时激励，让员工感受到自己的努力受到承认与重视。另外，企业还应注重对员工职业生涯规划的培训，帮助员工更好地规划其职场生涯。从员工的角度来讲，一些研究学者归纳出三种培养乐观精神的方法：① 宽容过去，即学会重新审视和接受自己过去的失败、错误和挫折；② 欣赏现在，即感激和满足于当前生活中积极的一面；③ 为将来的进步和发展寻找机会，即将未来的不确定性视为获得发展和进步的机会，并采取积极、自信和欢迎的态度来应对。

4. 提升主观幸福感

从企业的角度来讲，企业应该做到以人为本，实行情感管理。管理者必须尊重、理解和关心员工，充分信任员工，相信员工有能力、潜力走向成功，给每一个员工提供发展的机会，充分发挥员工的潜能、发展员工的个性，真正体现员工工作的"主人"地位。积极组织行为学认为，只有当员工得到尊重、理解、关心和信任时，他们才能真正体验到工作的快乐，从而产生幸福感和满足感，最终实现企业的绩效目标。另外，管理者也应加强对员工日常生活和工作的关心，加强企业的内部沟通，营造一种和谐、温暖的工作氛围，满足员工职业归属的需要和自我实现的需要，从而提升员工的主观幸福感。从员工的角度来讲，员工应主动与他人建立和谐的人际关系，加强与他人的沟通，并积极主动地与他人交流自己工作上的问题，逐渐在企业中寻找到归属感和幸福感。

5. 增强复原力

从企业的角度来讲，企业可以让导师引导员工进行增强复原力的训练。首先，由导师要求员工将可利用的资源尽量完整地列举出来，同时及时补充其没有列出的资源，并要求员工尽可能地利用这些资源。其次，让员工尽可能地预测实现目标的过程中可能会遇到的障碍，并制订规避障碍的计划。最后，让员工对自己在面对逆境时可能产生的想法和情感进行批判性反思，并思考如何基于多种资源和选择，采取最合理的方法来克服逆境，最终达到目标。

从员工的角度来讲，也可以通过"增加资源、规避风险、干预影响过程"的思路来提高自身的复原力。员工一方面要做好资源准备，预测将会遇到的障碍，做好规避障碍的计划；另一方面要做好思想准备，培养不怕困难的精神，以积极的心态对待工作中的挑战。

 **本章小结**

> 组织行为学的发展共分为四个阶段：以泰勒为代表的经典科学管理理论阶段（1900—1927 年）；以霍桑实验开始的人际关系理论以及后来的 X 理论和 Y 理论阶段（1927—1965 年）；以权变态度和方法来看待人及其管理心理与行为的现阶段（1965—2000 年）；积极组织行为学阶段（2000 年至今）。

> 组织行为学是一个研究领域，它探讨个体、群体以及结构对组织内部行为的影响，以便应用这些知识来改善组织的有效性。

> 组织行为学与管理心理学既有联系，又有区别。

> 组织行为学的主要研究方法包括实验法、经验总结法、现场研究法、案例研究法和测验法等。

> 组织行为学的一般模型是指个体、群体与组织的心理和行为总是通过特定的外部有效性表现出来，从而显示心理和行为（自变量）与行为有效性（因变量）之间的某种因果关系。

➤ 积极组织行为学是指为提高工作绩效，对心智能力测量、开发以及有效的管理，并以员工的积极活力为导向的应用学科。

➤ 心理资本是指个体积极的心理发展状态，这种状态符合积极组织行为学的标准，能够通过有针对性地投入和开发而使个体获得竞争优势。

➤ 心理资本的五个维度：自我效能感（自信）、希望、乐观、主观幸福感和韧性（复原与超越）。

思考练习题

一、选择题（一）

1. 霍桑实验中的电话线圈装配工实验是为了研究（　　）。
   - A. 员工满意度对生产效率的影响
   - B. 工作环境的物质条件对生产效率的影响
   - C. 非正式群体对生产效率的影响
   - D. 正式群体对生产效率的影响

2. 工作满意度是否常常成为组织行为学一般模型中的因变量（行为有效性）？（　　）
   - A. 是　　　　　　　　　　B. 否

3. 主观幸福感是否为一种典型的心理资本？（　　）
   - A. 是　　　　　　　　　　B. 否

二、简答题

1. 什么是组织行为学？
2. 什么是组织行为学的模型？
3. 什么是心理资本？简述心理资本的五个关键要素。

三、选择题（二）

1. 快乐的员工生产效率高。（　　）
   - A. 是　　　　　　　　　　B. 否

2. 即使有迹象表明决策无效，但决策层仍继续支持决策的实施。（　　）
   - A. 是　　　　　　　　　　B. 否

3. 能够防止员工冲突的组织比较有效。（　　）
   - A. 是　　　　　　　　　　B. 否

4. 个人谈判比小组谈判更好。（　　）
   - A. 是　　　　　　　　　　B. 否

5. 有很强文化的公司是最有效的。（　　）
   - A. 是　　　　　　　　　　B. 否

6. 未经受压力的员工，工作绩效更佳。（　　）
   - A. 是　　　　　　　　　　B. 否

7. 与男性领导相比，女性领导在做出决策时更喜欢其他员工的参与。（　　　）

　　A．是　　　　　　　　　B．否

8. 大多数高层领导是 A 型行为类型者（即态度强硬，缺乏耐心，爱竞争，好发脾气，有很强的时间紧迫感，说话很快）。（　　　）

　　A．是　　　　　　　　　B．否

9. 当获得比与自己工作差不多的其他员工更多的报酬时，员工通常会觉得占了便宜，感到内疚。（　　　）

　　A．是　　　　　　　　　B．否

 管理游戏

我的期望

任何时候，只有知道对方到底想要什么，才能做到有的放矢，更好地满足对方的需要，这个游戏通过教师与学生之间的沟通说明了这一点。

参与人数：集体参与

时间：10 分钟

场地：室内

道具：纸笔，"我的期望"卡

应用：教学刚开始前的沟通与交流

游戏规则和程序：

1. 给每一个学生发一张"我的期望"卡，给他们两分钟的时间，让他们讲今天来这里上课的目的是什么，他们想要从这个课程里面学到什么。

2. 让大家分享他们来这里的目的，选出最有代表性的问题等。

讨论：

1. 分享来此学习的目的，这个游戏对于以后的教学有什么好处？

2. 这种方式还可以用在什么地方？

"我的期望"卡

姓名：_____
学号：_____
我的期望：
1._____
2._____
3._____
4._____
5._____
6._____
7._____
8._____

 **本章参考文献**

[1] EREN E. Organizational behavior and management psychology[M]. Istanbul: Beta Publishing, 2001.

[2] GILBRETH L M. The psychology of management: the function of the mind in determining, teaching, and installing methods of least waste[M]. New York: Sturgis & Walton, 1914; Reprinted in Spriegel and Myers, 1980.

[3] GOLDSMITH A H, VEUM J R, DARITY W J R. The impact of psychological and human capital on wages[J]. Economic inquiry, 1997, 35(4): 815-829.

[4] HACKMAN J R. Doing research that makes a difference[M]//EDWARD L. Doing research that is useful for theory and practice. San Francisco: Tossey Bass, 1983.

[5] LEAVITT H J. Managerial psychology: an introduction to individuals, pairs, and groups in organizations[M]. Chicago: University of Chicago Press, 1958.

[6] LUTHANS F. Psychological capital: developing the human competitive edge[M]. Oxford: Oxford University Press, 2007.

[7] LUTHANS F, LUTHANS K W, LUTHANS B C. Positive psychological capital: beyond human and social capital[J]. Business horizons, 2004, 47(1): 45-50.

[8] MAYO E. The human problems of an industrial civilization[M]. New York: Viking Press, 1960.

[9] MÜNSTERBERG H. Psychology and industrial efficiency[M]. London: Constable, 1913.

[10] ROETHLISBERGER F J, WILLIAM J D. Management and the worker: an account of a research program conducted by the Western Electric Company, Hawthorne Works, Chicago[M]. Cambridge, Mass.: Harvard University Press, 1966.

[11] ROETHLISBERGER F J. Management and morale[M]. Cambridge, Mass.: Harvard University Press, 1941.

[12] SCOTT W D. Personnel management: principles, practices, and point of view[M]. 6th ed. New York: McGraw-Hill, 1961.

[13] SCOTT W D. The psychology of advertising: a simple exposition of the principles of psychology in their relation to successful advertising[M]. Boston: Small, Maynard, 1908.

[14] Seligman M E P, Csikszentmihalyi M. Positive psychology: an introduction[J]. American psychologist, 2000, 55(1): 5-14.

[15] TAYLOR F W. Scientific management: comprising shop management; the principles of scientific management; testimony before the special house committee[M]. New York: Harper & Row, 1964.

[16] 蔡莉，单标安. 中国情境下的创业研究：回顾与展望[J]. 管理世界，2013（12）：160-169.

[17] 陈国海，许国彬，徐樟良，等. 创业组织行为学[M]. 北京：清华大学出版社，2017.

[18] 郭秀艳，杨志良. 实验心理学[M]. 北京：人民教育出版社，2005.

[19] 侯奕斌，凌文轺. 积极组织行为学内涵研究[J]. 商业时代，2006（27）：4-7.

[20] 杰克·韦尔奇. 杰克·韦尔奇自传[M]. 曹彦博，译. 北京：中信出版社，2010.

[21] 柳清瑞，张今声. 网络经济时代的组织变革与创新[J]. 中国软科学，2002（4）：38-41.

[22] 刘晓善. 基于后现代组织理论的成本管理研究[D]. 成都：西南财经大学，2007.

[23] 卢盛忠. 管理心理学[M]. 杭州：浙江教育出版社，1985.

[24] 卢盛忠. 管理心理学实用案例集萃[M]. 杭州：浙江教育出版社，2003.

[25] 陆昌勤，方俐洛，凌文轺. 组织行为学中自我效能感研究的历史、现状与思考[J]. 心理科学，2002，25（3）：345-346.

[26] 李小勇. 100个成功的人力资源管理[M]. 北京：机械工业出版社，2004.

[27] 马斯洛. 动机与人格[M]. 许金声，等，译. 北京：中国人民大学出版社，2005.

[28] 马甜语. 积极心理学：理念、视野及动向[J]. 赣南师范学院学报，2006，27（1）：30-34.

[29] 马甜语. 积极心理学及其应用的理论研究[D]. 长春：吉林大学，2009.

[30] 麦考密克，伊尔根. 工业与组织心理学[M]. 卢盛忠，译. 北京：科学出版社，1991.

[31] 苗青. 组织行为积极转型：卢瑟的启示[J]. 人类工效学，2004，10（1）：53-55.

[32] 时勘，卢嘉. 管理心理学的现状与发展趋势[J]. 应用心理学，2001，7（2）：52-56.

[33] 斯蒂芬·P. 罗宾斯. 组织行为学[M]. 孙健敏，等，译. 北京：中国人民大学出版社，1997.

[34] 托马斯·卡明斯，克里斯托弗·沃. 组织发展与变革精要[M]. 李剑锋，等，译. 北京：清华大学出版社，2003.

[35] 温磊，七十三，张玉柱. 心理资本问卷的初步修订[J]. 中国临床心理学杂志，2009（2）：145-148.

[36] 温忠麟，侯杰泰，张雷. 调节效应与中介效应的比较和应用[J]. 心理学报，2005（2）：268-274.

[37] 薛恩. 组织心理学[M]. 余凯成，译. 北京：经济管理出版社，1987.

[38] 伊查克·爱迪思，赵睿. 企业生命周期[J]. 当代电力文化，2015（4）：121.

[39] 曾晖，赵黎明. 组织行为学发展的新领域——积极组织行为学[J]. 北京工商大学学报（社会科学版），2007，22（3）：84-89.

[40] 张钢. 论组织行为学研究方法的转向[J]. 浙江大学学报（社会科学版），1995（1）：34-39.

[41] 张昱. 论组织行为学与管理心理学的区别和联系[J]. 中南财经大学学报，1994（2）：115-122.

[42] 张志学，鞠冬，马力. 组织行为学研究的现状：意义与建议[J]. 心理学报，2014，46（2）：265-284.

[43] 朱祖祥. 工业心理学[M]. 杭州：浙江教育出版社，2001.

第二章
知觉、归因理论与个人决策

 学习目标

- ➤ 掌握知觉的特点
- ➤ 了解影响知觉的因素
- ➤ 了解社会知觉的常见错觉
- ➤ 掌握归因的基本理论
- ➤ 了解个人决策过程模型
- ➤ 掌握有限理性判断的三种常见启发式
- ➤ 掌握前景理论的主要假设
- ➤ 了解个人决策风格

引例

他给你留下的印象怎样

　　一位研究者曾经做过这样一项研究：分别让两组大学生看完图 2-1 所示的照片后，用文字写下他们各自的印象。其中一组被试者的大体描述是自负、凶残、工于心计。从深陷的双眼可以看出其内心的仇恨和冷酷无情，突出的下巴证明了不达目的决不罢休的决心……另一组被试者的描述是坚毅、智慧、进取、百折不挠，深陷的双眼表明思想的深度和探索未知世界的热忱，突出的下巴表明克服困难和勇往直前的决心……

图 2-1　他给你留下的印象是怎样的

　　你一定觉得奇怪，为什么对同一张照片的印象竟会有如此大的差异？原来，在试验之前，研究者向第一组被试者介绍说，这是一名制造了多起恐怖活动的恐怖组织头目；而向第二组被试者介绍说，这是 20 世纪一位伟大的心理学家。仅仅因为一句不同的介绍，就会导致人们对于同一个人产生如此不同的印象。

　　引例说明暗示对人们的知觉会产生重要的影响。人的行为的产生有赖于个体对他所在环境的理解和判断，而这种理解和判断是通过知觉作用产生的。人的知觉直接影响人的心理状态和行为。因此，在管理中要研究和预测人的行为，必须了解人的一般知觉过程及其规律，尤其是知觉在社会交往、归因和个人决策中的作用。

第一节 知觉与社会知觉

知觉必须建立在感觉的基础上，但又与感觉不同，它是对事物诸种属性的综合反映。在任何组织和机构中，社会知觉对个体判断和决策具有至关重要的作用。

一、知觉

知觉（Perception）是个体为了对自己所在的环境赋予意义而解释感觉印象的过程。知觉和感觉的区别在于：感觉是对于对象个别属性的反映（如颜色、气味等），而知觉则是对对象的各种不同属性的总和以及它们之间相互联系的反映。感觉是知觉的基础。

知觉具有整体性、理解性、相对性和恒常性四个基本特征。

（一）整体性

知觉的整体性是指根据知觉对象的特点将其知觉理解为具有一定结构的整体形象。就对象的特点来说，制约知觉整体性的因素有连续、接近、封闭、相似等。

（1）连续性规律：将对象看成有连续性的事物的倾向，如将图 2-2 看成一条连续曲线。

（2）接近性规律：空间上彼此接近的部分易被作为整体来感知，如将图 2-3 看成由图 2-3（a）和图 2-3（b）两部分组成。

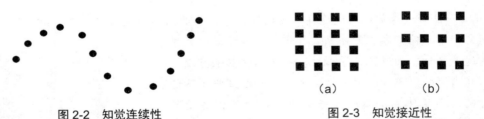

图 2-2　知觉连续性　　　　　　　　　　图 2-3　知觉接近性

（3）封闭性规律：视野中封闭的曲线容易组成图形，如将图 2-4 看成封闭的区域。

（4）相似性规律：视野中相似的部分容易组成图形，如将图 2-5 中"×"归为一类，将"○"归为另一类，竖着往下看比横着看觉得舒服一些。

图 2-4　知觉封闭性　　　　　　　　　　图 2-5　知觉相似性

（二）理解性

知觉的理解性是指以过去的知识和经验为依据，力求对知觉对象做出某种解释，使它具有某种意义。我们可能尝试赋予图 2-6 一定的意义，将它看成有一个人在骑马。

（三）相对性

知觉的相对性是指根据事物之间的相对关系进行反映。图 2-7 是一个例子。当将白色当图形、黑色当背景时，可以看到三个人头；当将黑色当图形、白色当背景时，则只看到一个人头。

图 2-6　知觉理解性

图 2-7　图形与背景的关系

（四）恒常性

知觉的恒常性是指知觉条件发生变化时，知觉映像仍保持不变，包括对知觉对象的亮度、形体、大小、颜色等方面的恒常性。例如，无论是强光下，还是阴暗处，我们总是把煤看成黑色，把雪看成白色，实际上，强光下煤的反射光亮远远大于暗光下雪的反射光亮，这就是亮度恒常性。人的听知觉、味知觉、嗅知觉、触知觉，也有凭经验保持相对不变的心理倾向。由于知觉的恒常性，人们在环境发生变化时，仍能够正确地认识客观世界。

二、影响知觉的因素

影响知觉的因素包括知觉者、知觉对象和情境。

（一）知觉者

知觉者因素包括知觉者的态度、价值观、动机、需要、兴趣、经验、期望、个性特点。有不少实验表明，知觉结果受知觉者的生理、需要、动机和过去经验的影响。

例证 2-1

关 注 点

让 23 个经理人员（财务、销售、技术人员、后勤等）阅读一份介绍一家钢铁厂全面情况的材料，阅读后要求他们写出各自认为最主要的问题。这 23 个经理人员中，有 6 个负责销售，5 个负责生产，4 个负责财务，8 个负责其他部门。结果每个人所写的主要问题都是与自己业务有关的问题，而没有反映这家工厂的全貌。这种只见树木不见森林的现象常常导致不同部门之间的相互指责。

（苏东水，2004）

（二）知觉对象

知觉对象因素包括大小、强度、对比、动感、重复、新颖等。

（1）大小法则：尺寸、空间越大，则越容易引起人们的注意、重视。例如，一个高大醒目的广告比普通小广告更引人注目。

（2）强度法则：强度越高，则越容易被感知。

（3）对比法则：与背景相反和出乎人们意料之外的事物最容易被感知。

（4）动感法则：活动的事物比静止的事物更易于被感知。

（5）重复法则：经常重复的事物比只出现一次的事物更容易被感知。

（6）新颖法则：新颖、新鲜的事物容易被感知。

（三）情境

情境因素包括时间、工作环境和社会环境。人的知觉总离不开一定的情境，也离不开对当时情境的分析。

 **例证 2-2**

情境对自我知觉的影响

曾经有人在企业中做过这样一个实验，设计了四种情境，让工人们解释在每种情境下积极工作或者能够坚持工作的动机。第一种情境是给予很高的报酬，但工作比较单调乏味；第二种情境是报酬并不高，但工作很有趣；第三种情境是报酬不高，工作也很乏味；第四种情境是报酬很高，工作也很有趣。在第一种情境和第二种情境中，绝大多数工人都能解释自己积极工作的原因，指出在第一种情境中之所以积极工作，是因为有很高的报酬，在第二种情境中是因为工作很引人入胜。但在第三种情境和第四种情境中，对于自己仍能坚持或者积极工作的原因往往不能做出正确的解释。

三、知觉的防卫机制和错觉

（一）知觉的防卫机制

知觉的防卫机制是指为了防止自己受到威胁性刺激的侵扰，人们自动地抑制自己对它们的知觉和反应的倾向。有实验表明，人们对"跳舞""儿童""火炉""音乐"等中性词的识别时间比较短，而对"强奸""淫妇""猥亵"等词的识别时间比较长（郑雪，1995）。

 **例证 2-3**

推销员的自我防御

销售经理经常抱怨推销员不愿打"对方反应冷淡"的电话，推销员不是说自己工作太忙，就是说还有更好的生意，或者还需赶做一些报告。这样的推销员是懒惰，还是只是为了逃避，或者是无意识地进行自我防御？如果推销员这样做是为了自卫，经理可采用两种方法来改变这种情况：经理可以教导推销员不要惧怕这类电话，要学会应对；或者经理可以对推销员施加压力，使推销员无法逃避这类电话。

（二）错觉

错觉是指一种不正确、被歪曲了的知觉。产生错觉的原因主要有知觉者生理和心理的状况以及知觉对象和背景的特点。知觉者在过度疲劳、饮酒过度、幻觉、气功或催眠等状态下容易产生错觉。由知觉对象和背景的特殊性作用于正常人，使知觉能力受限也可能导致错觉的产生。错觉的种类有很多，常见的有大小错觉、形状错觉、方向错觉、承重错觉、倾斜错觉、运动错觉、时间错觉等。图 2-8 画出了一些常见的错觉情形。

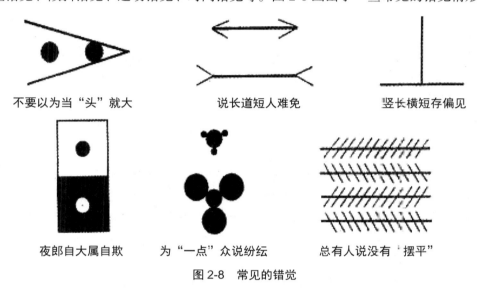

不要以为当"头"就大　　　说长道短人难免　　　竖长横短存偏见

夜郎自大属自欺　　　为"一点"众说纷纭　　　总有人说没有"摆平"

图 2-8　常见的错觉

在管理和产品设计中，可以巧妙地利用错觉来达到预期的目的。例如，Apple 公司推出的 iPhone 便通过有意地缩小边缘部件的尺寸来突出屏幕的大小，这便是通过大小对比有意营造出的视觉效果；在营业厅的墙壁上镶上镜面，既可以让消费者产生"面积错觉"，觉得营业厅宽敞，又可以美化购物环境；在水果、糕点柜台上斜置镜子，可以使商品显得丰满。又如，在设计化妆品瓶时，可设计成圆形、扇形、葫芦形、梯形等，尽管瓶内容量相当，但消费者却认为有的装得多，有的装得少。再如，在制定商品价格时，日用品可采用小数定价法，宁可定价 9.98 元，而不定价 10 元，这样让消费者觉得便宜、实惠；为高档商品定价则可采取整数定价的做法，如定价 5 000 元，而不定价 4 998.97 元，这样可使消费者觉得商品高档、贵重。

四、社会知觉

社会知觉的概念由美国心理学家布鲁纳于 1947 年首次提出。社会知觉是指个体对社会环境中有关个人、他人以及团体特性的知觉。社会知觉包括对他人的知觉、人际知觉、角色知觉和自我知觉。社会知觉不仅取决于被感知的人、群体本身，也取决于感知者的目的、态度、价值观和过去的经验。在任何组织和机构中，人际知觉对个体判断和决策具有至关重要的作用。

人际知觉有一个规律，叫作一致性规律，具体表述如下：当获得关于某个人少量的信息资料后，就力图对他的大量特性做出判断，形成一致的印象。对物的认知允许事物的各种特性不用协调一致，而对人的认知通常要求人的各种特性必须协调一致。

社会知觉中存在各种偏见，主要有首因效应、晕轮效应、近因效应、定型效应和投射效应五种。

（一）首因效应

首因效应（First Impression Effect）是指最先的印象或第一印象对人的认知具有强烈的影响。它一般发生在陌生人之间。例如，招聘面试、新官上任等的第一印象都至关重要。若第一印象良好，就会从好的方面影响人们今后对他的行为的看法，即使他后来表现比较差，也容易取得人们的谅解；若第一印象不好，要改变就相当费力了。

管理者在看待员工时，要尽量避免受第一印象的影响而产生错误看法。新上任的领导者应注意给员工留下良好的第一印象，若一开始就留下一个坏印象，以后通过长期交流也许会有所转变，不过仍会造成一些损失，从而影响上下级关系和工作的正常开展。

（二）晕轮效应

晕轮效应（Halo Effect）是指对一个人某种特性形成好或坏的印象之后，人们倾向于据此推论其他方面的特性，即"抓住一点，不及其余"，如"一白遮百丑"。

美国心理学家所罗门·阿希（S. Asch, 1952）曾做过一个实验：他给被试者一张列有五种品质的表格（聪明、灵巧、勤奋、坚定、热情），要求被试者想象出一个具有这五种品质的人，结果被试者普遍把具有这五种品质的人想象为一个友善的人；之后，心理学家把这张表格中的"热情"换为"冷酷"，要求被试者再根据这五种品质（聪明、灵巧、勤奋、坚定、冷酷）想象出一个合适的人，结果发现被试者普遍推翻了原来的形象，产生了一个否定的、完全不同的形象。

表 2-1 列出了人们根据照片上人的相貌的美丑而对其特性做出的评估，说明人们受到晕轮效应的影响，一般认为"漂亮的就是好的""丑的就是不好的"。

表 2-1　相貌的美丑对认知产生的晕轮效应

特性的评定	刺激人具备的特性		
	相貌丑者	相貌一般	相貌漂亮
人格的社会合意性	56.31	62.42	65.30
刺激人的婚姻能力	0.37	0.71	1.70
刺激人的职业地位	1.70	2.02	2.25
刺激人做父母的能力	3.91	4.55	3.54
刺激人社会和职业上的幸福	5.28	6.34	6.37
刺激人总的幸福状况	8.83	11.60	11.60
结婚的可能性	1.52	1.82	2.17

注：数值越大，刺激人就越具备表中的特性。人格的社会合意性，即社会对其人格的期待和喜欢的程度。（Dion & Walster, 1972）

（三）近因效应

近因效应（Recency Effect）是指最后给人留下的印象有强烈的影响。它一般产生于熟悉者之间。例如，当发现一个平时表现不错的人犯了某种错误后，人们往往会把问题看得比较严重，甚至夸大错误，并否定他以往的一贯表现。又如，一个平时表现一般的人，突然做了一件好事，人们往往会对其刮目相看，并肯定他以往的一贯表现。近因效应掩盖甚至否定对一个人的一贯了解，从而影响对人的全面认识。

（四）定型效应

定型效应（Stereotype Effect）是指对某个群体形成的一种全面而固定的看法，又称刻板印象。人们头脑里存在的定型效应是多种多样的，按年龄、性别、职业、国籍等划分形成不同的定型效应。定型效应有时是人们认识某一交往对象的捷径，不失为人类智慧的一种表现，但可能会看不到人的复杂性，以致对人的行为品质做出错误的评价和判断。

性别角色刻板印象（Gender-role Stereotype）是指人们对于男人和女人在行为、人格特征等方面的期望、要求和一般看法。秦启文和余华（2001）进行了相关的调查，所有被试者对男人和女人的正负刻板印象按选出形容词出现的次数及其所占百分比的高低进行排序，排在前五位的人格特征形容词如表 2-2 所示。

表 2-2　对男人和女人正负刻板印象的前五位人格特征形容词

排序	对男人的刻板印象				对女人的刻板印象			
	重要的人格特征	百分比/%	不应有的人格特征	百分比/%	重要的人格特征	百分比/%	不应有的人格特征	百分比/%
1	有创造力的	78.01	斤斤计较的	18.24	自立的	46.04	见钱眼开的	27.15
2	有幽默感的	61.54	目光短浅的	16.90	善良的	42.71	依赖性强的	20.72
3	自立的	46.39	欺软怕硬的	16.12	贤淑的	36.07	斤斤计较的	18.64
4	乐观的	37.83	优柔寡断的	14.70	温柔的	33.14	自卑的	15.09
5	精干的	31.68	自卑的	14.70	文雅的	32.57	牢霍的	10.72

（五）投射效应

投射效应（Projection Effect）是指由于自己具有某种特性或者想法，因而判断他人会有与自己相同的特性或者想法。在现实生活中，投射效应有两种既典型又对立的表现形式：① 有些人总是从好的方面来解释别人的言行和需要，认为世上尽是好人；② 有些人总是从坏的方面来解释别人的言行和需要，认为世上尽是坏人。当一个人知觉他人时，如果受到投射效应的干扰，其认识、判断和看法往往从"是这样""一定会这样"等心理倾向出发，把他人的特性强行纳入自己既定的框框中，按照自己的思维方式来理解，从而导致主观臆断并陷入偏见的泥潭。

投射效应会使人在谈论别人或与自身无关的事情时，更乐于说出自己的真实想法，推测别人这样做的原因。其实，通过投射效应，个人很多的真实想法都表露出来，许多心理测验正是运用了这个原理。

第二节　归　因　理　论

社会知觉和自我知觉都涉及解释行为的原因和意义的问题。20 世纪 60 年代以来，许多学者致力于探讨行为的因果关系，进行行为原因的归属，即归因理论（Attribution Theory）的研究。

一、归因的概念

归因是指人们对别人或自己的行为进行分析，解释和推测其原因或者动机的过程。弗里茨·海德（Fritz Heider，1896—1988）是第一位提出归因理论的学者。他认为归因理论包括三个步骤：① 对行为的知觉；② 对行为意图的判断；③ 对个性的归因。事实上，在现实生活中人们经常在做各种归因的工作。人们对周围发生的一些事情，总要问一个"为什么会这样"的问题，以探究其原因。例如，总经理在会议上大发雷霆的主要原因是什么？通过推测和查找原因，分析其影响及其意义，判断行为的性质，进而预测将来的发展。这种通过对因果关系的认知，解释各种行为和现象，分析人的动机与行为的归因过程，对于认识他人、认识自我、改善管理、教育员工等都具有重要的应用价值。

归因理论研究的基本问题主要有三个：① 因果关系归属，即对人的心理活动和行为的原因进行归属；② 社会推论问题，即对行为者的心理特征和个性差异做出推论；③ 未来行为预测，即根据人们过去的行为，预测在今后有关情境中比较有可能表现出来的行为。

二、归因的类别

人们行为产生的原因很多。海德把行为产生的原因划分为两大类，即内因和外因。内因又称为个人倾向归因，即归于主观条件，如个体的人格、道德品质、态度、动机、能力、努力程度等；外因又称为情境归因，即归于环境因素，如宏观的形势、社会舆论、奖惩、运气、工作难度等。

哈罗德·凯利（H. H. Kelly）发展了海德的理论（H. H. Kelly，1967），他认为说明行为的原因可以使用如下三种不同的解释：① 归因于从事该行为的人；② 归因于行为者的对手；③ 归因于行为产生的情境。如主管甲批评了下属乙，就可以进行三种归因：① 归因于下属乙本人责任心不强、懒惰；② 归因于主管甲平时对人刻薄，爱批评人；③ 归因于情境因素（如任务难度较大）使主管甲误解了下属乙。这三种可能性都存在，问题在于找出哪个是真正的原因。

三、归因的参照点

凯利认为，要找出真正的原因，可使用下面三个方面的信息作为参照点。

（1）一致性，是指行为者的行为是否与其他人的行为相一致。如果每一位主管都批评下属乙，则主管甲批评下属的行为一致性高；如果只有主管甲一个人批评了下属乙，则认为主管甲批评下属的行为一致性低。

（2）一贯性，是指行为者的行为表现是否与平时的行为相一贯。如果主管甲总是批评下属乙，则认为一贯性高；反之，则认为一贯性低。

（3）特殊性，是指行为者的行为指向是否具有持续性。如果主管甲每次批评人都是针对下属乙，则认为特殊性高；如果主管甲不只批评下属乙一人，且经常批评别的下属，则认为特殊性低。

如此根据这三个参照标准的不同组合，可以做出判断，如表2-3所示。因为凯利强调了上述三种信息的重要性，所以他的理论又称为"三度理论"。

表2-3　主管甲批评下属乙的归因

组 合 情 况	提供的信息			归 因 类 别	判 断 结 论
	一致性	一贯性	特殊性		
1	低	高	低	归于行为者本身	主管甲爱批评人
2	高	高	高	归于行为对象	下属乙表现不好
3	低	低	高	归于情境	具体情境使主管甲误解了下属乙

四、对成败的归因

伯纳德·韦纳（B. Weiner）等人运用海德的归因理论对成败的归因问题进行了研究（B. Weiner，1974）。他认为成败可以归因于下述四个方面的因素：努力、能力、任务难度和机遇。这四个因素又可以按照三个维度，即内因—外因、稳定—不稳定、可控—不可控进行归类，如表2-4所示。

表2-4　成败归因的三个维度

三 个 维 度	因 素 归 类	
内外因	内因 -------------------------------------- 外因	
	努力、能力	任务难度、机遇
稳定性	稳定 -- 不稳定	
	任务难度、能力	努力、机遇
可控性	可控 -- 不可控	
	努力	任务难度、机遇、能力

对成败的原因做不同的归因判断，可能产生不同的结果和影响。如果把成功归结于内因（努力、能力），则很有可能使人感到满意和自豪；而把成功归结于外因（任务容易、机遇好），则可能使人产生惊奇和感激的心情。如果把失败归结于内因（努力不够、能力不足），可能使人产生内疚和无助感；而把失败归结于外因（任务困难、运气不好），则可能使人气愤、产生敌意。如果把成功归结于稳定性因素（任务容易、个人能力强），则可能提高今后工作成功的信心；把成功归结于可控性因素（努力），则可能提高努力的积极性；而把成功归结于不稳定且不可控的因素（运气好），则可能使人产生侥幸心理，对提高积极性没有多大作用。如果把失败归因于稳定性因素（任务难、能力差），则可能降低以后工作的积极性；而把失败归因于不稳定因素（运气不好、努力不够），则可能减少失败带来的挫折感，提高以后工作的积极性。

综上所述，了解人的归因倾向和规律，正确地进行归因，有助于人们对成功的经验和失败的教训进行合理的分析和总结，从而达到增强自信心、激发努力动机、提高工作积极性的目的。

第三节 个 人 决 策

为了有效达到组织目标，决策居于十分重要的地位。西蒙曾指出："管理就是决策。"管理的一个重要职能就是决策。本节主要探讨个人决策的过程模型、影响个人决策的因素以及如何避免个人决策的失误。

一、个人决策的概念与影响因素

（一）个人决策的概念

个人决策，是指在面临某种问题的情况下，个人为了实现某种目标，在两个以上的备选方案中选择一个方案的分析判断过程。组织中的个体都要做出决策。高层管理者要决定设置什么样的组织目标，提供什么样的产品或服务，如何建构最佳的公司总部，在哪里建一个新厂等；中低层管理者要决定生产日程安排，选择新员工，合理分配薪水的增长。非管理层的员工所做出的决策同样影响他们的工作和他们为之工作的组织。近年来，越来越多的组织把工作相关的决策权授予非管理层的员工，这些权力在过去只有管理者才拥有。因此，个人决策成为组织行为中非常重要的内容。

（二）个人决策的影响因素

个人决策的影响因素比较多，主要有知觉、思维方式、心理素质、气质与性格、情绪与情感、情境以及周边群体（如家庭、朋友、组织）等。

1. 知觉

决策方案的制订、选择以及实施过程均受到决策者知觉过程的影响。首先，是否存在问题和是否有决策的需要是一个知觉问题。其次，决策者的知觉过程会影响他对信息的获取、解释和评估，因此，不恰当的知觉可能使决策者错失与问题有关的信息而影响方案的制定。同时，由于对信息的过滤、加工和解释的不同，知觉还会影响决策者对方案的评价与选择。

2. 思维方式

思维贯穿于决策的整个过程，对决策有着最直接的影响，而且决策本身也是一个思维过程。决策思维主要表现为对问题认识的全面性、客观性，对信息掌握和判断的正确性与深刻性以及思维的系统性等，它们都直接关系决策的正确性。

3. 心理素质

在决策时，决策者需要调动心理因素，克服各种心理障碍。此外，决策者还必须具备承担决策风险的心理承受能力。对于个人决策者，行使决策职能，经常会受到自身心理条件和其他一些能力条件的限制，所以，个人在学习决策的过程中，尤其要注意提升自身的心理素质。

4. 气质与性格

个人的决策行为往往与其气质和性格相联系。首先，个人的决策行为受气质的影响。其次，个人的决策行为受性格的影响。

5. 情绪与情感

决策还受到决策者情绪和情感的影响。

此外，个体决策还受到群体压力、朋辈压力、家庭压力、组织压力、榜样等他人因素和情境因素的影响。

二、决策过程模型

对个人决策的基本假设主要包括纯理性人和有限理性人两种。

（一）纯理性人

自亚里士多德开始，哲学家认为人是理性动物，其行为是由理性驱使的，只有在特殊情况下，如疲劳、醉酒和愤怒时，人们的决策和思维才会是非理性的。该模型认为正常的人具有合理的推理能力，掌握了规范化的理智和决策原则。这些理性的决策原则表现在人们的思想和行动上。传统经济学秉承理性人的学说，承认"经济人"的假设，认为人类为个人利益所驱使，决策者基于所掌握的信息进行全面的权衡，做出最优的抉择。

纯理性人的基本假设如下：① 决策者是追求最大限度的组织目标的完美有理性的人；② 决策者拥有为做出最好决策所必需的正确和全部信息；③ 决策者只找出那些能写成线性形式的、具有一个或一组目标的问题的最佳值；④ 所有决策者在做出抉择时，能够以相同的态度来运用信息。

在企业中，早期的决策主要凭管理者直觉的常识进行判断。一个理性决策者的决策过程模型如图 2-9 所示，在识别某一问题时，开始寻找信息。这类信息说明了问题的性质，并提出选择方案。通过认真评价，选出最佳方案贯彻执行。然后对实施过程进行监控、评价、纠偏，以保证决策目标的实现。如果在实施过程中的任何一个环节出现困难，有关信息及时反馈，必要时重新开始或再循环。

然而，认为决策者是纯理性人的假设存在很大缺陷。纯理性人的原型是经济人，经济人在现实生活中是不存在的。纯理性人的基本假设具有以下两点局限性。

（1）不考虑决策者个人的知觉、个性差别、动机和学习等心理因素对决策的影响。

（2）人在客观上存在着有限合理性，以及个人认识上和客观条件的限制。

（二）有限理性人

诺贝尔经济学奖获得者赫伯特·西蒙（Herbert Simon，1972）考虑到人的心理因素在经济行为中的作用，提出"有限理性"理论。

心理学家丹尼尔·卡纳曼（Daniel Kahneman）获 2002 年诺贝尔经济学奖。他遵循1978 年诺贝尔经济学获得者赫伯特·西蒙的有限理性理论和启发式的思想，认为人们在不确定性世界中做出判断依赖于有限的启发式，并提出了三种常见的启发式：代表性、可得性以及锚定和调整。

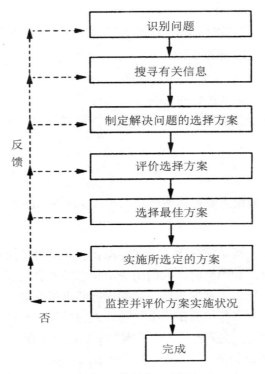

图 2-9　理性决策过程模型

1. 不确定性判断：启发式与偏见

（1）代表性启发式：指人们倾向于根据样本是否能代表（或类似）总体来判断其出现的概率，对于代表性越高的样本，就判断其出现的概率越高。

（2）可得性启发式：指人们倾向于根据客体或事件在知觉或记忆中的可得性程度来评估其相对频率，容易知觉到的或容易回想起的客体或事件被判定为更常出现。

（3）锚定和调整启发式：指在判断过程中，人们最初得到的信息会产生"锚定效应"，人们会以最初的信息为参照来调整对事件的估计。

与丹尼尔·卡纳曼同一时期的另一位心理学家波罗·斯洛维克（Paul Slovic）提出了情绪启发式（李爱梅，高训浦，田婕，2009）。他认为，个体的头脑中有一个"情绪库"（Affect Pool），里面存有各种各样的正性的或负性的情绪标签，所有进入人们头脑中的表征都会被赋予一个情绪的标签，情绪标签的强度随着头脑中的表征而不同。在决策过程中，情绪标签可以作为许多重要判断的线索。权衡每一个选项的正反两面，或者从记忆中提取相关例子的方式，运用一个整体的、更容易获得的情绪标签可能会更容易或更有效率，尤其是当所要做的判断是复杂的，或者是心智资源受到限制时。大脑的这种抄捷径的活动方式称为情绪启发式。

2. 前景理论的假设

前景理论的假设主要包括回避损失（Loss Aversion）、参照依赖（Reference Dependence）

和捐赠效应（Endowment Effect）。

（1）回避损失。回避损失是指损失的效用要比等量收益的效用得到更大的权重。

（2）参照依赖。参照依赖是指人们对资产的变化比对净资产更敏感，因此人们根据参照点来定义价值，而不是根据净资产本身。

（3）捐赠效应。捐赠效应是指对于获得的自己财产之外的东西，人们倾向于给予更高的评价。

三、个人决策风格

个性心理特征影响个人的决策行为。库柳特金将个人决策风格划分为均衡型决策、冲动型决策、怠惰型决策、风险型决策和谨慎型决策，不同风格的决策表现出了决策者不同的心理特征。

（一）均衡型决策

习惯于做出均衡型决策的人，其决策过程严密而果断，对任务的条件和要求事先就做充分分析，广泛地收集和处理各种信息。这种风格的人一般具有深思熟虑和稳健的特点，他们往往能够迅速抓住问题的本质，并提出方案，善于深入地分析各种现象的因果联系。在出现难以解决的问题时，能够灵活地改变探索决策的策略，情绪稳定，意志坚定，在困难面前能够泰然自若，能够对自己的推测和行为做出批判性的评价，并能统观全局。

（二）冲动型决策

习惯于做出冲动型决策的人，在面对决策任务时，反应时间短，这种人比较容易发表各种想法，但很少对它们加以鉴别，方案提得多，而检验和修订方案的行动少。他们往往会使决策过程避开论证和检验阶段，跳跃式地进行。在实际工作中，这种冲动性可能导致管理者竭力去贯彻没有经过充分思考和论证的决策。冲动型的人往往只着眼于成绩，而很少看到挫折。其缺点是精确度较低，失误较多。

（三）怠惰型决策

习惯于做出怠惰型决策的人，面对问题时往往犹豫不决、小心谨慎，在做出初步的假设后，对假设的评价过于谨慎。这种人对他的一举一动都要反复进行检验，监督和修改的行动多，而形成的想法少，因而往往会拖延决策的时间。这一类型决策风格的不足是，在情况紧急、要求迅速决策的情况下，由于优柔寡断、瞻前顾后，容易错失良机，延误决策。这种风格的决策效率较低。

（四）风险型决策

习惯于做出风险型决策的人，类似于冲动型决策者，在考虑问题时若遇到障碍，极端冲动的人会生硬地去排除障碍，并按照自己的臆测立即做出决策，所产生的预测又会立刻被新的推测代替。冲动型决策会越过假设的论证阶段，而风险型决策并不回避这个阶段，但只是在发现有不当之处时，才会对假设进行评价。因此，相对于冲动型决策，它尽管会延误一些时间，但最终提出的方案会得到较好的修正。

（五）谨慎型决策

谨慎型决策的特点，是在决策过程中，力求"稳扎稳打"，习惯于"三思而后行"，富有分析性，在做出结论之前，要进行多种多样的准备活动，慎重地权衡各种决策方案以及其实施后果的利弊得失。其优点是精确度较高，失误较少。他们对自己行动的消极后果比对自己行动的积极后果更为敏感，避免错误是谨慎型决策者的策略方针。这种决策风格的不足是，在时间有限并要求迅速做出决策的情况下，由于反应时间较长，可能显得稳健有余而果断不足，从而延误决策。

例证 2-4

董明珠的决策风格

众所周知，格力在董明珠强势风格的领导下节节攀升，一跃成为家电行业的龙头老大，迅速成为世界著名的民族品牌。然而，目前的格力内部却暗藏危机。除了历史遗留下来的股权争夺问题外，股东们对于领导人董明珠的强势风格也从未停止诟病，这一点在董明珠执意推出格力手机并受挫后达到了顶峰。最近，一向过度自信的董明珠又强势出击，提出了一系列的决策方案，将目光投向于格力毫不擅长的产业领域。但这一次，却遭到了股东的强烈反对。2016 年 10 月 28 日，在格力的临时股东大会上，因为提议收购珠海银隆被否，董明珠在股东大会上当场发飙，该事件一度成为资本市场上热议的话题，而股东与董明珠的矛盾也达到白热化的状态；而早在 2016 年 10 月 18 日，珠海国资委就曾下发任免通知，宣告董明珠卸任格力集团董事长一职，遏制了其发挥集团决策的控制权，但接任人选却迟迟没有落实。2016 年财报显示，美的净利润的绝对额和增长率均超格力，一跃成为家电行业的龙头老大，格力退居第二。可以说，目前的格力正处在一个内忧外患的环境当中。而面对这一复杂的内外部局势，格力的处境颇为尴尬。

（张丹，2017）

 本章小结

- 知觉是个体为了对自己所在的环境赋予意义而解释感觉印象的过程，具有整体性、理解性、相对性和恒常性等基本特征。影响知觉的因素包括知觉者、知觉对象和情境。
- 社会知觉是指个体对社会环境中有关个人、他人以及团体特性的知觉。社会知觉包括对他人的知觉、人际知觉、角色知觉和自我知觉。社会知觉中存在各种偏见，主要有首因效应、晕轮效应、近因效应、定型效应和投射效应五种。
- 归因是指人们对别人或自己的行为进行分析，解释和推测其原因或者动机的过程。行为产生的原因基本划分为两大类，即内因和外因。
- 个人决策是指在面临某种问题的情况下，个人为了实现某种目标，在两个以上的备选方案中选择一个方案的分析判断过程。影响个人决策的因素比较多，主要有知觉、思维方式、心理素质、气质与性格、情绪与情感、情境以及周边群体的影响。

➢ 个人决策过程的纯理性人假设认为，正常的人具有合理的推理能力，掌握了规范化的理智和决策原则。

➢ 个人决策过程的有限理性人假设认为，人们表现出有限理性而非纯理性。当他们试图理性地做出行动时，他们受到获得信息和加工信息的能力、时间限制和政治考虑等方面的限制。丹尼尔·卡纳曼提出了三种常见的启发式：代表性、可得性以及锚定和调整；波罗·斯洛维克提出情绪启发式。

➢ 个性心理特征影响个人决策行为。库柳特金将个人决策划分为均衡型决策、冲动型决策、怠惰型决策、风险型决策和谨慎型决策，不同风格的决策表现出了决策者不同的心理特征。

思考练习题

一、选择题

1. 军事上的伪装是利用知觉的（　　　）。

　　A．整体性　　　　　　　　B．相对性

　　C．理解性　　　　　　　　D．恒常性

2. 社会知觉中，对人认知的以偏概全或以点概面的倾向属于（　　　）。

　　A．首因效应　　　　　　　B．晕轮效应

　　C．知觉防卫　　　　　　　D．刻板印象

二、简答题

1. 什么是知觉？感觉和知觉有何区别？

2. 什么是社会知觉中的晕轮效应？

3. 什么是归因理论？

4. 心理学家丹尼尔·卡纳曼遵循赫伯特·西蒙的有限理性学说，提出了哪几种常见的启发式？

三、学以致用

结合自己近一两年来成功和失败的经验（列出若干重要事件），对成功和失败的原因进行总结，对每个成功或失败事件尽可能多地列出其原因，然后分别就成功事件和失败事件两种情况将所有原因按内因和外因分成两列，比较两列原因数量。根据归因理论判断自己的归因倾向，谈谈如何调适自己的归因风格，以便使自己取得更大的进步。

归因方式测验

指导语：请回答以下每个陈述在多大程度上符合你的情况：1=非常不符合；2=不符

合；3=有点不符合；4=介于符合与不符合之间；5=有点符合；6=符合；7=非常符合。所需时间约 10 分钟。

1. 能够得到想要的东西是因为自己的努力。
2. 制订计划时，相信自己能够让它发挥作用。
3. 喜欢带有运气的游戏，而不是纯粹需要技术的游戏。
4. 只要下定决心，就能学会几乎所有的东西。
5. 自己的专业成就完全取决于努力工作和自己的能力。
6. 通常不设定目标，因为自己很难实现它们。
7. 竞争不能使人变得优秀。
8. 人们通常靠运气获得成功。
9. 在所有的考试或竞争中，想知道自己比别人做得怎样。
10. 做一些对于自己来说太难的事情，没有意义。

记分：将第 3、6、7、8、10 题进行反向记分（即 1=7，2=6，3=5，4=4，5=3，6=2，7=1），然后将所有陈述的分数相加，得到一个总分。

解释：研究者选取了一个大学生样本，平均分是：男生 51.8 分，女生 52.2 分，标准差均为 6.58 分，59 分以上为得分高者，得分越高，表明你是内控的，越相信自己能够把握自己的成功。如果远远高于平均值，说明你会奖励自己的成功，并为自己的失败负责。46 分以下者为得分低者，低分者表明你是外控的，你倾向于相信外在因素决定你的成功，如更强有力的人或者机遇决定着在你身上发生的事情。

（资料来源：佚名. 你的自控能力如何[J]. 人力资源，2003（12）：63. ）

讨论：

举一个自己发生的亲身经历（成功或失败），谈谈你是如何对成功或失败进行归因总结的，与其他同学分享。

 **管理游戏**

九点问题

由个人独立完成。假如某位学生已经了解如何完成该活动，请暂不作声。图 2-10 有九个点。只用四条连续相接的直线（每条直线必须相连，而且不能重叠），将这九个点连接起来，画的时候笔不能离开纸面，要求一气呵成。参考答案参见本书末尾。

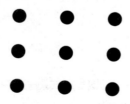

图 2-10 九点问题

讨论：

1. 是什么让你找不到问题的答案？
2. 是什么妨碍你更快地解决问题？

 **案例分析**

你会投资吗

2013 年 11 月 7 日，Twitter（推特）成功上市。自 Facebook（脸书）令人大跌眼镜的上市经历之后，这是一次最平稳的科技公司 IPO（首次公开募股）。作为路演、股权分配、定价和上市事务的负责人，该公司首席执行官迪克·科斯特洛的表现堪称完美，被誉为一流的执行者。上市交易的第一天，Twitter 的股价暴涨 73%。但 2014 年 1 月 9 日，早在公司公布第一季度收益报告之前，有 3 位分析师就调低了对其股票的评级，Twitter 股价由此遭遇了第一次打击。随后，Twitter 一直处于守势，股价增长乏力。华尔街对 Twitter 存有诸多不满：公司不盈利；每月活跃用户数量这类关键指标均无增长；Twitter 没有达到 Snapchat（色拉布）或 Instagram（照片墙）那样的主流化程度；产品容易造成混淆；广告也没有足够大的吸引力。投资者开始感觉到，Twitter 注定是一家永远无法发挥潜力的公司。

Twitter 已经失去了吸引新用户的魔力——在艰苦的创业初期，Twitter 之所以能够一路前进，靠的便是对用户的吸引力。迪克·科斯特洛甚至试图改变对用户增长的表述方式和考量，他强调在互联网上看到推文的人数（5 亿人），而不是实际使用 Twitter 的用户数（不足 3 亿人）。该公司甚至还计划从这些"未登录"的用户身上产生收益。但对于这种策略，投资者并不买账。

（案例来源：Griffith E. 为什么员工和董事会都爱他，投资者却要逼他下台 [EB/OL]. [2015-06-18]. http://www.fortunechina.com/ management/c/2015-06/18/content_242195.htm. ）

问题讨论：

1. 假如你是一家投资公司的 CEO（首席执行官），你会向 Twitter 投资吗？为什么？
2. 请用前景理论对你的个人决策做分析。

 本章参考文献

[1] ASCH S E. Social psychology [J]. American journal of sociology, 1952, 35(6): 101.

[2] DION K B, WALSTER E. What is beautiful is good [J]. Journal of personality and social psychology, 1972, 24(3): 285-290.

[3] HEIDER F. The psychology of interpersonal relations [M]. New York: John Wiley & Sons, 1958.

[4] KELLY H H. Attribution theory in social psychology[M]//LEVINE D. Nebraska

symposium on motivation. Lincoln: University of Nebraska Press, 1967.

[5] SIMON H A. Theories of bounded rationality[J]. Decision & organization, 1972, 1(1): 161-176.

[6] WEINER B. Achievement motivation and attribution theory[M]. Morristown, N. J.: General Learning Press, 1974.

[7] 李爱梅，高训浦，田婕. 生态理性视角下风险决策的情绪机制研究[J]. 统计与决策，2009（3）: 63-65.

[8] 秦启文，余华. 性别角色刻板印象的调查[J]. 心理科学，2001（5）: 593-594.

[9] 苏东水. 管理心理学[M]. 4 版. 上海：复旦大学出版社，2004.

[10] 张丹. 性格色彩学视角下管理者过度自信对财务决策的影响[D]. 杭州：浙江工商大学，2017.

[11] 郑雪. 生态文化与感知觉[J]. 前沿，1995（5）: 15-20.

[12] 周国梅，荆其诚. 心理学家 Daniel Kahneman 获 2002 年诺贝尔经济学奖[J]. 心理科学进展，2003（1）: 1-5.

第三章
个性与心理测验

 学习目标

➢ 了解个性的基本概念和理论
➢ 掌握四种气质类型
➢ 了解 A 型性格和 B 型性格
➢ 掌握个性与职业匹配的理论
➢ 掌握霍兰德职业人格类型
➢ 了解常用心理测验及其应用

引例

大器晚成的任正非

1987 年，华为以 2 万元人民币起家，十几个人创业，没有技术，没有产品，是典型的"二道贩子"——倒买倒卖交换机。但那时，任正非就提出，"20 年之后，世界通信行业三分天下，华为将占一份"。他还和员工们说："你们未来要买个阳台大的房子，因为你将来的钱将用麻袋装。"今天，华为已经成为全球通信行业的领导者。

忧患不等于悲观，悲观主义者更多是在杞人忧天，尤其是对灾难的幻想扩大化，不敢冒险，但这种情况在任正非身上几乎看不到。乐观才是任正非个性中的主基调。

世博会时，华为的一名员工陪同任正非的小学和中学同学一同参观，他问任正非的同学："老任小时候是个什么样的人？"任正非的一个同学说："他是一个鼻涕邋遢但成天笑呵呵的人。"

任正非曾说过，一个幸福的人第一步就是不抱怨、不回忆；其次，适应环境。人很难做到不抱怨，更难做到不回忆。什么叫不回忆，不对过去的成功沾沾自喜，也不对过去的失败喋喋不休。

任正非把股份分给了近七万人，自己只留 1.4%，战胜自我是一件不容易的事情，没有一个宏大的理想，是很难做到的。无须讳言，绝大多数企业家都以赚钱为目标，唯有少数企业家赚钱不是唯一的目标，甚至在一定程度上不是他的根本目标，他们有比赚钱更宏大的理想。

组织领袖有一个非常重要的核心特征，就是具备强大的信念、充沛的激情、坚定的意志力、乐观乃至于天真。这个特征在任正非身上表现得尤其明显。

可以说，如果任正非不是一个坚定的，甚至"不可救药"的乐观主义者、理想主义者，就不会有华为的今天。华为的文化同样是一种英雄精神主导的文化。

（田涛，李传涛，2013）

引例中任正非强大的信念、充沛的激情、坚定的意志力、乐观的个性和态度决定了他的领导风格和与下属的相处方式，华为公司的发展也深深打上了他的个性烙印。

个性决定行为，组织中的每个人，由于受各种因素的影响，会形成不同的个性倾向和心理特征。所以，了解员工的个性心理特征（包括气质、性格、能力）是安排岗位和工作、说服教育和调动员工积极性的基础。迄今为止，标准化和本土化的一些心理测验可用于诊断和测查员工的个性心理特征。心理测验在企业管理中的应用越来越广泛。

第一节　个性与个性的理论

个性与日常生活中所谈的性格有所不同，性格只是个性的一个组成部分。个性的心理结构主要由个性倾向性与个性心理特征组成。个性倾向性主要包括需要、动机、兴趣、理想、信念和世界观等，这些都是人进行活动的基本动力。个性心理特征主要包括气质、性格和能力。本章主要探讨个性心理特征。个性倾向性将在第四章和第五章加以讨论。

一、个性

个性是指个体比较稳定的、经常影响个体行为并使个体和其他个体有所区别的心理特点的总和。影响个性形成的因素主要包括遗传、环境和情境。个性受基因的影响很大。有人天生开朗，有人生来忧郁。这些说法有一定的科学依据。基因学家在实验中取得大量的证据证明：类似抑郁等负性情绪的发生具有重要的遗传学基础（刘迪迪等，2018）。此外，脾气好坏在很大程度上也是由遗传基因决定的。表3-1列出了常见的一些性格表现与基因之间的关系。

表 3-1　性格与基因的关系

性 格 表 现	受基因影响程度/%
外向（急躁、和蔼、喜欢引人注目）	61
保守（尊敬传统和权威、守纪律）	60
忧郁（易忧伤、灰心、感情脆弱、敏感）	55
创新（喜欢在更高的层次思考问题）	65
孤僻（爱独处，总感到被人利用，被生活抛弃）	55
乐观（自信、愉快、快乐）	54
谨慎（逃避风险，宁可费事也求平安）	51
好斗（爱实施暴力，爱报复）	48
事业心强	46
条理性强	43
热情好客	33

环境对性格形成的影响很大。其中饮食对人的性格有一定的影响，如湖南人好吃辣，所以湖南妹子又称辣妹子，与海南、广东、福建的女孩相比，遇事比较有主见，脾气比较刚烈，这可能与她们长期吃辣的食物有关，表 3-2 列出了一些食物与性格之间的关系。

表 3-2　食物与性格的关系

喜欢的食物	性 格 特 点
大米	自得其乐，但不太爱帮助别人
生冷食物	对大自然有浓厚的兴趣，性格坚强、冷酷，有暴力倾向
辣椒	遇事有主见，吃软不吃硬，性格坚强
糖	脾气比较暴躁

此外，情境因素对性格表现也有一定的影响。例如，性格内向的人在安全、愉快、轻松、热闹的气氛下有时也会变得开朗、爱笑、外向。

二、个性的理论

个性的理论分为两大类，即类型理论和特质理论。

（一）类型理论

个性的类型理论就是将人的个性加以类型化。四种气质类型、A 型性格和 B 型性格就是典型的个性的类型理论，下面对它们进行介绍。

1. 四种气质类型

沿用古希腊医生希波克拉底（Hippocrates，公元前 460—公元前 377）的划分方法，可将气质分为多血质、胆汁质、黏液质和抑郁质四种基本类型。它们的具体特点如下。

（1）多血质：感受性低而耐受性较高，不随意的反应性强；具有可塑性和外倾性；情绪兴奋性高，外部表露明显，反应速度快而灵活。

（2）胆汁质：感受性低而耐受性较高，不随意的反应性高，反应的不随意性占优势，外倾性明显，情绪兴奋性高，抑制能力差；反应速度快，但不灵活。

（3）黏液质：感受性低而耐受性高，不随意的反应性和情绪兴奋性均低；内倾性明显，外部表现少；反应速度慢，具有稳定性。

（4）抑郁质：感受性高而耐受性低，不随意的反应性低；严重内倾；情绪兴奋性高而体验深，反应速度慢；具有刻板性，不灵活。

表 3-3 列出了上述四种气质类型的特点。

表 3-3　四种气质与神经类型的行为特点

气质与神经类型	内、外向	情绪稳定性	行 为 特 点
多血质（活泼型）	外向	稳定	有领导能力、无忧无虑、灵活、活泼、逍遥自在、敏感、健谈、开朗、善于社交
胆汁质（兴奋型）	外向	不稳定	暴躁、好动、攻击、兴奋、善于社交、冲动、乐观、积极
黏液质（安静型）	内向	稳定	被动、谨慎、有思想、温和、能控制、可信赖、脾气好、安静
抑郁质（抑制型）	内向	不稳定	寂静、不善社交、保守、悲观、严肃、刻板、焦虑、忧虑

日常生活中通常采用内向与外向（社交态度）、稳定和不稳定（神经质、情绪状况）两个维度来分辨一个人的气质。四种典型气质类型的人在遇到放在公园凳子上的帽子被他人坐扁时，会出现不同的反应：第一种情形，一笑置之，属外向与稳定，表现出随便、活泼、健谈，属多血质；第二种情形，大发雷霆，属外向与不稳定，这种人有攻击性，表现出不安和暴躁，属胆汁质；第三种情形，若无其事，属内向与稳定，表现出小心、镇定、有控制力，属黏液质；第四种情形，如丧考妣，属内向与不稳定，表现出易怒、严厉、悲观，属抑郁质。

2. A 型性格和 B 型性格

有些人总愿意从事高强度的竞争活动，并长期有紧迫感，这些人就拥有 A 型性格（Type A Personality，见本章后的心理测试）。A 型性格者总是不断驱动自己在最短的时间内做最多的事，并对阻碍自己努力的其他人或事进行攻击。在竞争日趋激烈的社会，这种特点被高度推崇，直接影响个体的物质利益的获得。

A 型性格表现为如下五个方面。

（1）运动、走路和吃饭的节奏很快。

（2）对很多事情的进展速度感到不耐烦。

（3）总是试图同时做两件以上的事情。

（4）无法处理休闲时光。

（5）着迷于数字，他们的成功是以每件事中自己获益多少来衡量的。

与 A 型性格相对应的是 B 型性格（Type B Personality），B 型性格很少因为要从事不断增多的工作或要无休止地提高工作效率而焦虑。

B 型性格表现为如下四个方面。

（1）从来不曾有紧迫感和其他类似的不适感。

（2）认为没有必要表现或讨论自己的成就和业绩，除非环境要求如此。

（3）充分享受娱乐和休闲，而不是不惜一切代价达到自己的最佳水平。

（4）充分放松而不感到不安。

A 型人常处于中度至高度的焦虑状态，他们不断给自己施加时间压力，总为自己制定最后期限。这些特点导致了一些具体的行为结果。例如，A 型人是速度很快的工人，他们对数量的要求高于对质量的要求。从管理角度来看，A 型人表现为愿意长时间从事工作，但他们的决策欠佳也绝非偶然，因为他们做得太快了。因为 A 型人关注的是数量和速度，常常依赖过去的经验解决自己当前面对的问题，因此很少有创造性。对于一项新工作或项目，需要用专门时间来考虑解决它的具体办法，但 A 型人却很少分配出这种时间。他们很少根据环境的各种挑战改变自己的应对方式，因而他们的行为比 B 型人更易于预测。

在组织中 A 型人和 B 型人谁更容易成功？最优秀的推销员常常是 A 型人格，但高级经营管理人员却常常是 B 型人格。因为 A 型人格倾向于放弃对质量的追求，而仅仅追求数量，然而在组织中晋升常常授予那些睿智而非匆忙、机敏而非敌意、有创造性而非仅有好胜心的人。

（二）特质理论

个性的特质理论认为人的行为不受他的类型所制约，而是由个人在一定程度上都有的稳定的特质所决定的。特质是指个人有别于他人的特性，这些特性是较为永久一致的。这里以卡特尔 16 种个性特质为例加以说明。

由美国心理学教授雷蒙德·伯纳德·卡特尔（Raymond Bernard Cattell，1905—1998）编制的卡特尔 16 种个性因素问卷（The Sixteen Personality Factor Questionnaire，16PF）被认为是最典型的因素分析个性问卷，在临床、工商业、政府部门及教育方面有着广泛的应用，特别是在人才选拔、就业指导以及心理咨询方面具有较高的使用价值。

卡特尔 16 种个性特质包括以下内容。

A．乐群性　　　B．聪慧性　　　C．稳定性　　　E．恃强性
F．兴奋性　　　G．有恒性　　　H．敢为性　　　I．敏感性
L．怀疑性　　　M．幻想性　　　N．世故性　　　O．忧虑性
Q1．实验性　　Q2．独立性　　Q3．自律性　　Q4．紧张性

各项心理特质高、低分者呈现的特征，如表 3-4 所示。

表 3-4　卡特尔 16 种心理特质的特征

心 理 特 质	低分者特征	高分者特征
A．乐群性	缄默孤独	乐群外向
B．聪慧性	迟钝、学识浅薄	聪慧、富有才识
C．稳定性	情绪激动	情绪稳定
E．恃强性	谦虚顺从	好强固执
F．兴奋性	严肃审慎	轻松兴奋
G．有恒性	权宜敷衍	有恒负责
H．敢为性	畏缩退却	冒险敢为
I．敏感性	理智、着重实际	敏感、感情用事
L．怀疑性	信赖随和	怀疑、刚愎
M．幻想性	现实、合乎成规	幻想、狂放
N．世故性	坦白直率、天真	精明能干、世故
O．忧虑性	安详沉着、有自信心	忧虑抑郁、沮丧悲观
Q1．实验性	保守、服膺传统	自由、批评激进
Q2．独立性	依赖、随群附众	自主、果断
Q3．自律性	矛盾冲突、不明大体	知己知彼、自律严谨
Q4．紧张性	心平气和	紧张困扰

第二节　个性与职业的匹配

个性与职业的匹配问题是早期组织行为学家研究的一个重要课题。20 世纪 60 年代，约翰·霍兰德（John Holland）提出的个性与工作匹配理论，认为人的人格类型、兴趣与

职业密切相关，每个人都有自己独特的能力模式和人格特征，每个人格特征的人都可以找到适合自己的职业（John Holland，1959）。该理论极大地影响了职业指导运动、人才招聘与选拔实践。自 20 世纪 80 年代以来，研究者开始由原来的个性与职业的匹配问题研究逐步拓展到个性与组织类型、环境的匹配问题研究。

工作效率与人的个性特点密切相关。在一项对 800 名男性的追踪研究中发现，其中 160 名成就最大与 160 名成就最小的人相比，在智力方面没有多大差距，而他们的个性特点却有很大差异（赵慧军，1999）。成就大者有理想、有强烈的进取心，表现出自信、不屈不挠、谨慎认真的性格特点。《2016 年中国高考状元调查报告》显示，高考状元毕业进入职场后，成为世界和两岸各行业"顶尖人才"和"领军人物"的偏少，在学术界、专业技术领域就职的状元职业成就较高，表现突出；而在经商、从政方面非高考状元所长，职业发展不突出。这主要是因为大部分状元在就业中忽略了自身的专长和兴趣，随大众潮流，导致职场成就不高（中国校友会网，2016）。

正是因为个性在预测工作效率、缺勤、离职等个体和组织行为方面的有效性，有关个体、个性与工作、职业、组织、环境之间的匹配问题和理论（Personality-Person Job-Organization Fit Theory）得到了组织行为学家的关注。

一、性格与职业的匹配

性格是个体对现实稳定的态度和习惯性的行为方式。性格与气质存在很大的区别，表 3-5 对性格与气质之间的差别做了比较。

表 3-5　性格与气质对比表

性　　格	气　　质
后天形成的，可以改变的	先天的遗传素质，比较稳定的
内容侧重于社会意识，有好坏之分	内容侧重于生理意义，无好坏之分
有阶段性，没有性格相同的人	无阶段性，有气质相同的人

（一）霍兰德职业人格类型

美国约翰·霍普金斯大学心理学教授约翰·霍兰德（John Holland）提出的个性与工作匹配理论具有广泛的社会影响。该理论认为，人的人格类型、兴趣与职业密切相关，兴趣是人们活动的巨大动力，凡是具有职业兴趣的职业，都可以提高人们的积极性，促使人们积极地、愉快地从事该职业（John Holland，1959）。据此理论，霍兰德编制了霍兰德职业兴趣测验。该测验能够帮助被试者发现和确定自己的职业兴趣和能力专长，从而科学地做出求职择业的决策。

霍兰德的职业选择理论对以下六种不同类型的人物和特性进行了分析并以此为依据。

（1）现实型（R）：喜欢做使用工具、实物、机器或与物有关的工作；具有手工、机械、农业、电子方面的技能；爱好与建筑、维修有关的职业；脚踏实地，实事求是。

（2）研究型（I）：喜欢各种与生物科学、物理科学有关的活动；具有极高的数学和科学研究能力；爱好科学或医生领域里的职业；生性好奇，勤奋自立。

（3）艺术型（A）：喜欢不受常规约束，以便利用时间从事创造性的活动；具有语言、美术、音乐、戏剧、写作等方面的技能；爱好能发挥创造才能的职业；天资聪慧，创造性强，不拘小节，自由放任。

（4）社会型（S）：喜欢参加咨询、培训、教学和各种理解、帮助他人的活动；具有与他人相处共事的能力；爱好教师、护士、律师一类的职业；乐于助人，友好热情。

（5）企业型（E）：喜欢领导和左右他人；具有领导能力、说服能力以及其他一些与人打交道所必需的重要技能；爱好与商业或与管理人员有关的职业；雄心勃勃，友好大方，精力充沛，信心十足。

（6）常规型（C）：喜欢做系统地整理信息资料一类的事情；具有办公室工作和数字方面的能力；爱好记录、整理文件、打字、复印以及操作计算机等职业；尽职尽责，忠实可靠。

图 3-1 所示为霍兰德职业兴趣六边形。

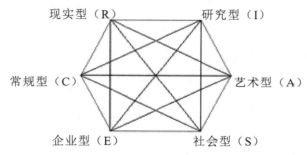

图 3-1　霍兰德职业兴趣六边形

霍兰德认为，每个人都是这六种类型的不同组合，只是占主导地位的类型不同。他还认为，每一种职业的工作环境都是由六种不同的工作条件组成，其中有一种占主导地位，占主导地位的职业个性取向在很大程度上影响工作绩效。一个人的职业是否成功，是否稳定，是否顺心如意，在很大程度上取决于其个性类型和工作条件之间的适应情况。霍兰德职业人格能力测验就是通过对被试者在活动兴趣、职业爱好、职业特长以及职业能力等方面的测验，确定被试者上述六种类型的组合情况（对 R、I、A、S、E、C 六个方面的得分从大到小排序，排在首位的就是被试者占主导地位的类型），并根据其个性类型寻找适合被试者的职业。表 3-6 列出了每种类型职业人格相应的职业范例。此外，一个人的多种职业个性取向越相似（指几个职业个性取向按 R→I→A→S→E→C→R 循序相邻），在职业选择时的心理冲突就越少。

表 3-6　霍兰德职业人格类型

类　　型	偏　　好	个 性 特 点	职 业 范 例
现实型（R）	需要技能、力量、协调性的体力活动	害羞、真诚、持久、稳定、顺从、实际	机械师、钻井操作工、装配线工人、农场主
研究型（I）	需要思考、组织和理解的活动	分析、创造、好奇、独立	生物学家、经济学家、数学家、新闻记者
艺术型（A）	需要创造性表达的模糊且无规则可循的活动	富于想象力、无序、杂乱、理想情绪化、不实际	画家、音乐家、作家、室内装饰家

续表

类　　型	偏　　好	个 性 特 点	职 业 范 例
社会型 （S）	能够帮助和提高别人的活动	社会、友好、合作、理解	社会工作者、教师、议员、临床心理学家
企业型 （E）	能够影响他人和获得权力的言语活动	自信、进取、精力充沛、盛气凌人	法官、房地产经纪人、公共关系专家、小企业主
常规型 （C）	规范、有序、清楚明确的活动	顺从、高效、实际、缺乏想象力和灵活性	会计、业务经理、银行出纳员、档案管理员

（二）管理者的性格类型

1. 俞文钊教授的研究

俞文钊（2002）曾对 12 个工厂的 144 名企业管理者（男占 80%，女占 20%）采用卡特尔 16 种人格因素量表和 Y-G 性格测验量表进行调查。Y-G 性格测验量表测试的五种典型的性格类型及其特点，如表 3-7 所示。

表 3-7　五种典型的性格类型及特点（Y-G 性格测验量表）

型　　号	名　　称	情　　绪	社会适应状况	向　　性	特　　点
A	平均型	平均	平均	平均	智力平常，精力、体力、毅力、能力都中等，不引人注目
B	不稳定积极型	不稳定	不适应	外向	与周围人的关系不融洽，其行为常引起人们的注意和议论，容易出现异常行为
C	稳定消极型	稳定	适应	内向	常处于被动状态，温顺
D	稳定积极型	稳定	适应	外向	人缘好，有组织领导能力，是活跃务实的类型
E	不稳定消极型	不稳定	不适应	内向	好独立思考，有钻研精神，但不善于交际，内倾性明显，容易患神经症、身心疾病

采用 Y-G 性格测验量表的结果表明：D 型性格类型的领导者占 54.2%，C 型性格类型的领导者占 20.8%，A 型性格类型的领导者占 17.7%，混合型性格类型的领导者占 7.3%，B、E 型性格类型的领导者一个也没有。可见，企业领导者的主要性格是 D 型，不宜选 B、E 型担任领导者。

采用卡特尔 16 种人格因素量表的结果表明，企业中层管理者与一般工人在下面四种特质方面存在显著差异：① 缄默孤独与乐群外向；② 情绪激动与情绪稳定；③ 权宜敷衍与有恒负责；④ 专业而有成就。翟洪昌、许铎（2000）的研究表明，自律性是选拔管理人员的重要个性，而且管理人员的级别越高，自律性越强。管理人员必须善于控制自己的情绪和行为。

2. 不同类型管理者性格类型的比较

有学者曾采用卡特尔 16 种人格因素问卷对北京市各类企业中从事组织人事工作、营销管理工作和财务工作共计 248 人进行了个性测查，结果表明：上述三个职业群体的个性结构有许多共同之处，如都有较高的稳定性、有恒性和自律性。但它们之间的差异也是显而易见的（赵慧军，1999）。人事管理者和营销管理人员更加外向、开朗，而财会人员则比较内向、严谨，这明显反映了职业特点，即人事工作和营销工作更多的是以人为对象，而财会人员每天面对更多的是数据。另外，测验结果还反映了人事管理者讲实际、工作原则性强而不留情面，有保守倾向，营销人员冒险敢为，有广泛的社会联系，而财会人员则有细心敏感、独立性较高的个性特征。

二、能力与职业的匹配

能力是与顺利地完成某种活动有关的心理特征，包括智力、性向和成就三种。智力是指个人的一般能力；性向是指个人可以发展的潜在能力；成就是指个人通过教育或培训在学识、知识和技能方面所达到的较高水平。

（一）智力与工作难度的匹配

智力的测量通常采用韦克斯勒成人智力量表（WAIS）和比纳智力量表，也可采用冯德利克（Wonderlic）人事测验。其中，冯德利克人事测验（Wonderlic Personnel Test，WPT）包括 50 个项目，分别测量言语、数字和空间能力，其形式多样，适用于不同类型的人员，测试程序比较简单，效率比较高，并能用于团体测验。

智力的个别差异在一般人口中所占的比例呈常态曲线分布，即两头小，中间大。表 3-8 是特尔曼在 1937 年统计的韦氏（WAIS）智商分类表。

表 3-8　韦氏（WAIS）智商分类表

智　商	占人口的百分比/%	类　别
130 以上	2.2	非常优秀
120～129	6.7	优秀
110～119	16.1	中上（聪明）
90～109	50.0	中等
80～89	16.1	中下（迟钝）
60～79	6.7	临界迟钝
60 以下	2.2	智力缺陷

任何工作都有相应的智力要求，智力低下将不能适应有较高难度的工作。有一个研究初步测算了不同职业的智商：专业人员 120 分、半专业人员 113 分、工商企业职工 108 分、技术人员 104 分、半技术人员 96 分。若智商高者从事难度不大、缺乏挑战性的工作，也会导致工作漫不经心或不耐烦。

（二）能力与职业匹配因人而异

根据英国心理学家查尔斯·斯皮尔曼（Charles Spearman，1863—1945）于 1904 年提出的能力的二因素结构理论，人在顺利完成某项任务时，必须既具有一般能力，又具有特殊能力（Charles Spearman，1904）。一般能力是指在多种基本活动中表现出来的能力，如观察力、记忆力、抽象概括能力等。特殊能力是指出现在某些专业活动中的能力，如数学能力、音乐能力、专业技术能力等。某种一般能力在某种活动领域得到特别的发展，就可能成为特殊能力的组成部分。而特殊能力在得到发展的同时，也发展了一般能力。员工除了需要具备一般能力外，还必须具备从事该职业的特殊能力，即职业能力。有些企业在招聘和选拔人才过程中，采取业务能力考试以考察应聘者的职业能力。

每个人的能力有所差异，管理者必须根据每个人能力的特点安排他们的工作。

 **例证 3-1**

杨振宁的成功

著名科学家杨振宁，当年出国留学时，为了给实验物理学极其薄弱的祖国尽自己的一份力，曾选择在费米门下从事实验物理研究。不过可惜的是，杨振宁并不十分擅长于实验操作。初到芝加哥大学实验室工作的近20个月中，他的物理实验进行得非常不顺利，做实验时常常发生爆炸，以至于当时实验室里流传着这样一句笑话：哪里有爆炸，哪里就有杨振宁。杨振宁不得不痛苦地承认，自己的动手能力比别人差。后来，在另一位导师泰勒的忠告下，杨振宁决心从事考验动脑能力的理论物理研究，而思考正是他的特长。事实证明，杨振宁的选择是正确的，他最终在粒子物理学、统计力学和凝聚态物理等理论物理领域做出了里程碑性的贡献，并获得了1957年的诺贝尔物理学奖。

（李险峰，2012）

（三）胜任力与职业匹配

胜任力又称为胜任特征，是指能将某一工作（或组织、文化）中有卓越成就者与表现平平者区分开来的个人潜在特征，它包括动机、特质、自我形象、态度或价值观、某领域知识、认知或行为技能（Spencer，1993）。胜任力可以被可靠测量，企业一般通过建立胜任力模型并进行应用以筛选员工。冰川模型是描述胜任力的通用模型，其可用来分析个人与职业的匹配程度，从而做出正确的职业选择，如图3-2所示。冰川水上部分代表表层的特征，如知识、技能等。知识是指在实践中获得的认知和经验。技能是指个人目前具备的某项专门技术。水下部分代表深层的胜任特征，如社会角色、价值观、自我定位、个性特点、内驱力和社会动机等，这些是决定人们的行为及表现和区分不同职业要求的关键因素。

图3-2　冰川模型

第三节　心理测验

近年来，随着个性特征的信息在员工招聘、选拔、工作绩效预测等方面的应用，组织行为学对于个性模型的研究从 20 世纪 90 年代以来又趋于活跃。国家人事部有关部门已在公务员考试和企业咨询中采用了心理测验。据吴呆（2011）对 83 家分别来自江苏、浙江、上海、广东、安徽、江西、山东、河北、天津等省市的企业的调查，有 25 家企业（30.1%）表示采用心理测验的方法，采用的心理测验主要有 16PF（13 家）、IQ（7 家）、韦氏成人智力量表（4 家）、Holland 职业兴趣测试（4 家）、大五人格测验（3 家）、MBTI（3 家）。随着国内心理测验工具的成熟和管理的规范，将会有越来越多的企业使用心理测验，而且网上测验（Web Test）已经随着网络技术和人员招聘中的网上申请的发展而得到快速发展。

一、常用的心理测验

心理测验（mental test）是心理测量的工具，心理测量在心理咨询中能够帮助当事人了解自己的情绪、行为模式和人格特点。常用的心理测验包括迈尔斯—布里格斯类型指标测验、"大五"个性因素模型、加州心理测验、投射测验、韦氏智力量表、创造力测验、卡特尔 16PF、霍兰德职业人格测验、九型人格等。下面简单介绍其中的几种。

（一）迈尔斯—布里格斯类型指标测验

MBTI 量表（Myers-Briggs Type Indicators，MBTI，参见 http://www.mbti.com）是目前世界上应用最为普遍的个性评价工具，在国外，每年有几百万人都在接受 MBTI 测验。近些年，MBTI 专家在原始工具基础上，相继开发出十余种版本的量表，并主要经由美国心理类型应用中心、咨询心理学家出版社以及 MBTI 信托机构三大组织共同合作出版了三阶段评估工具，其理论基础愈趋深厚，评估结果也愈加个性化。正因如此，该量表越来越广泛地被应用于自我了解和发展、职业发展和指导、组织发展、团队组建、管理和领导培训、人际关系咨询、教育及课程发展等方面。

最初的 MBTI 量表是由美国学者伊莎贝尔·迈尔斯（Isabel Myers）与她的母亲凯瑟琳·库克·布里格斯（Katherine Cook Briggs）在荣格分析心理学内外倾向性格和思想基础上发展起来的，其认为人的心理可以通过以下四个双极维度描述。

（1）外向型（E）—内向型（I）：表示获得与运用能量的方式。

（2）感知型（S）—直觉型（N）：表示收集与获取信息的方式。

（3）思考型（T）—感觉型（F）：表示做出决策的方式。

（4）判断型（J）—认知型（P）：表示组织生活的方式。

四个维度，两两组合，共有 16 种人格类型，个人的性格靠近哪个维度组合，就意味着个体会有哪方面的偏好（McCrae，Costa，1989）。例如，直觉思考型（NT）的人天生有着好奇心，喜欢梦想，有独创性、创造力、洞察力，有兴趣获得新知识，有较强的分析问题、解决问题的能力。他们是独立的、理性的、有能力的人。大多数 NT 类型的人喜欢物理、研究、管理、计算机、法律、金融、工程等理论性和技术性强的工作。有研究表明，成功企业家的特征之一是直觉思考型（NT）的个性。对苹果、联邦快递、本田、微软和索尼等公司的 13 位企业家（创始人）的调查表明，他们全部为直觉思考型。"外向—直觉—思考—认知"类型和"外向—感知—思考—认知"类型的管理者的工作绩效比较高。

例证 3-2

IBM 公司的说服游戏

IBM 公司要派一批人去印度开展工作，但由于对印度缺乏了解和存在文化上的偏见，几乎没有人愿意去。于是，相关部门就对候选人的性格类型进行了研究，对不同类型的候选人制定了不同的说服方案。例如，对于 ENTJ（外向思考带内向直觉型）的人就用晋升、加薪和新工作富于挑战性来吸引他；对于 ISFP（内向情感带外向实感型）的人就动之以情，晓之以理，向他们表明印度的工作将在最大程度上体现出他们的价值，并许诺提供最自由的工作空间让他们充分发挥，同时向他们暗示，有机会领略印度灿烂的古代文明是一件难得的人生体验。由于充分研究了候选人的性格特质，说服工作进展得非常顺利，人事部门也就出色地完成了这次原本被认为不可能完成的任务。而且被派往印度的人，大部分在到达印度之后，不仅在工作上有很大的进步，而且也庆幸地认为，前往印度是自己人生中最为正确的决定之一。

（袁希，2004）

（二）"大五"个性因素模型

"大五"个性因素模型（Big Five Factor Model）最初由突普斯和克里斯特（Tupes & Christal，1961）提出。该模型认为，任何个体都存在着五个相对显著、独立而且稳定的个性因素。这五个因素包括精力充沛、情绪稳定、相容协同、责任意识和文化修养。后来的学者将个性的五大因素做了以下命名。

（1）神经质。该因素既包括个体的坚定、稳健、冷静、情绪稳定这一极端到焦虑不安、担心、情绪化、情绪波动的另一极端，也包括神经过敏。

（2）外向性。该因素既包括个体爱交际、乐群、武断这一极端到安静、保守、谦恭、退让的另一极端，也包括友善、社会化、支配、权力欲、社会能力。

（3）经验开放性。该因素最显著的特征是创造力、想象力、广泛的兴趣和勇敢。

（4）宜人性。该因素既包括同情、合作、好脾气、热情这一极端到坏脾气、不高兴、不愉快、冷淡的另一极端，也包括信任、攻击性、喜欢、友好的顺从。

（5）责任意识。该因素既包括努力工作、勤劳、负责这一极端到任性、不负责和懒惰的另一极端，也包括可信赖、成就欲、自我控制与冲动、野心与慎重、约束和工作。

"大五"个性因素可用图 3-3 表示。1990 年以来，"大五"个性因素模型在我国也得到了验证，成为被普遍认可的一种个性结构理论。研究表明，"大五"个性因素与工作绩效有着较为密切的关系。

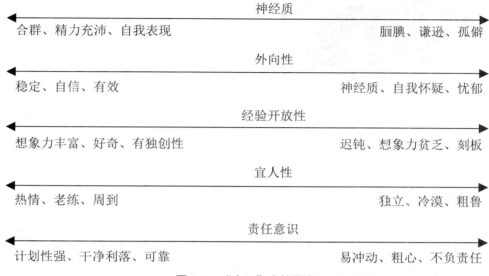

神经质

合群、精力充沛、自我表现 　　　　　　　　　　　脑膜、谦逊、孤僻

外向性

稳定、自信、有效 　　　　　　　　　　　　　　　神经质、自我怀疑、忧郁

经验开放性

想象力丰富、好奇、有独创性 　　　　　　　　　　迟钝、想象力贫乏、刻板

宜人性

热情、老练、周到 　　　　　　　　　　　　　　　独立、冷漠、粗鲁

责任意识

计划性强、干净利落、可靠 　　　　　　　　　　　易冲动、粗心、不负责任

图 3-3 　"大五"个性因素

（三）加州心理测验

加州心理测验量表（California Psychology Inventory，CPI；H. G. Gough，1987）由美国加州大学的心理学教授高夫（H. G. Gough）编制，共包括 480 个是否型的问题，由 18 个分量表构成。18 个分量表按所测查的个性心理特征又可分为四大类：① 考察人际关系适应能力；② 涉及社会化、成熟度、责任心以及价值观念的测量；③ 考察成就能力与智能效率；④ 涉及个人的生活态度和倾向。该测验主要考察人与社会相关的各个方面，从人与社会交往中了解个体的特点。

（四）投射测验

投射测验（Projective Test）是向被试者呈现一种模棱两可的情境、图片或陈述，要求尽快做出解释反应，被试者在回答或解释反应过程中往往会投入自己的思想、态度、愿望、价值观和情感，测试者据此分析了解被试者的个性特征。目前应用比较广泛的投射测验有罗夏克墨迹测验和主题统觉测验。

（1）罗夏克墨迹测验（Rorschach Inblot Technique）。该测验由瑞士精神病学家赫曼·罗夏克（Hermann Rorschach，1884—1922）于 1921 年提出。通过让被试者解释一套用墨迹组成的图形，进而推论被试者的个性特征，如图 3-4 所示。

（2）主题统觉测验（Thematic Apperception Test），又称 TAT 测验。该测验是由美国心理学家于 1930 年提出的个性测量方法。测验时，向被试者呈现一套反映不同情境的图片，要求他用 5 分钟看完一张图片并讲出一个故事或发表自己的意见。测试者运用一定的技术分析被试者的故事或见解，推论其个性特点，如图 3-5 所示。

图 3-4　罗夏克墨迹测验例图　　　　　图 3-5　主题统觉测验例图

二、心理测验在管理中的应用

心理测验在管理中的应用主要表现在员工的招聘、人才的培育、心理健康测查以及潜能开发等人力资源管理方面。下面举例说明。

（一）心理测验在公务员考试中的应用

我国公务员考试是社会人才从事政治管理或跻身公务员队伍的一个有效的途径，建立公平、公正的考试制度对国家建设发展至关重要。其考试形式包括笔试、面试、心理测试等方面，通过一系列的测验以衡量和评价应试者的知识、能力、专业水平以及心理素质等是否符合国家公务员要求（熊珂，2016）。心理测验在公务员考试中的应用主要有三个特征。一是其信度和效度都比较高。目前，一些省份在公务员录用考试的心理测验中使用的量表都是世界上长期使用后得出明确结论的著名量表。二是采取的手段比较新颖。目前心理素质测验主要采取心理问卷的方法，既便于操作，又有固定的标准。三是测验的标准化较高，心理测验与物理测量一样，都是根据一定的法则将某种物质属性表示成数字，同时又都有严格标准的测试方案，从而最大限度地排除无关因素的干扰，使测试结果准确、标准，而且可以相互比较。心理测验能对人的心理素质进行科学、准确的评估，为择优录用提供了客观有效的依据，已经成为国家选拔公务员的常规办法。目前，越来越多的国企和事业单位也开始运用心理测验进行人才选拔和人事决策（孙天威，2009；王晓霞，2012）。

（二）心理测验在企业网上招聘中的应用

网上心理测验已经随着网络技术的发展和线上招聘渠道的兴起得到越来越广泛的应用。目前有许多国内外知名企业（如腾讯、宝洁、联合利华、京东、恒大）在应聘人网上投递简历后，会根据不同的职业选拔需要，要求应聘者进行相应的线上心理测试。心理测试结果将作为他们筛选应聘者的一个重要参考因素。例如，企业利用智力量表测验中的言语测验，测量管理、销售人员的言语理解和与人沟通的能力；利用人格因素调查问卷，如卡特尔的测试问卷、明尼苏打多项人格问卷（MMPI）、艾森克人格问卷（EPQ）、"大五"人格测验等，测查候选人的人格特质，为其进行职业类型匹配度确认；利用投射测验可以考察出应聘者的工作动机和与工作有关的生活态度。用人单位的网上招聘工作往往因其无法对应聘者进行深入全面的了解而深受诟病，企业使用线上心理测验做辅助，使得线上招聘的科学性、准确性和公正性都有了大幅度的提升。

（三）诚信测验在招聘和选拔中的应用

诚信测验（Integrity Test）成为继能力和个性测验后在人员选拔实务中必不可少的测验。从 20 世纪 60 年代起，随着西方国家产业结构的调整和服务性行业的发展，商业企业雇员的偷窃问题引起了广泛的关注。大量经验性调查估计，美国每年 70% 的商业损失和 30% 的商业失败都归咎于雇员行为。根据估计，美国每年约 40 亿美元的企业损失是员工偷窃所致；1997 年，另一估计认为，美国每年 60 亿～2 000 亿美元的损失是员工造成的，这导致了雇主对雇员的诚实、诚信、可依赖性和可信任性这些品质的关注不断加强，并且开始聘请专家在人员选拔中利用心理学方法来检测应聘者的诚信度。

由于中国社会信用体系尚未完全建立，假文凭、假学历、假资历等现象时有发生，因此应聘者的诚信问题成为许多企业人才招聘过程中的一个主要问题。对此，应适当采取一些防范措施。① 选择合适的招聘队伍，有经验的面试官可能对应聘者的假文凭、夸大其词、撒谎比较敏感并能做出辨别。② 建立规范而科学的招聘系统。③ 精心设计面试问题，有时采用出其不意的压力面试。如问："你为何找不到工作？"面试官对回答这一问题时的欺骗行为极为敏感，你应该直截了当地回答，眼睛看着对方。有专家警告说，如果应聘者的回答超过了一分钟，那么应聘者很有可能是在撒谎。④ 采用多种甄选方法，进行多方印证和比较。⑤ 开展背景调查和履历分析，有时通过信函、电话、走访、上网等查阅应聘者相应的资料。⑥ 增加网络招聘行为的成本。⑦ 设定试用期。迄今为止，中国尚未编制科学的诚信测验量表。

（四）背景调查在招聘中的应用

背景调查就是企业人力资源部门通过各种正常的、合法的、合理的方法和渠道，对应聘人员的工作经历、教育背景、品质、兴趣、薪资等情况进行暗中调查，以获得应聘人员背景资料的相关信息，并对获得的信息与应聘人员所提供的简历、面谈介绍以及职位信息进行对比，以成为企业人力资源管理者对员工聘用的参考依据，为人才决策提供重要的证据材料（杨贵芳，2011）。

美国企业的主要背景核实方式为推荐信核实和电话核实，也有委托商业调查公司进行。目前中国的员工背景调查则主要包括身份识别、犯罪记录调查、教育背景调查、工作经历调查、个人资信和资质调查等。

由于中国目前的法律没有明确地对企业背景调查的权利和义务进行界定，候选人对公司的背景调查结论持不同意见时有可能会诉诸法律。因此，在实际应用中，企业在背景调查前要获得候选人的理解、支持和书面知情同意书，要避免涉及个人隐私的问题。在背景调查过程中要保持严谨和客观的态度，妥善处理背景调查的结果，并且注意完善背景调查的各种制度和流程，保留各种书面资料。

三、规范使用心理测验

为准确地了解个体的个性特点，必须正确地使用心理测验，否则，不仅不能有效地了解个体的个性特点，还可能造成不良的后果。为使心理测验最大限度地发挥其功效，使用心理测验时应注意以下三个问题。

1. 正确认识心理测验的作用

要正确地使用心理测验技术，首先要端正认识态度。心理测验可信，但不能全信；心理测验可用，但不能完全依靠它。不少人过分夸大和迷信心理测评的作用，形成"万能论"和"唯测评论"。诚然，心理测验是了解个体个性特点的重要手段，是诊断、招聘和选拔、决策的重要工具，较之以往的"学历+工作经验"的人才选拔方法更具科学性、准确性和客观性。但它不是万能的，存在一定的局限性。心理测验通过间接测量和取样的方法推论出人的特质，不可避免地存在误差。并且，不同的心理测试测评方法所依据的理论基础不尽相同，每个理论都会存在一个"脆弱的前提假设"，这也加大了测试结果的不确定性。因此，当使用心理测验时，我们应当认识到，心理测验同其他任何一种人才测评工具一样，都是决策的辅助性工具，分析结果不能作为唯一依据来使用。

2. 选择专业的心理测试人员

心理测验是一项专业技术很强的工作，需要有经过专门培训并有丰富实践经验的专业人员进行操作。一般来说，专业的施测者必须满足以下三个条件：① 施测者对心理学基础知识掌握熟练，并接受过心理学的训练；② 施测者清楚地认识心理测验的特点、性质、作用以及局限性，熟悉心理测验的量学指标（信度、效度和区分度等）、内容、适用范围、流程和记分方法等；③ 施测者须具备较强的工作能力和良好的职业素养，如保密测验内容、保护被测者的个人隐私等（刘志宏，邢艳琴，2010）。只有由专业人士施测，才能把误差控制在最小的范围内，才能提高测试结果的可靠性和有效性。

3. 谨慎解释测验结果

心理测验是专业人员测量个体心理特质的科学工具，多数情况下被测者对测验结果比较重视。因此，对测验结果的解释应持谨慎态度。施测者对测验结果进行分析和解释时应做到以下两点：① 结合心理测验的特点进行分析，明确测验结果是一个可变动的区间而非固定值，被试者的水平和特点也是有可能变化的。② 避免分数绝对化。心理测验结果受被测者的主观因素的影响，并不是一测就灵，往往需要多次反复测量，并采用多种测量方法相结合的形式，才能在一定程度上揭示人的心理特征。切忌仅根据一次测验结果就妄下定论。

 本章小结

➤ 个性是指个体比较稳定的、经常影响个体行为并使个体和其他个体有所区别的心理特点的总和。

➤ 个性的理论可分为个性的类型理论和个性的特质理论。个性的类型理论就是将人的个性加以类型化。而个性的特质理论认为人的行为由个人在一定程度上都有的稳定的特质所决定。

➤ 个性与职业存在匹配关系。个性与职业的匹配问题研究已经逐步扩展到个性与组织类型、环境的匹配问题研究。

➤ 气质分为多血质、胆汁质、黏液质和抑郁质四种基本类型。气质与职业之间存在着匹配关系。

➤ 霍兰德职业人格包括六种类型，即现实型（R）、研究型（I）、艺术型（A）、社会型（S）、企业型（E）、常规型（C）。人们选择职业时需要参考自己的职业兴趣和职业人格。

➤ 任何工作都有其智力要求，智力低的人将不能适应有较高难度的工作。

➤ 能力分为一般能力和特殊能力。员工除了需要具备一般能力外，还必须具备从事该职业的特殊能力，即职业能力。

➤ 胜任力又称为胜任特征，是指能将某一工作（或组织、文化）中有卓越成就者与表现平平者区分开来的个人潜在特征，它包括动机、特质、自我形象、态度或价值观、某领域知识、认知或行为技能。

➤ 心理测验是心理测量的工具，心理测量在心理咨询中能够帮助当事人了解自己的情绪、行为模式和人格特点。它是了解个体个性特点的重要手段，是诊断、招聘、选拔和决策的重要工具。

➤ 常用的心理测验主要包括 MBTI、霍兰德职业人格测验、加州心理测验、投射测验、卡特尔 16PF、瑞文智力测试、Y-G 性格测验、"大五"人格测验、九型人格等。

思考练习题

一、选择题

1. 性格类型不能做好坏评价。（　　　）

　　A. 是　　　　　　　　　　B. 否

2. 智力是一种特殊能力。（　　　）

　　A. 是　　　　　　　　　　B. 否

3. 抑郁质气质类型的人思想刻板、内向、孤僻，因此是一种不好的气质类型。（　　　）

　　A. 是　　　　　　　　　　B. 否

二、简答题

1. 什么是个性？个性心理特征包括哪些内容？个性倾向性包括哪些内容？

2. 平时从报刊上做心理自测题时，应当注意些什么？

三、学以致用

做完本章的心理测试（你是 A 型人格吗）后，假如发现自己或同学是典型的 A 型人格或者 B 型人格，那么你在实际生活和工作中应当如何调适自己的急性子或慢性子？或者你应当如何与急性子或慢性子的同学友好相处？

你是 A 型人格吗

指导语： 在下面各特质中，你认为哪个数字最符合你的行为特点？本测验约需 5 分钟。

1. 不在意约会时间	1 2 3 4 5 6 7 8	从不迟到
2. 无争强好胜心	1 2 3 4 5 6 7 8	争强好胜
3. 从不感觉仓促	1 2 3 4 5 6 7 8	总是匆匆忙忙
4. 一时只做一事	1 2 3 4 5 6 7 8	同时要做好多事
5. 做事节奏平缓	1 2 3 4 5 6 7 8	节奏极快（吃饭、走路等）
6. 表达情感	1 2 3 4 5 6 7 8	压抑情感
7. 有许多爱好	1 2 3 4 5 6 7 8	除工作之外没有其他爱好

记分： 累加 7 个问题的总分，然后乘以 3。分数高于 120，表明你是极端的 A 型人格，分数低于 90，表明你是极端的 B 型人格。

分数	人格类型
120 以上	A+
106～119	A
100～105	A-
90～99	B
90 以下	B+

讨论： 大家分享自己的分数，举例说明自己的 A 型性格或者 B 型性格在现实生活和学习中有何表现。最后请班上典型的 A 型性格者或者 B 型性格者分享他们的事例。

 案例分析

乔布斯——有缺口的完美人生

完美，是乔布斯喜欢的词汇，是他毕生的追求、成功的秘诀。在产品设计上，乔布斯精确到每一个细节，甚至要求工程师把没人会拆开看的机箱电路板设计得漂亮、吸引人；研发 iPhone 时，设计团队尝试过数百种不同的手机外壳；而等到"侵略了整个地球"的 iPhone 4，乔布斯更是规定主要零件的间距不能大于 0.1 毫米，这是为了避免打电话时夹到头发。心理学家说，每个锱铢必较的完美主义者都有一颗充满控制欲的心，每个控制狂都有一颗自恋的灵魂。

一、一切从被收养开始

乔布斯从没说过，他具体在哪年哪月哪天，以怎样一种方式知道了自己的身世。乔布斯的亲生父母在即将读研时生下了他，却无力抚养。一对蓝领夫妻收养了这个男婴，并给他取名为史蒂夫·乔布斯。

在乔布斯还不知道自己是个养子时，收养的心理印记就早已烙印在他的身上。童年时，他是个爱哭、孤僻的孩子，被同学欺负了，就躲在角落里偷偷地流眼泪。直到乔布斯成了叱咤风云的苹果帮主，他的不少工作伙伴仍然用"少言寡语、孤僻"来评价他。但成年的乔布斯不再相信眼泪，他选择了一条更为坎坷的逃避之路。

1977 年，乔布斯 22 岁，苹果公司正式成立。就在这一年，乔布斯的女友布里南怀孕了。乔布斯不怎么喜欢这个"惊喜"，建议布里南堕胎，但布里南不同意。1978 年，乔布斯的第一个女儿丽莎诞生，但他拒绝承认。即使亲子鉴定显示他的确是丽莎的亲生父亲，但乔布斯仍然奋力否认，甚至不惜牺牲自己的名誉和尊严，在法庭上说："我没有生育能力，不可能生出这个孩子。"直到 1980 年，乔布斯才承认了丽莎的身份。

那两年，没人明白乔布斯究竟在想什么。他不承认丽莎，却又把新研发的电脑命名为"丽莎"。或许，曾被亲生父母遗弃的乔布斯在用这种方式拒绝长大，他拒绝的不是丽莎，而是成为父亲的事实。

二、"我最重要"的感觉

乔布斯也许永远都不会忘记，自己是个养子。终其一生，这个一出生就被抛弃的男人都像个孩子一样，追求着"我最重要"的感觉。

苹果公司成立的那天，斯蒂夫·沃兹被推选为 1 号员工，乔布斯是 2 号。沃兹是乔布斯多年的合作伙伴，更是苹果电脑的设计者。即使如此，"2"的感觉仍让乔布斯不爽，于是他抗议了一番，然后给了自己一个让人无奈又好笑的称呼：0 号员工。

乔布斯喜欢车，但从不上牌照。他"拉风"地对警察强调："我是名人，每天都会被人偷掉车牌，所以还不如不装。"乔布斯一度爱上一款保时捷表，一旦有人夸他的表好看，他就当场送给对方，过一会儿又"变"出一块戴在手上。原来，这块价值 2 000 美元的手表他一买就是一箱，送一块，再戴一块。金钱是粪土，只要能引人关注。

所有老板都热衷于经营形象，乔布斯却说："让慈善见鬼去吧。'乔布斯的熟人这样说道："乔布斯把主要精力放在提高自己的生活质量上，以便让他替心研究、发明创新，然后直接（通过雇用员工）或间接（用产品改善大众的生活质量）来影响更多人。"这就是乔布斯的慈善逻辑：我不给你钱，我用我的重要性来改变你。

三、改变与控制

乔布斯说，活着就是为了改变世界。

1978 年，在苹果公司首次举办的化妆晚会上，23 岁的乔布斯扮演了基督耶稣，或许这就像个人生预言：我是最重要的上帝，我可以改变世界，也可以控制世界。

他做到了。他改变了全世界对科技的认知与审美，没人能跟得上他超前的眼光和步伐。但前提是：一切尽在掌握之中。

乔布斯严格地控制着他创造的世界。他是个只吃鱼肉和素食的人，于是苹果的食堂里整日就弥漫着豆腐的味道。保密，是苹果"最苛刻，甚至带有些侮辱性"的公司政策：员工一旦泄密必遭解雇，哪怕是无心说漏嘴；公司内有无数摄像头监控员工的工作情况；新产品必须蒙上黑布，揭开黑布时必须打开红色警示灯；甚至高管会故意在公司内散布错误信息，测试泄密可能。

控制，在苹果的产品上展露无遗。苹果的产品缺少开放性和兼容性，永远是完美而封闭的：不开放的系统、没有兼容性的蓝牙设备、用户甚至不能更换电池。乔布斯用他的产品告诉你：我可以给你最好的世界，但你必须放弃其他的一切。

乔布斯对自己的舆论形象也严加控制。对于报道了自己诸多私生活的八卦记者，他禁止苹果员工与其说话；未经他"官方授权"的乔布斯传记作者被他大加封杀。2008年起，乔布斯的癌症恶化，他终于"授权"了"官方"自传的采访和出版，这或许是他对死后舆论的最后一次有效控制。

四、粗暴与善解人意

乔布斯是全世界最善解人意的产品设计者。数十年来，"用户体验"一直是苹果最重要的追求目标。但乔布斯的这份善解人意，却很少能惠及身边人。生活中，他经常漠视他人的感受，是个粗暴的自恋者。

他亲生父母所生、27岁时相认的胞妹莫娜在第三部小说《一个凡人》中，描写了一个抛弃女儿的自恋狂企业家，对他人的愿望和想法都丝毫不予考虑，人生目标是"这个星球因为他的诞生而从此改变"。大家都知道这位主人公的原型是谁。

乔布斯是个爱用"咆哮体"的老板。在公司里，他动辄怒吼，"你们这群笨蛋""废物、饭桶"都是他经常用的词汇。

乔布斯的合作伙伴曾这样评价他："在他的世界里，只有黑与白。"终其一生，乔布斯都像个孩子，二元地分化着世界。被他"鉴定"为"坏人"的人，只有被他羞辱、鄙视的份儿。

（李小昼，2011）

问题讨论：

1. 请你简要概括乔布斯的性格特征。
2. 乔布斯的性格特征对他的管理风格有何影响？
3. 为什么乔布斯能够让苹果手机风靡全球？

 本章参考文献

[1] GOUGH H G. The California psychological inventory[M]. Palo Alto, California: Consulting Psychologists Press, 1957.

[2] HOLLAND J L. A Theory of vocational choice[J]. Journal of counseling psychology, 1959(6): 35-44.

[3] MCCRAE R R, COSTA P T. Reinterpreting the Myers-Briggs type indicator from the perspective of the five-factor model of personality[J]. Journal of personality, 1989, 57（1）:17-40.

[4] SPEARMAN C. General intelligence, objectively determined and measured[J]. American journal of psychology, 1904(15): 201-293.

[5] SPENCER J L, SPENCER S M. Competence at work: models for superior performance[M]. New York: John Wiley & Sons, Inc, 1993.

[6] TUPES E C, CHRISTAL R E. Recurrent personality factors based on trait ratings[R]. Lackland Air Force Base, TX: U.S. Air Force, 1961.

[7] 林涛. 腾讯：做互联网之"水"[J]. 中国企业家，2009（19）：14，48-57.

[8] 李小昼. 乔布斯——有缺口的完美人生[J]. 婚姻与家庭，2011（12）：26-27.

[9] 李险峰. 探析著名科学家杨振宁的成功之道[J]. 兰台世界，2012（34）：101-102.

[10] 刘志宏，邢艳霞. 如何正确使用心理测验[J]. 解放军健康，2010（04）：20.

[11] 刘迪迪，王美萍，陈翩，等. COMT 基因 Val158Met 多态性与抑郁的关系[J]. 心理科学进展，2018，26（08）：1 429-1 437.

[12] 孙天威. 公务员面试过程中的心理素质评估[J]. 理论界，2009（3）：212-213.

[13] 王晓霞. 笔迹分析技术在招聘中的应用研究[J]. 人口与经济，2012（S1）：33-34.

[14] 吴杲. 中国企业人员测评技术的应用：现状和思考——以制造企业为例[J]. 南京理工大学学报（社会科学版），2011，24（01）：47-53.

[15] 熊珂. 我国公务员考试制度研究[J]. 低碳世界，2016（10）：237-239.

[16] 杨贵芳. 背景调查在企业招聘中的应用[J]. 现代商业，2011（24）：93.

[17] 俞文钊. 管理心理学[M]. 上海：东方出版社，2002.

[18] 袁希. 从 MBTI 看 IBM 管理实践[J]. IT 时代周刊，2004（14）：77-78.

[19] 翟洪昌，许铎. 管理人员个性的因子分析及其科学评价问题的研究[J]. 心理科学，2000，23（2）：211-214.

[20] 赵慧军. 不同职业者的个性模式及其测评——个性轮廓匹配法的应用[J]. 中国人力资源开发，1999（05）：32-34.

[21] 校友会网. 2016 中国高考状元调查报告[EB/OL]. [2016-05-31]. http：//www.cuaa.net/cur/2016/2016gkzydc/.

第四章
价值观与态度

学习目标

➤ 了解价值观的类型
➤ 掌握态度改变理论
➤ 了解态度对组织行为的影响
➤ 掌握工作满意度调查的方法
➤ 了解组织承诺的概念

引例

宜家集团价值观

宜家创始人——英格瓦·坎普拉德生活极其俭朴，例如，乘飞机总是坐经济舱，在自助餐厅将自己的口袋塞满盐袋、胡椒粉，20年以来一直用着那辆1993年款的沃尔沃汽车，从不穿西装，没有昂贵的腕表。因此，他心怀节俭的美德也同样影响着全球最大的家具家居用品零售商——宜家集团（中国商界，2019）。宜家集团价值观里便包括了成本意识和简单。它认为应该让尽可能多的人拥有一个成本较低、美观实用的家。同时也鼓励"做自己，脚踏实地，不拘礼节，实事求是"。此外，宜家的价值观里还囊括了团结、关怀人类和地球、更新和改善、与众不同而又意义非凡、承担责任、以身作则。例如，宜家长久以来使用的可再生材料制作的购物袋、收集废弃的聚乙烯薄膜，经过加过后将其作为新产品制作的"原材料"。由此看来，也体现出了宜家的经营理念——为大众创造更加美好的日常生活。长期以来，宜家一直致力于为老百姓提供种类繁多、美观实用、物美价廉的产品，以帮助普通大众创造美好生活。在员工管理制度方面，宜家鼓励员工尝试不同的角色，员工可以根据自己的兴趣和对未来的目标自行规划职业发展，许多员工在整个工作过程中会在不同部门、不同岗位之间转换，发现最适合自己的岗位，从而发挥更大的作用。正因为如此，宜家中国的总体流动率不到15%，而《2012年—2013年中国零售行业人力资源管理蓝皮书》显示，中国零售业人员平均流失率为30%～40%。从企业文化到员工管理，宜家集团的价值观一直被各界各业称赞和学习。从1943年创始到2017年，宜家已成为全球最大的家具用品零售商，销售包括宜家办公系列、宜家家具零售系列、宜家餐饮家具系列等三个系列的9 500款产品，销售总额达到287亿欧元（高霞，2017）。

（资料来源：宜家职业发展-IKEA 宜家家具[EB/OL]. [2020-02-28]. https://www.ikea.cn/ms/zh_CN/his-is-ikea/the-ikea-concept/index.html.）

引例中，宜家的经营理念、员工管理等方面都受到其创始人价值观的影响，并且在这一基础上不断开拓创新，为企业持续发展注入新动力。价值观和态度是构成个性倾向性的重要组成部分，对人们的行为具有重要的影响，对组织管理具有重要的意义。对企业来说，员工的价值观和态度决定他是否愿意以及在多大程度上愿意向顾客介绍企业和推荐企业的产品；决定他是否愿意融入企业文化，从而为企业多付出；决定他是否愿意和企业一起成长与发展；决定他是否愿意留下来。

第一节　价　值　观

个体对客观事物，如工作、金钱、感情都有自己的衡量标准。这些客观事物对个体而言，有轻重主次之分。价值观不是与生俱来的，而是在后天生活和工作的环境中逐步形成的，一旦形成，就具有稳定持久性。

一、价值观的概念

价值观代表一系列基本信念和看法：从个体或社会的角度来看，某种具体的行为类型或存在状态比与之相反或不同的行为类型或存在状态更可取（罗宾斯，2016）。价值观是个体对客观事物的综合态度，能够直接影响个体对事物的看法和行为。它如同一个总指挥，支配着个体的需要、动机乃至行为，影响个体的人际关系，影响个体的决策，影响个体对自身及组织成功的看法。

二、价值观的类型

价值观按内容、表现形态可分成不同类别，罗克奇和霍夫斯泰德等学者对它进行了分类。

（一）罗克奇的工具与目的价值观

米尔顿·罗克奇（M. Rokeach，1918—1988）设计了罗克奇价值观调查问卷（Rokeach Value Survey；M. Rokeach，1973，1983），如表 4-1 所示，它包括两种价值观，每一种类型都有 18 项具体内容。第一种类型，称为目的价值观（Terminal Values），指的是一种期望存在的最终目的，它是一个人希望通过一生而实现的目标；第二种类型，称为工具价值观（Instrumental Values），这种价值观指的是偏爱的行为方式或实现终极价值观的手段，主要表现在道德和能力两个方面。

表 4-1 罗克奇价值观

目的价值观	工具价值观
舒适的生活（富足的生活）	雄心勃勃（辛勤工作、奋发向上）
振奋的生活（刺激的、积极的生活）	心胸开阔（开放）
成就感（持续的贡献）	能干（有能力、有效率）
和平的世界（没有冲突和战争）	欢乐（轻松愉快）
美丽的世界（艺术与自然的爱）	清洁（卫生、整洁）
平等（兄弟情谊、机会均等）	勇敢（坚持自己的信仰）
家庭安全（照顾自己所爱的人）	宽容（谅解他人）
自由（独立、自主选择）	助人为乐（为他人的福利工作）
幸福（满足）	正直（真挚、诚实）
内在和谐（没有内心冲突）	富于想象（大胆、有创造性）
成熟的爱（性和精神上的亲密）	独立（自力更生、自给自足）
国家的安全（免遭攻击）	智慧（有知识的、善于思考的）
快乐（快乐的、闲暇的生活）	符合逻辑（理性的）
救世（救世的、永恒的生活）	博爱（温情的、温柔的）
自尊（自重）	顺从（有责任感、尊重的）
社会承认（尊重、赞赏）	礼貌（有礼的、性情好）
真挚的友谊（亲密关系）	负责（可靠的）
睿智（对生活有成熟的理解）	自我控制（自律的、约束的）

（二）霍夫斯泰德的民族文化价值观维度

荷兰社会学家吉尔特·霍夫斯泰德（G. H. Hofstede）提出的一种由五种文化维度组成的框架（G. H. Hofstede，1980），可以用来比较民族文化的价值观。

（1）权力距离（Power Distance）维度是指某一社会中地位低的人对于权力在社会或组织中不平等分配的接受程度。各个国家由于对权力的理解不同，在这个维度上存在很大的差异。欧美人不是很看重权力，他们更注重个人能力。而亚洲国家由于体制的关系，十分注重权力的约束力。

（2）不确定性规避（Uncertainty Avoidance）维度是指一个社会受到不确定的事件和非常规的环境威胁时是否通过正式的渠道来避免和控制不确定性。回避程度高的文化比较重视权威、地位、资历、年龄等，并试图以提供较大的职业安全，建立更正式的规则，不容忍偏激观点和行为，坚决地运用绝对知识和专家评定等手段来避免这些情境。回避程度低的文化对于反常的行为和意见比较宽容，规章制度少，在哲学、宗教方面他们容许各种不同的主张同时存在。

（3）个人主义/集体主义（Individualism and Collectivism）维度用于衡量某一社会总体是关注个人的利益还是关注集体的利益。

（4）男性化与女性化（Masculinity and Femininity）维度主要看某一社会代表男性的品质（如竞争性、独断性）更多，还是代表女性的品质（如谦虚、关爱他人）更多，以及对男性和女性职能的界定。

（5）长期取向和短期取向（Long-term and Short-term Orientation）维度是指某一文化中的成员对延迟其物质、情感、社会需求的满足所能接受的程度。

三、中国当今劳动力的价值观

对当今劳动力中占主导地位的价值观的了解，有助于改善管理活动。例如，随着我国经济水平的提高和人民生活条件的改善，人们更加关注对健康的投资。考虑到这方面的价值观，某些经营管理者就可以开设一些养生健身活动场所，以满足人们的需求，同时也为企业增加效益提供了可能性。表4-2列出了中国当今劳动力中占主导地位的价值观。

表4-2　中国当今劳动力中占主导地位的价值观

阶　段	进入劳动力领域的时间	现在大概年龄	占主导地位的价值观
崇拜	中华人民共和国成立初期	65～80岁	忠诚、爱国、热情、服从、崇拜、勤劳刻苦、诚实、节省
"文化大革命"	"文化大革命"时期	50～65岁	猜疑、知识系统性不够、明哲保身、压抑、稳重、谨慎、踏实
文化精英	20世纪80年代	35～50岁	好学、忠诚、诚实、传统、成功、负责、健康
物质	20世纪90年代	小于35岁	灵活、对组织忠诚度减弱、享受、竞争、思考、好学、成就、独立
享乐	21世纪（90后）	21～30岁	享受、好玩、灵活、好学、旅游、创业、冒险
享乐	21世纪（00后）	16～20岁	懂即自我、现实、关怀、平等、包容、适应

四、企业的三种经营管理价值观

经营管理价值观是对经营管理好坏的总的看法和评价。企业主要有三种经营管理价值观，即最大利润价值观、企业价值最大化价值观和企业价值—社会效益最优价值观。表4-3对上述三种经营管理价值观做了比较。

表4-3　三种经营管理价值观的比较

比较方面	最大利润	企业价值最大化	企业价值—社会效益最优
一般目标	最大利润	令人满意的利润水平加上其他集团的满意	利润只是一般手段
指导思想	个人主义、竞争、野心勃勃	混合的，既有个人主义，又有合作	合作
政府的作用	越少越好	虽然不好，但不可避免，有时是必要的	企业的合作者
对职工的看法	只是一种手段，只有经济需要	既是手段，也是目的	本身就是目的
领导方式	专权方式	开明、专制和民主混合	民主、高度的参与式
股东的作用	头等重要	主要的，但其他集团也要考虑	并不比其他集团更重要

企业经营管理价值观与企业经营行为之间具有直接关系，它决定着企业行为的选择

和结果。高中华、吴春波和李超平（2011）对中国 500 强企业中 100 家企业的价值观陈述进行了分析和评价，结果显示，企业的价值观与企业的成功密不可分，以自主性、道德伦理、思想性和自我实现为价值观的企业保持 500 强地位的高达 85%；以道德伦理、思想性为价值观的企业保持 500 强地位的仅为 62%。

随着企业内外经营环境的变化，企业经营价值观也会发生相应的变化。根据罗伯特·海和爱德·格雷的研究，美国企业的经营价值观从 20 世纪初的追求利润最大化，到 20 世纪 30 年代起追求满意的利润水平，再发展到 70 年代兴起的生活质量哲学（吕伟峰，2007）。生活质量经营哲学对员工的基本看法是，企业员工的利益与企业的利益是一致的。企业的人力资源比金钱和技术更为重要，员工的尊严应受到保护。也就是说，美国企业经营价值观经历了由利润最大化，到利润—价值最大化，再到价值最大化的发展过程。

例证 4-1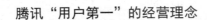

腾讯"用户第一"的经营理念

腾讯公司成立于 1998 年 11 月，是目前中国最大的互联网综合服务提供商之一，也是中国服务用户最多的互联网企业之一。成立十多年以来，腾讯一直秉承"一切以用户价值为依归"的经营理念，始终处于稳健发展的状态。腾讯坚持"用户第一"的理念，维护用户利益，保持对用户需求的敏感，重视用户消费体验，注重培养用户的满意度和忠诚度，以用户价值的最大化创造公司价值的最大化。在企业管理方面，腾讯也秉持着"关心员工成长，强化执行能力，追求高效和谐，平衡激励约束"的管理理念。

2019 年 11 月，马化腾在发给腾讯全体员工的邮件中，更新了公司的使命愿景和价值观。其使命愿景是"用户为本，科技向善"，价值观是"正直、进取、协作、创造"。马化腾表示，"我们抠细节、勤迭代，抱着'不辜负用户，与用户做朋友'的信念创造了 QQ。由此开始，腾讯一步一步走到今天。正是因为恪守了'用户为本''一切以用户价值为依归'的理念，在过去 21 年中，无论面对怎样的迷茫与取舍，腾讯都始终坚守这个信念，走在正确的路上。对此，腾讯会坚定地传承下去。"

（资料来源：腾讯 21 岁生日宣布企业文化 3.0：用户为本 科技向善[EB/OL]. [2019-11-11]. https://tech. sina.com.cn/i/2019-11-11/doc-iicezuev8669118.shtml.）

第二节 态度及其改变

员工会在态度之间和态度与行为之间自觉寻求一致性，这就是态度的一致性规律。如出现失调的情况，员工会采取一定的措施使之重新平衡，减少内心冲突。管理者可以通过员工态度调查来掌握员工具体的态度资料，从而预测员工的行为。态度调查结果可能常常出乎管理者的意料。

一、态度的含义

态度是指主体对特定对象做出价值判断后的反应倾向——要么喜欢，要么不喜欢。

态度包括认知、情感和行为三个成分。"老板很有魄力，非常随和"是某员工对老板态度的认知成分；"我很钦佩我的老板"是该员工对老板态度的情感成分；"我愿意与我的老板一起讨论事情，有时也偶尔开开玩笑"是该员工对老板态度的行为成分。

与工作相联系的态度主要有三种，即工作满意度（Job Satisfaction）、工作参与（Job Involvement）和组织承诺（Organizational Commitment）。工作满意度是指个人对他所从事工作的一般态度；工作参与是指个体在心理上对他的工作的认同程度；组织承诺是指员工对于特定组织及其目标的认同，并且希望维持组织成员身份的一种状态。

二、对组织行为的影响

态度对组织行为的影响主要体现在以下四个方面。

（一）态度影响认知

个体的认知会影响到态度的形成，而态度一旦形成就具有稳定性，会对个体的认知产生反作用，这种反作用可以是正向的，也可以是负向的。正确的价值观会产生积极的态度，对个体的社会认知产生积极影响，但是如果形成的态度使人产生心理反应的惰性（对态度对象产生了僵化、刻板的态度），就会妨碍社会认知的准确性，容易产生偏见，最终导致判断失误（朱秀峰，2015）。

（二）态度与员工的工作效率

工作态度和工作效率之间的关系非常复杂。布罗伊菲尔德和克罗克特经过 40 年的研究发现：对工作感到满意，持积极态度的员工，其工作效率可能很高；而对工作不满意，持消极态度的员工，其工作效率也可能很高。

（三）态度影响学习

人们在接受某种新知识时，对其内容的吸收和记忆受个体态度的影响。如果所学知识与原来所持观点和兴趣相一致，必然对之抱有好感，注意力集中，思维活跃，易于理解、吸收、记忆，学习效果也好；反之，则引不起学习的兴趣，学习效果就不好。

（四）态度影响人对挫折的适应能力

加拿大心理学家兰波特对一批大学生的疼痛忍耐力进行测定，通过实验发现，个体对其所属群体的认同感和效忠心越强，其忍耐力就越高。同样，一个员工如果热爱所属企业，热爱本职工作，就会比别人具有更强的忍耐力和吃苦精神，能够承担更艰苦而繁重的工作。

三、态度改变的理论

态度改变的理论主要包括弗里茨·海德（Fritz Heider）的认知平衡理论、费斯汀格（Festinger）的认知失调理论、凯尔曼（H. C. Kelman）的态度转变与形成三阶段论、墨菲（G. Murphy）的沟通改变态度理论和预言实现改变态度理论。

（一）海德的认知平衡理论

海德（1958）认为，我们的认知对象包括世界上各种人、物、事、概念等，这些对象有的互不相关，有的互相联结。海德将构成一体的两个对象的关系称为单元（unit）；将对于每种认知对象的感情和评价（喜恶、赞成、反对）称为情绪。当对一个单元内两个对象的看法一致时，其认知体系就会呈现平衡状态；当两个对象有相反看法时，就产生不平衡状态。海德强调一个人（P）对某一认知对象（X）的态度，常受他人（O）对该对象态度的影响，即海德十分重视人际关系对态度的影响力。

海德认为若 P、O、X 三者关系相一致，则 P、O、X 体系呈现均衡状态。由此海德根据 P、O、X 三者的情感关系推导出八种模式，如图 4-1 所示。其中四种是平衡的，四种是不平衡的。海德认为，人类普遍有一种平衡、和谐的需要。一旦人们在认识上有了不平衡和不和谐性，就会在心理上产生紧张和焦虑，从而促使他们的认知结构向平衡与和谐的方向转化。

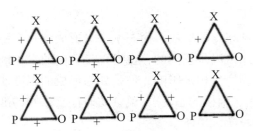

图 4-1 海德平衡理论示意图

由图 4-1 可以看出：处于平衡状态的三角形三边符号相乘必为正，而处于不平衡状态的三角形三边符号相乘必为负。例如，P 为职工，O 为受尊敬的领导，X 为拟开发的新项目。P 主张开发新项目 X，听到 O 赞同，则其认知体系为平衡状态；若听到 O 表示不赞成开发新的项目 X，则其认知体系呈现不均衡状态。应对不均衡状态的方法有以下三种：① 迎合领导的意见，接受领导的劝说，改变态度（将 P—X 关系变为"–"）；② 坚持己见，改变对领导的评价，对领导的尊敬态度有所改变（将 P—O 关系变为"–"）；③ P 可能保留自己的主张，但内心矛盾，认知体系仍处于不平衡状态。

平衡理论的用途在于使人们以"最小努力原则"来预计不平衡所产生的效应，使个体尽可能少地改变情感关系，以恢复平衡结构。

（二）费斯汀格的认知失调理论

认知失调理论是社会心理学家费斯汀格于 1957 年提出的。费斯汀格认为，认知失调的基本单位是认知，它是个体对环境、他人以及自身行为的看法、信念、知识和态度（Festinger，1957）。它可以分为两类：第一类是有关行为的，如"我今天去郊游"；第二类是有关环境的，如"天空下雪"。

费斯汀格将认知元素之间的关系划分为以下三种。

（1）不相关。此时两种认知元素之间没有联系，例如，"我每天早上七点钟吃早饭"与"我对足球不感兴趣"。

（2）协调。此时两种元素的含义一致，彼此不矛盾，例如，"我是一个品德高尚的人"与"我做了一件帮助他人的事情"。

（3）不协调。此时"如果考虑到这两个认知元素单独存在的情况，那么一个认知元素将由其反面而产生出它的正面……假如从 Y 产出非 X，那么 X 和 Y 就是不协调的"。例如，"我是一个品德高尚的人"与"我做了一件损人利己的事"，这两者就是不协调的。

在费斯汀格看来，认知失调理论研究只是认知元素之间的后两种关系，并且把注意力重点放在不协调关系上。不协调有程度上的差别，这取决于两个因素：其一，认知对于个人的重要性。不协调认知的重要性越大，它可能造成的不协调程度就越大。其二，不协调认知数目与协调认知数目的相对比例，可用认知计算公式表示为

$$不协调程度 = \frac{不协调认知项目的数量 \times 认知项目的重要性}{协调认知项目的数量 \times 认知项目的重要性}$$

认知不协调是一种不愉快的情感体验，具有动机的作用，会驱使个体设法减轻或消除不协调状态。在解决认知不协调的问题上，费斯汀格提出了以下三种途径。

（1）改变行为，使对行为的认知符合态度的认知。例如，某人想得到一等奖金（原来的态度），自己做出了很大的努力（原来的行为），但未能达到目的。在这种情况下，主体可能引进某种新的认知元素，如强调客观条件不佳、工作难度太大、有新的竞争力量等，尽可能使原来的态度与行为相协调。这样，两个认知元素便协调起来。

（2）改变态度，使其符合行为。例如，认为"自己比别人能力强"，而绩效评估时"一般"的人，改变对自己原先的评价，认知到自己的能力不过是中等或者中等偏下，这样认知达到协调。

（3）引进新的认知元素，改变不协调的状况。例如，为了缓解吸烟问题上出现的认知不协调和心理紧张，可以寻找有关吸烟不会致癌，甚至反而对身体有益处的事例知识。

由上可见，费斯汀格的认知失调理论与海德的认知平衡理论的基本假设是一致的。但是，前者强调个体通过自我意识调节达到认知平衡，而后者着重于人际关系对认知平衡的影响。二者各有特点，可以相互补充，都有参考和应用价值。

例证　4-2

认知失调理论的实验

E.阿伦森和贾德森·米尔斯进行过这样的实验：让女大学生自愿参加一个讨论性心理的团体。让 1/3 的女生经历一个漫长而严格的争取入会的检测选拔程序，1/3 的人经历一个缓和的程序，另外 1/3 的人则未经任何程序就允许其加入该团体。然后让所有人听同样的"讨论会发言"（一段录音），其结果是经历严格考验的 1/3 的人认为这一讨论是有价值和有趣的，而那些稍花力气或未花力气的人则认为该讨论浪费时间、枯燥乏味。这是因为付出努力者在心理上要为自己付出的努力辩解，否则就会产生认知失调。

（卡罗尔·塔夫里斯，艾略特·阿伦森，2014）

（三）凯尔曼的态度转变与形成三阶段论

心理学家凯尔曼通过研究，提出态度的形成过程主要经历了三个阶段：服从、同化

和内化。服从又称为顺从，这是态度转化的第一阶段，即一个人从表面上转变了自己的观点。这是个体在外部压力下产生的。同化则是自愿地接受他人的观点、信念、态度与行为，使自己的态度与他人的态度相接近。内化是一个人从内心深处相信和接受他人的新观点，而彻底转变自己的态度。这意味着把他人的新观点、新思想纳入自己的价值体系，使之成为自己态度体系中的一个有机组成部分。

（四）墨菲的沟通改变态度理论

沟通改变态度理论起源于心理学家墨菲关于对黑人态度的研究。他选择了一批白人作为被试者，随机把他们分为两组：实验组和控制组，并用瑟斯顿量表法对他们进行态度测量，证实他们对种族歧视的态度大体相同。随后，让实验组看宣传黑人成就的电影、电视和画报，控制组则不参加这种活动。结果发现，实验组对黑人的态度发生了显著的变化，而控制组的态度则没有变化。

（五）预言实现改变态度理论

别人的预见以及由此而采取的对待方式会影响个体的心理。称赞和鼓励会诱发个体上进的动机；经常遭受指责、歧视，会导致个体消极、自暴自弃。用计算公式表示为

$$员工的行为 = f(管理者的期望 \times 对待方式)$$

例证 4-3

罗森塔尔效应

1968 年，美国心理学家罗伯特·罗森塔尔（R. Rosenthal）在加利福尼亚的一所小学做了一个著名的实验。他先故意对 1～6 年级的学生做了一次智力测验，然后随意从每班抽取 3 名学生共 18 人写在一张表格上，交给校长，极为认真地说："这 18 名学生经过科学测定智商很高。"事过半年，罗森塔尔又来到该校，发现这 18 名学生的确表现超常。这就是自我预言的实现。原本可能智力平平的学生，由于教师受到心理学家的有意影响，对那些学生产生了积极良好的期望，而这种良好期望会促使教师对他们做出更积极的教育行为，自然有利于学生的发展。

（吴东林，2011）

四、影响员工态度转变的因素

转变员工态度是指管理人员把员工消极的态度转变成积极的态度，把员工较弱的积极态度转变为较强的积极态度，或者把员工较强的消极态度转变为较弱的消极态度的过程。影响员工态度转变的因素有两个方面，即外部因素和内部因素（葛少虎，2012）。

（一）外部因素

1. 人际影响

员工长期在所从事单位工作和生活，其身边人员的观点、意见、态度等都对自身态度转变有着重要的影响，例如上级领导、同事、下属、客户等。

2. 企业内部的信息沟通

认知反应分析理论认为，态度改变来自主动思维，当人们利用认知反应分析技术测量认知时，确实表明了态度改变常常是由于个人对信息反应所引起的。

3. 企业文化的影响

企业文化是指一个企业内形成的独特的文化现象、价值观念等。员工的态度受到企业文化的影响和制约，作为企业的一员，他必须维护和遵守企业的规章制度、价值观念、道德观念等企业文化。

（二）内部因素

1. 员工对工作已有的认知态度

若员工只有意念而未采取行动，则其态度较容易改变；而既有意念又有行动，态度则较难改变；若不仅有意念而且又做公开表态，其态度会有更大的抗拒性，很难改变。

2. 员工的需要

员工的需要是能够随着时间的改变而改变的，若转变之后的态度能够满足员工的需求，并能消除由行为的内驱力而引起的紧张状态，员工在情感上就比较容易接受，便形成积极的态度，从而使原有的态度得到转变；反之，员工便会形成消极的态度，不利于原有态度的转变。

3. 员工的个性心理特征

员工的气质和性格对员工态度的转变有着重要的影响。一般认为气质为胆汁质、多血质的员工态度转变比较容易，而黏液质、抑郁质的员工态度转变比较难；性格外向的员工比性格内向的员工态度转变更容易些。

五、转变员工态度的方法

员工态度的转变需要一个过程。在管理中，要使员工的态度发生转变，我们要有耐心，不能急躁。与员工建立和保持沟通是成功改变员工态度的关键。此外，还必须注意转变员工态度的方式方法。这里主要介绍宣传法、员工参与法、组织规范法。

（一）宣传法

1. 宣传法概述

宣传法就是借助一定的手段（如简报、局域网、广播、讲座等），把信息传递给员工，改变他们的原有态度以形成新态度的方法。宣传分为单向宣传和双向宣传。单向宣传是由管理者向员工讲事情的有利（或不利）的一面；双向宣传是管理者与员工相互沟通，既讲事情有利的一面，也讲事情不利的一面。此外，也可以通过唤起恐惧、理性说服和感性说服等方式进行宣传。

2. 宣传过程中的心理效应

宣传过程中常见的心理效应包括权威效应、名片效应和"自己人"效应。

（1）权威效应。指因宣传者的威望而产生的使受宣传者无保留地接受宣传信息及观点的影响力与效果。

（2）名片效应。指宣传者在论述自己的基本观点前，先表明自己在许多问题上与受宣传者有一致的意见，造成宣传的观点与受宣传者已有态度相近、具备共同之处的印象，从而使宣传对象更易接受所宣传的观点。

（3）"自己人"效应。不仅宣传者与宣传对象之间的观点一致，而且他们之间的任何相似之处（职业、民族、籍贯、经历、学历、研究领域等）都会增强宣传效果。

（二）员工参与法

员工通过参与活动与他人进行交往，并在交往中得到别人的启发和教育，从而转变自己的态度。因此，我们宜注意通过员工参与活动来转变员工的态度。

例证 4-4

福特汽车公司的员工关系管理

全员参与生产与决策制度是福特公司职工管理方法中最突出的一点。"参与制"最主要的特征是将所有能够放在基层的管理的权限全部放下。对职工报以信任的态度并不断征求他们的意见。公司赋予员工参与决策的权力，缩小职工与管理者之间的距离，职工的独立性和自主性得到了尊重和发挥，积极性也随之高涨。这使管理者无论遇到什么困难，都可以得到职工的广泛支持。同时，这种职工参与管理制度在某种程度上缓和了劳资之间势不两立的矛盾冲突，改变了管理阶层与工人泾渭分明的局面，大大减轻了企业的内耗。

（资料来源：福特汽车公司的员工关系管理[EB/OL]. [2016-10-21]. http://www.hrsee.com/?id=300.）

（三）组织规范法

每个人都处于一定的组织中，组织的准则、价值、规范化的规则都可以有效地影响人的态度。组织规范法就是利用群体规范的强制力、约束力，或者采用一定的行政手段、经济手段和规章制度，迫使员工了解管理者发出的信息，促使其逐步改变态度的一种方法。

例证 4-5

华为军队般的企业纪律

华为，1987年年底创办于中国深圳，是全球领先的高科技公司之一。作为一家无背景、无资源、资本缺的民营企业，其三十年内飞速发展为西方人所震惊。这背后除了任正非所坚持的"狼的文化"外，还有他一贯坚持的军队般的企业纪律。在二十多年的发展中，华为企业管理的军事化特征比较明显，如"农村包围城市"发展战略、高度集权式管理结构、对抗练兵式的员工培训手段等。

华为在对研发人员的保密措施方面也很严格：上班时不能连接互联网，不能在公司收发与工作无关的邮件，而邮件由公司网络安全部门监控，所有邮件都能看到。另外，计算机的 USB 接口都是封死的，不允许共享任何可能泄密的文档，不允许安装任何与工作无关的软件。在业余时间，华为人不能进行唱 KTV、打麻将等娱乐活动，更严禁赌博。冰冻三尺非一日之寒，华为今天取得的成就也绝非一日之功，是华为人用超出其他人几倍的努力而取得的，也是中国改革开放以来，中国优秀企业崛起的一个缩影。

（张雪峰，2012）

六、员工态度的调查

员工态度调查就是管理者为了解员工对与工作有关变量的态度所做的认真的、有系统的调查。员工态度调查一般具有如下三种作用。

（1）测量，即帮助管理者客观准确地了解员工的工作动机和士气，以及关于企业发展、工作本身及工作效率等关键性问题。

（2）沟通，既是管理者与员工沟通的重要渠道，为员工提供了沟通个人情感、信仰和观念的机会，使员工利用这样的机会表达他们的工作诉求，同时也为管理者提供了向员工表达关爱的机会。

（3）管理过程，即调查结果可以帮助企业发现问题，纠正失误。

经常调查的问题是对工作的满意度、工资和福利、主管的工作和对企业整体的态度。态度的测量和调查方法主要有问卷法（量表法）、面谈法和行为观察法。量表法通常采用标准的量表（如工作满意度量表）进行。员工态度调查以纸笔问卷调查最为普遍，随着互联网技术的发展，网上调查正逐步兴起。

（一）问卷法

1. 员工态度问卷调查的步骤

员工态度问卷调查主要包括如下五个步骤。

（1）准备阶段：调查者确定要调查的问题并设计问卷。

（2）问卷填写阶段：调查者发放并回收问卷。

（3）问卷分析阶段：调查者分析数据，得出结论，写出结果报告。

（4）追踪阶段：调查者组织员工分析数据和调查结果并提出相应的改革建议。

（5）庆祝阶段：调查者报告调查工作的情况和根据建议实施改革。

2. 坐标法和句子完成法

坐标法和句子完成法是常见的两种问卷法。

（1）坐标法。坐标法主要用来测量人们对某一问题赞成或反对的程度。程度可以分为三等到十一等（奇数），常用的是五等。

例如，有人提议本厂马上与××厂联营，你认为如何？

A. 坚决支持　　　　　　B. 支持　　　　　　　　C. 无所谓

D. 反对　　　　　　　　E. 坚决反对

把收集的信息进行处理，填入表 4-4。

表4-4　态度坐标测量处理表

项　　目	有人提议本厂马上与××厂联营，你认为如何	人　数	所占比例/%
反应	坚决支持		
	支持		
	无所谓		
	反对		
	坚决反对		
合计			

据此可以看到，对这个建议持积极态度的有多少人，持消极态度的有多少人。这对于了解员工的态度并做出正确的决策是十分有意义的。

（2）句子完成法。句子完成法是事先准备一些与你想了解的内容有关的未完成的句子，让员工把句子写完，从中反映出员工对某一事物的态度。

这种方法的主要优点是员工不易隐瞒自己的真实态度，而缺点是分析有一定的困难。下面是一些未完成句子的例子。

① 工作意味着……

② 如果工厂倒闭，我……

③ 我一个人工作时……

④ 大家认为我……

⑤ 我在厂里感到……

（二）面谈法

面谈法是了解员工态度的主要方法，主要有各种会议、座谈会、现场谈话、离职面谈。面谈要坚持下去，必要时形成制度，要虚心听取员工的建议和意见，并反映在决策上。企业应客观评价员工离职、"跳槽"行为，由此引起对自身不足的警觉，通过恳请批评寻找缺点。

例证　4-6

松下与离职员工的面谈

日本松下公司的电器产品以精工制作、品质优良而行销于世界各地，公司总经理松下幸之助却冷静地把注意力集中在听取逆耳之言上。松下认为"跳槽"的员工总是希望到更高更强的企业就职，是有进取心的优秀员工，他们往往已经发现了松下公司的某些弊端。为此，松下总经理对主动脱离该公司另谋高就的员工不仅热情欢送并表示祝贺，还十分诚恳地请求他们留下批评意见。在跟随总经理26年的后藤清一离开公司时，总经理用了一个多小时的时间认真倾听后藤的见解。松下公司的许多决策就是根据"跳槽"员工临别时留下的意见来修正的。

（袁丁，1995）

（三）行为观察法

行为观察法是指调查者深入现场观察员工的行为，根据员工的言语、表情以及行为表现来推断其对某事物的态度。这种方法由于在使用时可以不让员工发现，故能比较准确地收集资料。近年来随着科技的发展，许多企业使用新技术和新方法进行员工问卷调查。

第三节 工作满意度

工作满意度是员工态度的重要内容。一些跨国公司在他们的顾客服务研究中，已渐渐从研究外部顾客满意度转向研究内部顾客满意度，即员工的满意度。

一、工作满意度的概念与内容

工作满意度是指个人对他所从事工作的一般态度。这种态度会影响组织行为，甚至身体健康。塞尔斯（Sales，1969）的一项研究表明，员工完成一小时的实验工作，血液中胆固醇的含量与其对任务的喜爱程度呈负相关。

一般认为，工作满意是几种相关的态度。因此，当我们说满意时，我们必须明确"对什么满意"。研究表明有以下五个方面的内容是工作中最重要的特征，人们会对之有情感上的反应。

（1）工作本身，即员工所从事的工作有趣的程度、提供进一步学习的机会和承担更多的责任。

（2）报酬，即所得到的报酬多少、报酬的公平性和支付报酬的方式。

（3）升职机会，即升职的现实可能性。

（4）上司，即上司的技术和管理能力、上司对员工及其利益关心的程度。

（5）同事，即同事友善、有技术能力和支持合作的程度。

尽管工作的其他方面也很重要，但上述五个方面的内容在评价组织中工作态度时最为常用。

二、影响工作满意度的因素

影响工作满意度的因素比较多，既包括员工自身的因素，也包括工作和环境因素。下面分别介绍员工的年龄、职业阶层、教育年限、组织规模、领导风格和工作性质对工作满意度的影响。

（一）年龄

关于年龄与工作满意度之间的关系，大致有如下三种观点（洪岑，2009）。

第一种是比较典型的观点，Herzberg 等学者提出的"U"线理论，他们认为员工一般都是刚开始对工作比较满意，随着工作时间的延长，工作满意度会下降，然后到年龄比较大时工作满意度会再逐步上升。

第二种观点认为，研究工作满意度与年龄呈线性关系，即当年龄增加时，工作满意度也会增强。

第三种观点认为，工作满意度和年龄基本上是呈正向线性关系的，而后到某个阶段时开始逐步下降。

（二）职业阶层

员工的职业阶层越高，满意度越高，如表4-5所示，职业阶层较高的员工对自身的工作满意度较高，而职业阶层较低的职业，如服务工人、作业员等，这些群体的工作满意程度甚至呈负数，最低为-42%。当问及：假如有机会让你重新选择职业，你还会选择你现在所从事的职业吗？调查结果如表4-6所示。可见，白领员工更多地选择同类工作，而蓝领员工则较少选择同类工作。

表4-5　职业阶层与工作满意度

职 业 团 体	样 本 人 数	平均满意度/%
专业技术人员	323	25
管理者、官员、店主	319	19
推销人员	112	11
工匠、班组长	270	8
服务工人	238	−11
事务人员	364	−14
作业员	379	−35
非农业工人	72	−42

表4-6　在选择职业时，人们仍然计划选择同类工作的比例

层　　次	职 业 团 体	比例/%
白领	公立大学教授	93
	数学家	91
	物理学家	89
	生物学家	89
	化学家	86
	公司律师	85
	学校负责人	85
	律师	83
	新闻工作者	82
	教会大学教授	77
	私人律师	75
	白领工人	43
蓝领	熟练的印刷工人	52
	报社工人	42
	熟练的汽车工人	41
	熟练的钢铁工人	41
	纺织工人	31
	蓝领工人	24
	不熟练的钢铁工人	21
	不熟练的汽车工人	16

（三）教育年限

一些调查发现，受教育年限与工作满意度有很大关系，如图4-2所示，图中的曲线走

向呈 U 字形，从中可以反映出受教育年限和员工工作满意度的关系并不是简单的正比或反比关系，而是呈现出下降再上升的趋势，即当受教育年限较低时工作满意度会相对偏高；相比之下，中等教育年限的群体工作满意度最低；当受教育年限不断增加后，员工的工作满意度也会大幅度增加。

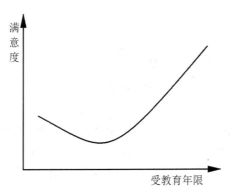

图 4-2　受教育年限与工作满意度的关系

例证　4-7

雇 用 保 安

美国建立第一个农业大工厂时，首先要雇用一批保安人员。因为当时劳动力过剩，工厂制定雇用保安人员的最低标准为高中毕业生，并具有三年工厂保卫的经验。但按这个标准雇用的保安人员工作一段时间后，感到农业工厂的保安工作（只检查进出门的证件）单调、乏味，表示无法容忍，因而对工作漠不关心、不负责任，而且离职率很高。后来工厂雇用只受过四五年初等教育的人来担任这个工作，他们对工作满意、责任心强、工作负责，而且缺勤率和离职率都很低，保卫工作做得很出色。

（林永惠，2007）

（四）组织规模

组织规模越大，员工满意度越低。组织规模增加后满意度降低的原因是，在规模较大的单位，人员较多，许多活动被肢解。由于沟通协调不畅，一般职工很难参与到最高决策中去。

（五）领导风格

领导的类型包括变革型、交易型、放任型等。一般来说，变革型领导能够指明组织的奋斗目标和发展方向，阐明工作的重要性，能够给下属以有效的激动。在这种领导风格下，员工感到自己是被重视的，是组织中真正的一分子，这会大大提高他们的工作积极性和满意度。

（六）工作性质

工作本身的特性包括工作中需使用的技能或才干的多样程度、工作范围的覆盖程度或复杂程度、工作对他人的生活或工作的实际影响程度、工作允许个人独立或自由发挥的程度、员工能及时明确获悉自己所从事工作的结果等。如果某项工作具备前三点特性，员工会觉得从事这项工作能够成长并实现自我价值（成丽丽，2018）。

三、工作满意度的测量与现状

（一）工作满意度量表

工作满意度调查常用量表主要包括工作描述指数量表、洛克的工作满意度量表、明尼苏达满意问卷、面孔量表、波特需求满意度量表。

1. 工作描述指数量表

最常用的工作满意度测量表是工作描述指数（Job Description Index）量表，由史密斯等人（Smith，Kendall & Hulin，1969）编制。量表要求描述五个方面的内容，即工作、监督、报酬、晋升和同事。每项内容有若干个问题，用"是"与"否"进行回答。

2. 洛克的工作满意度量表

洛克提出的工作满意度量表共分为 9 个分量表（特定维度）36 个问题，每个分量表对应 4 个相应的问题，每个问题分 6 级回答。9 个特定维度及其描述如表 4-7 所示。

表 4-7　工作满意度的 9 个维度

一 般 类 别	特 定 维 度	维度的描述
事件或条件		
1. 工作	工作本身	内在的兴趣、多样化、学习的机会、困难、工作量、成功的机遇、对工作流程的控制等
2. 奖励	报酬	数量、公平或公正报酬的根据
	晋升	机会、公正
	认可	表扬、批评、对所做工作的称赞
3. 工作背景	工作条件	时数、休息时间、工作空间质量、温度、通风、工厂的位置等，福利退休金、医疗和生活保险计划，每年的假期、休假等
人物		
1. 自己	自己	价值观、技能和能力
2.（公司内的）其他人	监督管理	管理风格和影响、技能的熟练程度、行政管理技能等
	同事	权限、友好、帮助、技术能力等
3.（公司外的）其他人	顾客	技术能力、友好等
	家庭成员（洛克未提到）	支持、对职务的了解、对时间的要求等
	其他（洛克未提到）	以职位而定，例如学生、父母、投票人等

3. 明尼苏达满意问卷

明尼苏达满意问卷（Minnesota Satisfaction Questionnaire，MSQ）的简化版共有 20

个题目，涉及一般满意、内在满意、外在满意等部分，包括对报酬、升职机会、同事等的满意度和认识等。每题后的满意度分为 5 级回答。累加结果与常模进行比较。量表的原版有 100 个题目。

4. 面孔量表

面孔量表（Kunin's Faces Scale）是库宁（T. Kunin，1955）创造的一种满意度评价方法，也从五个方面评价，只不过答题不用文字，只要求在一系列不同情绪的面孔上进行选择。该量表已获得进一步的发展（如 Dunham & Herman，1975）。

5. 波特需求满意度量表

波特需求满意度量表（Porter's Need Satisfaction Questionnaire，PNSQ；Porter，1961）典型地适用于管理人员。需求满意度调查的提问集中在管理工作的具体问题和异议上，PNSQ 每一项有两个问题：一个是"应该是"；另一个是"现在是"。抽样中的每项得分是员工对"应该是"所选择的数值减去员工对"现在是"所选择的数值。离差越大，说明员工对工作中的这一方面越不满意。

采用量表评价工作满意度，具有简洁、高效、适用性强、信息量大等特点。当然，也有一些研究指出，人们总是扭曲他们认为对自己不利的信息，而夸大他们认为有益的信息，也并非所有员工对量表内容的理解完全一致，从而影响调查结果的有效性。

（二）工作满意度测量的程序

工作满意度测量，一般每年可进行一次，也可 1～3 年只做一次。杜汉和史密斯（Dunham & Smith，1979）提出的这种测量的步骤如下：① 是否有进行员工态度调查的必要？② 对象是什么？③ 材料和用途的确定；④ 设计调查；⑤ 组织调查；⑥ 处理结果；⑦ 使用结果；⑧ 善后工作。这样收集的资料可以经常进行比较，可以立刻反馈去解决问题，更可以进行社会总体调节。

（三）员工工作满意度的现状

2018 年世界大型企业联合会（the Conference Board）最新报告显示，51%的美国员工对 2017 年自身职业表示满意，这是 2005 年以来该机构调查得到的最高满意度。报告同时显示，年收入 7.5 万美元以上员工的薪资满意度为 58%，而年收入 7.5 万美元以下员工的薪资满意度则只有 29.4%。可见，随着时代发展，工作满意度的总体水平也在发生变化。

改革开放以来，中国服务业有了长足的发展，服务行业的员工普遍对于行业/企业发展感到满意，但是对于工作回报、工作环境以及企业管理等几个维度则满意度较低（孙铁邦，2014）。

同时，一项关于中小型企业员工满意度的调查显示，当前中小型企业在满足员工自我实现、物质、安全、社交需求方面还不够完善。因此中小型企业应该通过培育企业文化，为员工设计良好的职业发展道路等方式解决这一问题（王家庭，李和煦，2019）。

如今，"90 后"成为了进入职场的主力军，"90 后"对工作的需求和满意度同样值得关注。一项对"90 后"工作满意度的调查显示，"90 后"员工认为薪酬发展方面达不到他们的理想状态。基于企业持续健康的良性发展，建议企业人力资源管理者从改善工作环境、坚持能岗匹配等提高"90 后"员工的工作满意度（曾卉，刘洪江，2019）。

（四）员工敬业度调查

敬业度是与工作相联系的一种积极状态——员工愿意为了工作付出积极的努力（Biggs，Brough，Barbour，2014）。员工的工作满意度与敬业度紧密相连，根据北森人才管理研究院发布的《2018—2019 中国企业敬业度报告》显示，2018—2019 年中国企业员工敬业度水平为 62.46%，与 2017—2018 年度相比变化不大，两年内员工整体敬业水平相对稳定。当前，越来越多的"95 后"进入职场，他们有想法，爱自由，敢想敢说，被称为企业"最难管理"的员工群体。因此，总体上看，"95 后"敬业度水平偏低，在留任意愿上与整体的差距最大（-9.1%）。

（资料来源：《2018—2019 中国企业敬业度报告》[EB/OL].[2019-11-25]. https://www.useit.com.cn/thread-25472-1-1.html.）

四、员工表达不满的方式

员工可以通过各种方式来表达他们的不满。按建设性和积极性两个维度将员工表达不满的方式分为四种，即退出、建议、忠诚和忽略，如图 4-3 所示。

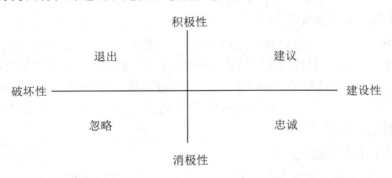

图 4-3 员工对工作不满意的反应

1. 退出

退出是指调动、离职或辞职。调动和离职使组织遭受经济损失，增加人事成本，还会产生各种影响，如造成士气低落，使工作绩效水平下降。

2. 建议

建议是指采取积极性和建设性的态度试图改善目前的环境，包括表示不满、提出改善工作的建议、与上级讨论问题和组织某些形式的工会活动。

3. 忠诚

忠诚是指消极但乐观地期待环境的改善。面临外部压力时为组织说好话，相信组织和管理层会做出正确的决策，组织环境会逐步改善。

4. 忽略

忽略是指消极地听任事态发展，导致问题得不到解决，甚至更坏。包括长期缺勤和迟到、降低努力程度、增加错误率、消极怠工，甚至出现偷盗的行为。缺勤是工作不满意的突出表现。美国每年因为缺勤造成的经济损失大约为 260 亿美元，加拿大因为缺勤造成的经济损失在 60 亿美元左右。缺勤和工作满意度之间的相关系数在 0.3～0.5。在恶劣环境（如暴风雪）下仍坚持出勤的职工的工作满意度很高，相关系数在 0.8～0.9。

五、提高员工工作满意度

员工工作满意战略，是指以员工满意为核心，最大限度地满足员工的合理需要，激发员工的积极主动性和能动性，提高全员的运作能力，从而推动企业发展的战略。员工满意战略的实质就是通过企业自身建设满足员工的需要。要满足员工的需要就必须树立"以人为本"的企业文化价值观。具体要做到以下七个方面。

（1）尽量满足员工的合理需要。

（2）让员工参与企业决策。

（3）让员工有满足感。

（4）为员工营造一个良好的工作环境。

（5）实行走动管理。

（6）重视员工培训。

（7）建立精神激励机制。

第四节　组 织 承 诺

组织承诺通常是指员工对组织及其目标的认同感，以及对组织的归属感。组织承诺代表了员工对组织的忠诚度。高组织承诺意味着员工希望保持组织成员的身份；低组织承诺的员工则倾向于与组织隔离。组织必须采取一定的措施提高员工的组织承诺。

一、组织承诺的概念和内容

阿伦和梅耶（Allen & Meyer，1991）认为，组织承诺（Organizational Commitment）是个体体现出的一种对组织的感情倾向，以及对离开组织造成损失的认知和对组织应负的道德责任。他们将组织承诺划分为三个维度，即感情承诺（Affective Commitment）、规范承诺（Normative Commitment）和继续承诺（Continuance Commitment）。

（一）感情承诺

感情承诺是指个体对其所在组织的感情依恋、认同和投入度，是指个体对组织的积极情感，包括认同组织的价值和目标、为自己是组织中的一员而感到自豪、愿意为组织利益做出牺牲等。

（二）规范承诺

规范承诺是指个体基于义务和社会责任而继续留在组织内工作的认知。个体在社会化的过程中，不断地被灌输和强调这样一种观念或规范，即忠诚于组织是会得到赞赏和鼓励的一种行为，以至于使个体产生顺从这种规范的倾向。

（三）继续承诺

继续承诺是指个体对离开组织所导致损失的认知而不得不继续留在该组织内的一种意愿。这种承诺建立在物质利益基础之上，具有浓厚的交易色彩。员工进入一个组织，有着维持生活、提升自我、获取成就等方面的期望和需要。员工通过为组织努力工作来满足这些需要。

凌文辁、张治灿和方俐洛（2001）发现，我国员工的组织承诺包括五个维度的内容，形成一个五因素模型，如表4-8所示。五因素模型表明，员工之所以留在组织中，是因为感情承诺、理想承诺、规范承诺、经济承诺和机会承诺五个因素的作用，是因为他们对组织有心理上的依附感、经济上的依赖、期望的满足、其他机会的缺失以及他们觉得应该留在组织中。

表4-8　中国员工组织承诺的五因素模型

因　素	包　含　内　容	影　响　因　素
感情承诺	● 对组织认同，感情深厚 ● 愿意为组织的生存与发展做奉献，甚至不计较报酬 ● 在任何诱惑下都不会离职跳槽	● 对领导的信任度 ● 来自组织的生活支持 ● 领导的团体维系行为 ● 组织的可依赖性
理想承诺	● 重视个人的成长，追求理想的实现 ● 关注个人的专长在该组织中能否得到发挥 ● 组织能否提供各项工作条件和学习提高及晋升机会，以利于实现理想	● 员工的社会公平交换水平 ● 员工对同事的满意度 ● 员工所处团体的集体工作精神
规范承诺	● 对组织的态度和行为表现均以社会规范、职业道德标准为准则 ● 对组织有责任感，对工作、对组织尽自己应尽的责任和义务	● 对领导的信任度 ● 来自组织的工作支持 ● 受教育程度 ● 职位 ● 领导的工作向导行为 ● 对工作的满意度
经济承诺	● 因担心离开组织会蒙受经济损失	● 工龄 ● 对领导的信任度 ● 员工的社会公平交换水平
机会承诺	● 留在这个组织的根本原因是找不到其他更满意的组织 ● 因自己技术水平低，没有另找工作的机会	● 对报酬的满意度 ● 来自组织的生活支持 ● 组织的可依赖性 ● 员工的社会公平交换水平 ● 对组织的总体满意度 ● 受教育程度 ● 年龄 ● 改行的可能性

二、影响组织承诺的主要因素

根据组织承诺水平的因素来源，组织承诺的影响因素可以分为三类：个体因素、组织和工作因素、环境因素（马飞，孔凡晶，孙红立，2010）。

（一）个体因素

根据影响组织承诺水平的个体特征来源，个体因素可以分为以下几类。

（1）年龄和工作年限。工作年限越短，年纪越轻，员工的继续承诺越低，而流动率越高。工作年限长的员工倾向于有更高的组织承诺。

例证 4-8

"80后"和"90后"员工组织承诺的比较

调查表明，"80后"员工比其他年代的员工对于企业薪资福利的口骚更多，一旦这种不满情绪得不到缓解，他们就会动摇而选择离开，另谋高就，表现为"80后"跳槽、辞职率高（刘红霞，2010）。而"90后"新生代认为创造性、独特、挑战对他们来说最重要，他们追求新鲜感、多样性和挑战性。影响直接体现在：组织和管理者越注重个体的内在价值，员工的组织承诺、工作绩效、组织公民行为就越显著，其行为对组织就越有利，离职倾向也越低，有利于组织留住人才（覃芳，2018）。

（2）性别。研究显示，女性的职业生涯管理和组织承诺水平比男性低（梁青青，2017）。

（3）婚姻状况。研究显示，已婚员工的组织承诺明显高于未婚员工，离职率也低于未婚员工（谢智红，2009）。

（二）组织和工作因素

（1）组织变革。在组织变革的环境（如公司合并、裁员）中，员工通常会担心自己的发展前途和是否被解雇，其组织承诺较低。

（2）组织特性。企业效益和发展前景、薪酬福利、企业领导的能力和素质等，直接影响员工的组织承诺。研究显示，在以员工为导向的组织中，因为组织重视员工的发展，能够为员工的知识共享和知识转移提供信任等，能够正向影响员工的组织承诺（张玮，2015）。

（3）职业工种。相对稳定、没有多大风险、劳动负荷不是很大的工作，而且有愉快的工作经历，相应的组织承诺较高；相反，工作环境恶劣、风险较大的工作，其组织承诺较低。

（4）人际关系。员工长期在所从事单位工作和生活，其身边人员的观点、意见和态度等都对自身态度转变有着重要的影响，例如上级领导、同事、下属和客户等。

（5）工作投入。员工一旦在他们所工作的岗位上经历了认真学习、艰难适应的过程，便会对所从事的工作和岗位产生依恋感，使他们工作积极主动，甚至执爱、迷恋自己的工作，他们的组织承诺较高。

（三）环境因素

员工及其所在组织所处的环境状况对员工的组织承诺水平存在如下三个方面的影响：① 从劳动力市场看，失业率的高低决定了个人就业机会的多少，失业率与员工的组织承诺水平正相关；② 从社会文化角度看，在主张创业、冒险和单干的社会文化中，员工的组织承诺水平较低；③ 从行业性质看，在人才竞争激烈的行业中，员工的组织承诺较低，同行的人才争夺使得员工更换工作的收益提高，推动员工在行业内部流动。

三、组织承诺的作用

组织承诺对组织的重要性日益显著。在某种意义上，组织成员的组织承诺水平代表了组织的凝聚力和竞争力。其作用主要表现在如下三个方面（王颖，张生太，2008）。

（一）组织承诺对降低员工离职率的作用

研究者越来越认同用组织承诺描述员工的工作态度，并将它作为联结工作满意度和离职行为的中介变量，组织承诺被认为是离职率的良好预测指标。

为降低员工的离职率，基于组织承诺，至少有如下三种主要措施。

（1）加强员工与企业匹配来提高员工的感情承诺水平。

（2）强化企业薪酬激励来提高员工的继续承诺水平。

（3）遵守企业职业规范来提高员工的规范承诺水平。

（二）组织承诺对组织公民行为的促进作用

组织公民行为是员工在自己角色之外对组织额外的贡献，因此，有更高组织承诺（特别是情感承诺）的员工会有更多的组织公民行为。组织中感情承诺高的员工会觉得应该完成的任务更多，更容易主动接受指派的工作，而且对他们来说，积极投入地完成工作基本上是无须考虑的，例如，主动帮助新员工和同事，对顾客更加热情负责；以规范承诺为主的员工会花一些时间考虑完成这项工作能在多大程度上回报组织曾给予的恩惠；以继续承诺为主的员工会花较多时间去计算完成工作的得与失，从而采取自己认为最经济的方法去完成工作。

（三）组织承诺对工作绩效的影响

感情承诺对工作绩效表现出显著影响，但继续承诺和规范承诺对员工的工作绩效并没有影响。

四、增强组织承诺的方法

组织成员的组织承诺水平，在某种程度上代表着这个组织的凝聚力和竞争力，尤其在当前伴随新技术成长的"80后""90后"群体逐渐成为职场主力军的情况下，更需要企业组织加大对员工组织承诺的关注力度。因此，提高员工的组织承诺就尤为重要。

1. 建设员工导向型的企业文化

在员工导向的组织文化下，组织关注员工的需求，重视员工关系，为员工创造舒心的工作环境，帮助员工发展。因此，组织应建设员工导向型组织文化，关注员工的发展，增进其对组织的认同，使其对组织产生深厚的感情，愿意为组织的生存和发展做贡献。

2. 做好员工职业生涯管理

组织可针对员工的职业追求，为其设计职业发展规划，提供职位信息、工作条件以及学习提高的机会，使员工看到职业发展的希望，增强其留在组织的愿望，提升其对组织的认同，以实现其职业理想，进而提升其理想承诺水平。

3. 丰富新生代知识型员工的工作内容，改善工作环境

企业可以通过工作内容丰富化，让员工体验到所从事工作的重要性和意义所在，因此更加热爱自己的工作，增加对工作的好感和投入，进而提升其感情承诺水平。

4. 增强责任感教育

企业应通过对员工进行责任感教育，使其感到自己肩上责任的重大，形成正确的职业观念，主动、自觉在本职岗位上努力工作，全身心投入，爱组织如家，忠诚于组织，从而调动其工作的积极性和主动性（王立君等，2019）。

 本章小结

- ➢ 价值观代表一系列基本信念和看法：从个体或社会的角度来看，某种具体的行为类型或存在状态比与之相反或不同的行为类型或存在状态更为可取。
- ➢ 罗克奇的工具与目的价值观：目的价值观是一种期望存在的最终目的，是一个人希望通过一生而实现的目标；工具价值观是偏爱的行为方式或实现终极价值观的手段，主要表现在道德和能力两个方面。
- ➢ 吉尔特·霍夫斯泰德提出的五种文化维度是：权力距离、不确定性规避、个人主义/集体主义、男性化与女性化、长期取向和短期取向。
- ➢ 态度是指主体对特定对象做出价值判断后的反应倾向，包括认知、情感和行为三个成分。
- ➢ 态度会影响员工的工作效率、学习效果和员工对挫折的适应能力。
- ➢ 态度改变的理论主要包括海德的认知平衡理论、费斯汀格的认知失调理论、凯尔曼的态度转变与形成三阶段论、墨菲的沟通改变态度理论和预言实现改变态度理论。
- ➢ 宣传法、员工参与法和组织规范法是态度转变的三种主要方法。
- ➢ 员工态度调查的方法：问卷法、面谈法和行为观察法。
- ➢ 工作满意度是指个人对他所从事工作的一般态度。这种态度会影响组织行为，甚至身体健康。
- ➢ 工作满意度调查常用量表主要包括工作描述指数量表、洛克的工作满意度量表、明尼苏达满意问卷、面孔量表、波特需求满意度量表。
- ➢ 组织承诺是个体体现出的一种对组织的感情倾向，以及对离开组织造成损失的认知和对组织应负的道德责任。
- ➢ 我国员工的组织承诺包括感情承诺、理想承诺、规范承诺、经济承诺和机会承诺五个因素。

 思考练习题

一、选择题

1. 认知失调理论是由（　　　）于 1957 年提出的。

    A．海德   B．费斯汀格   C．勒温   D．凯尔曼

2．在宣传过程中采用恐惧性诉求时，（   ）程度的恐惧性唤起可以取得最佳效果。

    A．强烈   B．中等   C．微弱

二、简答题

1．什么是价值观？

2．简述罗克奇价值观的类型。

3．什么是工作满意度？

4．什么是组织承诺？如何提高员工的组织承诺水平？

三、学以致用

结合自己的生活和工作经验，找出一个事件，在这个事件的过程中，自己或者他人的态度发生了明显改变。请描述这个事件，并分析态度发生改变的原因，从这个事件中你得到了什么启示？

价值观

这份评估表（见表 4-9）可以帮助你更好地理解你自己的重要个人价值观（库克，2004），它应该由个人完成。其结果可作为开展团队/班级讨论的基础。本测验约需 25 分钟。

表 4-9　66 种价值观

1．有职责		17．变革	
2．优秀		18．乐趣	
3．成就		19．协作	
4．名声		20．健康	
5．进步		21．共性	
6．家庭		22．帮助他人	
7．冒险		23．能力	
8．快节奏		24．帮助社会	
9．威信		25．竞争	
10．经济回报		26．诚实	
11．人道主义		27．创造力	
12．舒适		28．独立	
13．环境保护		29．以顾客为导向	
14．自由		30．内部融洽	
15．挑战		31．果断	
16．友谊		32．正直	

续表

33. 效率		50. 慢节奏	
34. 智慧		51. 个人发展	
35. 平等		52. 稳定性	
36. 参与		53. 权力	
37. 道德		54. 地位	
38. 知识		55. 压力	
39. 领导能力		56. 刺激	
40. 信仰		57. 私密	
41. 爱		58. 时间	
42. 名誉		59. 提拔	
43. 忠诚		60. 信任	
44. 责任心		61. 质量	
45. 意义		62. 多样性	
46. 安全		63. 认可	
47. 开诚布公		64. 独立工作	
48. 服务		65. 人际关系	
49. 和平精神		66. 与他人合作	

注：如果你还有其他价值观，请补充到表格中。

价值观是我们去发现值得做和有意义事情的原则，它能指引我们该做什么，如何去做。从表 4-9 中选出 10 种对你来说很重要的价值观，然后利用所提供的等级表对它们进行排序。你也可以为列表添加其他价值观，并根据需要将其纳入你的选择中。

将你选出的 10 种价值观填入表 4-10 的"价值观"一栏中，赋予每种价值观一个编号。其他两列先空着（以后再处理），先直接进入下一个等级表的操作。

表 4-10　10 种价值观

编　号	价值观（填入）	A栏 被选择的总次数	B栏 排序（1～10）
1			
2			
3			
4			
5			
6			
7			
8			
9			
10			

现在请你完成下面的等级表（见表 4-11）。你需要将每一种价值观和其他 9 种价值观依次进行比较，以决定在每两种价值观之间你更偏向于哪一种（在每一空格中圈出它的

标号）。例如，顶格中让你在价值观 1 和 2 之间做出一个选择。

表4-11　等级表

1　2								
1　3	2　3							
1　4	2　4	3　4						
1　5	2　5	3　5	4　5					
1　6	2　6	3　6	4　6	5　6				
1　7	2　7	3　7	4　7	5　7	6　7			
1　8	2　8	3　8	4　8	5　8	6　8	7　8		
1　9	2　9	3　9	4　9	5　9	6　9	7　9	8　9	
1　10	2　10	3　10	4　10	5　10	6　10	7　10	8　10	9　10

当你完成选择后，统计一下你圈中每一种价值观的次数，这就是你给它分配的优先权值。将其填入表 4-10 的 A 栏中。

然后在表 4-10 的 B 栏中安排各价值观的优先等级。

将优先权值最大的价值观（A 栏中最高的数值）安排为 1 号，将优先权值最小的价值观（A 栏中最低的数值）安排为 10 号。

问题讨论：

1. 与团队中其他成员讨论你的发现，请比较自己的 10 种价值观与别人的有何不同。

2. 假如前 5 种价值观存在很大不同，请尝试说服对方接受自己认为比较重要而对方不这样认为的价值观，反过来让对方说服自己。你认为别人的价值观是否值得尊重？

 案例分析

价值 2 亿美元的工作态度

2004 年年底，国际航空联盟决定在亚洲遴选一座有超级吞吐能力，且在软硬件上都过硬的机场，作为国际客运及货运的航空枢纽，成为各个国际航班的中转站。选定后的这个航空枢纽预计年乘客运输量在 3 000 万人次以上，货物吞吐量达 200 万吨。如果哪家机场能幸运地入选，那么每年在收取停机费以及提供其他机场服务等方面，将会有近 2 亿美元的收入。

此消息一出，亚洲各国机场纷纷摩拳擦掌，积极申报参与竞争。最终中国的上海浦东国际机场（以下简称浦东机场）、日本的成田国际机场、马来西亚的吉隆坡国际机场以及韩国的仁川国际机场（以下简称仁川机场）从众多申报者中脱颖而出。

接下来，国际航空联盟的官员们开始对这 4 家机场展开调研，逐一打分。很快，凭借着机场现有的吞吐能力和未来已定下的扩建规模，浦东机场和地处东北亚交通网中心的仁川机场进入了最后的决赛。

决赛争夺得尤为激烈，因为在各项硬件条件上，浦东机场和仁川机场不相上下。现

在就看谁的软件服务更胜一筹了。

国际航空联盟的几个官员将自己乔装成一个个普通的乘客，开始偷偷地到两家机场"明察暗访"，在登机和乘坐的过程中，两家机场都给予了同样的规范化服务，难分伯仲。

但是，接下来，等暗访的官员们下了飞机，来到行李区取自己的行李箱时，却发现仁川机场拿过的箱子非常干净，几乎是一尘不染，但在浦东机场取到的箱子却显得有些脏兮兮的，有一个官员的箱子甚至无缘无故地新增了一道裂纹，好像被摔过。

官员们开始了现场调查，他们发现在下行李时，当行李箱从滑梯上滑下来后（当时机场有专门工作人员帮着下行李，与今天的自助式不同），仁川机场的地勤工作人员面带微笑，小心翼翼地接过行李箱，然后用一块抹布将整个箱子从头到尾认真地擦了一遍，然后再将其小心、认真地摆放到行李车上，等着乘客来取。在整个工作过程中，工作人员不仅是全身心一丝不苟地进行，而且还是发自内心的喜爱和热爱。

而在浦东机场，官员们却发现了另一番景象：当行李箱滑下来后，地勤工作人员随意地使劲儿将其朝放在一旁的行李车上一扔，发出"轰"的一声响。有时没扔准，掉了出来，他们则显得很是不耐烦，恨不得上前踹上一脚。在整个工作过程中，他们脸上的表情麻木，感受不出一点对这份工作的喜爱和享受。

官员们又随即询问了几名来取自己行李的乘客，他们都是每周至少要来浦东机场乘坐一次航班的商务人士，官员们提出的问题是，你们随身的行李箱，因为损伤一般多长时间需要更换一次？得到的回答是：一年，最多一年半。

3个月后，结果出来了，浦东机场输给了仁川机场。为何是仁川机场而不是浦东机场？国际航空联盟给出的解释是这样的：我们不能把每年 200 万吨乘客携带的货物交给一群不热爱自己工作的人来随心所欲地处理，这不符合亚洲中心空港的气质，也不符合每年近 3 000 万人次乘客的心愿！

当浦东机场得知自己败给对手的真正原因时，追悔莫及。虽然他们表示一定会立即整改，然而一切都晚了，不仅没能获得每年近 2 亿美元的收入，而且为迎接检查所做的一切投入和努力都付之东流。

事实证明国际航空联盟的决定是正确的，根据日内瓦国际机场协会 2006 年和 2007 年的调查，仁川机场连续两年获得"全球服务最佳机场"第一名。

（牧徐徐，2011）

问题讨论：

1. 根据价值观和态度的相关理论对国际航空联盟的决定进行分析。
2. 这个案例给我们什么启示？

 本章参考文献

[1] 宜家之魂的缔造者：英格瓦·坎普拉德[J]. 中国商界，2019（10）：112-115.

[2] 高霞. 宜家中国员工低离职率现象研究——以宜家家居天津门店为例[J]. 当代经

济，2017（07）：60-61.

[3] 斯蒂芬·罗宾斯，蒂莫西·贾奇. 组织行为学[M]. 孙健敏，王震，李原，译. 16版. 北京：中国人民大学出版社，2016.

[4] ROKEACH M. The nature of human values[M]. New York: Free Press, 1973.

[5] ROKEACHM. Rokeach value survey[M]. Palo Alto, California: Consulting Psychologists Press, 1983.

[6] HOFSTEDE G H. Culture's consequences: international differences in work-related values[M]. Beverly Hills, California: Sage Publications, 1980.

[7] 高中华，吴春波，李超平. 100 家中国 500 强企业价值观导向实证研究[J]. 管理学报，2011，8（12）：1748-1754+1771.

[8] 吕伟峰. 上海国际机场股份有限公司人才激励机制研究[D]. 北京：中国人民大学，2007.

[9] 朱秀峰. 组织行为学[M]. 北京：北京师范大学出版社，2015.

[10] HEIDER F. The psychology of interpersonal relations[M]. New York: Wiley, 1958.

[11] FESTINGER L. A theory of cognitive dissonance[M]. Evanston, Illinois: Row, Peterson, 1957.

[12] 卡罗尔·塔夫里斯，艾略特·阿伦森. 错不在我[M]. 邢占军，等，译. 北京：中信出版社，2014.

[13] 吴东林. 略论罗森塔尔效应的价值及应用[J]. 现代教育科学，2011（12）：7-8.

[14] 葛少虎. 组织管理中转变员工态度的路径研究[J]. 北方经济，2012（22）：95-96.

[15] 张雪峰. 军事化管理在企业中的实践研究[D]. 上海：上海交通大学，2012.

[16] 袁丁. 从松下对"跳槽"员工的态度说起[J]. 决策与信息，1995（10）：32.

[17] 洪岑. 工作满意度的研究现状述评[J]. 社科纵横，2009，24（10）：86-88.

[18] 林永惠. 试论能力差异与人才管理[J]. 商场现代化，2007（30）：101-102.

[19] 成丽丽. 员工工作满意度浅析[J]. 企业改革与管理，2018（21）：101-102.

[20] SMITH P C, KENDALL L M, HULIN C L. The measurement of satisfaction in work and retirement: a strategy for the study of attitudes[M]. Chicago, I. L.: Rand McNally, 1969.

[21] DUNHAM R B, HERMAN J B. Development of a female faces scale for measuring job satisfaction[J]. Journal of applied psychology, 1975(60): 629-631.

[22] PORTER L W. A study of perceived need satisfaction in bottom and middle management job[J]. Journal of applied psychology，1961(45): 1-10.

[23] DUNHAM R B, SMITH F J, BLACKBURN R S. Validation of the index of organizational reactions with the JDI，the MSQ, and Faces Scales[J]. Management journal, 1977, 20(3): 420-432.

[24] 孙铁邦. 传统服务业基层员工满意度现状研究[J]. 合作经济与科技，2014（13）：99-100.

[25] 王家庭，李和煦. 中小企业员工满意度对职业变动倾向的影响研究[J]. 产业创

新研究，2019（08）：15-21.

[26] 曾卉，刘洪江. 基于"90后"员工工作满意度问卷调查的人力资源管理探析[J]. 经营与管理，2019（09）：76-78.

[27] BIGGS A, BROUGH P, BARBOUR J P. Strategic alignment with organizational priorities and work engagement: A multi—wave analysis[J]. Journal of organizational behavior, 2014, 35 (3): 301-317.

[28] MEYER J P, ALLEN N J A. A three-component conceptualization of organizational commitment[J]. Human resource management review, 1991(1): 61-89.

[29] 凌文辁，张治灿，方俐洛. 中国职工组织承诺研究[J]. 中国社会科学，2001（2）：90-102.

[30] 马飞，孔凡晶，孙红立. 组织承诺理论研究述评[J]. 情报科学，2010，28（11）：1741-1745.

[31] 刘红霞. "80后"与"80前"员工组织承诺的比较研究[J]. 中国青年研究，2010（05）：69-73.

[32] 覃芳. 90后新生代员工工作价值观研究[D]. 南宁：广西大学，2018.

[33] 梁青青. 知识型员工绩效影响因素的实证研究——基于职业生涯管理、组织承诺与敬业度的视角[J]. 技术经济与管理研究，2017（05）：65-69.

[34] 谢智红. 民营企业员工组织承诺影响因素及实证[J]. 四川理工学院学报（社会科学版），2009（05）：87-91.

[35] 张玮. 组织文化对员工职业成长与组织承诺的影响研究[D] 北京：北京交通大学，2016.

[36] 王颖，张生太. 组织承诺对个体行为、绩效和福利的影响研究[J]. 科研管理，2008，29（2）：142-148.

[37] 王立君，马建军，白晓君，等. 基于组织承诺理论的新生代知识型员工管理策略[J]. 经济师，2019（11）：17-18.

学习目标

➢ 掌握内容型激励理论
➢ 掌握过程型激励理论
➢ 了解企业激励系统的构建
➢ 掌握激励理论的应用

引例

用友网络的股权激励

用友自 2001 年在上海证券交易所成功上市，一直在利用股权激励不断打造组织的核心竞争力。分别在 2007 年、2010 年和 2013 年共计推出三次股权激励计划：每次授予的股份分别占激励计划公告时股本总额的 8%、3%和 3%；每次计划的激励对象占员工总数的比例在 13%～20%。用友网络在 2007 年和 2010 年推出的股权激励计划中，其激励对象主要是开发、销售和支持服务人员。2013 年的激励对象扩大至咨询实施和培训人员，其中有一部分是从原支持服务人员转化而来，这个与战略匹配的人才结构发生了显著变化。

另外，用友还编制了《专业人员管理制度》，用于确定员工的专业发展通道和专业职级。从事的专业包括计算机技术、互联网与通信技术、企业管理与行业管理等主要领域的高层次专业人才，就是公司优先选定的股权激励对象。

用友正是通过上述针对专业人才的职级评聘机制、发展通道设计，以及持续性、结构性、多形式的股权激励组合拳，配合完成了用友网络的战略升级与组织核心竞争力打造。对于知识密集型企业，股权激励不仅是相对于工资和年度分红的长期激励，同时也成为一种最大限度地保留和激励核心生产要素——人才的常规性激励方式。

（案例来源：用友网络的业务升级战略与股权激励计划[EB/OL]. [2016-11-16]. http://www.hztbc.com/news/news_53545.html.）

引例说明了股权激励对增强核心竞争力的重要作用。激励，就是激发员工的工作动机，调动其工作积极性，以促使个体有效地完成组织目标和任务。内容型激励理论探讨什么需要能够调动员工的积极性；过程型激励理论探讨在满足需要过程中应当怎样引导，发挥其最大效用。

第一节　内容型激励理论

内容型激励理论基本上是围绕如何满足员工的需要进而调动其工作积极性来开展研究的，也称需要理论，这方面比较成熟的理论主要有马斯洛的需要层次论和赫兹伯格的双因素理论。

一、马斯洛的需要层次论

亚伯拉罕·哈罗德·马斯洛（A. H. Maslow，1908—1970）的需要层次论认为，员工是被一种想满足内在需要的愿望所驱使而行动的。马斯洛在其《人类动机理论》（1943）一书中提出了"需要等级"的概念并指出了五个需要等级，如表 5-1 所示。

表 5-1　马斯洛的五个需要等级的内涵及外延

需 要 层 次	需 要 名 称	基 本 因 素	具体的组织因素
1	生理	空气 食物 房屋 性欲	保暖和空气调节 基本工资 食物 工作条件
2	安全	安全 保障 胜任 稳定	安全的工作条件 福利 普遍增薪 工作保障
3	归属	伙伴关系 感情 友谊	领导质量 和谐的工作团体 同事间的友谊
4	尊重	承认 地位 自尊 被尊敬	工作头衔 奖励工资的增加 同事/领导的认同 工作本身 负有责任
5	自我实现	成长 成就 晋升	有挑战性的工作 创造性 组织内晋升 工作中的成就

按对个体的重要程度，可按以下顺序对马斯洛的五个需要等级进行排列。

1. 生理需要

生理需要是人类维护自身生存的最基本要求，即原始需求，包括食物、水、房屋、睡眠、走动、性生活等。

2. 安全需要

安全需要是指人类要求保障自身安全，摆脱失业、财产损失、身体受伤等威胁的需要。在金融危机和经济低迷的情况下，这种需要表现得尤为明显。

3. 归属需要

归属需要是指人们具有进行社会交往和归属某种群体的需要。例如，情感（如友情、亲情、爱情）、人际交往、归属感等。当生理和安全需要相对满足后，这类需要就突显起来。

4. 尊重需要

尊重需要包括自尊和受人尊重两个方面。自尊意味着在现实环境中希望有实力、有成就、能胜任和有信心，以及"要求独立和自由"；受人尊重是指"要求有名誉或威望"，获得别人对自己的尊重、赏识、关心、重视或高度评价。

例证 5-1

海 底 捞

海底捞有个非常明显的特点，就是以充分信任来尊重每一位员工，通过授权使每一位员工成为管理者。海底捞规定总经理签字权是 100 万元以上，副总经理、财务总监、大区经理的权限是 100 万元以下，大宗采购部长、工程部长、小区经理的权限是 30 万元，店长的权限是 3 万元，还有其他企业"学不会"的一项权限：就是每个服务员，不论什么原因，只要认为必要，都可以给客人免一个菜或者加一个菜，甚至免去一餐。西安四店一位服务员在接待一桌客人时，发现他们是在给一位孕妇过生日，马上叫后堂按自己家乡的传统给孕妇准备了一份生日礼物：苹果、莲子、花生、大枣，还有一幅宝宝画，让客人获得了一个意外的惊喜。像这样的事每天都在门店发生。正是海底捞把员工当亲人一样信任，尊重员工的人格，相信员工，大胆授权让员工处理和解决不时冒出来的各种问题，才有了顾客盈门、生意兴隆的局面。

（陈伦，2011）

5. 自我实现需要

自我实现需要是指促使个人的潜能得以发挥，希望自己越来越成为所期望的人物，完成与自己能力相称的一切事情。

例证 5-2

日本富士 Xerox 公司的内部创业制度

日本富士 Xerox 公司（http://www.fujixerox.com）从 1988 年就开始实施"关于事业风险投资与挑战者的纲领计划"。如果公司员工的新事业构思被公司采纳，则公司和提出人就共同出资创建新公司，并保证三年工资。假如失败了，仍可以回公司工作。对于新创立的公司，不但给予资金的支持，还给予经营与财务等必需的人才支持。

（李伟栋，2005）

马斯洛认为，这五种需要基本上反映了不同文化环境中人类共同的特点：人类的基本需要是由低级到高级，以层次形式出现的，当某一层次的需要得到相对满足时，其激发动机的作用随之减弱或消失。已满足的需要对人们不会再起大的激励作用。组织应善于发现每个员工的需要，并随员工的需要结构的变化而采取管理措施。

随着时代的发展，世界范围内企业员工的需要层次普遍提高。美国的"新人类一代"（1980—1994 年出生的人）和"婴儿潮一代"（1945—1960 年出生的人）都在寻找新的需要，远远超出他们对现金收入的追求（Hewlett，Sherbin，Sumberg，2009）。戴维斯（K. Davis）根据马斯洛的需要层次论，对美国工人优先需要的变化进行估计，结果如表 5-2 所示。

表 5-2　对美国工人优先需要变化的估计

年　份	需 要 种 类				
	生理需要/%	安全需要/%	归属需要/%	尊重需要/%	自我实现需要/%
1935	35	45	10	7	3
1995	5	15	24	30	26

随着中国经济的快速发展，中国职工正在由生存型需要向享受型、发展型和自我价值实现需要转变，与老一代员工（如 20 世纪 80 年代和 90 年代进入劳动力市场）相比，新一代员工更强调成长、享受、发展和自我价值实现的需要。其需要变化在城市表现得更加明显，现在的中国人讲究吃的要营养、住的要宽敞、穿的要漂亮、用的要高档，更重要的是追求职业发展的高度和自我价值的实现。

二、赫兹伯格的双因素理论

"激励因素—保健因素"（Motivation-Hygiene Factors），即双因素理论，是弗雷德里克·赫兹伯格（F. Herzberg，1923—2000）和他的助手们在匹兹堡心理研究中心的工作成果。20 世纪 50 年代后期，他们访谈了该地区 9 个企业的 200 多名工程师和会计师，采用"关键事件法"（Critical Incident Method），要求被访者回答两个问题：① 什么时候你对工作感到特别满意？② 什么时候你对工作感到特别不满意？

（一）激励与保健因素

赫兹伯格等人（F. Herzberg，Mausner & Snyderman，1959）在《工作激励》一书中提出了"双因素理论"的基本观点，称能促使人们产生工作满意感的这类因素为激励因素，另一类促使人们产生不满意的因素为保健因素。激励因素是指与工作内容紧密相关的因素，这类因素的改善会使人们产生工作满意感，如缺乏则使员工"没有满意"；保健因素是指与工作环境相关的因素，这类因素的满足会使员工感到满意，如得不到改善，则会引起员工对工作的不满。激励因素与保健因素的比较如表 5-3 所示。

表 5-3　激励因素与保健因素的比较

项　目	激 励 因 素	保 健 因 素
起源	人类形成的趋向	动物生存的趋向
特征	性质上属于心理方面的 长期满足 满足或没有满足 重视目标	性质上属于生理方面的 短暂满足 不满足或没有不满足 重视任务
满足和不满足的源泉	工作性质（对个人来说主要是内部的） 工作本身 工作标准	工作条件（对个人来说主要是外部的） 工作环境 非个人标准
显示出来的需要	成就 成长 责任 赏识	物质 社交 身份地位 方向、安全 经济
具体内容	工作上的成就感 工作中得到认可和赞赏 工作本身的挑战意义和兴趣 工作职务上的责任感 工作的发展前途 个人成长、晋升的机会	公司（企业）的政策和行政管理 技术监督系统 与高级主管之间的人事关系 与同级之间的人事关系 与下级之间的人事关系 工作环境或条件 薪酬 个人的生活 职务、地位 工作的安全感

（二）工作扩大化、丰富化和轮换

双因素激励理论实际上是说明了对员工的激励，可分为内在激励和外在激励。内在激励是从工作本身得到的满足，如对工作的爱好、兴趣等。这种满足能促使员工努力工作，积极进取。外在激励是指外部的奖酬或在工作以外获得的间接满足，如劳动保险、工资等。这种满足有一定的局限性，它只能产生少量的激励作用。除此之外，还有精神需要，而外在激励或保健因素难以满足员工的精神需要。管理者若想持久而高效地激励员工，必须注重工作本身对员工的激励。首先，改进员工的工作内容，进行工作任务再设计，实行工作丰富化。其次，对高层次的管理者来说，应该简政放权，实施目标管理，减少过程控制，扩大干部和员工的自主权和工作范围，并给予干部和员工富有挑战性的工作任务。最后，对员工的成就及时给予肯定、表扬，使他们感到自己受到重视和信任。

科学管理的原则是提倡劳动分工，其分工以系统的工作分析为基础，具有高度的控制性。它促进了专业化。但厌烦情绪和工作的重复性会使员工对工作产生不满。为使员工满意，根据双因素理论进行工作扩大化、工作丰富化和工作轮换，可使员工的缺勤、早退以及辞职现象有所减少。

例证　5-3

YG 公司工作丰富化实践

YG 公司是山东一家专业生产建材钢化玻璃的微型企业。该公司订单很多，但也像广大小微企业一样，存在生产工人短缺的问题。常年招工，却难以招来和留住新员工。员工士气低落，怠工和流失现象此起彼伏，生产任务因此不能如期完成。

为此，该公司首先分析出问题产生的主要原因，即福利待遇满意度较低、作息制度满意度较低、员工和谐度较低和员工缺乏组织参与感。

为了解决上述问题，该公司根据赫兹伯格的行为科学理论，运用工作丰富方法，以降低企业员工的不满足感和提升其满足感为目标，采取以下措施。

（1）结合各工作岗位，重新设计薪酬方案。

（2）各部门人员进行重组。

（3）打包拨付薪酬给各班组，由班组员工自行协商分配。

（4）实行弹性作息制度。

以上措施执行了几个月后，员工收入大幅度提高，不满足感骤减；员工参与度高、归属感增强；员工情绪稳定，留住了人才；公司生产效率显著提高，劳资实现双赢。

（刘金城，2013）

三、如何运用内容型激励理论

商科学生也许懂得上述一些内容型激励理论，有关马斯洛的需要层次论和赫兹伯格的双因素理论在管理学、人力资源管理学等课程中也接触过，但是在实际管理工作中应该如何应用这些理论？

恰当地应用内容型激励理论至少包括以下四个步骤。

第一步，了解和调查员工的需要。途径包括平时的观察、谈话、座谈会、建议、问卷调查、培训、训练等。员工的需要是多方面的，要尽可能地做到比较全面、客观、深入的了解，必要时列出员工的主要需要清单。

第二步，分类整理员工的需要。员工的需要也许很多，但经过分析后可以归类。可以根据实际将需要分为普遍需要和个别需要、合理需要和不合理需要、能满足的需要、暂时不能满足的需要和不能满足的需要，以及内容型激励理论对需要的分类，如马斯洛的五种需要层次。

第三步，对员工进行解释和说服教育。特别是对员工的不合理需要、暂时不能满足的需要以及不能满足的需要，必须结合企业实际和条件对员工进行必要的解释、引导和说服教育，讲明需要为什么不合理，需要为什么暂时无法满足，为什么要延迟对需要的满足，为什么有些需要永远不可能满足。

第四步，逐步满足员工的合理、可行的需要。对合理、可满足的需要也要分类排序，分清轻重缓急，特别是对广大员工普遍关心的需要，可结合企业实际和条件逐步予以满足。

第二节　过程型激励理论

过程型激励理论着重对行为目标的选择，即动机的形成过程进行研究，主要包括弗鲁姆的期望理论、亚当斯的分配公平理论、洛克的目标设置理论、波特和劳勒的激励过程模型以及斯金纳的强化理论。因为心理契约是一种没有充分表达出来的心理期望，因此将心理契约放在期望理论后面一起介绍。

一、期望理论与心理契约

（一）弗鲁姆的期望理论

期望理论（Expectancy Theory）由维克托·弗鲁姆（V. H. Vroom，1932—）提出（V. H. Vroom，1964）。该理论认为，个体努力的程度取决于个体行为对可能带来的工作绩效的期望程度和因绩效而获得组织的奖赏对个体的吸引力。

在任何组织中，员工会注意以下三个问题。

（1）如果我努力，我能不能达到组织要求的工作绩效水平？

（2）如果我尽力达到了这一绩效水平，组织会给我什么样的报酬或奖赏？

（3）我对这种报酬或奖赏有何感想？是不是我所迫切希望得到的？

员工所关心的上述三个问题，对应以下三种关系。

（1）努力—绩效的关系：个体认为通过一定的努力会带来一定绩效的可能性。它包括两个方面，即通过一定的努力会带来的实际绩效的可能性和绩效评估客观测量实际绩效的程度。

（2）绩效—奖励的关系：个体相信一定的绩效会带来组织给予自己的报酬或奖励的程度。组织奖励包括加薪、晋升职务、带薪休假、免费旅游等。

（3）奖励—个体目标的关系：组织奖励满足个体目标或需要的程度和组织奖励的意义被个体所理解的程度。

要运用好期望理论，就要好好研究上述三种关系。在运用该理论对员工进行激励时，管理者需要做好以下五项工作。

（1）发现员工重视的报酬或奖励是什么。

（2）根据组织目标，明确期望出现的员工行为。

（3）确保绩效目标可以达到，否则员工可能不愿意付出努力，这也要求管理者为下属创造支持的环境；确保期望的绩效与报酬之间的联系是直接、清晰和明确的。

（4）确保对员工没有冲突期望。

（5）确保奖励或报酬的差距或变化幅度是巨大的。小的奖励只会产生少量的努力和因此而增加的少量绩效，大的奖励会产生较大的努力和因此而增加的大量绩效。

（二）心理契约

1. 心理契约的概念

心理契约（Psychological Contract）的概念是在 20 世纪 60 年代被正式提出的，有关心理契约问题的研究在 20 世纪 80 年代中期以后才蓬勃兴起。最早使用"心理契约"这一术语的是阿吉里斯（Argyris）。他在 1960 年所著的《理解组织行为》一书中用"心理工作契约"一词来刻画工人与工长之间的一种关系状况。约翰·科特（John P. Kotter，1973）认为，心理契约是个人与组织之间的一份内隐的协议，内容包括一方给另一方付出什么，同时又得到什么。

丹尼斯·M. 卢梭（D. M. Rousseau，1989）认为心理契约是员工个人以雇佣关系为背景，以许诺、信任和知觉为基础而形成的关于个人与组织双方各种相互责任的信念，是一种单方契约。赫里欧和彭伯顿（Herriot & Pemberton，1995）则认为心理契约是定位在个人和组织两个方面的双方契约，是组织和个人在雇佣关系中彼此为对方提供的各种相互责任的知觉。这种知觉或来自对正式契约的感知，或隐蔽于各种期望之中。

2. 心理契约的内容和类型

（1）心理契约的内容。心理契约的内容主要指的是员工责任和组织责任。赫里欧和曼宁（Herriot & Manning）等人（1997）研究发现，心理契约中的组织责任有十二个方面：① 培训；② 公正；③ 关怀；④ 协商；⑤ 信任；⑥ 友善；⑦ 理解；⑧ 安全；⑨ 有恒一致；⑩ 薪资；⑪ 福利；⑫ 工作稳定。而员工责任有七个方面：① 守时；② 务业；③ 诚实；④ 忠诚；⑤ 爱护资产；⑥ 体现组织形象；⑦ 互助。

（2）心理契约的类型。Rousseau（1990）提出心理契约的两维结构：交易契约（Transactional Contract）和关系契约（Relational Contract）。交易契约是指雇员以加班、职责外工作为代价换取组织提供的高额报酬、绩效奖励、培训和职业发展，是以经济交换为基础的契约关系；关系契约是指雇员以长期工作、忠诚和愿意接受内部工作调整为代价，换取组织提供的长期工作保障，是以社会情感交换为基础的契约关系。

3. 心理契约的作用

心理契约在组织中的作用主要有以下三个方面。

（1）有助于提高雇佣双方的安全感和信任感，降低员工的离职率。

（2）有助于调动员工的工作积极性，提高员工的工作满意度。

（3）有助于员工和组织规范各自的行为。

综上所述，心理契约在组织中的作用很重要，因此，通过恰当的心理契约管理达到组织与员工双赢的目标很有必要。

4. 心理契约的管理

心理契约的管理至少从以下三个方面进行（金利娟，2005）。

（1）招聘过程中传递真实有效的信息。招聘过程中传递真实有效的信息是建立心理契约的基础。企业在招聘过程中向应聘者真实地介绍现有组织，包括优点和缺点，让员工对自己公司有个相对真实的总体印象。

（2）通过不断沟通将心理契约明晰化。新员工入职之后，管理者应该提供在日常工作之外交流的机会。通过沟通，新员工心中逐步明晰某些心理契约的内容，组织也可以考虑将一些比较明晰的心理契约内容转变为书面的协议或制度。

例证 5-4

心 理 契 约

默克公司高级财政分析师戴安娜的孩子，要在其年终繁忙的工作期间做扁桃体外科手术。令她吃惊的是，安德伍德——她的上司、默克公司欧洲分部的主管，看了看她说："你的女儿更重要。"允许她在工作最繁忙的阶段离开公司而陪伴女儿。

上司的态度和支持激发了戴安娜强烈的忠诚。后来她在海边度假时，安德伍德的助手打电话来请求紧急帮助，为默克公司的欧洲分部的首脑收集数据。她毫不犹豫地钻进汽车赶到那里。在她看来，"当这样的上司需要帮助时我不必三思而后行"。

（黄兰民，2008）

（3）在心理契约受到破坏时合理解释原因。觉察到心理契约的变化、破坏或违背，并不一定导致员工情绪和行为方面的变化。其中起关键作用的是员工对心理契约变化、破坏或违背所做出的解释。在管理实践中，恰当地运用管理技巧，在心理契约被破坏时给员工一个合理的解释是大有裨益的。由于一定的客观原因对员工心理契约产生破坏时，企业管理者应给予员工关心，这样员工就会将破坏归因于客观原因而非企业。

二、公平理论

（一）亚当斯的分配公平理论

公平理论（Equity Theory）是由美国学者约翰·斯塔西·亚当斯（J. S. Adams）在综合有关分配的公平概念与认知失调理论的基础上，于20世纪60年代提出的一种激励理论。该理论认为，对自己报酬的知觉和比较所引起的认知失调，导致当事人的心理失衡，即不公平感和心理紧张。为减轻或消除这种心理紧张，当事人会采取某种行动以恢复心理平衡。

员工的投入包括教育、技能、工作经验、努力程度和花费的时间；报酬包括薪酬、福利、成就感、认同感、工作的挑战性、职业前程等外在和内在的报偿。当事人用来比较的对象主要有自己和他人两种。当事人将目前自己的报酬与自己过去的报酬/投入相比较，称为自我比较，包括将目前自己的报酬与过去在其他组织工作时的报酬/投入相比较，以及将目前自己的报酬与过去在相同组织内不同职务、工作时的报酬相比较。当事人将目前自己的报酬与他人（包括组织内或组织外其他人）的报酬相比较，称为社会比较。公平理论认为，人与人之间存在社会比较，并且有就近比较的倾向。

例证 5-5

IBM 公司的全面报酬体系

IBM全面报酬体系已经在薪酬、福利的基础上引入了工作体验的概念。它认为，员工在一个组织中工作所获得的报酬，并不仅仅包括可以货币化的薪酬和福利，还有工作体验，即员工在工作过程中所体会到的尊重、快乐、幸福、价值以及进步。

（刘昕，2005）

自我比较或社会比较会出现两种结果，即要么公平，要么不公平。不公平包括"吃亏"和"占便宜"两种情况。人们在感到不公平时，可能对以下六种行为加以选择并做出行动。

（1）改变自己的投入（如不再那么努力）。

（2）改变自己的产出（如实行计件工资制的员工通过增加产量、降低质量来增加自己的工资）。

（3）改变自我认知（如夸大自己的贡献）。

（4）改变对他人的看法。

（5）选择另一个不同的比较对象。

（6）抱怨、情绪衰竭甚至离职。

（二）程序公平

公平除了考虑分配公平外，也应考虑程序公平（Procedural Justice）。西波特和沃尔克（Thibaut & Walker，1975）提出了程序公正的概念。程序公正更强调分配资源时使用的程序、过程的公正性。他们发现，当人们得到了不理想的结果时，如果认为过程是公正的，也能接受这个结果。个体在过程上的不公平知觉，会导致个体对过程的怨言，久而久之，就会出现个体不再关心过程甚至玩世不恭的现象（李超平，时勘，2003）。

对于任何组织而言，制定分配程序时应注重吸收员工的参与。如奖励和惩罚标准的制定，应征求员工的意见，使员工知道奖励和惩罚的标准和原因，有利于政策的落实，达到激励效果。组织制定报酬、晋升和绩效评估等政策时应充分了解员工的意见，并建立正式的申诉渠道。

此外，比斯和莫克（Bies & Moag，1986）提出了互动公平（Interactional Justice）。他们主要关注的是当执行程序时，人际处理方式的重要性。格林伯格（Greenberg）认为互动公平有两种：一种是人际公平，即在执行程序或决定结果时，权威或上司对待下属是否有礼貌、是否考虑到对方的尊严、是否尊重对方等；另一种是信息公平，主要指是否给当事人传达了应有的信息，即给当事人提供一些解释，如为什么要用某种形式的程序，或者要用特定方式分配结果。

三、洛克的目标设置理论

洛克（Locke）于1967年提出了目标设置理论（Locke & Latham，1990）。该理论认为，设置达到目标是一种强有力的激励手段，是完成工作的最直接动机，也是提高激励水平的重要过程。外来的刺激，如奖励、工作反馈、监督的压力等，都是通过目标来影响动机的。目标导致努力，努力创造工作绩效，绩效增强自尊心和责任心，从而产生更高的目标。另一管理学家休斯（Hughes）进一步认为成长、成就和责任感都要通过目标的达成而满足个人的需要。因此，重视目标和争取完成目标是激发动机的重要过程。

洛克等人从实验中还发现，从激励的效果来说，有目标比没有目标好，有具体的目标比空泛的、号召性的目标好，有能被执行者接受又有适当难度的目标比唾手可得的目标好。有学者还认为，遇到难度很高、复杂的目标，可以把它划分为若干阶段性目标，通常称为"小步子"。通过"小步子"的逐一完成，最后达到总目标。这是完成艰巨目标的有效方法。

此外，目标按其性质可分为硬性目标和软性目标。硬性目标是指比较容易观测和衡量的目标，如销售额。软性目标是指比较难观测和衡量的目标，如团队协作。一般来说，硬性目标比较容易被员工所知觉，而软性目标比较容易被员工所忽视。随着组织的发展，组织可能会逐步由原来的重视硬性目标，过渡到既重视硬性目标，又重视软性目标。如一些销售公司对营销员的报酬结构由原来的底薪加提成改为底薪加奖金的做法，就反映了这种考虑。

四、波特和劳勒的激励过程模型

波特和劳勒（Porter & Lawler）综合了以往的一些激励理论，提出了"激励过程模型"。该模型是一种比较全面而又充分的理论。图 5-1 就是波特和劳勒的激励过程模型。

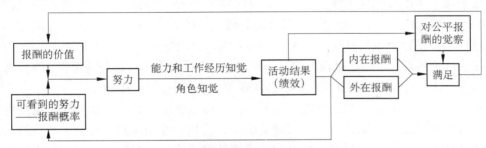

图 5-1　波特和劳勒的激励过程模型

从图 5-1 可以看出，直接决定员工"努力"（工作积极性）的因素是员工所得报酬的价值和通过努力工作能够获得相当报酬的概率，这两个方面实际上就是报酬的适宜性和公平性。报酬的适宜性反映了报酬对员工需要的针对性。对员工来讲，报酬的针对性高，其价值就大，反之就小。报酬的公平性则反映了企业的报酬是否按劳分配。实行按劳分配，多劳者多得，员工可看到的努力——报酬概率就大，反之则小。

波特和劳勒将报酬分为外在报酬和内在报酬两种。外在报酬包括福利、晋升、授衔、表扬、嘉奖、认可等；内在报酬包括学习新知识和新技能、责任感、光荣感、胜任感、成就感等。员工的满足不仅在于获得外部报酬，也在于获得内部报酬，有时内部报酬比外部报酬更重要。

五、强化理论

强化理论（Reinforcement Theory）主要是利用正性或负性的强化，来激励员工或创造激励的环境。个人之所以努力工作，是基于桑代克所谓的效果率（Thordikes' Law of Effect），即某项特定刺激引发的行为反应，若得到奖赏，则该行为再次出现的可能性较大；若没有得到奖赏，甚至受到惩罚，则该行为重复出现的可能性极小，也叫操作条件反应（Principles of Operational Conditioning）。行为修正（Behavioral Modification），就是将操作条件反应原理应用在管理员工的工作行为上。管理者可运用正强化，如赞赏、奖金或认同等手段，以增强员工对良好工作方法、习惯等的学习，也可运用负强化，革除员工的不良工作习惯和方法，并使员工避开不当的行为结果。卡兹丁（Kazdin，1994）对强化和惩罚做了分类，具体如表5-4所示。

表5-4　强化的类型

组织行为	事　物	
	好　的	不　好　的
给予	正强化	惩罚
去掉	消退	负强化

日本一家公司曾对员工强化激励方法与效果做过分析，如表5-5所示。对员工的表扬奖励，采取公开的方式效果较好，变好的占87%，变差的只占1%。对员工的指责批评，采取个别的方式效果较好，变好的占66%，变差的只占11%（陈松，1988）。采取公开的方式对员工的体罚效果明显不好。在提倡人性化管理的今天，企业宜逐步改变过去动辄惩罚、少奖励的局面，而代之以多奖励、适当惩罚的做法。

表5-5　员工强化激励方法及其效果分析

激励方法	效果（行动变化的比重/%）		
	变　好	没　有　变	变　差
公开表扬	87	12	1
个别指责	66	23	11
公开指责	35	27	38
个别体罚	28	28	44
公开体罚	12	23	65

例证 5-6

巧用"高帽子"

玛丽·凯所经营的美容化妆品公司在全世界享有盛誉。在玛丽·凯所提倡的以人为本的管理方式中，就提到了赞美的艺术。有一次，公司跳槽新来的一位业务员在做营销屡遭失败后，对自己的营销技能几乎完全丧失了信心。玛丽·凯得知此事后，找到这位业务员并对他说："听你前任老板提起你，说你是一个很有闯劲的小伙子。他认为把你放走是他们公司的一个不小的损失呢……"

这一番话，把小伙子心头快熄灭的希望之火又重新点燃了。果然，这位小伙子在冷静地对市场进行了分析之后，终于在自己的营销工作中打开了一个缺口，取得了成功。

（高亚，申望，2006）

强化必须及时。现代心理学研究表明，及时强化的有效度为80%，滞后激励的有效度为20%。作为管理者必须充分注意激励的时效性，选择在员工激励需求边际效用最大时，及时满足并强化，这样会事半功倍。

例证 5-7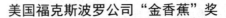

美国福克斯波罗公司"金香蕉"奖

及时激励即使是很小的表示，也能起到良好的作用。当年，美国福克斯波罗公司为求生存，急需新的技术成果。一天，公司一位科研人员拿着一件自己研制的新产品样品来到总经理办公室。该样品构思精巧，设计新颖，总经理看完一下子惊呆了。惊喜之余，他忽然在自己的抽屉、橱柜中东翻西找起来。最后，终于找到一件"奖品"——一根香蕉。他兴冲冲地把香蕉递给对方说："伙计，奖给你的！"这位科研人员十分感动，因为这根香蕉是当时总经理所能拿出来的唯一奖品。此后，福克斯波罗公司决定，用"金香蕉"奖章作为对本公司科研成果的最高奖励。

（晓庄，2012）

第三节 激励理论的应用

激励理论的应用需要考虑其跨文化适用性；激励既要重视物质激励，又要重视精神激励；既要考虑激励对象的多样化，又要考虑激励方式方法的多样化；既要考虑第一激励措施的作用，又要考虑其系统效应。而年薪制、职工持股计划、股票期权制、合伙人制、积分制管理被认为是能够对员工起到重要激励作用的重要手段，本节将简单做一些介绍。

一、激励理论的跨文化适用性

随着全球经济的发展和中国市场经济的发展，为提高企业的效率，许多中国企业越来越重视构建对于职工的激励机制。在跨文化企业中至少存在着两种不同的文化，它们会导致公司的营销理念、经营理念、经营方式等产生不同。而文化差异所产生的文化之间的矛盾也会对公司的生产和业务活动产生不确定影响，促进团队合作、增强团队凝聚力和提高员工绩效等这些正面效应的作用也必将大大减少（盖润洁，康玲，2018）。麦克法林和斯威尼（2014）从马斯洛的需要层次论、赫兹伯格的双因素理论、公平理论、强化理论以及期望理论五个方面来研究激励理论的跨文化适用性。

（一）马斯洛需要层次论的跨文化适用性

在高度工业化的发达国家中，员工有着追求更高需要的动机（如自我实现需要），而在较不发达国家和地区，低层次的需要（如生存和安全需要）则表现得更为明显。例如，对于某些中国员工来说，具有合作精神的同事和其他社会需要排在自我实现这一需要之上。在强调个人主义的社会环境中（如美国），其员工比强调集体主义社会环境中（如日本）的员工更热衷于追逐个人成就。

（二）赫兹伯格双因素理论的跨文化适用性

与法国经理相比，英国经理对责任感和自主权比较感兴趣。而与英国人比起来，法国人则更重视保障、额外福利以及良好的工作环境。一般来说，这意味着工作丰富化在英国更加容易实现。事实上，当雇员更重视个人主义、风险的承担（低不确定性规避）以及绩效（男性主义）时，赫兹伯格的激励方式可以视为增加个人成就的一种方法。在美国和英国有许多员工都属于这种情况。而瑞典的员工具有个人主义，但又是关系导向的（女性主义），在这样的文化环境下，赫兹伯格的激励因素很可能对增进人际和谐有帮助。

（三）公平理论的跨文化适用性

不同的社会和民族文化对公平的界定、理解和评价方式存在很大差别，而且往往是通过其他文化难以理解的方式来进行。关于公平评估，中国人倾向于使用一种较弱的公平标准来避免成员之间的冲突，较少使用公平概念；关于公平分配报酬，中国经理更倾向于使用以公平为基础的标准（如基于绩效）来对物质报酬（如工资上涨）和社会情感报酬（如更支持下属的经理）进行分配，而美国管理者却按照绩效来进行物质分配，社会情感报酬则是平等分配。总体而言，美国人正变得更加非个人主义，而中国人却呈现出与之相反的趋势。

（四）强化理论的跨文化适用性

管理者应该知道员工重视什么，这样才能有效地使用正强化，但是，这种方法并不像看起来那样简单。文化影响到绩效反馈的内容和方式。美国的员工倾向于正面反馈，而日本的员工则更欢迎带有批评性的意见和建议。这是因为美国人喜欢展示个人成就，而失败往往会对个人的自我价值造成威胁；相反，在日本，批评性的建议有利于组织成员对组织保持谦逊的姿态，同时改善团队协作能力和表现。

（五）期望理论的跨文化适用性

期望理论强调个人主义和男性主义导向的文化，因为个人主义和男性主义更重视任务而不是人际关系，认为个体员工通过努力可以在很大程度上控制自己的生活。中国员工认为运气决定结果，墨西哥人认为出生在富裕的家庭是成功的关键，而沙特阿拉伯人则认为一切都是神的旨意。要想让报酬产生激励作用，就必须让人们重视激励行为。薪酬体系的设计必须与员工的文化价值观联系起来。

二、激励的多样化

激励的多样化既包括激励对象的多样化，也包括激励方法的多样化。

（一）激励对象的多样化

1．激励要面向大多数员工

激励并不是对少数人的激励。传统的激励方法多为奖励极少数有突出贡献者，旨在树立"典型"和"楷模"。然而，这种激励手段并不是最理想的，因为长期采用此方法会使大多数员工失去受奖励的机会，甚至觉得奖励是极少数人的事情而漠不关心。同时，长期以极少数人为对象的奖励还可能在员工中产生逆反心理，可能使"典型""楷模"在企业内部遭到孤立、嘲讽，甚至打击。因此，应充分照顾激励范围，不使其过于狭窄。

激励理论告诉我们，每个人都有受到表扬和鼓励的心理需求，即使是最落后的员工。

2. 激励奖项要多样化

在奖项设置上，应多设集体奖，少设个人奖；多设单项奖，少设综合奖。在奖金数额上，可考虑多设小奖，少设甚至不设大奖，要特别注意对员工的小小进步给予及时的肯定和强化，从而形成一个从小到大多层次、多种类的激励手段体系。

例证 5-8

日本电产公司形式多样的奖励

日本电产公司（http://www.nidec-read.co.jp）老板永守重信先生，每年除了以"公司英雄"奖鼓励员工外，还设了"提前上班奖""合理建议奖""受训斥奖"等三十余种奖项。他甚至还规定每年受到奖励的员工必须占到总职工人数的80%以上。特别是别出心裁的"受训斥奖"，对受到一次严厉批评者奖励3 000日元，目的是既要使违纪者受到应有的"斥责"，又通过奖励化解受训者的心理矛盾，防止出现对抗。

3. 激励要考虑不同类型员工的需要

激励要考虑不同类型员工的需要。例如，对我国知识型员工的主要激励因素调查中，位于前五位的分别是工作报酬与奖励、个人的成长与发展、有挑战性的工作、公司的前途以及有保障和稳定的工作（张望军，彭剑锋，2001）。对知识型员工的激励，不能以金钱刺激为主，应以其发展成就和成长为主。

4. 激励要考虑每个员工不同的需要和个性

在企业中，有的员工想成为技术专家；有的员工想到本公司的其他部门工作；有的员工想发展与现有工作岗位相关的技能；有的被提升到管理岗位的员工并不想做一个管理人员；还有人认为他们的满足感主要来自群体中的合作精神。可见，员工的需要具有多样化。激励要从员工的个性心理特征出发，通过研究个体心理的不同需要，做到对症下药。

（二）激励方法的多样化

1. 恰当运用"正激励"与"负激励"

"正激励"是组织或领导在管理过程中，通过物质奖励、精神褒扬、关心支持或领导人的言行感召等形式，使组织中的员工在物质或精神上不断得到满足，心理上不断接受领导者正面的引导与暗示，员工感受到的是积极向上的信息，领导者的人格魅力使全体员工在价值观念、精神状态、集体荣誉感等方面与领导者日益趋同，从而使全体员工爱岗敬业并激发极大的工作热情，促进组织的迅速发展。"负激励"是与"正激励"相对而言的，它主要通过物质惩罚、口头或书面批评教育、专项整顿等手段，达到纠正错误、改进工作、提高工作效率和经济或社会效益的目的，但这种手段要慎用，运用得当，成效显著，运用不当，则十分有害（张挺，2015）。

2. 综合运用各类激励方法

企业在具体采用激励理论时，通常都是选择一种激励方法进行，然而这样的方式其实收效微乎其微。一种方法所能实现的效果比较小，涉及的范围比较窄，因此企业应该采取多种方法相结合的方式制定激励制度。多种激励方式的联合运用可以弥补不同激励方式存在的不足，取长补短，形成完善的激励体制。而物质与精神相结合的激励方式，不但能够使员工获得切实的利益，还可以使员工精神上得到满足，在自身工作得到高度认可的情况下，员工的积极性会被更加充分地调动起来，为企业创造更多的利润（杨华玲，2019）。

3. 内激励与外激励相互结合

内激励是通过启发诱导，培养人的自觉意识，形成某种观念，从而产生动机，发生组织所期待的行为。当人们的自觉性提高以后，行动会变得积极主动，无须外界干涉、监督。这种方式一般是通过培养学习新知识、新技能、责任感、光荣感、胜任感、成就感等来进行的。内激励是对人们的思想观念发生作用，过程会比较慢，但一旦产生作用，则激励效果非常好并且持久。外激励是通过外界诱导或约束来影响人的行为，以采取外部措施，奖励组织所欢迎的行为，惩罚组织所反对的行为，一般以规章制度或奖惩措施的面目表现出来一种来自外在的强迫性。外激励政策的长期实施，有利于员工树立良好的价值观，从而产生内激励的效应（颜世富，2016）。

例证 5-9

美国 IBM 公司的"百分之百俱乐部"

美国 IBM 公司（http://www.ibm.com）每当有业务代表完成年度销售定额时，他就被批准成为"百分之百俱乐部"的成员，他和他的家人被邀请参加隆重的聚会。结果，力争获得"百分之百俱乐部"成员资格逐步成为 IBM 新员工的第一目标。公司的销售业务也很快提升。

（李波，2007）

三、年薪制

年薪制，是把企业经理在一年中的总收入与当年企业业绩，如企业资产保值增值率、利润增长率等指标挂钩，激励经理关心企业资产的保值和增值或提高企业利润。我国企业经营者激励机制的试点是从年薪制试点开始的。我国年薪制试点具有如下四个特征：① 经理报酬多与一个指标体系相联系；② 经理报酬与企业职工平均收入挂钩；③ 应用范围仅限于高级管理阶层；④ 收入封顶。经营者利益和员工利益适当分离，使经营者与员工之间相互制衡，有利于建立企业内部自我约束机制，经营者年薪收入公开化、规范化，有利于减少经营者过高的职务消费，控制国有企业资产流失。

年薪制改革在推行过程中遇到了以下几个方面的问题。

第一，企业经营者的范围难以确定。

第二，年薪制标准的确立不规范，不能真正起到激励和约束经营者的作用。

第三，在年薪制试行办法中，对经营业绩不好的经营者缺乏相应的处理办法，经营者包盈不包亏，失去了对经营者应有的约束。

第四，经营者的任用未形成竞争机制，经营者仍由上级主管部门任命，并非通过竞争上岗，因而经营者只对上级负责而不对企业负责的状况很难改变。

第五，企业经营指标难以严格考核，成为政府为之头疼的问题，也给年薪制的有效实施设置了障碍。

虽说问题很多，但有关年薪制的理论探讨和试点工作令人满意。2003年，国资委正式出台《中央企业负责人经营业绩考核暂行办法》作为国有企业改革进程中的一个重要成果，年薪制终于成为一项薪酬制度。

四、员工持股计划

西方国家实行的员工持股制度，是在重振本国经济、改善劳资对立关系的大背景下提出并被逐渐实施的，而且获得了成功。1952年，美国辉瑞公司为了避税，第一个推出面向所有雇员的员工持股计划。近年员工持股计划风行美国，数以千计的公司，上千万的员工加入了这一计划。

例证 5-10

晋商的人力股制度

以人力资本折算股份的做法在明清时期称雄国内商界的晋商中曾被广泛采用。这种人力制度也称"身股""人身股""顶生意"。企业（商号）的主要员工或有突出贡献的员工一般可以顶零点几厘到几厘，以至一股的股份，股份的多少由财东，也就是真正出资的股东根据职工任职时间、能力、贡献大小来决定。

在一个账期（一般每3年为一个大账期）结束时，"人身股"与财东的资本股一起参加分红，一般资本股一万两白银为一股，而大掌柜（即总经理）一般能顶八九厘，最高十厘（即一股）。每当遇到账期总结，都要评定职员功过，检查3年的成绩和问题，整顿人事，调整"身股"厘数，并记入"万金账"，即股本账。银两股和"人身股"享用同等的分红权。

（马娟，2007）

二十多年来，美国许多企业推行的员工持股的具体做法主要有两种：一种是由公司提出一部分股份或拿出资金提交给员工信托基金会，该基金会购买本公司的股票，然后根据员工工资水平分配这些股票，这种分配相当于公司给员工劳动股的投资凭证，员工以自己的劳动获得这种投资凭证，并根据这种凭证获取公司的利润；另一种是由公司担保从银行借款购买本公司股票以分到个人名下，这两种方式都不需要员工个人掏腰包。实施员工持股计划不仅能解决企业普通员工的激励问题，使他们的利益与公司利益更紧密地结合，提高其工作效率与积极性，而且可以有效解决对公司经理人员的监督问题，有利于企业效率的提高，也有利于企业改革的顺利进行。

虽然员工持股计划可以解决普通员工激励与对经营人员的监督问题，但不能有效解决对经营者的更高的激励问题，以及对吸引高级人才的监督问题，要有效解决这一问题，还有赖于实施股票期权计划。由于股票期权计划把公司经营者和高级人才的利益与公司经营业绩直接联系起来，如果公司经营好，股价就会上涨，他们的收益就高，否则他们的收益就会大幅度减少。

 例证 5-11

亚马逊公司的利润分享制度：低工资＋一个承诺

亚马逊网上书店（http://www.amazon.com）员工的收入比市场标准水平还要低，甚至连短期奖金也没有，并且要自己掏腰包负担大部分医疗保险费。可是为什么一批优秀的人才心甘情愿地留在亚马逊呢？这个诱惑就是股票！1997年5月亚马逊股票上市，以每股9元的价格开盘，1998年年底最高峰时突破300元！每个员工的认股权是公司对他们的承诺。只要公司盈利，就会立即创造出一大批富翁来。这就是亚马逊的未来利润分享制。

和其他公司的利润分享制不同的是，亚马逊的所有员工，包括仓库员工、公司职员以及最高主管、行政经理，全部纳入公司的该项计划。在亚马逊，人人能够感觉到自己的责任、自己的重要性。总裁贝索斯宣称，公司是大家的，是每一个人的，这个信念连公司的保洁人员也铭记于心。

（王正伟，2001）

五、股票期权制

（一）美国企业股票期权制

股票期权通常包括两种类型：法定期权（Qualified Stock Option）和非法定期权（Non-qualified Stock Option，NQSO）。其受益人主要包括公司的经理阶层，即公司的高级管理人员，而独立董事和持有10%以上表决权资本的经营者不参加。

股票期权实现 ESO（经理人股票期权）的股票主要有三个来源：由公司发行新股供期权执行人按预先约定的价格认购；公司通过留存股票账户从市场上回购；库存股票。

一般地，ESO 无偿授予。在激励基础上，有的公司要求经理人员或雇员在取得 ESO 时支付一定的期权费。ESO 执行价格的确定一般包括折价、平价和溢价三种类型。在实践中，ESO 执行价格以后两种方式居多。

对于法定期权，ESO 的有效期一般为 10 年。持有 10%以上表决权资本经股东大会批准参加计划的有效期为 5 年；持有者自愿离职、丧失行为能力、死亡或公司并购、公司控制权变化等条件下 ESO 可能改变条件；退休时所有 ESO 的授予时间表和有效期限不变，但如果 3 个月内没有执行可行权 ESO，法定期权则转为非法定期权，不再享受税收优惠。非法定 ESO，则没有有效期的限制，一般由公司在 5～20 年间自行决定。

股票期权通常有三种执行方法：现金行权、无现金行权和无现金行权并出售。

股票期权通常由公司的薪酬委员会负责决策、管理、解释、修改和终止等。

（二）中国国有企业经营管理者股票期权制

2006 年，《上市公司股权激励管理办法》（中国证券监督管理委员会）和《国有控股上市公司（境内）实施股权激励试行办法》（国务院国有资产监督管理委员会）分别于年初和 9 月正式颁行，此后股权激励制度在我国迅速发展。

股票期权（Stock Option），又称为"经营者期权"或"认股期权"，指的是企业所有者授予激励对象在未来一定时限内，以预先确定的价格和行权条件购买公司一定数量该公司股份的权利。股票期权很大程度上解决了企业经营者激励约束的相容问题，这种独特的制度安排，把经营者的未来报酬与公司的长期业绩和市场价值联系起来，从而实现经营者报酬和股东利益的趋同效应。其激励的作用具体有以下四个方面：激励与约束并重；有效地防范经营者的短期行为；增强企业的凝聚力，留住人才；利于解决国有企业体制方面存在的固有矛盾。

例证 5-12

华为的股权激励策略

华为公司内部股权计划始于 1990 年，即华为成立三年之时，至今已实施了 4 次大型的股权激励计划。

1. 创业期股票激励

1990 年，华为第一次提出内部融资、员工持股的概念。当时参股的价格为每股 10 元，以税后利润的 15% 作为股权分红。股票在员工进入公司一年以后，依据员工的职位、季度绩效、任职资格状况等因素进行派发，一般用员工的年度奖金购买。

2. 网络经济泡沫时期的股权激励

2001 年年底，由于受到网络经济泡沫的影响，华为迎来发展历史上的第一个冬天，此时华为开始实行名为"虚拟受限股"的期权改革。

（1）新员工不再派发长期不变一元一股的股票。

（2）老员工的股票逐渐转化为期股。

（3）以后员工从期权中获得收益的大头不再是固定分红，而是期股所对应的公司净资产的增值部分。

3. 非典时期的自愿降薪运动

2003 年华为的配股和以前每年例行的配股方式有三个明显差别：一是配股额度很大；二是兑现方式不同；三是股权向核心层倾斜。自此改革之后，华为实现了销售业绩和净利润的突飞猛进。

4. 新一轮经济危机时期的激励措施

2008 年 12 月，华为推出"配股"公告，此次配股的股票价格为每股 4.04 元，年利率逾 6%，涉及范围几乎包括了所有在华为工作时间一年以上的员工。

（案例来源：全面解读华为的股权激励策略：二十多年跌宕起伏[EB/OL]. [2015-10-12]. https://www.sohu.com/a/35184623_132943.）

六、积分制管理

积分制管理具有不需要修改现有规章制度、管理流程和公司现有的工作习惯，不受体制和行业的限制，从国有企业机关单位到民营企业都可以有针对性地推行使用等特点。国内的新近研究中认为积分制激励在企业管理中具有以下优点（王勇，2017）：相对人性化，更有利于增强制度的执行力；可以满足员工体现自我价值的需求；在一定程度上解决了分配不合理的问题，更有利于留住人才。有的学者则对此提炼出更多（秦尊文，徐志宽，彭雪莲，2017）：积分不与金钱直接挂钩，巧妙转移员工的注意力；有利于组织分权；解决组织公平问题，提升组织公平感；可以为管理者和员工提供及时的反馈信息；"参与式"的管理模式有利于激发员工的组织公民行为；兼顾长期和短期的激励作用；有效解决员工"优胜劣汰"的问题；有利于企业中的组织目标和个人目标协调统一。

积分制管理制度的落实可以参考以下八个步骤：确定负责相关事情的专门人员；确定执行积分奖扣的管理团队；制定管理人员的奖扣分权限，主要是指上限；制定公司奖扣标准与管理人员奖扣权限的运用原则，原则上是公司规定的积分标准优先于管理人员的权限标准；制定管理人员的奖扣分任务；制定积分奖励方案；制定积分制管理操作流程，可以参考图5-2。

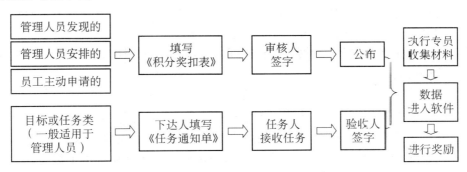

图 5-2　积分制管理操作流程

七、构建有效的激励系统

为使激励多样化，企业必须构建符合自身特点和历史文化的、行之有效的激励系统。一种激励措施或方法必须置于具体的企业环境和文化中加以考察和评估，分析其系统效应，所谓一石激起千层浪。它可能在一家企业中有效，但在另一家企业中不适用。那么企业究竟如何构建自己的激励系统呢？其中标杆分析（Benchmarking）是一种很好的方法。标杆分析是指企业识别、理解其他公司和企业在激励方面的一些优良实践，并为我所用，以提高激励的有效性。构建有效的激励系统包括如下六个步骤。

第一步，列举企业现有的各种激励方法。

第二步，对这些激励方法的有效性进行评估，如进行成本效益分析和协同性分析。

第三步，根据评估结果将这些激励方法分为三类：可继续使用、需修订后继续使用、停止使用的激励方法。

第四步，对需修订后继续使用的激励方法进行讨论和修订，并重新公布使用。

第五步，从企业内部或者外部了解和学习一些先进的激励方法和手段，对它们进行讨论和评估，筛选出可以借鉴的激励方法。

第六步，用系统思维的方法对新的激励方法进行分析评估，决定试行一段时间后对其进行评估，重复前面的步骤。

 本章小结

- ➤ 激励就是激发员工的工作动机，调动其工作积极性，以促使他们有效地完成组织目标和任务。
- ➤ 内容型激励理论基本上是围绕如何满足员工的需要进而调动其工作积极性开展研究的，也称需要理论，主要有马斯洛的需要层次论和赫兹伯格的双因素理论。
- ➤ 过程型激励理论着重对行为目标的选择，即动机的形成过程进行研究，主要包括弗鲁姆的期望理论、亚当斯的分配公平理论和洛克的目标设置理论、波特和劳勒的激励过程模型以及斯金纳的强化理论。
- ➤ 心理契约是员工与组织双方在相互关系中己方要为对方担负什么责任义务，同时对方要为己方担负什么责任义务的主观约定，是雇佣双方或劳资双方关于双边关系中相互责任义务的主观信念。
- ➤ 强化理论作为调整型激励理论，着重对达到激励的目的，即调整和转化人的行为进行研究。
- ➤ 激励理论的应用需要考虑其跨文化适用性。
- ➤ 激励要多样化，既要考虑激励对象的多样化，又要考虑激励方式方法的多样化；激励既要有物质激励，又要有精神激励，同时精神激励也要多样化。
- ➤ 对企业管理者和员工而言，常见的报酬激励包括年薪制、员工持股计划和股票期权制。
- ➤ 要重视激励措施的系统效应，构建组织的有效激励系统。

思考练习题

一、选择题

1. 根据双因素激励理论，只有将奖金变为"保健因素"才能调动职工的工作积极性。（　　　）

    A．是　　　　　　　　　　　　B．否

2. "工作扩大化"是指增加同一或类似任务的数量，实现满负荷工作。（　　　）

    A．是　　　　　　　　　　　　B．否

3. 目标越简单，越容易实现，那么它对员工的激励作用就越大。（　　　）

    A．是　　　　　　　　　　　　B．否

二、简答题

1. 什么是双因素激励理论？如何将保健因素转化为激励因素？

2. 什么是工作轮换制？

3. 具有高成就需要的人有何特点？

4. 回想自己亲身经历的一件不公平的事件，谈谈你当时应对该事件的方法并加以适当评价。

三、学以致用

结合自己所在高校的实际，尽可能多地列举学校现有的对学生的激励方法，如评定奖学金、优秀学生称号。对这些激励方法的有效性进行评估。根据评估结果将这些激励方法分为三类：可继续使用、需修订后继续使用和停止使用的激励方法。对它们分别加以讨论。利用头脑风暴法列举出可供本校借鉴的新的激励方法，并加以讨论。讨论过程中注意厘清各种激励方法之间的关系。

 **管理游戏**

糖豆

这个游戏是让学生通过给予和接受赞扬来熟悉别人，在较短的时间里，这一方法就会取得效果，团队的情绪也会变得高涨。

参与人数：集体参与，人多时应该分组，但人数不超过 60 人的班级不用分组

时间：15 分钟

道具：纸、铅笔或钢笔、一些奖品

场地：教室

应用：员工激励和团队建设

游戏规则和程序：

1. 给每个人 5 分钟的时间，让他们如实、尽可能多地对其他成员（人数多时可自由选取 5～10 人）写出尽可能多的赞扬（糖豆），这些赞扬可以是程度较浅的（你的领带真不错，你的衣服和你很相称等），也可以是比较个人的（你很有音乐细胞，你为人很正直等）。唯一的原则是，在相互交换写下的赞扬时，走动寻找接受者，必须进行目光的交流和握手，赞扬者说出对方的优点，而接受者说声"谢谢"。当然，这些写下来的赞扬可以是匿名或折起来的。

2. 直到所有的成员把自己写的赞扬（糖豆）都给了别人，收到"糖豆"的人才可以打开它们。每个人都坐下后，同时打开他们收到的礼物。

3. 评价一下现场气氛。

4. 在向成员发出信号让他们看自己手中的"糖豆"前，向他们提问："你们中有多少人从你们从未给过他'糖豆'的人那儿收到了至少一个'糖豆'？""你们对此感觉如何？""为什么我们中有那么多人忽视了真诚赞扬？"

5. 每个人打开自己收到的"糖豆"时，整个班级的情绪不断高涨，班级内相互支持的风气也会显露出来。有些成员可能会感到有些窘迫，但毫无疑问，这样的经历是令人愉快的。

问题讨论：

1. 为什么我们总是抑制自己如实赞扬我们所关心的甚至是一直留心观察的同学呢？
2. 当你看到别人所写的关于你的一些优点和赞美时，你的感受如何？
3. 若可以大声念出别人给得到"糖豆"最多的同学的赞扬，并让得到"糖豆"最多的同学上台分享自己的感受。
4. 你还要再送一些"糖豆"给其他人吗？当你想做时，为什么不去做呢？

 案例分析

海尔的员工激励方式

海尔集团1984年创立于青岛，是全球大型家电第一品牌，目前已从传统制造家电产品的企业转型为面向全社会孵化创客的平台。2018年海尔集团实现全球营业额2 661亿元，同比增长10%；全球利税总额突破331亿元，同比增长10%；生态收入达到151亿元，同比增长75%。海尔对员工的激励有自己的一套方法。

1. 普遍式激励

（1）培训。对于海尔集团内部各级管理人员，培训下级是其必须做的工作，海尔为了调动员工参与培训的积极性，将培训与激励相结合。海尔大学每月会对各单位培训效果进行动态考核，划分等级，等级高低将与单位负责人的个人月度考核结合在一起，这就促使各单位负责人努力做好培训工作，尽可能提高其部下的专业技能和个人素质。

（2）奖励。海尔为鼓励员工搞技术发明和改革创新，颁布了《职工发明奖酬办法》，设立了"海尔奖""海尔希望奖合理化建议奖"。此外，企业会对做出突出贡献的员工通过内部报刊进行表扬，在增强员工荣誉感的同时激励他们为企业做出更多贡献。

（3）SBU管理模式。SBU即战略事业单位，海尔通过实行这种管理模式，形成集团内部市场化，增加员工的工作压力，集团内部市场化将每一位员工视为一个战略事业单位，员工之间存在竞争，他们要为内部市场服务。如果员工不努力，就会导致内部市场不景气，进而导致整个内部市场绩效下降，他的工资收入也会下降。

2. 个性化激励

（1）对生产线员工的激励。① 精神激励。海尔实行"以名命名"的方式激励生产类员工。"以名命名"是指用发明者或改革者的名字来命名生产工具或工作流程。如"云燕镜子""晓玲扳手"等。② 全方位的爱心工程。如为员工提供优质工作餐；举行集体婚礼；定期发放免费洗衣券、美容券；成立专门为员工设立的"排忧解难小分队"，解决员工的各种困难。

（2）对研发人员的激励。① 动态激励。海尔对科研人员推行科研项目招标，取消基

本工资和档案工资，只领取月项目承包费，收入上不封顶、下不保底，科研经费不是一次性全部拨入，而是作为科研人员的负债，由企业对承包人在开发过程中按项目进度定期进行考核测评，达到进度要求的继续为其研究拨入经费，达不到进度要求的限期改正，并减量直至停止其科研经费的拨入。② 出国考察培训。海尔每年会组织上百人次的科研人员出国考察或进行短期培训，了解世界前沿科学技术。

（3）对行政管理人员的激励。①"海豚式升迁"。海尔集团提拔员工时，是不会让他直接成为部门主管的，而是让他从最基层做起，如果能干上来就提拔，如果干不上来，则回原岗位任职。② 在位受控，届满轮换。海尔集团对在职干部进行严格考评，无论是从集团公司到各职能部门，还是从各事业部到各车间，都在明显处设置考评栏，考评栏分为表扬栏和批评栏。对于任期届满的中层干部，企业会有计划地进行岗位轮换。③ 授权管理。海尔的各部门独立运作，集团先任命一把手，由一把手提名组阁，集团再任命副职和部委委员，一切配备完毕后，只有资金调配、质量论证、项目投资、技术改造和企业文化这些大事由集团统一规划，其余全部由各部门管理。④ 股权激励。

（喜梅，2013）

问题讨论：

1. 你认为海尔集团运用了何种激励理论来调动员工的积极性？
2. 你认为海尔集团的激励有何特点？

 讨论辩论题

教学相长

目的：
1. 了解教师在激励学生时采用的策略和方法。
2. 了解学生在激励教师时必须采用的策略和方法。
3. 运用激励理论。

开始练习：分成 5～8 人的小组讨论问题。

资料：在我们所学的章节中，大部分内容型激励理论和过程型激励理论都已讨论过，一些主要论点如下。

1. 马斯洛的需要层次论——激励涉及满足不同等级顺序的需要。
2. 赫兹伯格的双因素理论——一些工作因素使人得到内在满足，并激励个体。
3. 期望理论——激励是期望、效价和手段三者的函数。
4. 公平理论——个体在取得他们的产出/投入之比与比较对象的产出/投入之比是公平的情况下，才会被充分激励起来。

将这些理论牢牢记住，再来讨论下面的两个问题。

1. 作为教师，在课堂上应当如何调动学生学习的积极性？
2. 作为学生，在课堂上应当如何调动教师教学的积极性？

 **本章参考文献**

[1] BIES R J, MOAG J S. Interactional justice: communication criteria for fairness[J]// SHEPPARD B. Research on negotiation in organizations, 1986(1): 43-55. Greenwich, CT: JAI.

[2] HERRIOT P, PEMBERTON C. New deals: the revolution in managerial careers[M]. Chichester: John Wiley & Sons, 1995.

[3] HERZBERG F, MAUSNER B, SNYDERMAN B B. The motivation to work[M]. New York: Wiley, 1959.

[4] HEWLETT S A, SHERBIN L, SUMBERG K. How gen y and boomers will reshape your agenda: leadership in the new world[J]. Harvard business review, 2009, 87(7-8): 71-79.

[5] KOTTER J P. The psychological contract: managing the joining-up process[J]. California management review, 1973(15): 91-99.

[6] LOCKE E A, LATHAM G P. A theory of goal setting & task performance[M]. Englewood Cliffs, N. J.: Prentice Hall, 1990.

[7] ROUSSEAU D M. Psychological and implied contracts in organizations[J]. Employee Responsibilities and Rights Journal, 1989(2): 121-138.

[8] THIBAUT J, WALKER L. Procedural justice: a psychological analysis[M]. Hillsdale, N.J.: Lawrence Erlbaum, 1975.

[9] VROOM V H. Work and motivation[M]. New York: Wiley, 1964.

[10] 陈松. 日本一家公司对职工强化激励方式与效果的调查表[J]. 领导科学，1988（10）：21.

[11] 迪恩·B. 麦克法林，保罗·D. 斯威尼. 国际管理（精要版）[M]. 黄磊，译. 3 版. 北京：中国市场出版社，2014.

[12] 高亚，申望. 公司主管全书：解决中级管理者遇到的各种实务问题[M]. 北京：企业管理出版社，2006.

[13] 金利娟. 企业组织行为与员工心理契约管理[J]. 当代经济，2005（4）：60-61.

[14] 李波. 论旅游企业内部的人员优化[J]. 山西大同大学学报（社会科学版），2007（01）：56-57.

[15] 李超平，时勘. 分配公平与程序公平对工作倦怠的影响[J]. 心理学报，2003（5）：677-684.

[16] 刘昕. 从薪酬福利到工作体验——以 IBM 等知名企业的薪酬管理为例[J]. 中国人力资源开发，2005（6）：64-67.

[17] 马娟. 晋商身股制度对现代人力资源管理的启示[J]. 云南财贸学院学报，2007（4）：21-23.

[18] 秦尊文，徐志宽，彭雪莲. 一种新的绩效管理模式——对企业积分制管理的研究与思考[J]. 湖北社会科学，2017（02）：70-76.

[19] 张挺. 恰当运用"正激励"与"负激励"[J]. 企业文明，2015（12）：61-63.

[20] 王勇. 积分制管理体系：激发建企职工"心"动力[J]. 建筑，2017（01）：39-41.

[21] 王正伟. 亚马逊用人之道[J]. 现代企业教育，2001（1）：58

[22] 张望军，彭剑锋. 中国企业知识型员工激励机制实证分析[J]. 科研管理，2001（11）：90-96.

[23] 刘金城. YG 公司工作丰富化实践[J]. 经营管理者，2013（7）：209.

[24] 晓庄. 反馈也有保质期[J]. 中外管理，2012（05）：122.

[25] 盖润洁，康玲. 基于 Hofstede 文化理论的跨文化企业文化激励机制研究[J]. 经济研究导刊，2018（29）：6-8.

[26] 杨华玲. 激励理论在企业管理中的应用研究[J]. 企业改革与管理，2019（22）：63+65.

[27] 喜梅. 海尔集团员工激励机制分析[J]. 时代金融，2013（23）：135-136.

第六章
群体心理与行为

 学习目标

- ➤ 了解群体的概念和非正式群体的特点
- ➤ 了解群体发展的五阶段模型
- ➤ 了解群体行为和群体动力
- ➤ 掌握团队建设的理论与方法

引例

怀特经典性饭店研究

　　威廉姆·F. 怀特（W. F. Whyte）在他经典性的饭店研究中，表明了地位的重要性。他认为，在一个群体中，如果某种行为是由地位高的人向地位低的人发起的，那么他们在一起会合作得比较愉快；如果某种行为是由地位低的人最先做起的，在正式和非正式地位系统之间就会引起冲突。他引用的一个例子是：以前，顾客的菜单由饭店侍者直接递交给结账人员，这意味着，地位低的侍者在交往中占主动地位。后来，饭店在菜单上装上了铝线，这样，菜单就可以挂起来用钩子钩，结账人员觉得必要时，才把菜单用钩子钩过来，这样结账人员就居于主动地位了。

　　怀特还注意到，在厨房里，那些把菜单交给厨师，然后把做好的菜端出去的服务人员，又是一个低技能人员在相互作用过程中处于主动地位的例子。无论服务人员明确或不明确地催促厨师"加快速度"，在他们之间都会产生冲突。但是，怀特发现，有一个交菜单的人与厨师几乎没有发生冲突，因为他要把菜单交给厨师，然后告诉厨师，菜做好后就叫他去端菜，这样厨师处于主动地位。怀特在他的研究中还提出了一些建议，告诉饭店管理人员进行哪些方面的改变会使工作程序与人们的实习地位等级更加符合，而且会极大地改善员工之间的关系和工作效率。

　　（W. F. Whyte，1948）

　　由引例可见，在群体里，群体成员的地位和权力可能会因他们互动的方式而发生变化。本章主要介绍群体的概念、群体形成和发展的规律以及团队建设的理论和策略等内容。

第一节　群体基本概念

群体是针对个体而言的，由无数或有数的个体组成，可分为正式群体和非正式群体。过去的组织比较重视正式群体的作用，但自霍桑实验揭示了非正式群体的存在之后，组织越来越重视发挥和引导非正式群体的作用，以达到组织目标。

一、群体及其类型

（一）群体

群体是具有相同利益或情感的两个或两个以上的人以某种方式结合在一起的集合体。薛恩（E. H. Schein）认为群体是由相互交往和认知并体会到他们具有某些共同特征的许多人员所组成的。由此可见，构成群体的两个要素是：① 成员之间的关系必须具备相互依赖性；② 成员具有共同的意识、信仰、价值和各种规范，用以控制个体行为。其中，"群体意识"是群体存在的关键因素。群体意识，就是群体成员作为该群体一个成员对这个群体的认识，也是群体成员在群体活动中形成的共同意识。

（二）正式群体与非正式群体

按正式程序与否，可将群体划分为正式群体与非正式群体。正式群体是组织精心设计与规划，有自己明确的目的和规章制度，成员的地位和角色、权利和义务都很清楚，并有稳定、正式结构的群体。非正式群体是以相似的观点、兴趣爱好为基础，以彼此感情为纽带自然形成的、没有固定组织形式的群体。

自从霍桑实验发现非正式群体的存在及其对工作绩效的重要影响后，对非正式群体的研究成了组织行为学中一个重要方面，这里主要介绍非正式群体的相关知识。

1. 非正式群体的特征

（1）自发性。非正式群体是自发形成的。员工到非正式群体去寻找归属、认同、理解和表现自己、完善自己，自发组成不同类型的非正式群体。

（2）成员的交叉性。有许多员工的爱好、兴趣比较广泛，体验感受比较丰富，因此他们可能参加几个非正式群体，从而使非正式群体成员具有交叉性。

（3）有自然形成的核心人物。非正式群体和正式群体一样有核心人物，但他们不是由上级正式任命或员工选举产生的，而是在长期的工作、学习、生活和娱乐中自然形成的，他们大都善于协调成员之间的关系，有较强的组织管理能力和影响力。

（4）排他性和不稳定性。非正式群体内部成员之间交往较多，关系亲密，互相帮助，但对本群体以外的员工则比较淡漠、疏远，甚至排斥，具有明显的排他性。同时，非正式群体又有相对不稳定性，当群体成员的看法、意见发生矛盾和分歧时，一旦调解无效，就会导致群体分化、瓦解，以至重新组合，产生新的非正式群体。

表6-1为正式群体与非正式群体的区别。

表6-1　正式群体与非正式群体的区别

类　　型	组 成 因 素	特　　性
正式群体	依正式程序而组成	结构单一性 具有一定的结构形式
	以正式结构为本，而产生心理认同	领导者常具有主管身份 主要目标为达成工作任务
非正式群体	依人员自然交往而形成	结构具有重叠性 不具有一定的结构形式
	由心灵组合为本，而产生无形结构	领导者不一定为主管 主要目标为满足成员需求

2．非正式群体的分类

按成因划分，非正式群体可分为六类，如表6-2所示。

表6-2　六类非正式群体

类　　型	特　　征
亲缘型	以亲属关系建立起来的群体
时空型	以时间和空间的接近而自然形成的群体，如同省、同地区、同学历等或工作中经常接触的人，如校友群体、同乡群体
情感型	以相互了解、相互信任、有共同语言为基础而建立起来的群体
爱好型	以各种个性心理特征和兴趣爱好相近为基础而建立起来的群体，如足球爱好者群体
信仰型	有共同的宗教信仰或为实现某种抱负为基础而建立起来的群体
利益型	由于某种利益或观点上的一致而形成的群体，如汽车共乘群体（如有车的某个同事驾车接送其他几个同事一起上下班，其他同事共同分摊交通费用）

3．非正式群体的作用

非正式群体既有积极作用，要加以利用，又有消极作用，要加以防范和遏止。

非正式群体的积极作用主要表现在以下四个方面。

（1）弥补正式群体的不足，满足员工的需要。非正式群体可以满足员工正式群体不能完全满足的某些需要，如自我表现、归属、爱与被爱等方面需要的满足。

（2）融洽员工的感情。通过非正式群体成员相互交往，使彼此之间的关系更加和谐与融洽，从而产生合作意愿。

（3）激励和培训员工。对于工作困难者和技术不熟练者，非正式群体中的伙伴会自觉给予指导和帮助，一定程度上起到激励和培训的作用。

（4）保障员工的权益。非正式群体往往能以职工利益代表者的身份出现，维护劳动者的合法权益。

非正式群体的消极作用主要表现在以下三个方面。

（1）干扰组织目标的实现。非正式群体的目标如果与企业目标相冲突时，可能使成员不自觉地抵制企业的管理政策和目标。

（2）削弱管理者的权力。非正式群体容易传播小道消息和流言蜚语，削弱正式组织中管理者的权力。

（3）束缚员工的发展。非正式群体具有很大的约束力，它要求成员在思想和行动上相一致，否则就要被孤立甚至遭到惩罚。

近年来，中国政府和企业都越来越重视非正式群体的建设和发展，非正式群体在民众生活中的作用也日益凸显。中国社团组织发展蓬勃，主要表现在三个方面：数量不断增加；种类繁多；重视社团的理论研究（邓伟志，钱海梅，2004）。

4. 做好非正式群体工作的途径

正确地对待非正式群体，利用其积极作用，防止和克服其消极影响，是领导者的职责。做好非正式群体的工作，主要有以下五种途径。

（1）重视非正式群体中核心人物的作用。任何非正式群体总是存在着一个或若干个具有一种特殊的影响力的"重要"人物，容易使其他人接受他、服从他（马凤霞，2008）。如果能够得到这类人的协助，该组织的工作就能较为顺利地开展起来，取得良好的效果。

（2）管理者自觉增强与非正式群体的联系。管理者应深入了解员工的思想、工作和生活情况；摸清非正式群体的规模、形成原因、维系的基础、成员构成、情感倾向；了解非正式群体领导的个性、能力、态度。

（3）运用舆论导向引导。首先是运用企业的舆论工具、媒体、事件等，对非正式组织群体成员的共同意见进行有目的、有计划的引导；其次是与非正式组织群体成员进行沟通，潜移默化地影响其意见，使其接近或接受企业的观点。

（4）区别对待不同类型的非正式群体。非正式群体可以分为积极型、中性型、消极型和破坏型。坚持"鼓励积极型、转化中性型、限制消极型、瓦解破坏型"的原则，对不同类型的非正式群体采取不同的态度和对策。

（5）有计划地进行教育，促使消极因素转化为积极因素。非正式群体中的情感具有两极性，在一定条件下可以相互转化（邢培玲，2011）。

二、群体发展的五阶段模型

群体就如同个人，也经历了不同的发展阶段，因而群体有可能陷入不成熟的阶段，从而降低工作绩效。领导者应该了解群体的需要，并及时采取有助于群体走向成熟与高绩效的行动。从 20 世纪 60 年代中期起，人们大多认为，群体的发展要经过五个阶段。这五个阶段是形成阶段、震荡阶段、规范化阶段、执行任务阶段和结束阶段。

（一）形成阶段

形成阶段的特点是群体的目的、结构、领导都不确定。群体成员各自摸索群体可以接受的行为规范。他们需要被告知该做什么，这种互动是表面的，而且集中于正式的领导人。当群体成员开始把自己看作群体的一员时，这个阶段就结束了。

（二）震荡阶段

震荡阶段是群体内部冲突阶段。群体成员接受了群体的存在，但对群体加给他们的约束仍然予以抵制。而且对于谁可以控制这个群体，还存在争执。群体成员表现出关怀与挫折感，自由地交换看法和意见。如果无法成功地度过这一阶段，群体常会变得分崩离析，而且缺乏创意。这个阶段结束时，群体的领导层次就相对明确了。

（三）规范化阶段

在规范化阶段，群体内部成员之间开始形成亲密的关系，群体表现出一定的凝聚力。成员接受了群体，且发展出解决冲突、制定决策以及完成任务的常规。在这一开放与信任的阶段，成员喜欢开会，并且自由交换信息，但也有可能使群体停滞于集体想法的风险。

（四）执行任务阶段

在执行任务阶段，群体结构已经开始充分发挥作用，并已被群体成员完全接受。群体成员的注意力已经从试图相互认识和理解转移到完成手头的任务。群体已有了结构、目的、角色，并且已经对完成任务做好了准备。成员自动自发，在解决问题与制定决策的过程时注重结果。随着群体完成重要的阶段性任务，它逐渐获得组织中其他部门和群体的认同。

（五）结束阶段

对于长期性的工作群体而言，执行任务阶段是最后一个发展阶段，而对暂时性的委员会、团队、任务小组等工作群体而言，因为这类群体要完成的任务是有限的，因此，还有一个结束阶段。在这个阶段中，群体开始准备解散，高绩效不再是压倒一切的首要任务，群体成员的反应差异很大，有的很乐观，沉浸于群体成就中，有的很悲观，惋惜建立起的友谊关系不能再维持。

五阶段模型有这样的一个前提假设：随着群体从第一阶段发展到第四阶段，群体会变得越来越有效。虽然这种假设在一般意义上可能是成立的，但使群体有效的因素远比这个模型所涉及的因素来得复杂。在某些条件下，高水平的冲突可能会导致较高的群体绩效，群体并不总是明确地从一个阶段发展到下一个阶段。

三、群体行为

有别于个体行为，群体行为有着自己鲜明的特征。这主要表现在从众、顺从、暗示、模仿和感染等典型的群体行为上。

（一）从众行为

个体受群体压力的影响，在知觉、判断、信仰和行为上表现出来的与群体大多数成员相一致的现象，称为从众行为。如要好的女员工可能拥有同一发型、要好的男同事可能拥有同一品牌的球鞋。

产生从众行为的心理因素有很多，主要有如下七个方面。

1. 对群体的信任度

个体对群体越信任，越觉得群体是一个可靠的信息来源，就越会遵从群体的意见。

2. 对偏离的恐惧

几乎在任何群体中都有强大的压力要求一致性，不从众的人就会有相当大的危险性，会受到惩罚。个体害怕若与群体意见不一致，群体会讨厌、虐待或驱逐他，他想要群体喜欢、接受、优待他，就会遵从群体意见。

3．群体的规模

遵从性的强弱随多数人一致性的规模的增长而增长，因为根据他人意见的诚实和可信度，多个人比一个人更值得信赖，不相信一个群体比不相信一个人更困难。

4．群体的专长

对于个人来说，一个群体越有专长，他对群体就越信任，也就越把群体的意见当作有价值的信息，从而越容易遵从。

5．个体的自信心

个人的自信心越缺乏，他遵从他人判断的可能性就越大，一个视力较好的人在视觉辨别方面，要比近视眼的人有信心，不易遵从。问题的难度影响自信心，问题越困难，个人的自信心就越弱，对群体遵从的可能性就越大。

6．责任感

责任感降低遵从，一个人如果对某个问题产生责任感，他就更不愿意屈服于群体的压力，遵从性也随之减小。

7．性别差异

男女的性别差异导致对问题的从众行为不同。在女性项目（如家务、服装等）中男性遵从较多，在男性项目（如政治活动、体育运动等）中女性遵从较多，而在其他的中性项目中两性的遵从量几乎相等。

例证 6-1

阿 希 实 验

美国心理学家所罗门·阿希（S. Asch）设计了一个典型的实验，证明在群体压力下会产生顺从行为。把7～9人编成一组，让他们坐在教室里看两张卡片，如图 6-1 所示。让大家比较三条直线的卡片上哪条直线与另一张卡片上的直线长度相等。在正常情况下被试者都能判断出 $x=b$，错误的概率低于 1%。但阿希对实验预先做了布置，在 9人的实验组中对 8 个人都要求他们故意做出一致的错误判断，例如 $x=c$。第 9 个人并不知道事先有了布

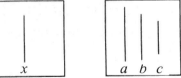
图 6-1　阿希实验的卡片

置。实验中让第 9 个人最后做出判断。阿希曾组织了许多实验组进行这样的实验。统计分析表明，这第 9 个人有 37%放弃了自己的正确判断而跟随群体的错误判断。

（边玉芳，2014）

（二）顺从行为

顺从又称依从，是个体为了符合群体或他人的期望和赞许而表现出的符合外部要求

的行为。它与从众行为十分相似，即两者都是由于外在的群体压力而产生的，但是也有区别，区别就在于行为者的内心是否出于自愿。在群体压力的作用下，放弃自己原先的想法去附和大家的意见，这是从众；而在群体压力的作用下，依然保留自己的看法，但是为了符合群体的期望而改变自己的行为，这是顺从。顺从行为与从众行为相比是非内在的，而是外在的。这是因为虽然个体的外部行为发生了改变，可内心的态度和看法并没有改变。

例证 6-2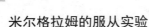

米尔格拉姆的服从实验

美国社会心理学家 S.米尔格拉姆曾招募了 40 位不同职业、年龄的市民参与一项探讨个人对权威人物的服从情况的实验。实验时，真的被试充当教师，假被试（实验助手）充当学生。学生要记住教师朗读配对的关联词，然后在教师呈现某个词后，在给定的四个词中选择一个正确的答案。如果选错，教师就给学生施以电击惩罚。实验结果表明，即使"学生"表现得被电击得十分痛苦，"教师"不忍心继续，但在实验者的严厉督促下，仍有约 65% 的被试服从实验者的命令，坚持到实验最后。

（宋官东，杨志天，崔森，2008）

顺从行为产生的原因主要有以下三个。

（1）为了获得别人的赞许。

（2）为了实现群体目标。

（3）为了保持原有的良好人际关系。

权力服从是顺从的一种典型表现形式。权力是在个人或集团的双方或多方之间发生利益冲突或价值冲突的形势下为某方拥有的强制性执行手段。权力服从是在权力影响下的一种特殊依从。权力服从发生需要的两个条件是：① 掌权者可以实施制裁或进行制裁威胁；② 他们拥有合法性的符号（一种被团体内成员接受的制度规范）。心理学的多次实验证明了权力影响有时比一般想象的情况还要大。

（三）暗示、模仿和感染

1. 暗示

暗示是指在无对抗条件下，人们对某种信息迅速无批判地加以接受，并依此而做出行为反应的过程。它具有如下两个特点。① 暗示是一种刺激，那些能够引起被暗示者反应的刺激才是暗示，不能引起被暗示者反应的刺激不能称为暗示。经过路边的广告牌时熟视无睹，那么广告就没有产生暗示作用。可如果自觉不自觉地接受了广告的建议，特别注意或者购买了它所宣传的产品，广告就起到了很好的暗示作用。② 暗示不是说服，无须讲道理，而是一种直接或间接的提示。暗示主要有直接暗示和间接暗示两种。直接暗示是由暗示者把某一事物的意义直接提供给被暗示者；间接暗示是暗示者以其他事物或行为为中介，把某一事物的意义提供给被暗示者，被暗示者并未意识到自己的观念是由暗示形成的，所以间接暗示一般不会使被暗示者产生心理抗拒或逆反心理。

权威与群体是影响被暗示者心理的两个重要因素，它们也是直接坦或间接地影响人们心理健康的重要因素。对于同一种情境，群体与权威都具有显著的暗示作用，而且权威的暗示作用较群体的暗示作用更大。

例证 6-3

"红鲱鱼"百强榜的权威暗示作用

很多创业网站常常借助"红鲱鱼"的权威来向民众及其投资者暗示自身的潜力和价值。由于"红鲱鱼"是一家全球知名媒体，关注最具潜力的私营未上市企业。能够登上其亚洲百强榜或者全球百强榜名单，意味着企业被初步得到承认，未来融资的机会增大，业界的影响力上升。因此很多企业登上"红鲱鱼"百强榜之后，都喜欢在页面上添加一个标志：被《红鲱鱼》杂志评为某某年度亚洲最有潜力的 100 强企业之一。

（黄亮新，2011）

2. 模仿

模仿是有意无意地对某种刺激做出类似反应的行为方式，如模仿他人的行为举止、思维方式、态度等，模仿分为自发模仿和自觉模仿两种类型。自发模仿，就是无意识地模仿他人；自觉模仿，则是有意识地模仿他人。好的模仿对象具有榜样作用。管理者可充分利用影视、小说和实际生活中的典型人物，把他们树立为榜样，对员工进行教育，选择模仿先进行为，不模仿落后行为。

3. 感染

感染是通过某种方式引起他人相同的情绪和行动，或者说是个体对某种心理状态的无意识的、不自主的屈服。感染实质上是情绪的传递交流，相似性是其基本条件。

感染通常可分为三种类型：① 个体之间的感染，即发生在两个人或能够直接接触的小群体成员之间的感染；② 间接感染，如企业简报；③ 大型开放人群中的感染，这种感染常在运动会会场和集会游行中见到，以及在庆功会、节日气氛中出现，它的显著特点是"循环反应"，一个人的情绪会引起他人相对应情绪的发生，而他人的情绪又反过来加强了此人原有的情绪，反复振荡，激起强烈的情绪爆发。

感染在社会互动中起着很大作用。首先，感染可以改变人的情绪。面对危险，与勇敢者为伍，会凭空生出许多勇气和力量。其次，感染可以使人自然地生发出与环境一致的情绪，做出与环境一致的反应。如受喜庆氛围的感染，会暂时忘掉心中的烦恼，而悲伤的环境则难免让人心生伤悲。最后，感染可以整合一群人，使他们成为一个临时群体，获得紧急规范，采取一致行动。

四、中国当前群体心理发展变化的特征

我国当前群体心理的变化发展具有以下三个共同特征。

（一）群体压力减小，从众心理弱化

改革开放以来，人们的自主意识不断增强，不再像从前那样盲从、狂热。群体对待

不同的声音和行为的宽容度增大，个体在自己的意见与群体意见不一致时所感受的心理压力在减少。随着思想上破除禁锢，人们在行为上也开始出现多样化。这一切反映到群体心理上，就是群体压力和从众心理的空前弱化。

（二）群体从无序化向秩序与社会公平迁移

社会转型初期导致群体利益格局改变，群体之间经济地位的差距逐渐拉大，中国部分位于底层的群体产生不满情绪。但是随着中国经济实力的增强，民众对社会公平的诉求愈发强烈，分配制度、社会治理方式不断改善，我国的群体开始从无序化走向群体秩序和社会公平（谢天，俞国良，2016）。

（三）群体对个体的影响减弱

随着社会主义市场经济的建立，人们越来越多地关注自身的发展和利益。在这样的背景下，群体的影响下降，群体对个体的影响减弱。一般地说，企业中的新员工社会顾虑较大，应该是比较好管理的，但是近年来新员工违纪和离职现象增加，说明其社会顾虑倾向在减弱。

（四）非正式群体和社会民间组织的作用与影响范围增大

社会经济转型因素促使非正式群体大量产生，并带有明显的转型期特征，以自发、相容、信息沟通灵活为特征的非正式群体在迅速发展。社会民间组织（如各种商会、基金会、协会、学会）发展迅猛，对社会和企业组织的影响越来越大。

总之，改革开放以来，人们在群体心理上发生着较大变化，是一种从重集体到重个体的心理变迁。无论是从众心理弱化、群体对个体影响减弱，还是正式群体的凝聚力下降，非正式群体作用和影响的增加都反映出新形势下群体心理的一种走向。

第二节　群 体 动 力

"群体动力"这一概念最早由德国心理学家库尔特·勒温（K. Lewin，1890—1947）提出（K. Lewin，1948）。他提出群体动力的计算公式为

$$B=f(P,E)$$

式中，B 指个人行为；P 指个人，包括人的遗传素质、情绪、能力、人格等内在因素；E 指现实的社会环境，包括人际影响、群体中的社会心理气氛、群体压力、领导作风等。

群体动力是指左右和影响群体发展演变的主要力量，主要内容包括群体规范、群体压力、群体凝聚力和群体士气等。群体动力有如图 6-2 所示的放任、强扭和引导三种模式。在图 6-2 中所示的三种模式中，人们一般认为图 6-2（a）和图 6-2（b）所示的放任和强扭模式是不可取的；图 6-2（c）所示的引导模式则较为可取。

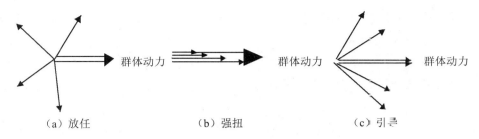

（a）放任   （b）强扭   （c）引导

图 6-2 群体动力的三种模式

一、群体规范

（一）群体规范的概念

群体规范是指群体对其成员适当行为的共同期望或标准。这些标准为群体中的每个成员所认可，而且是每个成员必须遵守的。群体规范有的是正式规定的，如法律法规等。但大部分是在群体中自发形成的，如文化、舆论等，它们能够潜移默化地影响成员的行为及其人格的发展。

群体规范的形成受从众、顺从等心理因素的影响，群体成员彼此通过暗示、模仿、感染等的相互作用，会发生一种彼此接近、趋同的过程，正是在此基础上形成了群体规范。

  例证 6-4

群体规范的形成

美国心理学家穆扎费·谢里夫（Muzafer Sherif，1905）利用心理学中典型的视错觉实验说明了群体规范的形成过程。当被试者坐在暗室里，面前的一段距离内有一个光点出现几分钟熄灭后，让被试者判断光点移动多远，每个人都会觉得光点在移动。实际上，光点并没有移动。这样的实验进行几次，每个被试者都建立了个人的反应模式。有的人觉得光点向右上方移动，有的人觉得向左下方移动等。随后，让这些被试者一起在暗室内看出现的光点，大家可以互相讨论。实验反复进行一段时间之后，大家对光点移动方向的判断逐渐趋于一致，即群体的规范代替了个人的反应模式。这种规范的形成，显然是受了模仿、暗示等心理机制的影响。

实验继续进行，出现了一个有趣的现象。当把这些被试者重新分开单独做判断后，并没有恢复他原先建立的个人反应模式或形成新的反应模式，而是仍然保持群体形成的规范。这表明群体的规范会形成一种无形的压力，约束着人们的行为，甚至这种约束并没有被人们意识到。

（徐子健，2005）

（二）群体规范的作用

形成后的群体规范对群体的作用是非常广泛的，具体表现在以下四个方面。

1. 维系群体的作用

群体是由许多个体结合而成的，要维护其整体性，使其存在下去，必须有一定的准则来约束其成员，而群体成员正是依据这种对准则的认同，彼此协调一致而形成一个整体。

2. 认知的标准化作用

每个人的看法是不同的，当他们结合为群体，就会相互制约对事物的知觉、判断、态度和行为。群体规范像一把尺子约束着每个成员，使他们的认识和评价形成统一的标准。

3. 行为的矫正作用

这是指群体规范为成员划定了活动范围，规定了日常行为方式，也就是告诉人们应该做什么，不应该做什么，怎样去做。

4. 惰性作用

规范作为一种多数人的意见，把人们的认识能力限制在中等的水平上，极容易使人们习惯于在规定范围内思考和活动，由此限制了人们的积极性和创造性。

例证 6-5

咖啡时间体现的群体规范

如果公司早上允许员工有 15 分钟喝咖啡休息的时间，那么那些根本不喝咖啡休息的成员和喝咖啡休息时间较长的成员都被视为违反小组规范。因此，团体往往不仅规范工人生产多少，还要规范他们在工作岗位上投入多少小时。当管理层倾向于利用群体的某些成员时，一些工作规范就会得到加强。

（Sonia，2020）

二、群体压力

（一）群体压力的概念

由群体规范的作用可以看出，每个群体都对其成员产生一定的约束力量，也就是说，群体要求其成员共同遵守一定的行为准则。而对于群体行为准则的共同遵守，往往也是群体内大多数成员的意向或愿望。群体内大多数成员的意见会产生一种无形力量，使群体内每一个成员自觉不自觉地保持着与大多数人意见的一致性，这个力量就是群体压力。

群体压力与权威命令不同，它既不是由上而下明文规定的，也不是强制个体改变自己的行为，而是通过多数人的意见，形成压力去影响个人行为。群体压力尽管不具有强制性，但它对个体来说，却是一种难以违抗的力量。当这种群体压力非常大时，会迫使其成员违背自己的想法而做出完全相反的行为。这是因为当一个人的意见与群体内大多数人的意见和行为不一致时，就会感到紧张，这种紧张来自对偏离群体的恐惧。因此，如果一个人不愿意处于孤立的境地，他就会在群体压力面前顺应大多数人的意见。

（二）群体压力的作用

群体规范对其成员的影响，其实就是通过群体规范所形成的群体压力来实现的。群体压力致使其成员采取共同的行动，这种一致性的做法至少体现出以下两个方面的意义。

（1）群体一致的行为有助于组织目标的达成和群体的存在与发展。

（2）群体一致的行为有助于增加个人的安全感。

对于管理者而言，要充分利用群体压力对个体所产生的影响，致力于发展群体的亲善性，当群体采取某种特定行动时，个别成员就会受群体所迫，努力满足群体的需要。这样，便可去除不一致的声音，执行决策，达成群体目标。

例证　6-6

农场游戏中群体压力下的"优势反应强化"心理

农场游戏是以农场为背景的社交网络游戏。2008 年该游戏在人人网、QQ 空间等社交网站中出现后，掀起了一股"全民种菜"的浪潮。

农场游戏用户体现出"优势反应强化"效应。根据美国学者罗伯特·B.扎荣克（R. B. Zajonc）的优势反应强化理论，如果一个人从事的活动是相当熟练的，或者是简单的机械性动作，则他人在场会使之动机增强，活动更加出色，反之他人在场则会产生干扰作用。农场游戏中，群体成员主要通过金钱、等级排名实现自己在这一群体中的地位。即使对方不直接在场，这种等级排序也会构成一定的群体压力，激发用户追求虚拟成就的游戏热情。农场游戏的这种"虚拟"他人在场情境，使得农场游戏用户普遍出现"优势反应强化"的特征。群体内部各成员之间的竞争越激烈，游戏热情越高，这种特征越明显。

（徐琼，2010）

三、群体凝聚力

（一）群体凝聚力的概念

群体凝聚力是指使群体成员保持在群体内的合力，是群体对成员的吸引力，是一种使其成员对某些人比对另一些人感到更亲近的情感，它被认为是群体的确定性特征。它既包括群体对其成员的吸引力，又包括成员对群体的向心力，还包括成员与成员之间的好感。群体成员之间的吸引力越强，群体成员对其群体就越忠诚，坚守群体规范的可能性就越大，因此，成员们会为群体目标做出更大的努力，个体目标与群体目标更易趋于一致，群体凝聚力自然就越大。

心理学家多伊奇（Deutsch）曾提出一个计算群体凝聚力的公式

$$群体凝聚力 = \frac{成员之间相互选择的数目}{群体中可能相互选择的总数}$$

（二）群体凝聚力与生产效率的关系

由于群体凝聚力的高低影响了群体成员的士气、满意度和群体的一致性，这会对生产效率的提高产生重要影响。但必须指出的是，凝聚力的高低不是影响生产效率的唯一条件，在实际生产中，二者的关系极为复杂。研究表明，群体凝聚力与生产效率的关系，既取决于管理者的诱导方向，又取决于群体的态度及其与组织目标的一致性程度。从群体与组织目标的一致性程度而言，凝聚力与生产效率之间存在着四种不同的关系，如图 6-3

所示。

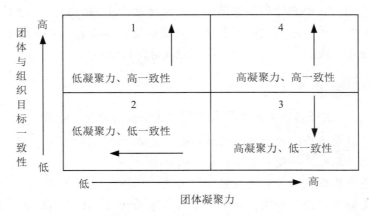

图6-3 凝聚力与生产效率的关系

（1）低凝聚力、高一致性，即群体的态度支持组织目标，此时就算是凝聚力很低，生产效率也能提高。

（2）低凝聚力、低一致性，即群体的态度与组织目标不一致，同时群体的凝聚力也低，凝聚力与生产效率没有什么关系。

（3）高凝聚力、低一致性，即群体的态度不支持组织目标，生产效率的高低与凝聚力成反比，凝聚力越高，生产效率越低。

（4）高凝聚力、高一致性，即群体的态度与组织目标保持高度一致性，生产效率与凝聚力成正比，凝聚力越高，生产效率就越高。

可见，一个高凝聚力的群体，个体服从群体的倾向较强，内部成员比较遵循群体的规范和标准，群体行为总是表现出高度一致性，在这样的群体内，管理者如果善于因势利导，将组织目标与群体目标很好地结合，让成员能够看到或感到自己努力的结果可以给个人和群体带来的利益，群体倾向于努力工作，生产效率就能大大提高；反之，则凝聚力与生产效率成反比，凝聚力越强，越易滋生群体的本位主义和小团体思想，会限制生产，导致生产效率降低。

（三）增强群体凝聚力的方法

群体凝聚力的大小受许多因素的制约，具体包括如下五个因素。

（1）群体规模。既能保证群体的工作机能，又能增强群体的凝聚力的群体规模在七人左右。

（2）群体内部的一致性。在生产任务承包的企业群体内部，成员之间的一致性较之未承包的群体要高，凝聚力也更高。

（3）外部压力。在企业活动中，引进竞争机制，让竞争对手给群体制造外部压力，使群体内部成员更加团结，提高凝聚力。

（4）群体的领导方式。采用民主型领导方式的群体比采用专制型、放任型的领导方式的群体凝聚力更强。

（5）群体内部的奖励。个人和群体相结合的奖励方式有利于增强群体的凝聚力。

除此以外，促进信息的沟通、提高群体的地位、努力达到目标等，也都能增强群体的凝聚力。

四、群体士气

（一）群体士气的概念

士气原指军队作战时的集体精神，现在应用于企业，表示群体的工作精神或服务精神。心理学家史密斯把士气定义为对某一群体或组织感到满意、乐意成为此群体中的一员，并协助达成群体目标的态度。所以，士气不仅表示个人需要的满足状态，还包含确认这种满足的获得来自群体，因而愿意为实现群体目标而努力的含义。

克瑞奇等人认为，一个士气高涨的群体具有如下七个特征。

（1）群体的团结，不是起源于外部压力，而是来自于内部凝聚力。

（2）群体内的成员，没有分裂为互相敌对的小群体的倾向。

（3）群体本身具有适应外部变化和处理内部冲突的能力。

（4）群体成员之间具有强烈的认同感与归属感。

（5）群体内的每个成员都明确地掌握了群体目标。

（6）群体成员对群体的目标和领导者持肯定和积极的态度。

（7）群体成员承认群体的存在价值，并具有维护此群体继续存在的意向。

（二）士气与生产效率的关系

企业一般都期望群体不仅有高昂的士气，而且要保持较高的工作效率或生产效率。但事实上这种情况很难达到。因为高士气只是提高生产效率的必要条件，而非充分条件。要提高生产效率，还需要具备其他条件，如机械设备、原材料的供给等物质条件以及员工素质、工作能力等人力条件。

研究表明，强调工作的物理条件而忽视职工的心理需要时，可能会出现低士气、高效率的情况。但这种状况不会维持太久，由于无视职工的心理需要，势必会增加职工的反感，最终仍将导致劳动生产率降低。

但是，如果只顾及职工的心理需要，却忽略其与组织目标的关联，则易产生高士气、低生产效率的情况。

假如想达到高士气、高生产效率的理想状态，则必须使职工的需要与组织目标趋于一致，让高士气群体赞同和接受组织的生产目标。这就需要有得力的管理者来做好正式组织与非正式组织之间的利益协调工作。由此可见，高昂的士气并不能保证群体的高生产效率，但它却是高生产效率的必要条件。

（三）影响士气的因素

群体士气受多方面因素的影响，主要有以下七个方面。

（1）对群体目标的赞同。

（2）合理的经济报酬。

（3）对工作的满足感。

（4）群体成员之间的和谐。

（5）优秀的管理者。

（6）通畅的信息沟通渠道。

（7）良好的身心工作环境。

第三节　团队建设

群体内个体完成的任务有时相互独立，有时相互依赖。当这种依赖性很大时，群体内各成员必须相互理解、相互支持和帮助、相互配合，并以默契的方式完成共同的任务和目标。一支好的团队更有助于完成这种相互依赖的任务和目标，因此团队建设成为当今管理界谈论较多的话题。

一、团队的概念

一个团队是一个小数目的人群，他们具有互补性的技能，承诺一个共同的目标、一系列绩效目标，以及使他们共同负责的方法。团队的显著特点是相互依赖性。团队是更高层次的群体，它是通过其成员的共同努力产生积极的协同作用，其结果使团队的绩效水平远远高于个体成员的综合绩效水平。团队不同于群体，二者之间既有联系，又有区别。表 6-3 明确展示了工作群体与工作团队的区别。

表 6-3　工作群体与工作团队的区别

项　　目	工 作 群 体	工 作 团 队
领导	强烈地、清楚地被关注的领导	分享领导角色
目标结构	共享型	依存型
协同配合	中性（有时消极）	积极
责任	个人的责任	个人的或共同的责任
技能	随机的或不同的	相互补充的

二、团队的类型

在组织中，根据团队存在的目的，可将团队分为多种类型，最常见的有问题解决型、自我管理型和多功能型团队。随着信息技术的发展和组织的扁平化，虚拟团队正在日益增多。

（一）问题解决型团队

问题解决型团队一般是由来自一个部门的 5～12 名员工组成的，每周用几个小时来讨论如何提高产品质量、生产效率和改善工作环境的团队。在这种团队里，员工就如何改进工作程序和工作方法交换个人的看法或提供意见，但几乎没有权力根据这些建议单方面采取行动。其中应用较广的一种问题解决型团队是质量圈。这种团队由职责范围部分重叠的员工和主管人员组成，定期相聚，来讨论他们面临的质量问题，调查问题产生的原因，提出解决问题的建议，并采取有效行动。

湘电集团电机事业部问题解决型团队

在湘电集团电机事业部中型车间，有这样一个视产品质量为生命的质量攻关小组——倾情小组。该小组主要针对电机技术的"重点"或"难点"进行攻关。小组成员不超过10人，有管理层、高级技师，也有技术员、一线班员。该小组每次一接到命令，就会全身心投入到这次质量攻关中，探讨研究项目中遇到的各种瓶颈问题。

最近几年他们承接了近二十个质量攻关项目，每次攻关成功都实现了公司产品质量的一次重大突破。2015年事业部接到为美国公司生产47台中型电机的大订单被对方高标准困住时，正是以蔡张保为组长的倾情小组历时三个月，成功破解了铜排转子冲片齿部开裂和中频焊转子焊后起皮两大关键性难题。湘电集团的成功正是得益于他们这个问题解决型团队的存在。

（黄鹤，2016）

（二）自我管理型团队

自我管理型团队是为了弥补问题解决型团队的某些不足而出现的。这种团队一般由10～15人组成，他们承担着以前自己的上司所承担的一些责任。其职责范围包括控制工作节奏、决定工作任务的分配、安排工间休息等。完全的自我管理型团队可以挑选自己的成员，并让成员之间进行绩效评估，这样主管人员的重要性大大降低。很多组织都成功地运用了自我管理型团队，但也不能都尽如人意。

（三）多功能型团队

多功能型团队是为了完成一项共同的任务，而由来自同一等级、不同工作领域的员工组成的团队。这种团队兴盛于20世纪80年代末，当时所有主要的汽车制造公司都采用了多功能型团队来协调完成复杂的项目。因此，多功能型团队是一种有效的方式，它能使组织内不同领域的员工之间交换信息，激发出新的观点，解决面临的问题，协调复杂项目。

（四）虚拟团队

虚拟团队（Virtual Team）是指跨越空间、时间和组织界限，成员之间主要通过电子技术进行沟通的跨功能团队。随着互联网的日益普及，以信息、创意和智慧为代表的网络经济使虚拟团队成了组织发展的新趋势和管理层关注的焦点。技术的发展和以知识为基础的工作使得虚拟团队变得可能，而全球化与知识分享和团队工作的成效使其变得更为必要。有效的虚拟团队要创造性地综合使用 E-mail、电视会议、公司内部网以及其他传统的电子沟通手段以满足其需要。

三、有效团队的特征

一个有效的团队由一群相互独立却拥有共同目标的人员所组成，同时成员也认同共同努力是达成目标的最佳方式。有效的团队也会带来愉快的体验，使成员期盼团队开会时间的到来，同时感受到进步与成就。有效的团队有以下六个方面的特征（万涛，大月博司，2016）。

（1）团队以任务为导向，有明确的、不断进取的共同目标。

（2）团队是分工合作的集体，成员能力各异，彼此互补。

（3）团队成员相互激励，共同承担领导任务。

（4）团队有可识别的个性特征。

（5）团队成员彼此信任，并形成默契，使团队有机化。

（6）团队是开放的，与其他群体及所处的组织系统保持着紧密联系。

一般来说，有效团队的成员可分为四种不同的角色类型，每一种都有助于团队的成功。这四种类型的人分别为贡献者、合作者、沟通者和挑战者。贡献者属于任务导向的人，他们视团队为一个由各种专家组成的团队，每一位成员都各有所长，他们不但尽量提供别人可利用的信息，也常常帮助其他团队训练成员。合作者认为对团队目标的承认是很重要的，因此必须确保团队的目标明确，他们愿意广泛地参与，而且任劳任怨，乐意与其他成员分享荣誉。沟通者属于程序导向的人，他们对于团队如何完成任务、达成目标最感兴趣，善于督促沉默的成员多发表意见，同时要求健谈者多倾听。挑战者特别关心团队的方向与成败，他们往往不停地质疑团队的目标、作业方式，甚至工作伦理。

四、团队建设的理论

团队建设的理论主要有人性假设、人格理论、团队角色理论和实践活动理论（陈国海，张贞敏，2010）。

（一）人性假设

团队建设应该建立在对人性的深刻认识之上（贾砚林，颜寒松等，1999）。下面讨论X理论、Y理论与团队建设。

1. X理论与团队建设

X理论的主要观点为：① 多数人十分懒惰，缺乏雄心壮志，不愿担当责任，总想逃避工作，甘心受人支配；② 多数人的个人目标与组织目标是相互矛盾的，必须用强制、惩罚才能迫使他们为集体而奋斗；③ 多数人只停留在为满足基本需要而工作的层次，经济激励是他们行为的最有力动因。

X理论对于建设团队精神的指导作用在于：① 培养团队精神绝不能放任自流，而是要事在人为；② 必须根据人的本性来培养团队精神；③ 充分运用经济因素来制定赏罚措施。

2. Y理论与团队建设

Y理论的主要观点为：① 人有生理、安全、社交、尊重、自我实现等多层次的需要，人们工作的最终目的是达到自我实现；② 一般人能够自我激励与自我控制，外部的控制与惩罚不是实现组织集体目标的有效方法；③ 个人的自我实现与组织目标的实现是一致的，自我实现的人会主动承担组织的职责，为组织目标的实现做贡献。

根据 Y 理论的人性假设，可以采用引导的方法来培养团队精神和行为。具体方法包括尊重员工、目标管理、自我控制、参与管理、团队决策、集体行动等。这类方法具有明显的理想主义色彩。

（二）人格理论

人格理论的主要观点包括：① 在团队成员招聘、培养和使用方面要考虑成员的个体差异；② 不同人格的团队成员形成互补，有助于提高团队工作效率；③ 团队成员因个体差异互相影响、互相制约。

根据人格理论，建设团队精神主要涉及三方面内容：① 团队必须有一个多维的、动态的成员结构，主要包括性别结构、年龄结构、知识结构、经验结构、智能结构、素质结构以及专业结构等；② 每个团队成员要认识自己的长处和短处，调适自己的性格和行为，以适应团队建设和发展的需要；③ 团队成员还要认识同事的个性，与他们密切配合，互相补充和制约，和谐相处。

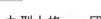

例证 6-8

九型人格——团队建设的工具

香港文化科技有限公司从 2002 年开始，在公司老板罗先生的带动下，已先后资助或者半资助员工参加了在美国和中国香港地区的外部导师主持的九型人格培训，在企业内部则以人力资源部经理为讲师开展九型人格培训，员工自愿报名参加。迄今为止，公司员工，特别是管理层，已有半数以上员工接受了九型人格的培训。包括老板罗先生在内的几位高层领导以及人力资源部门人员都较好地掌握了这个工具。迄今为止，九型人格工具已被运用到公司人才招聘、团队建设、岗位安排、人际沟通、员工生活品质管理等多个方面。几年来，公司将九型人格工具应用于人力资源管理，特别是团队建设中的做法已经取得了初步的成效，并逐渐成为公司文化的一个重要组成部分。

（陈国海，2007）

（三）团队角色理论

梅雷迪斯·贝尔宾博士在 *Management Teams: Why They Succeed or Fail* 一书中详细地阐述了其研究的过程及团队角色理论（Belbin，1994a）。他将团队中的角色分为协调者、推进者、完善者、实干者、监督者、创新者、信息者和凝聚者八种，并根据研究确定了影响团队成功的六个主要关键因素。

（1）有一个负责人。团队需要一个地位较高的人，他符合协调者的特征，耐心且能取得队员的信任，并能很好地发展团队中其他人的能力，能做出相关决策。

（2）一个强有力的创新者。成功的团队需要一个好的创新者。然而，多于一个创新者的团体整体成功的可能性会降低。因为他们更易于挑剔别人的思想，而不是发展自己的思想。

（3）心智要有较好的分布。

（4）个性的分布应当能够覆盖较多的团队角色。

（5）团队中成员的个性特征与他们的责任之间要有较好的匹配。

（6）对团队角色不均衡问题的识别和调整团队的能力。

在工作中，员工首先表现出来的是工作角色，即根据岗位所要求的经验和知识要求，当工作一段时间后才会了解团队角色的重要性。因为人不仅是"经济人"，也是"社会人"，所以贝尔宾从人的性格入手，通过卡特尔16PF人格问卷和工作观察者评价问卷明确了各种角色的性格和功能，以及按照他们的功能分为领导（协调者和推进者）、谈判代表（信息者和凝聚者）、经理/员工（完善者和实干者）和智者（监督者和创新者），其主要性格特征描述见本章心理测试（见表6-8）。

贝尔宾认为，正是由于各团队角色在性格和功能上的互补才使团队不断取得成功。他不仅识别出团队的八种角色以及他们的特征和团队功能，还根据研究中获得的数据编制了BTRSPI问卷（the Belbin's Team-Role Self-Perception Inventory）。本章心理测试给出了贝尔宾团队角色问卷调查表。

（四）实践活动理论

实践活动理论的主要观点是只有在真实或者模拟的团队任务情境中，团队成员互相合作、共同完成任务的同时，加深对自己和其他成员的认识，增加对其他成员的信任和支持，逐步形成默契、和谐、高效的团队。运用该理论指导团队建设时，应注意团队任务的设计，包括难度适中、通过努力可以达到；创设安全、尊重的团队环境；重视体验和分享，交流心得；重视成果分享和庆祝。近年来流行的户外拓展训练被认为是其中的一种典型方法。

例证 6-9

户外拓展训练——腾讯飞龙班变革领导力课程

腾讯飞龙班变革领导力课程委托深圳市西点体验教育科技有限公司具体实施。将30名公司事业部总经理接班人带到腾格里沙漠，要求在两天一夜的时间里徒步穿越32千米沙漠行军，抵达指定目的地。团队初始每人50元的启动资金，一个小组（10～12人/组）两张卫星地图、两个指南针。所有的计划制订、行军的线路的设定、物资的购买、人员的分工、风险的预控、安全等都由团队自行来决定。

出发后他们会遇到各种问题，如团队意见冲突、计划与实际不相符等问题。如何解决问题将考验着整个团队。过程中，每半天更换一次小组长和政委，并对上一阶段取得的成绩和碰到的困难做"复盘"，这样的一次特别的自我探索+团队探索的共同之旅，让核心团队能真正地扭成一股绳，带领公司一起向前冲。

（张利富，夜莺，2020）

五、团队建设的策略

成功团队的管理者能够融合各种风格的优势，并利用不同的风格建立有效团队，其策略主要有如下七种。

（1）认识成员。在团队活动开始之前，非正式地与每位成员见面，交换彼此的背景及对团队的感受，并且了解成员的动机是否有助于团队目标的完成。

（2）确定团队的目标。说明你对团队的期望，并且检查时间表、预算和各种限制。让每一位成员参与预先设定议程的讨论，以明确了解团队的任务与目标。每个人都应该清楚团队对自己的期望。

（3）建立标准和计划。鼓励团队发展共同工作的标准，如所有会议必须全员参加、重视承诺、允许出现不一致的意见、保守机密等。制订发展目标与行动计划，包括任务与完成期限等。

（4）强调参与。让每一位成员都参与团队的工作，并且让每一个人都得到任务的分派。对于重要决策，应设法达成共识。鼓励提出问题，意见不一致是很自然的事，领导人应表现出鼓励对现状的质疑，接受不同意见。

（5）维持均衡。有效团队能够在不同风格的成员之间达到均衡。均衡并不代表每一种风格平均利用，而是指在必要时适当引用每一种风格。

（6）分享荣誉。每个成员贡献的多寡与团队的成就如何，都由领导人决定。而且领导人要负责将喜悦与外界分享，特别是高层主管与公司内部通信的编辑。

（7）评估团队的有效程度。领导人应负责推行至少每年一次的自我评估，包括团队的实力、进展情形，还有任务的时效性、有效性，对工作品质的满足程度，以及必要的改变等。

 本章小结

> 群体是具有相同利益或情感的两个或两个以上的人以某种方式结合在一起的集合体。

> 正式群体是组织精心设计与规划，有自己明确的目的和规章制度，成员的地位和角色、权利和义务都很清楚，并有稳定、正式结构的群体。

> 非正式群体是以相似的观点兴趣爱好为基础、以彼此感情为纽带自然形成的、没有固定组织形式的群体。非正式群体具有如下四个特征：自发性；成员的交叉性；有自然形成的核心人物；排他性和不稳定性。

> 群体的发展要经过五个阶段。这五个阶段是形成阶段、震荡阶段、规范化阶段、执行任务阶段和结束阶段。

> 群体行为有别于个体行为，群体行为有着自己鲜明的特征。这主要表现在从众、顺从、暗示、模仿和感染等典型的群体行为上。

> 群体动力是指左右和影响群体发展演变的主要力量，主要内容包括群体规范、

群体压力、群体凝聚力和群体士气等。

➢ 一个团队是一个小数目的人群，他们具有互补性的技能，承诺一个共同的目标、一系列绩效目标，以及使他们共同负责的方法。团队的显著特点是相互依赖性。

➢ 有效的团队有以下六个方面的特征：团队以任务为导向，有明确的、不断进取的共同目标；团队是分工合作的集体，成员能力各异，彼此互补；团队成员相互激励，共同承担领导任务；团队有可识别的个性特征；团队成员彼此信任，并形成默契，使团队有机化；团队是开放的，与其他群体及所处的组织系统保持紧密联系。

➢ 团队建设的理论主要有人性假设、人格理论、团队角色理论和实践活动理论。

➢ 团队建设的策略包括如下七种：认识成员；确定团队的目标；建立标准和计划；强调参与；维持均衡；分享荣誉；评估团队的有效程度。

思考练习题

一、选择题

1. 群体规范的主要作用是规定成员的具体行动。（　　　）

    A．是　　　　　　　　　　　B．否

2. 群体的内聚力越高，工作效率就越高。（　　　）

    A．是　　　　　　　　　　　B．否

3. 高士气的群体不一定具有高的生产效率。（　　　）

    A．是　　　　　　　　　　　B．否

二、简答题

1. 非正式群体有何特点和作用？应当如何对待？

2. 什么是群体规范？它有何作用？

3. 高绩效团队有何特点？如何建设高绩效团队？

三、学以致用

请用贝尔宾团队角色问卷调查表（见本章心理测试）调查你当前所在团队的各个成员的团队角色，然后运用团队角色理论指导你的团队工作，提出若干中肯的意见和建议并获得所有成员的认可和支持。

贝尔宾团队角色问卷调查表

指导语：本调查由贝尔宾博士编制（Belbin，1994b），共有 7 个问题。针对每个问题，请为精确地描述了你工作中的行为的选项（a～h）打分，总分 10 分。这 10 分可能分布在几个不同的选项中，不必面面俱到，只需将分数分布在你认为与你自己工作实际相关的选项中。每一选项分数的多少根据每一选项多大程度反映了你自己的工作行为而定。一个极端的例子是 10 分可能分布在每一问题的所有选项中，你也可以将其中一个选定为 10 分。将你对选项分配的分数填在提供的答案纸上。每一道题没有标准答案。这个问卷调查能帮助你了解你在团队中的角色。

本测试需 15～20 分钟。讨论所需时间因班级规模和分组情况而异。

1. 我认为我能为团队做出的贡献是：

（　　）a. 我能够迅速发现并抓住新的机遇。

（　　）b. 我能够与团队中各种类型的人合作。

（　　）c. 我生来就爱出主意。

（　　）d. 我的能力在于，一旦发现对团队目标有价值的成员，我就能够推举他们。

（　　）e. 我能把事情办成，这主要靠我个人的实力。

（　　）f. 只要最后能取得有价值的结果，我乐意面对暂时的冷遇。

（　　）g. 在熟悉的情形中，我很快就能意识到哪些方法管用。

（　　）h. 我能够客观地对备选做法提供充分理由。

2. 在团队工作中如果我有缺点，它可能是：

（　　）a. 除非会议组织、控制并开得很好，否则我会感到不安。

（　　）b. 我容易对那些有高见但没有适当表达出来的人过于宽容。

（　　）c. 一旦集体讨论新观点，我总喜欢说得太多。

（　　）d. 我客观的看法使我很难与同事们打成一片。

（　　）e. 在需要办成某件事的情况下，我有时使人感到很强硬和专断。

（　　）f. 也许是我对团队气氛过分敏感，我发现自己很难与众不同。

（　　）g. 我容易沉浸在自己突来的想象中，以致忘了正在发生的事情。

（　　）h. 我的同事认为我过分注重细节，总有不必要的担心，怕把事情搞砸。

3. 在与他人一起做一个团队项目时：

（　　）a. 我有不给别人施压就能影响他们的能力。

（　　）b. 我随时防止粗心的错误和疏漏。

（　　）c. 我愿意施加压力以换取行动，确保会议不会浪费时间或离题太远。

（　　）d. 在提出独到见解方面，我是数一数二的。

（　　）e. 我总是乐于支持与共同利益有关的积极建议。

（　　）f. 我热切寻求新的想法和新的发展。

（　　）g. 我相信别人会欣赏我冷静的判断力。

（　　）h. 大家信赖我能够将最基础的工作组织得井井有条。

4. 我在团队工作中的特点是：

（　　）a. 我有兴趣更多地了解我的同事。

（　　）b. 我经常挑战别人的观点或坚持自己的意见。

（　　）c. 我常常能够找到一连串的论据驳倒不甚有理的主张。

（　　）d. 若计划必须付诸实施，我认为我有能力使工作运转起来。

（　　）e. 我能够避开显而易见的想法，而提出出人意料的想法。

（　　）f. 对承担的任何团队工作，我都追求完美。

（　　）g. 我乐于利用团队以外的关系资源。

（　　）h. 尽管我对所有的观点都感兴趣，但一旦需要做出决定，我还是会毫不犹豫地拿定主意。

5. 我在工作中获得满足是因为：

（　　）a. 我喜欢分析情况，评价和权衡各种可能的选择。

（　　）b. 我对寻找解决问题的可行方案感兴趣。

（　　）c. 我感到我在促进良好工作关系的形成。

（　　）d. 我能够对决策产生很强的影响力。

（　　）e. 我能够遇到那些有新意的人。

（　　）f. 我能够使大家在某项必要的行动上达成共识。

（　　）g. 我感到我能够全身心地投入工作中。

（　　）h. 我很高兴能够找到一片可以发挥我想象力的天地。

6. 如果我突然接到一个艰巨的任务，而这个任务必须在有限的时间里和不熟悉的人一起完成：

（　　）a. 在找到解决办法之前，我宁愿躲在角落里，拟订一个解脱困境的方案。

（　　）b. 我愿意与提出了最好解决方案的同事共同应对难题，无论他有多难相处。

（　　）c. 我会设想通过用人所长的方法来减轻工作负担。

（　　）d. 我天生的紧迫感将帮助我不会落后于计划。

（　　）e. 我相信自己能够保持冷静，富有条理地思考问题。

（　　）f. 尽管困难重重，我都能为实现目标而奋斗。

（　　）g. 如果团队工作没有进展，我将采取积极措施加以推动。

（　　）h. 我乐意开展讨论，以激发新的想法，推动工作的开展。

7. 关于在团队工作中我常遇到的问题：

（　　）a. 我很容易对阻碍工作进展的人表现出不耐烦。

（　　）b. 别人可能批评我太重分析和缺少直觉。

（　　）c. 我为确保工作有序开展的愿望通常阻碍了工作进程。

（　　）d. 我常常产生厌烦感，需要一两个有激情的队员使我振作起来。

（　　）e. 除非目标明确，否则我很难着手解决问题。

（　　）f. 有时我很难把复杂的观点澄清和解释清楚。

（　　）g. 对我自己不能做的事情，我有意识地求助别人。

（　　）h. 当遇到反对意见时，我会犹豫是否让自己的观点获得通过。

贝尔宾问卷调查表的解释：

1. 团队角色

贝尔宾团队角色问卷将团队角色分为八种，即协调者、推进者、完善者、实干者、监督者、创新者、信息者和凝聚者。

2．角色分数

完成问卷调查表后，你将获得每一个团队角色的分数。

3．答题卡

将每一选项分配的分数填在表 6-4 的方框内。检查每一行的分数之和是否为 10 分。

表 6-4　分数表

题目/选项	a	b	c	d	e	f	j	h
1								
2								
3								
4								
5								
6								
7								

然后将上面每一方格的分数对应填入表 6-5 的方格内。将每一列的分数加起来得出八种风格中每一种风格的分数。

表 6-5　分析表

协调者	推进者	完善者	实干者	监督者	创新者	信息者	凝聚者
1d	1f	1e	1g	1h	1c	1a	1b
2b	2e	2h	2a	2d	2g	2c	2f
3a	3c	3b	3h	3g	3d	3f	3e
4h	4b	4f	4d	4c	4e	4g	4a
5f	5d	5g	5b	5a	5h	5e	5c
6c	6g	6d	6f	6e	6a	6h	6b
7g	7a	7c	7e	7b	7f	7d	7h

将你的得分与表 6-6 中的常模进行比较。

表 6-6　常模

	协调者	推进者	完善者	实干者	监督者	创新者	信息者	凝聚者
很低	0～3	0～3	0～1	0～5	0～2	0～1	0～2	0～3
低	4～5	4～6	2～3	6～8	3～4	2～3	3	4～5
中等	6～9	7～14	4～8	9～12	5～9	4～7	4～7	6～10
高	10～13	15～18	9～10	13～15	10～11	8～9	8～9	11～13
很高	14+	19+	11+	16+	12+	10+	10+	14+

根据表 6-6 的标准，比较你在团队中每一类的得分（按列累加的分数），记下你团队角色每一类行为的得分是高、中，还是低。填入表 6-7 中，两组最高的分数符合你主要的

141

团队角色类型。

表 6-7　团队角色类型

很　　高	高	中　等	低	很　低

4. 团队角色特征解释

团队角色特征解释，如表 6-8 所示。

表 6-8　团队角色特征解释

特征 角色	主 要 优 点	主 要 缺 点	团 队 功 能
协调者	沉稳，自信，自控力强，令人尊敬的领导者，目标清楚、明确，宽容，授权，非权力影响，和事佬，求助	缺乏创造力，有时会被认为善于利用别人，过多地下放权力以致失去控制，缺乏原则	控制向目标前进，确保每个成员的潜力得到充分发挥，擅长将不同观点、技能和风格放在一起
推进者	有潜力，适应压力，以结果为导向，有影响力，行动表率，排除障碍和反对意见，独立，固执	急躁，爱发火，缺乏耐心，敌对，常伤人感情	影响甚至左右团队的目标和工作方法，促进团队按时完成任务，有魄力
完善者	讲效率和秩序，认真，警惕，完美主义，避免错误和缺点，按时交付，守时，踏实	为小事担心，好钻牛角尖，不愿承担责任，反应迟钝	使团队免于错误和遗漏，搜寻需要特别注意的工作，保持团队的紧迫性，促使团队按时完成任务
实干者	实际，实用，保守，条理，固执，有组织能力，勤奋刻苦，守纪律，稳定	缺乏灵活性，对新观点、新想法反应不积极，缺乏创造性和随意性，刻板	将概念和计划转化为实际工作程序，系统有效地执行大家一致的意见，按需要和要求工作
监督者	理性，冷静，逻辑分析，好判断和争辩，思考，不冲动，能看到各种机遇，有判断力	缺乏灵感，枯燥乏味，呆板，无激情，过于批判，不能调动他人的积极性	协助团队分析问题，评估建议和想法，权衡做出决策
创新者	创意，幻想，理想化，灵活，创造，非程序决策，想象力丰富，独立思考，直观，好奇，个人主义，非正统，聪明，有点子	有时脱离现实，不太注意繁文缛节，有时会孤芳自赏或被孤立，喜新厌旧	发展新的想法和战略，寻找解决问题的方法
信息者	热情，好奇，表达能力强，探索机遇，发展新的关系，关注动态，重视利用团队外的关系资源	过于乐观，喜新厌旧	探索和汇报想法，发展组织外资源和保持与外界的联系及磋商
凝聚者	温柔，敏感，合作，善于交往，喜欢聆听，感觉敏锐，友好，支持，理解，合作，有时服从和妥协，以避免摩擦，提倡团队精神	有时过分妥协而失去原则，容易受到他人影响	支持和鼓励团队成员，提高沟通技巧，培养团队精神，是推进者角色的重要伙伴

小组讨论：

1. 与小组的其他成员分享自己的团队角色类型，通过自己日常的团队工作经验说明自己的团队角色类型，小组的每位成员结合表 6-8 熟悉八种团队角色类型的主要特征。

2. 对于一个项目团队，在项目进展过程中的不同阶段，哪些角色比较适合在此阶段发挥作用，哪些角色不太适合。讨论后填入表 6-9 中。

表 6-9 项目阶段的团队角色

项 目 阶 段	比较适合的团队角色	比较不适合的团队角色
方向和需求		
想法和决策		
计划		
组织实施		
联络		
跟进/评估		

3. 当一个团队中没有比较合适的团队角色做某项目阶段的工作时，或者当比较不适合的团队角色从事某项目阶段的工作时，如信息者和凝聚者从事跟进和评估工作，应当注意哪些事项？

4. 根据本测试讨论将团队角色理论应用于团队建设有何启示？具体而言，可以分为几个步骤来做？

 管理游戏

解手链

目的：了解群体形成和发展的阶段。

做法：将班级分为 8 人或 10 人（最多 14 人）一组的若干小组，每组围成一圈，要求每个成员记住自己左手拉的是谁的右手，右手拉的是谁的左手，然后自由走动，又围成一圈站着，每个成员的左手和右手分别拉着原先未走动前其他成员的左手和右手。大家共同努力，将手链解开，围成原先的样子。

时间：20～30 分钟。

问题讨论：

1. 在整个过程中，是否由某个领导在负责或者指挥？
2. 别人的反馈有没有帮助？
3. 为解决这个问题，每个人是否要相互依靠？
4. 假如让你教另一队，你会怎么做？
5. 假如将眼睛蒙上，只用语言沟通，那么你预计可能会遇到哪些问题？

 **案例分析**

华为的团队建设特色

一、"以人为本"的战略思想，吸引凝聚员工

自企业创建以来，华为建立了最优秀的技术团队，公司在全球拥有超过 8 万研发人员，占总人数的 45%左右，在世界各地都设立了研究所。华为重视人力资源的挖掘，创造良好机制留住人才、用好人才。目前，华为有 18 万高知员工，80%是大学本科学历，其他类要求博士或研究生占 20%。华为吸引人才的主要策略依靠其利益驱动机制，奉行决不让"雷锋"吃亏的原则，主张在顾客、员工与合作者之间结成利益共同体。

二、"艰苦奋斗"——华为企业之精髓

20 世纪 80 年代创业初期，华为研发部从五六个开发人员开始，在没有资源、条件的情况下，刻苦攻关，夜以继日，累了就在垫子上睡一觉，醒来接着干，这就是华为"垫子文化"的起源。至今公司团队的每一个成员仍然秉承老一代华为人的拼搏精神，忘我地工作。

三、注重培训，提高员工的整体素质

华为专门的新员工培训注重德与能的双重培育，从根上引导员工如何去做人、做事，造福于民。新员工还配有导师，导师会手把手传授知识与技能，企业文化、传统，工作流，也有严格的奖惩制度，要为新员工的问题负责。其间还会有返聘的科研院所老专家互动交流。此外，新员工到了各部门也要适应不同的文化，如研发部门是"板凳要坐十年冷"。华为正是通过这样的点滴积累及流程制度的规范引导，将企业文化的内涵注入了每个员工的灵魂，塑造了具有独特魅力的华为团队。

四、培育华为"集体奋斗，团结合作"的企业精神

为了建设一个具有凝聚力并且高效的团队，华为要求员工具备协作意识，善于同别人合作。在合作中学会与他人交流沟通、尊重别人、被别人领导和领导别人。团队之间相互帮助，信息共享。如当一个华为员工提出客户接待需求时，通过电子流提出相关申请，会十分顺利地得到相关部门的配合。

五、铁打的营盘流水的兵

为了保持公司永久的活力，公司采取自由雇佣制，确定企业与员工之间的长期信任和主动合作关系。自由雇佣制促使每个员工都成为自强、自立、自尊的强者，从而保证公司具有持久的活力和竞争力。

（傅幼玲，2010）

问题讨论：

1. 华为公司是如何进行团队建设的？
2. 结合本章内容，分析华为团队是否为有效团队，并简要说明理由。

录像教学

三个和尚的故事

山上有座小庙，庙里有个小和尚。他每天挑水、念经、敲木鱼，给观音菩萨案桌上的净水瓶添水，夜里不让老鼠来偷东西，生活过得安稳自在。不久，来了个高个子和尚。他一到庙里，就把半缸水喝光了。小和尚叫他去挑水，高个子和尚心想一个人去挑水太吃亏了，便要小和尚和他一起去抬水，两个人只能抬一只水桶，而且水桶必须放在扁担的中央，两人才心安理得。这样总算还有水喝。后来，又来了个胖和尚。他也想喝水，但缸里没水了。小和尚和高个子和尚叫他自己去挑，胖和尚挑来一担水，立刻独自喝光了。从此谁也不挑水，三个和尚就没水喝。大家各念各的经，各敲各的木鱼，观音菩萨面前的净水瓶也没人添水，花草枯萎了。夜里老鼠出来偷东西，谁也不管。结果老鼠猖獗，打翻烛台，燃起大火。三个和尚这才一起奋力救火，大火扑灭后，他们觉醒了。从此三个和尚齐心协力，共同来挑水，水自然就更多了。

（资料来源：三个和尚. 上海美术电影制片厂 1980 年出品。导演：阿达；造型设计：韩羽。录像片长约 23 分钟。）

看完录像，请回答下面的问题：

1. 为什么随着群体规模的扩大，生产效率反而降低了？
2. 三个和尚发生冲突的主要原因是什么？如果三个和尚的个人品德高尚，能否防止这种冲突？
3. 如何从管理制度上入手调动三个和尚挑水的积极性？
4. 危机（火灾）处理对提高三个和尚的群体凝聚力起到了什么作用？

本章参考文献

[1] BELBIN R M. Management teams: why they succeed or fail?[M]. Oxford: Butterworth-Heinemann, 1994.

[2] BELBIN R M. Team roles at work[M]. San Diego, California: Pfeiffer & Co, 1994.

[3] LEWIN K. Resolving social conflicts: selected papers on group dynamics[M]. New York: Harper, 1948.

[4] SCHEIN E H. Organizational psychology[M]. Englewood Cliffs, N. J.: Prentice-Hall Inc., 1980.

[5] KUKREJA S. What are group norms[EB/OL]. [2020-03-03]. https://www.Managementstudyhq. com/types-of-group-norms.html.

[6] WHYTE W F. Human relations in the restaurant industry[M]. Oxford, England: McGraw-Hill, 1948.

[7] 边玉芳. 人为什么"随大流"？——谢里夫和阿希的从众实验[J]. 中小学心理健康教育，2014（20）：30-31.

[8] 陈国海，张贞敏. 团队建设的四种理论及其对团队建设的影响[J]. 石油化工管理干部学院学报，2010（12）：78-80.

[9] 陈国海. 九型人格工具在企业人力资源管理中的使用效果评估[J]. 江西理工大学学报，2007，28（5）：20-23.

[10] 邓伟志，钱海梅. 中国社团发展的八大趋势[J]. 学术界，2004（5）：16-25.

[11] 傅幼玲. 试论华为团队建设之特色[J]. 商场现代化，2010（31）：36-37.

[12] 黄鹤. 湘电集团电机事业部问题解决型团队建设研究[J]. 资治文摘，2016（1）.

[13] 黄亮新. 网站运营之人性、策略与实战[M]. 北京：电子工业出版社，2011.

[14] 贾砚林，颜寒松. 团队精神[M]. 上海：上海财经大学出版社，1999.

[15] 马风霞. 浅议非正式群体的思想政治工作[J]. 社科纵横，2008（07）：41-42.

[16] 宋官东，杨志天，崔淼. 服从行为的心理学研究[J]. 心理科学，2008（1）：249-252.

[17] 万涛，大月博司. 基于目标管理的团队有效性研究[J]. 企业管理，2016（4）：116-118.

[18] 谢天，俞国良. 社会转型：当代中国社会心理特征嬗变及其走向[J]. 河北学刊，2016，36（206）：174-179.

[19] 徐琼. 群体压力下的"优势反应强化"心理分析：农场游戏盛衰探[J]. 求索，2010（8）：61，220-221.

[20] 徐子健. 组织行为学[M]. 北京：对外经济贸易大学出版社，2005.

[21] 张利富，夜莺. 户外拓展训练——领导力提升的有效方法[EB/OL]. [2020-03-02]. http://www.xidiancn.com.

第七章
管理沟通

 学习目标

➤ 了解沟通的渠道和类型
➤ 掌握群体决策的方法
➤ 掌握冲突管理的策略
➤ 掌握改善沟通的方法

引例

麦当劳快餐店创始人雷·克罗克的走动管理

美国麦当劳快餐店创始人雷·克罗克是美国有影响的大企业家之一，他不喜欢整天坐在办公室，大部分时间都用在"走动式"管理中，即到所属各公司、各部门走走、看看、听听、问问。麦当劳公司曾有一段时间面临严重亏损危机，克罗克发现其中一个重要原因是，公司各职能部门的经理官僚主义突出，习惯躺在舒适的椅背上指手画脚，把许多宝贵的时间耗费在抽烟和闲聊上。于是克罗克想出了一个"奇招"，要求所有经理将自己的椅子靠背都锯掉，经理们只得照办。开始很多人骂克罗克是个疯子，不久大家悟出了他的一番"苦心"，纷纷走出办公室，开展"走动式"管理，及时了解情况，现场解决问题，终于使公司扭亏为盈，有力地促进了公司的发展。

（河西，2007）

引例说明"走动式"管理是一种管理者和下级进行沟通的有效途径。沟通在任何组织中都起着十分重要的作用，组织要善于运用非正式沟通以弥补正式沟通的不足。

第一节　组织沟通原理

沟通主要是信息交换的过程，对组织的发展具有重要作用。沟通具有多种渠道和类型，除了传统的沟通类型外，电子沟通是一种应用越来越广泛的沟通手段。

一、沟通与组织

（一）组织中沟通的概念

沟通（Communication）是信息源通过某种管道把信息（观点、情感、技能等）传送到目的地的过程。申农和韦弗（Shannon & Weaver，1949）提出了信息沟通模式，如图7-1所示。

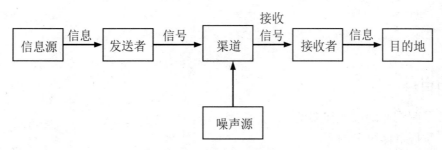

图7-1　申农和韦弗的沟通模式

沟通是信息在发送者和接收者之间进行交换的过程。信息沟通是指人们之间的信息交换，以此达到人们相互了解、相互认知、相互影响的过程。沟通具有以下六个层次的类型：① 个人内部沟通，即自我对话、自我交流的过程；② 人际沟通，即发生在两人或数人之间的信息传递与相互理解的过程；③ 群体沟通，即群体成员之间的意义分享和目标整合过程；④ 公共沟通，即利用个人公共关系权力，说服影响公众的过程；⑤ 大众沟通，即利用大众媒体影响公众的过程；⑥ 跨文化沟通，即具有不同文化背景的成员之间进行信息传递和意义分享的过程。前五种沟通以个人为本位，而第六种沟通则以文化为本位，它包括以国家为本位的国际沟通。本节主要讨论群体沟通和跨文化沟通。

理解是对信息沟通成功与否的检验。如果信息被人理解，沟通就是成功的。反之，信息不能被人理解，沟通就是失败的。亚里士多德（Aristotle）认为，信息沟通包括说话者、词语（要传递的信息）、接收者。沟通至少包括如下三个方面：传递、交流和分享。

群体沟通主要是指人群意见或信息的交流，指的是人与人之间交流思想、观点、态度或交换情报信息的过程。从组织行为学角度讲，沟通所涉及的主要是人与人、人与群体、人与组织的意见交流问题，一般不包括组织外的信息沟通。

（二）沟通在组织中的作用

组织内沟通除了信息传递的作用外，还具有下述五种功能：① 沟通能够准确传递各项决策与计划，并使管理者全面把握人员的情况，提高管理效能；② 良好的沟通体现并实现组织成员对管理工作的充分参与，发挥激励员工的作用；③ 沟通可以减弱组织内任何变革的阻力，有利于组织发展；④ 沟通有助于创建组织内良好的人际关系，增加员工的满意感，具有心理保健作用；⑤ 有效沟通满足了员工的归属需要，并及时提供员工身心发展的信息。

（三）沟通的渠道和类型

1.　按沟通方式的组织化程度分类

按沟通方式的组织化程度，沟通可分为正式沟通和非正式沟通。

（1）正式沟通。正式沟通是指通过组织明文规定的渠道进行的与工作相关的信息传递和交流，它与组织的结构息息相关。如组织中上级的命令、指示逐级向下传达，下级的情况逐级向上报告，以及组织内部规定的会议、汇报、请示、报告制度等。

按信息的流向，正式沟通又可分为上行沟通、下行沟通和平行沟通三种形式。

① 上行沟通是指在组织中信息从较低层次流向较高层次的一种沟通。

② 下行沟通是指在组织中信息从较高层次流向较低层次的一种沟通。

③ 平行沟通是指在组织中同一层次不同部门之间的沟通。

此外，还有在不同层次的不同部门之间流动时的信息沟通，被称为斜向沟通，如备忘录、传真和会议。

正式沟通的优点是效果较好，有较强的约束力，可以使信息沟通保持权威性。重要和权威的信息都应当采用这种沟通方式。其缺点是：由于依靠组织系统层层传递，因而速度较慢，比较刻板，不够灵活。因此，为顺利开展工作，组织必须依赖非正式沟通以补充正式沟通的不足。

例证　7-1

惠普公司的组织沟通

正式沟通包括如下三种。

（1）下行沟通：公司新闻发布、部门的回顾、产品介绍、内部新闻信、公司内部的新闻信、技术杂志、录像带杂志、报告栏、管理人员会议。

（2）上行沟通：工作进展报告（每月）、工作计划、产品介绍计划、职工调查。

（3）混合沟通：员工会议（每周）、换班前的总结（每天，用于操作员和技术人员）、电子信件、绩效评估。

非正式的沟通包括组织成员皆知的小道消息、日常的咖啡时间（一天两次）和电子信件。

（2）非正式沟通。非正式沟通是在正式沟通渠道之外的信息交流和传递，以社会关系为基础，是与组织内部明确的规章制度无关的沟通方式。它不受组织的监督，自由选择沟通渠道，如朋友聚会、团体成员私下交换看法、传播的谣言和小道消息。

非正式沟通的优点是沟通方便、内容广泛、方式灵活、速度快，而且由于在这种沟通中比较容易表露思想、情绪和动机，能够提供一些正式沟通中难以获得的信息。它的重要作用表现在如下五个方面：① 可以满足员工情感方面的需要；② 可以弥补正式沟通的不足；③ 可以了解员工真正的心理倾向与需要；④ 可以减轻管理者的沟通压力；⑤ 可以防止管理者滥用正式通道。

非正式沟通的缺点主要是信息的真实性和可靠性欠缺，有时甚至歪曲事实，出现以讹传讹的现象，由此可能形成小集体、小圈子，影响组织的凝聚力和人心稳定。

非正式沟通往往起源于人类爱好闲聊的特性，闲聊时的信息称为传闻或小道消息（并非谣言）。小道消息具有如下四个特点：① 小道消息不一定都是不确切的消息；② 小道消息传递的速度非常快，也容易消散；③ 很难追查到信息的来源；④ 新闻性和现实性。

当组织的正式沟通渠道出现某种阻碍时，传闻或小道消息可能盛行。传闻或小道消息有时对组织的危害是显而易见的，必须及时察觉并给予澄清，特别是要发挥正式沟通的作用。

2. 按沟通所借用的媒介分类

沟通按其所借用的媒介，可分为语言沟通与非语言沟通。

（1）语言沟通。使用正式语言符号进行的沟通称为语言沟通。语言沟通又分为口头语言沟通与书面语言沟通。

口头语言沟通在组织内有面对面的访谈、各种会议、讨论会、教育培训中的授课、演讲、电话联系等；对外则有街头宣传、推销访问、口头调查、与其他组织之间的洽谈等。口头语言沟通的优点是具有亲切感，比较生动，可以用表情、语调等非语言沟通增强效果，可以马上获得对方的反应，具有双向沟通的好处，比较灵活，可随机应变。其缺点是如果传达者口头语言沟通能力差，则无法使接收者了解真意。如接收者不专心或不注意，则口头信息一过而逝，不利于记忆和保存。

书面语言沟通在组织内有文件、布告、通知、备忘录、公报、壁板、刊物、职工手册、建议书和调查问卷等；对外则有市场调查问卷、广告、职工招聘信息、发布新闻等。书面语言沟通的信息具有权威性、正确性，不容易在传达过程中被歪曲，可以永久保留，接收者可以按照自己的速度详细阅读了解。其缺点是反馈速度较慢，甚至不反馈，接收者对信息的接收意愿不够主动。

（2）非语言沟通。借助非正式语言符号进行的沟通称为非语言沟通，包括身体语言沟通（如身体姿势、衣着打扮）、副语言沟通（如声调、哭笑、重音）和物体的操纵三个方面。语言学家艾伯特·梅瑞宾（Albert Mehrabian，1968）对语言沟通和非语言沟通在沟通中的使用比率进行了研究，总结出的计算公式为

$$信息的传递（100\%）=语言（7\%）+语音（38\%）+态势（55\%）$$

由此可见，非语言沟通在信息传递中的作用非同一般。图 7-2 显示的是四种典型姿态，它们传出的信息强而有力。其中，图 7-2（a）可表示"漠不关心""无可奈何""疑惑"等不同态度，感到"莫名其妙"；图 7-2（b）可暗示出一种"自满"的心态，也可表示"厌烦"和"气愤"，或用来表示一种漫不经心的态度；图 7-2（c）是一种常见的女性姿态，显示出"害羞""忸怩""谦恭""悲哀"的心态；图 7-2（d）的姿态可理解为"冷淡""犹豫""怀疑"等态度。

人际距离和空间是非语言沟通的重要表现之一。美国心理学家爱德华·霍尔（E. T. Hall，1909—1985）提出四种人际距离带（E. F. Hall，1966）：① 亲密带（0～0.5 米），如亲子行为、恋人、角斗、护理、抚慰、保镖等；② 个人距离带（0.5～1.25 米），其中 0.5～0.8 米是亲密朋友交往的距离带，0.8～1.25 米是普通朋友交往的距离带；③ 社会带

（1.25～3.5 米），未曾相识或一般相识，公事公办、应酬或初步了解；④ 公共带（3.5～7.5 米），如庆典、演讲时的主持者与听众、交警与行人。

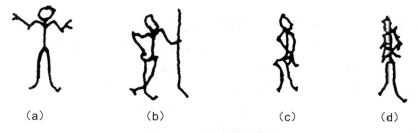

（a）　　　　　（b）　　　　　（c）　　　　　（d）

图 7-2　四种典型姿态

沃尔玛的"八颗牙"

价格与服务是沃尔玛赢得竞争的两个轮子。一名沃尔玛的员工表示，他们有一个微笑培训，必须露出 8 颗牙齿才算合格。把嘴张到露出 8 颗牙齿的程度，一个人的微笑才能表现得最完美。每一个售货员的微笑，都是那样亲切自然。选择去沃尔玛店购物的顾客，都可以享受作为一个消费者内心的满足。

（陈颐，2012）

3. 按沟通方向分类

按沟通方向，沟通可分为单向沟通和双向沟通。

（1）单向沟通。单向沟通是指在信息沟通时，一方只发送信息，另一方只接收信息，接收信息者不再向发送者反馈信息，如做报告、演讲、下达指标等。

（2）双向沟通。双向沟通是指在信息沟通时，发送信息者不仅要发出信息，还要听取信息接收者对信息的反馈，发送与反馈可多次进行，直至双方有了共同的理解，如交谈、协商和谈判等。

单向沟通和双向沟通有各自的优缺点：① 单向沟通的速度比双向沟通快；② 双向沟通比单向沟通准确；③ 在双向沟通中，接收信息的人对自己的判断比较有信心，知道自己对在哪里，错在哪里；④ 在双向沟通中，传达信息的人感到心理压力较大，因为随时会受到信息接收者的批评或挑剔；⑤ 双向沟通容易受到干扰，并缺乏条理性。

二、电子沟通

以由计算机技术与电子通信技术组合而产生的信息交流技术为基础的沟通称为电子沟通（又称 E-沟通）。互联网提供了丰富多彩的电子沟通手段：电子邮件（E-mail）、文件传输（FTP）、新闻论坛（Usenet）、电子公告（BBS）、电子会议以及万维网、QQ、微信等。

电子沟通对组织行为具有很大的影响。从电子沟通对组织劳动生产率的影响来看，它对提高组织效能具有较为积极的作用。电子沟通改变了组织内信息流动速度，可以极大地提高组织内的信息效率，达到高效、快捷和跨时空的目的，同时信息技术导致的开放式沟通网络对组织内的管理效能来说，能为全员参与管理提供技术保证，实现组织内各系统之间信息和知识的共享，其快速反馈系统也使组织与组织外环境之间进行及时的信息资源的交流。

但是，电子沟通也存在潜在的不利影响。首先，电子沟通模式以技术作为中介，其沟通过程过于依赖技术本身，它的高效必须建立在技术的状态合适和人员对技术使用的熟练上，一旦技术结构的某一环节出错或者人员未能熟练地掌握信息技术，则会累及整个沟通网络（如计算机病毒），影响其效率，并且由于其大范围的即时沟通，纠错工作烦琐。其次，电子沟通虽然实现了员工工作管理监控的难度，原有的关注过程的操作绩效标准不再适用于对员工的管理，可能会被关注结果的总绩效标准所取代。

三、跨文化沟通

随着中国加入世界贸易组织（WTO），企业内的跨文化沟通日益增多。跨文化沟通是指跨文化组织中拥有不同文化背景的人们之间的信息、知识和情感的互相传递、交流和理解过程。

作为管理者要养成一个习惯，遇到不同民族和国家的人，研究一下他们的文化特色是什么，这样可以使我们不犯忌讳，与他们处理事情时，就会非常愉快，比较容易达到我们的目标（杜慕群，2009）。

不同文化之间的差异，也是中外合资、外资、跨国公司沟通中面临的最明显的障碍。通过制定拟派海外管理人员的选拔标准、跨文化培训政策和海外管理人员本土化策略，促进了跨国公司的跨文化沟通。

例证 7-3

海尔在美国的跨文化管理

美国人追求个人主义和平等自由，而在中国则强调集体主义，严格遵循上下级关系。因此，为了融入当地文化，海尔使企业文化当地化，培养了一支了解美国市场的本土化管理团队。这对海尔在美国市场的扩张起到关键作用。海尔在洛杉矶建立设计中心，深入地了解美国消费者的需求，提高对市场的反应速度。海尔在美国销售的许多产品都是专门进行设计和生产的。美国人追求个人英雄主义，强调个人价值，因此，海尔在美国的营销策略中更加突出消费者价值，在产品宣传方面也去迎合美国人的个人英雄主义，海尔在美国的广告语"What the world comes home to"，迎合了美国人唯我独尊的心理。海尔在美国采取"人单合一模式"的营销模式，原来的管理者从"下指令者"变为"资源管理者"，也更加能满足员工的个人成就感。

（邱硕，2019）

第二节 群 体 决 策

在近三十年来，群体决策（Group Decision）一直是国内外许多学者研究的重要课题。

通常情况下，群体决策比个体决策更能做出创造性的决定，并且能够得到更好的贯彻。

一、群体决策的概念、特点和优缺点

（一）群体决策的概念

群体决策是由群体中多数人共同进行的决策，它一般由群体中的个人先提出方案，而后从若干方案中进行优选。参与群体决策的成员可能包括组织的领导者、有关专家和职工代表。

（二）群体决策的特点

与个人决策相比较，群体决策具有自身的特点。表 7-1 对个人决策与群体决策的特点做了比较。

表 7-1　个人决策与群体决策的比较

	个 人 决 策	群 体 决 策
速度	快	慢
正确性	一般	较好
创造性	较大，适用于任务结构不明确、需要创新的工作	较小，适用于任务结构明确、有固定执行程序的工作
风险性	视个人气质、经历而异	若群体成员，特别是领导富于冒险性，则更趋于冒险性；若群体成员，特别是领导比较保守，则更趋于保守

（三）群体决策的优缺点

1. 群体决策的优点

（1）集体审议和判断，有利于使被选方案的正确率和满意度提高。

（2）有利于组织内的信息交流和共享，协调各种职能，增强各部门的合作。

（3）可激发其参与和实施决策的积极性，还可协调各方的意见和分歧。

（4）使决策更加民主化，充分反映受该决策影响的所有人员的愿望和要求。

2. 群体决策的缺点

群体决策也会对决策带来一些不利影响，主要表现在以下四个方面。

（1）耗时费钱。

（2）在最小共同基础上的妥协，形成决策的折中性。

（3）权力和责任分离。

（4）少数人的专制。

二、群体决策的方法

群体决策的主要方法有会议讨论决策法、列名群体决策法、头脑风暴决策法和德尔菲决策法等。

（一）会议讨论决策法

在会议讨论决策法中，群体领导人首先对问题进行陈述；其次，各成员对问题进行全面讨论或相互启发，以便产生新的思想，集中意见；最后，通常就如何解决问题进行表决，按大多数人的表决意见做出决策。

（二）列名群体决策法

列名群体决策法（Nominal Group Technique，NGT）是通过有组织的面对面的会议，按一定的程序集结成员的意见，逐条讨论，最后投票以做出群体判断的方法。

（三）头脑风暴决策法

头脑风暴决策法（Brainstorming；如 Snyder，1989），也叫作畅谈会议法。它是邀请一定数量的专家开会，进行积极性的、创造性的思维活动。要求参加人对一定范围的问题，敞开思想，畅所欲言。主持人要保持清醒的头脑，有启发性。目前头脑风暴法已充分借助计算机和互联网技术，形成电子头脑风暴法（Electronic Brainstorming），该方法比传统的头脑风暴法更有助于思想的产生和节约时间。借助互联网技术，用网络会议的方式，可以提高会议的效率，减少专家们的时间和会议地点的协调成本。而且网络会议还有助于永久保存会议记录，还可以免费反复观看，便于更加详细地分析会议讨论的内容。

（四）德尔菲决策法

德尔菲决策法（Delphi Method）是由美国德兰公司创立的，将提出的问题和必要的背景材料用函询的方式与有经验的专家建立联系，对专家的意见进行整理、归纳之后，再向专家发出第二轮函询，如此反复，直到形成较为一致的意见为止。

实施德尔菲法需要注意以下三点：① 一般的问题只需进行 3～5 轮函询即可得到比较合适的意见；② 咨询专家要有代表性，本领域专家、相关领域专家、管理专家要在专家中各占一定比例，人数一般为二十人左右；③ 专家之间不得发生横向联系，只能与决策方联系。

例证 7-4

去除电线上的积雪

一年，美国北方大雪纷飞，大跨度的电线常被积雪压断，严重影响了通信。过去，许多人试图解决这一问题，但都未能如愿以偿。后来，电信公司经理召开了一种能让头脑卷起风暴的座谈会，参加会议的是不同专业的技术人员，要求他们必须遵守以下四项基本原则。

第一，自由思考，即要求与会者尽可能解放思想，无拘无束地思考问题并畅所欲言，不必顾虑自己的想法或说法是否"离经叛道"或"荒唐可笑"。

第二，延迟评判，即要求与会者在会上不要对他人的设想评头论足，至于对设想的评判，留在会后组织专人考虑。

第三，以量求质，即鼓励与会者尽可能多而广地提出设想，以大量的设想来保证质量较高的设想的存在。

第四，结合改善，即鼓励与会者积极进行智力互补，在增加自己提出设想的同时，注意思考如何把两个或更多的设想结合成另一个更完善的设想。

有人甚至提出了"坐飞机扫雪"的设想，一名工程师听后马上提出"用直升机扇雪"的新设想，顿时又引起其他与会者的联想，有关用飞机除雪的主意一下子又多了七八条。不到一个小时，与会的 10 名技术人员共提出九十多条新设想。

会后，公司组织专家对设想进行分类论证。最后经过现场试验，发现用直升机扇雪真能奏效，一个久悬未决的难题，终于在头脑风暴会中得到了巧妙的解决。

（案例来源：小故事大道理：头脑风暴[EB/OL].　[2014-03-04].　http://xinwen.gongxuiku.com/ c1778.html.）

三、群体决策的改善

改善群体决策的主要目的在于提高群体决策效率、决策质量和决策的认可水平。

（一）决策效率

决策效率低通常表现在如下两个方面。

1. 信息交流的非通畅性

在整个决策群体中，信息交流的通畅性是决策效率的重要保证。然而，在中国的决策群体中，信息沟通是一种自上而下单向传递的链式结构，除了非正式沟通外，几乎没有什么信息反馈，这在客观上使处于低层次的决策参与者难以获取充足的信息，同时，由于他们知道自己在决策制定中的作用很小，也就没有去积极关心与努力的能动性。这种信息的不对等和缺少反馈，延缓了决策的制定和执行时间。

2. 决策的"难产现象"

在决策任务比较复杂，决策者处在大体相同的地位时，大家很难在目标选定、后果预测、方案评价以及方案选择上达成一致的看法，并且相互都不能将对方说服。虽然群体可以反复去"议"，但由于缺乏分析和归纳的习惯，彼此之间仍然只是就事论事地围绕问题本身争论不休，因此出现"议而不决""议而难决"的现象。

（二）决策质量

决策质量是指决策本身是否有科学依据、是否符合科学的程序、与客观实际差距的大小等方面的情况。

要提高群体决策的质量，需要从如下三个方面改进决策工作。

1. 重视可行性分析

可行性分析是用现代科学方法研究人们在追求某种目标的过程中所出现的各种变化因素，分析达到目标的各种可行方案，为决策提供基础条件。群体决策时，要求先对问题进行可行性分析，并以此为根据展开讨论和决策。

2. 消除个人的控制支配

群体领导者的个体在组织中有显赫地位和个人特殊身份，在讨论问题时，其他成员会按照他的意见、观点议论，掩盖自己的真实意图，这样会妨碍对问题的分析和讨论，影响群体决策的正确性和科学性。

3. 克服小团体思维

小团体思维（Group Think）是指高凝聚力的决策群体为了保持一致性，不惜代价地压制不同意见，或者避免考虑和评估其他可供选择的方案（Irving，1972，1982）。

（三）决策的认可水平

认可水平是指决策能否被下属接受、理解、容纳和执行，它涉及下属的需要、态度、价值观念和兴趣等因素。事实上，任何决策都必须考虑这两个方面的问题：一是决策的科学性；二是决策能否被群体成员接受和承诺。有些决策对质量要求高，而对认可水平要求不太严格；有些决策对认可水平要求高，而对决策质量要求不太严格；有些决策则对决策质量和认可水平都有较高的要求。因此，必须针对不同情况采用不同的决策方法，才能提高决策的有效性。

组织行为学家把决策的有效性、决策质量和决策的认可水平三者的关系用计算公式表示为

$$ED=Q \times A$$

式中，ED 代表决策的有效性；Q 代表决策质量；A 代表执行决策的认可水平。

美国管理心理学家迈尔设计的决策"四分图"（Maier，1963），进一步描述了 ED、Q、A 三者的关系，如图 7-3 所示。

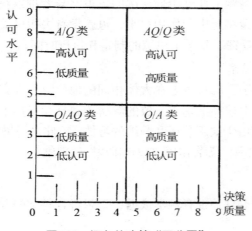

图 7-3　迈尔的决策"四分图"

A/Q、Q/A、Q/AQ 和 AQ/Q 代表四种典型的决策问题。针对这四种决策问题，需要采用不同的决策方法，才能兼顾决策质量和认可水平这两个方面，提高决策的有效性。

第一类，A/Q 型。这类问题与下属的个人利益密切相关，但与组织利益无重大关系。这类问题对认可水平要求高，而对决策质量要求不高。因此，最好用下属民主讨论、协商解决的办法，提高下属的认可水平。

第二类，Q/A 型。这类问题与组织利益关系密切，而与下属利益无直接关系。这类问题对决策质量要求高，而对认可水平要求较低，主要应由领导者和有关专家进行决策，以确保决策质量。

第三类，Q/AQ 型。这类问题与下属利益和组织利益都关系不大，因此对决策质量和下属认可水平要求都不高。最好用抽签的办法决定由谁去。

第四类，*AQ/Q* 型。这类问题既与组织利益密切相关，又与下属利益密切相关，因此它具有高质量、高认可的性质。对这类问题作决策，一般采用两种方法：一是先由领导或专家进行决策，以保证决策质量；然后把决策的意义对下属进行宣传，提高下属的认可水平。二是实行参与决策，即由领导者或专家组织下属进行民主讨论，让下属积极发表意见和提出建议，然后由领导者根据有关资料、信息，并考虑下属的意见和建议，最后做出决定。这样，既能保证决策质量，又能提高下属的认可水平。

第三节　改善管理沟通

在日常生活和工作中存在很多沟通问题，如管理沟通、客户沟通问题，甚至存在沟通障碍，出现人际冲突和纠纷。因此，必须克服沟通障碍，调节人际冲突和纠纷，改善管理沟通。

一、沟通问题

组织内部存在的主要问题是"沟通"。企业内部沟通困境或人际关系的问题很多。企业内部沟通困境或人际关系的问题可能是由管理者或员工缺乏必要的沟通技能所致。管理沟通成为许多管理者或员工的必修课。

二、人际冲突

（一）人际冲突的概念

人际冲突是指被人们知觉到的一种价值观或目标上的矛盾状态，并伴有敌意阻碍对手取得成功的行为以及情绪上的敌意。

冲突对任何组织而言都是不可避免的，而且冲突并不一定都是消极的。冲突应当分为两类，即破坏性冲突和建设性冲突。凡利于达成组织目标的冲突就是建设性冲突，只有那些对达成组织目标起阻碍作用的冲突才是破坏性冲突。因此，不能一概地反对或避免冲突，重要的是要设法控制和驾驭冲突，使之有利于组织目标的达成。研究表明，任何组织中都要有适量冲突。冲突过多，要设法降低；冲突过少，要设法加强。

（二）人际冲突产生的原因

人际冲突涉及人的问题。其引起的因素来自多个方面，大体总结为如下三个方面（彭增安，2010）。

（1）沟通方面。由于语义理解困难、相互误解、相互之间少有沟通或沟通过于频繁，以及在沟通渠道中的噪声等都可能引起人际冲突。

（2）组织方面。组织变动、组织规模过大、组织中责权不清、组织中领导的风格不具有亲和力、奖酬体系不合理、分配给成员的任务与能力不符等均可导致人际冲突。

（3）个人方面。多种原因导致每个人的价值观、世界观不同，因此人对相同问题的看法各异。每个人的内在素质与处事风格不相同，导致在工作过程中产生一些摩擦。

随着经济全球化和文化多元化的发展，全球不同文化之间的交流日趋频繁，在此过程中，难免会出现不和谐甚至冲突。来自不同文化背景的人们如果解决冲突的方式不同，就可能会加剧敌意和误解，甚至会导致冲突升级。

（三）冲突管理策略

近年来许多研究说明从竞争到合作这种看法不能全面反映人们的冲突行为，因此有人提出了两维空间模式，如图 7-4 所示。图 7-4 中横坐标表示"合作"（满足他人的利益）的程度，纵坐标表示"武断"（满足自己的利益）。在这个两维模式里，有五种处理冲突的策略，即强制、回避、妥协、克制和解决问题。

（1）强制：不合作，而且高度武断。也就是说，为了自己的利益，牺牲他人的利益。

（2）回避：合作与武断都很低，对自己和他人的利益都缺乏兴趣。

（3）妥协：两个维度都取中间程度，寻找一种权宜的可被接受的解决方法。

（4）克制：合作精神很高，而武断程度很低，牺牲自己的利益去满足他人的利益。

（5）解决问题：对于自己和他人的利益都给予高度关注。

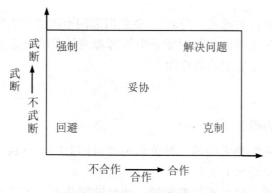

图 7-4　冲突处理的两维模式

托马斯认为，解决冲突，必须注意人与人之间的沟通技巧，并适当确定解决问题的次序，以此来协调"武断"和"合作"，求得建设性的解决冲突的方式。其出发点是，冲突双方为了争取一个目标，其结果必然是一方胜利，另一方失败。还有一种处理结果是，双方都有所失或者都没有满足原来想达到的要求，这种处理冲突的出发点是，大家都吃一点亏，总比一方什么也没有得到要好，采取的策略往往是回避或者折中。这比一胜一负的办法风险较低，花费也较少。而组织行为学家罗伯特·布莱克（R. R. Blake）和简·莫顿（J. S. Mouton）提出了第三种处理冲突的方式。这是一种双赢的方法，使双方都感到自己是胜利者。这种方法要经过精心安排，促使双方协作，共同解决问题，任何一方都不要试图征服另一方。它要求双方直接、坦率地交换意见，自我克制，相互尊重和信任，消除敌意和猜疑，最后找到双方都满意的解决方案，使双方都有一种"获胜"的感觉。

伯克（R. R. Burke）曾就上述各种冲突处理方法的有效程度，经过调查研究发现，使用"解决问题"策略，有利于处理冲突；使用"强制"策略，效果很不好；"回避"和"克制"策略，一般很少使用，即使使用，效果也不好；采用"妥协"策略，效果好的占 11.3%，效果不好的占 5.7%。表 7-2 列出了上述五种处理冲突的策略的有效性。

表 7-2　五种处理冲突的策略的有效性

策 略	有效果的百分比/%	没有效果的百分比/%
回避	0.0	9.4
克制	0.0	1.9
妥协	11.3	5.7
强制	24.5	79.2
解决问题	58.5	0.0
其他（包括还未解决、无法讲明如何解决等问题）	5.7	3.8

此外，沟通专家总结出了处理人际冲突的以下十种策略，可按冲突的性质和原因的不同来选择。

（1）顺其自然法，即避免面对不同的意见，或是延续调整的时间，拖延面临的对抗。

（2）息事宁人法，即强调想法的共同之处，而忽略不同部分。

（3）强势支配法，即运用权势，强迫别人听从命令。"照所说的做！"很直接地控制或者拒绝。

（4）订定规则法，即以客观、相对公平的规则作为处理分歧意见的基础。

（5）和平共存法，即在彼此协议下，维持各存己见的状态。

（6）讨价还价法，即以协商、交易的方式消除彼此的冲突。

（7）弃子投降法，即放弃自己的想法，完全听从对方的意见。

（8）全力支持法，即在可容忍和允许的范围内，给予对方最大的支持，向对方下放权力。

（9）携手合作法，即将大家的意见整合在一起，一起工作去获得一个双赢局面。

（10）重组群体法，即将该群体解散，重新组织。

本章末心理测试（冲突管理风格问卷）可用来衡量一个人的上述前九种冲突管理策略的使用水平。

三、有效沟通和改善沟通

组织有效沟通和改善沟通的策略和工具主要包括以下三种：① 保证正式沟通渠道畅通；② 学会积极倾听；③ 周哈利窗口分析。

（一）保证正式沟通渠道畅通

组织必须建立发布指示、例会、个别交谈、建议、员工态度调查、申诉等制度，以保证正式沟通渠道畅通。在具体管理实践中，组织管理者可采用如下四个步骤以完善现有的正式沟通渠道：① 调查和列举组织现有的各种正式沟通渠道（包括上行、下行和混合沟通）；② 对现有的正式沟通渠道的使用频率和有效性进行评估；③ 对现有的正式沟通渠道提出改进意见和建议；④ 向其他组织了解和借鉴一些有效的正式沟通渠道，结合本组织的实际对它们进行讨论和评估，筛选出可以借鉴的正式沟通渠道并加以实施，弥补原有正式沟通渠道的不足。

组织要想提高沟通效率，还必须根据组织特点和具体的环境条件，利用一些可以改进组织沟通的技术。一般来说，有以下三种。

1. 建议和咨询制度

通过征求非管理人员改进工作的意见来加强上行沟通，以体现一种鼓励提出有益意见并防止其通过指挥链条被过滤掉的正式意图。为此，可设置意见箱，并给意见被采用的建议者支付报酬，尤其是那些给公司带来大量盈利的技术性的复杂建议的提出者。

与建议制度有关的是咨询制度，它提供了一种答复雇员提出的有关组织问题的正式手段。当问题和答复范围广泛时，这种制度可促进双方有效的沟通。许多组织在其员工读物中设有问题和答复专栏，内容范围包括从津贴到公司股票等各种问题。

2. 主管人际沟通训练

适当的人际沟通训练能够提高主管的沟通技能。在如何处理棘手的问题方面，信心十足的主管人能够更好地把握社会情感和任务要求之间的平衡。有效的人际沟通训练方案通常先用录像形式介绍正确处理典型沟通问题的模型，然后由主管对问题进行角色扮演，当表现出有效的技能时培训师对他们进行强化。

这种性质的人际沟通训练特别注重下行沟通。这是因为一个人的态度和情感的流露会增强接收者的交互作用。因此，能够有效地进行下行沟通的上级，反过来也能进行上行沟通。

3. 员工调查和调查反馈

运用调查表对现有员工的态度和意见进行调查，是一种有用的上行沟通的手段。因为调查通常以匿名回答的调查表进行，员工们可以自由地表达他们的真实观点。一次有效的员工调查包含员工确实关心的问题和有益于实际目的的信息。调查专家必须以一种易于被管理部门理解的方式对结果进行概括总结。

此外，组织要鼓励以下行为：① 采用个人接触，如进行个别谈话、饮食招待、家庭访问或友谊集会等。② 促进意见交流，如举行周会及月会，报告工作状况及问题、解决方法；举行主管会议，交换意见与情报资料；出版刊物及公报，对组织事务做有计划的报道；对新任职员工做职前教育，并介绍与大家认识；实施政务公开，如人事、财务、意见以及其他事项等；迅速澄清谣言，但不重复散布；减少公文流程；充分给予员工公开发表意见的机会与权利。③ 鼓励团体活动，如举办工作座谈会；组织员工俱乐部；成立参考图书馆；举办展览会；举办参观、郊游或团体旅行；发起聚餐及茶会；举办娱乐节目；办理各项体育活动和消遣活动等。

例证 7-5

沃尔玛公司的"门户开放"政策

在沃尔玛公司，如果员工有想法或者问题，可以直接和其"教练"商谈，而不必担心受到报复。若他的"教练"本身即是问题的所在或员工对答案不满意，可以向公司任何级别的管理层汇报。"门户开放"政策可以保证让员工发言，当然意见未必总是被采纳。任何管理层人员如有借"门户开放"政策实施打击、报复行为的，都将受到相应的纪律处分，甚至被解雇。如果有人想出好主意，就请他出席周六上午的会议，并发给奖金。

（王海光，2003）

（二）学会积极倾听

倾听与交谈同样重要。倾听并不只是听到别人传递过来的声音，它包括积极感知传递者的信号，精确地评估它们，并恰当地做出反应。只有当信息传送者所打算传出的信息被倾听者收到并且理解时，倾听才是有效的。图 7-5 列出了积极倾听策略的基本要素，即感知、评估和反应。

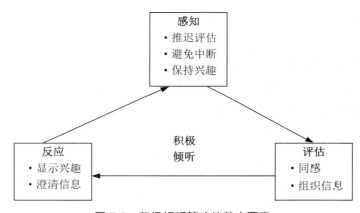

图 7-5　积极倾听策略的基本要素

1. 感知

感知是指从传送者接收信号并保持注意的过程。这些信号包括话语、语音、语速、声调和非言语线索等。通过推迟评估、避免中断以及保持兴趣，积极倾听者可改善感知。

（1）推迟评估。许多倾听者受第一印象的影响，很快从说话者信息中的某种观点出发，先入为主，结果未能接收到重要信息。积极倾听者应该抱着一种开明的心态，不要急于做出评估，要让说话者把话说完。

（2）避免中断。中断说话者的谈话会带来两种负面影响：一方面，这样做中断了说话者的思想，因而倾听者无法接收到完整的信息；另一方面，中断会让人猜测说话人将要讲什么，因而过早的中断会导致对说话者思想的评估。

（3）保持兴趣。积极倾听需要动机的保持。我们经常因话题乏味而在谈话一开始就习惯地关闭我们的思维。相反，如果认为谈话有某些有价值的东西，那么，积极倾听者就能随时保持兴趣。

2. 评估

评估是指理解信息的含义，评价信息，并保持对信息的记忆。为改善谈话中的评估，积极倾听者必须对说话者表示同感，并对接收到的信息进行组织。

（1）同感。积极倾听者必须对说话者的情感、思想和处境表示理解和敏感。同感就是要设身处地，站在他人的角度来试图理解他人言语和非言语的意思。

（2）组织信息。倾听者处理信息的速度比说话者的谈话速度要快近 3 倍，一般地说，倾听者处理信息的速度是每分钟 450 个词，而说话的平均速度是每分钟 150 个词。因此，他们很容易分心。积极倾听者就要善于利用这段空余时间组织信息，对它们归纳总结，当对方说完后试图总结一下他的讲话就是一个很好的做法。

3．反应

反应是指倾听者用一些话语、动作等鼓励和支持谈话继续下去。反应是对说话者的反馈，能够鼓励和引导说话者的谈话。显示兴趣和澄清信息有助于倾听者做到这一点。显示兴趣主要表现为眼神接触和在谈话过程中以"噢，真的""我明白了"等言语能够显示倾听者的兴趣。澄清信息是指积极倾听者在谈话过程中以"因此你说的是不是……"来重新解释说话者的意思，并征求说话者的答复。这样做既能显示你的谈话兴趣，又能帮助判断你的理解是否正确。

（三）周哈利窗口分析

周哈利窗口（Johari Window；J. Luft & H. Ingham，1955）认为，按自我、他人对自己信息的了解程度，沟通分为四个窗口，即竞技场（Arena）或公众我、门面（Facade）或隐私我、盲点（Blind Spot）或背脊我、无知（Unknown）或潜在我，如图 7-6 所示。

图 7-6　周哈利窗口

左上单元称为"公众我"，是我知人亦知的情况，如果沟通这部分信息，在双方之间不会存在障碍。左下为"背脊我"，是己不知而人知，如上级对自己的看法。这时如果对方不给信息，自己就无法理解对方的行为、决定以及潜能。右上为"隐私我"，是己知而人不知，如自己不希望他人了解或打听的隐私，这实际上是给自己戴上了假面的沟通方式，虽然对自己有保护作用，但影响了正常的交流。右下为"潜在我"，己不知人亦不知，一般情况下，这样的沟通将无法进行。

因此，要想提高沟通的有效性，就要从如下两个方面开展工作：一方面，增加自我表露的程度，这可以使隐区转为明区，这就要求人要诚实，并与对方分享信息；另一方面，提高反馈程度，这可以使盲区转化为明区。

1. 自我表露

自我表露是人们向他人讲述和分享关于自己的任何信息。通过他们所说的话和他们如何在别人面前展示自己，人们时常无意识地表露自己的很多信息。通常向他人表达你自己的这种能力是个体成长和发展的基础。无自我表露的个体会压抑自己的真实情感，因为表露自己是一种威胁。相反，完全自我表露的个体，即向任何遇到的人都大量表露自我的人，实际上不能与他人沟通，因为他们太专注于自己。在上级和下属之间、在团队成员和顾客之间，合适的自我表露能够促进对话，分享与工作相关的问题。

一个人在组织中的层次常常使自我表露复杂化。个体抑制自己对那些拥有较高正式权力的人进行自我表露，因为他们拥有奖励或惩罚的权力。即使一个下属愿意和能够在工作中以合适的形式进行自我表露，对上级值得信任的知觉，即上级不会用表露出来的信息惩罚、胁迫、嘲笑自己，也会影响自我表露的形式和数量。

2. 反馈

在给予反馈时，人们与别人分享自己关于他人的想法和感受。当人们对他人的观点或建议做出反应时，反馈包括个体的感受或抽象的想法。反馈的情感感受根据个体关注的方面而变化。当你想要取得沟通成果时，反馈应该是支持性的或修正性的。因此，建设性反馈是促进沟通的一个重要手段。

3. 理想的管理者

霍尔（J. Hall, 1973）认为，要想提高沟通的有效性，可从如下两个方面着手：① 增加自我表露的程度，使门面式转为竞技场式；② 提高反馈程度，使盲点式转化为竞技场式。依据这两种改进方法是否被管理者使用和怎样使用，我们分析出四种类型的管理者，即 A 型（自我表露少，反馈也少）、B 型（自我表露少，反馈多）、C 型（自我表露多，反馈少）、D 型（自我表露多，反馈也多），结果表明，比较理想的管理者和领导者是 D 型。

 本章小结

➢ 沟通是信息源通过某种管道把信息（观点、情感、技能等）传送到目的地的过程。

➢ 按沟通方式的组织化程度，沟通可分为正式沟通和非正式沟通；按沟通所借用的媒介，沟通可分为语言沟通与非语言沟通；按沟通方向，沟通可分为单向沟通和双向沟通；按信息的流向，正式沟通又可分为上行沟通、下行沟通和平行沟通。

➢ 群体决策是由群体中多数人共同进行的决策，它一般由群体中的个人先提出方案，而后从若干方案中进行优选。

➢ 群体决策的主要方法包括会议讨论决策法、列名群体决策法和头脑风暴决策法、德尔菲决策法。

➢ 改善群体决策的主要目的在于提高群体决策效率、决策质量和决策的认可水平。

➢ 组织有效沟通和改善沟通的策略和工具主要包括如下三个方面：① 保证正式沟通渠道畅通；② 学会积极倾听；③ 周哈利窗口分析。

 **思考练习题**

一、选择题

1. 根据周哈利窗口分析，理想的管理者是（　　　）。
   A. A型（自我表露少，反馈也少）　　　　B. B型（自我表露少，反馈多）
   C. C型（自我表露多，反馈少）　　　　　D. D型（自我表露多，反馈也多）
2. 每周一的员工例会属于（　　　）。
   A. 下行沟通　　　B. 上行沟通　　　C. 非正式沟通　　　D. 平行沟通

二、简答题

1. 什么是小团体思维（Group Think）？
2. 简述周哈利窗口分析的基本内容。
3. 组织有效沟通和改善沟通的策略与工具主要包括哪三个方面？

三、学以致用

结合自己所在高校的实际，小组讨论如何完善学校现有的正式沟通渠道：① 列举学校与班级和学生之间正式沟通的现有的各种渠道（包括上行沟通、下行沟通和平行沟通）；② 对现有的正式沟通渠道的使用频率和有效性进行评估；③ 对现有的正式沟通渠道提出改进意见和建议。

心理测试

冲突管理风格问卷

指导语：在接下来的数页中，是描述对涉及不同意见情境下做出反应的可供选择策略的配对陈述。当你处理他人不同的意见时，你可能这一次会用一种策略，而下一次会用另外一种策略，这取决于当时的环境以及谁和这些事情有关。考虑到这一点，本量表让你在配对陈述之间分配3分，以表明你与他人互动时使用这两种策略的频率。

如果你对不同人的反应十分不一样，你最好以与你经常互动的某个人来填写该问卷。你的回答应如实反映你当时的行为举止，而不是你可能喜欢怎样去表现。答案没有正确或者错误之分。

对下面的每个配对陈述，请将 3 分分配给每个配对陈述中的两种策略，以表示你在行为表现中使用这两种策略的频率。使用下面的评分量表：

　　3=频繁　　　　　　2=经常　　　　　　　1=偶尔　　　　　　　0=很少或者从不
例子：
在一次与他人的争执、辩论或者分歧中：
a. 我已经准备好了去赢得这场争论。　　a. 3　　a. 2　　a. 1　　a. 0
b. 我会退回来检查一下我掌握的事实。　b. 0　　b. 1　　b. 2　　b. 3
这两个选项所分配的分数的总和必须是3。

3=频繁   2=经常   1=偶尔   0=很少或者从不

在一场争执、辩论、分歧中或者观察他人时：

1. a. □在我做出决定之前我会让情绪降温并消除紧张。
   b. □我们发现一些双方都同意的规则或者标准。

2. a. □我威胁说要获得所要追求的东西。
   b. □我们一起得出了一个包容双方意见的相互认同的计划。

3. a. □我坚持自己的意见，对方也坚持他/她的意见。
   b. □为了使我的主张让别人接受，我在某些观点上做出让步。

4. a. □我更强调相同点而忽视不同点。
   b. □我们发现双方都同意的作为决定基础的逻辑规则。

5. a. □我们将采取行动，让双方至少暂时保留各自的观点。
   b. □在容许的范围内，我把控制权交给了对方。

6. a. □通过忽略那些会造成我们不同意的细节，我赢得了对我的立场的认同。
   b. □我尝试对方提出的解决方案。

7. a. □我用强制手段去使别人接受我的方法或者观点。
   b. □我接受对方的观点。

8. a. □我们研讨出了关于我们得失的公平组合。
   b. □我公开我们双方关心的问题，然后我们一起解决。

9. a. □我将等待直到我准备好了再去行动。
   b. □我让对方提出计划。

10. a. □我以延迟行动的方式去回避不必要的问题。
    b. □我们至少会暂时性或者试验性地保留不同意见。

11. a. □我以强调我的观点中的优点来说服不同意我的人接受它。
    b. □我充分地表达我的意见和感受，并设法让对方也这样做。

12. a. □我们找到一些能够解决我们分歧的规则。
    b. □我们找到权衡双方得失的办法。

13. a. □我千方百计地使我的观点被接受。
    b. □我能够在容许的范围内让对方解决我们的问题。

14. a. □我们相互认同那些能够解决我们分歧的规则或者程序。
    b. □我能够调和对方的观点。

15. a. □我能让大家听从我的意见。
    b. □我们认可并允许各自意见的存在。

16. a. □我顺从对方的意见。
    b. □我们一起讨论如何整合我们的观点。

17. a. □我尽量少将不利于我的观点的信息告诉他人。
    b. □在给定的框架下我让对方去解决这个问题。

18. a. □我将等待直到我获得更多的信息或者我的情绪冷静下来。

b. □我们找到一个能够让我们互相接受的妥协方案来解决问题。

19. a. □我延迟进行建议性的改变直到我觉得时机成熟。
    b. □我从不拒绝对方的意见。

20. a. □我们找到了互相接受的方法（例如举行投票或者适当的调查）。
    b. □我们找到并用共同点再次分析我们歧义的方式来令双方满意。

21. a. □我在对方可能也会投桃报李的情况下放弃某些立场。
    b. □我表明我的期望和关心的问题，让对方找出解决方法。

22. a. □我向对方说明在最终的分析中我们的想法并没有什么不同。
    b. □我在相信对方会跟我一样做的情况下做出让步。

23. a. □我们找到能够让双方继续保持个人观点的方法。
    b. □我们找到能够把双方意见结合在一起的方法。

24. a. □我一直等待直到我觉得时机成熟时才解决分歧。
    b. □我通过各种方法来强调我的立场。

25. a. □我们在能够决定问题的规则或者程序上达成一致。
    b. □我们找到能够保持我们各自观点的方法。

26. a. □我顺从对方的观点。
    b. □在可接受的范围内我愿意让对方来解决问题。

27. a. □我能成功地让对方改变想法。
    b. □我能与对方建立共同的客观标准来解决我们的分歧。

28. a. □我等到拥有足够的信息才去解决我们的分歧。
    b. □我通过强调我们的想法相差并不大来解决分歧。

29. a. □我们通过制定一个折中的方案来解决分歧。
    b. □我能够调和对方的方案。

30. a. □我指出我们的分歧没有必要去争论。
    b. □我反对对方的意见。

31. a. □直到我有足够的支持时我才做出调整。
    b. □我们找到了能够让我们双方都满意的新观点。

32. a. □我仅表达我立场中的部分负面信息。
    b. □我使对方同意，至少让分歧暂时共存。

33. a. □我们共同接受第三方提出的标准或者决定作为双方解决分歧的基础。
    b. □在规定的范围内，我鼓励对方主动解决问题。

34. a. □我无论怎样都要赢。
    b. □当对方也有此意时，我做出调整。

35. a. □我在规定范围内催促对方主动解决问题。
    b. □我们整合双方表达的意见。

36. a. □我们决定保留双方的分歧直到结合时机成熟。
    b. □我顺从对方的意见。

记分：在表 7-3 的空白处输入你在前面各题中的得分，以此测定你最常用和最少用的冲突管理策略。将每列的分数加起来，写到总分一栏。所有总分之和必须是 108。

表 7-3　冲突管理风格测验记分表

A1 顺其自然	A2 息事宁人	A3 强势支配	B1 订定规则	B2 和平共存	B3 讨价还价	C1 全力支持	C2 弃子投降	C3 携手合作
1a=			1b=					
		2a=						2b=
				3a=	3b=			
	4a=		4b=					
				5a=		5b=		
	6a=						6b=	
		7a=					7b=	
					8a=			8b=
9a=						9b=		
10a=				10b=				
	11a=							11b=
			12a=		12b=			
		13a=				13b=		
			14a=				14b=	
		15a=		15b=				
							16a=	16b=
	17a=					17b=		
18a=				18b=				
19a=							19b=	
			20a=					20b=
					21a=	21b=		
	22a=				22b=			
				23a=				23b=
24a=		24b=						
			25a=	25b=				
						26b=	26a=	
		27a=	27b=					
28a=	28b=							
					29a=		29b=	
	30a=	30b=						
31a=								31b=
	32a=			32b=				
			33a=			33b=		
		34a=			34b=			
						35a=		35b=
			36a=				36b=	
A1	A2	A3	B1	B2	B3	C1	C2	C3

解释： 关于上述 9 种冲突管理策略的说明可参考本章第三节的内容。你的分数反映了你解决分歧或者冲突时所采用策略的倾向性，某些策略被过分使用，某些策略则被忽视了。假如你某种策略的得分高于 15 分，则属于高分，是过多使用该种策略的表现；假如你某种策略的得分低于 7 分，则属于低分，是忽视该种策略的表现。高效的冲突处理需要你有所准备地选择一种适合当前情况的策略，而不是被动地使用习惯性的策略。请结合自己的生活实际和得分，与小组内的其他成员分享讨论。

 管理游戏

阅读能力测试

发放材料：读与做测试题（限时：3 分钟）。你能否按照指令做？

1. 做事之前先通读全部资料。
2. 将你的名字写在本页的右上角。
3. 将第二句中的"名字"这个词圈起来。
4. 在本页的左上角画五个小方格。
5. 大声叫你的名字。
6. 在本页的第二个标题下再写一遍你的名字。
7. 在第一个标题后面写上"是""是""是"。
8. 把第五个句子圈起来。
9. 在本页的左下角写个"×"。
10. 如果你喜欢这测试就说"是"，不喜欢就说"不"。
11. 请大声叫一下自己的名字。
12. 在本页右边的空白处，写上一个 66×7 的算式。
13. 在第四个句子中的"本页"这个词周围画个方框。
14. 如果你认为自己已认真地按要求做了，就叫一声"我做到了"。
15. 在本页左边的空白处写上"69"和"98"。
16. 用你正常讲话的声音从 10 数到 1。
17. 站起来，转一圈，然后坐下。
18. 大声说出："我快干完了，我是按要求做的。"
19. 如果你是第一个做到这一题的，就说："我是执行要求的优胜者。"
20. 既然你已按第一句的要求，认真读完了全篇内容，那么只需做好第二句的要求就算完成任务了。

做到这里，请写下你完成上述"3 分钟测试题"所花的时间：＿＿＿＿＿＿＿＿＿＿＿分钟。

 案例分析

在 Facebook 里学沟通

王淮是 Facebook 的早期员工，也是第一位中国籍研发经理，他在《打造 Facebook》

这本书中，真实还原了 Facebook 的文化和管理模式以及工作方式。沟通，是王淮在 Facebook 工作中感受最深的环节。

1. 沟通无极限

"透明公开而且极具活力，可以说是一种独到的 Facebook 文化。" 在王淮看来，虽然业界常常将 Facebook 看作未来的"苹果"，但与苹果内部条块分割严密，每个人都仿佛独行侠。Facebook 正如其最开始的缘起一般，充斥着如大学宿舍一样的氛围，是真正的"黑客文化"——大家对感兴趣的项目和课题进行分组讨论和研究，不停地提出自己的创想，不断试验，如果发现错误就及时纠正。

让王淮印象极其深刻的是，在他进入公司不久，第一次 F8 大会开幕式上，扎克伯格穿着 T 恤、羊绒外套、牛仔裤，以及一双露脚趾的橡胶拖鞋走上讲台，大声说道："F8 将是一次史无前例的壮举，Facebook 将成为一个平台。人们可以自由地在这个平台上做开发，做任何想做的事情……你们唯一要做的就是把你们的产品嵌在 Facebook 里应用。对于未来，我不做任何评论，因为未来将有无限可能。相信我，F8 将是对传统网络的彻底颠覆……"在王淮看来其实这种对于自身产品的定义很好地说明了 Facebook 内部的文化氛围。他就在当日拒绝了谷歌的高薪职位，辞掉了雅虎稳定的工作，看中的就是 Facebook 内部这种充满活力，没有太多层级限制的全新工作氛围。

2. CEO 的重要工作

外界普遍认为，扎克伯格是有点内向、会害羞的"技术天才"。但在公司里，他却和同事们频繁互动。最重要的是，他心中对于 Facebook 的未来和产品方向有着深刻的体悟和理解，那就是要不断接近终端用户，随时了解并满足其需求。而这一切决定了必须建立一个能够灵活反应、适应市场的高效组织。王淮表示，和很多公司 CEO 与一般员工距离很远不同的是，扎克伯格有一个固定的工作内容——问答会，每周五下午 5～6 点进行。扎克伯格会先用一点时间介绍公司近期发生了哪些重要事件，然后回答员工的所有提问。扎克伯格推崇在公司内部实现最大可能的透明，所以他尽可能地回答所有问题。任何员工都可以参加，当然前提是员工不能向外界泄密。

在 Facebook 有一种共识，如果沟通顺畅，则事半功倍。

扎克伯格每周三还会抽出一个小时进行中文讨论会，即从公司里找三五个懂中文的人，一起讨论一些有意思的话题。同样，只要你感兴趣，就可以去申请。这个例子也可以间接证明在 Facebook 内部真的可以打破一些层级的藩篱。而这种沟通顺畅的文化和相对开放的领导风格，使 Facebook 的成长比一般的硅谷创业公司更快，也更加顺畅。

（王淮，祝文让，2013）

问题讨论：

1. 结合案例，谈谈 Facebook 的沟通管理。
2. 结合案例，谈谈沟通在组织中的重要作用。

本章参考文献

[1] BLAKE R R, MOUTON J S. The managerial grid[M]. USA: Gulf Publishing, 1964.

[2] HALL E T. The hidden dimension: man's use of space in public and private[M]. Garden City, N.Y.: Bodley Head, 1966.

[3] IRVING J. Victims of groupthink[M]. Boston: Houghton Mifflin, 1972.

[4] IRVING J. Groupthink: psychological studies of policy decisions and fiascos[M]. 2nd ed. Boston: Houghton Mifflin, 1982.

[5] LUFT J. The johari window[J]. Human relations training news, 1961, 5(01): 6-7.

[6]MAIER N R F. Problem-solving discussions and conferences: leadership methods and skills[M]. New York：McGraw-Hill, 1963.

[7] MEHRABIAN A. Communication without words[J]. Psychology today, 1968(1): 52-55.

[8] SHANNON C E, WEAVER W. The Mathematical theory of communication[M]. Urbana, Chicago, London: The University of Illinois Press, 1949.

[9] SNYDER S H. Brainstorming: the science and politics of opiate research[M]. Cambridge, Mass.: Harvard University Press, 1989.

[10] 陈颐. 一美元与八颗牙[J]. 思维与智慧，2012（24）：43.

[11] 杜慕群. 沟通管理[M]. 北京：清华大学出版社，2009：59.

[12] 河西. 从麦当劳看"文化麦当劳"[J]. 南方文坛，2007（3）：9-11.

[13] 邱硕. 海尔在美国的跨文化管理研究[J]. 广西质量监督导报，2019（01）：108.

[14] 王海光. 沃尔玛公司人力资源管理中的文化导向[J]. 经济管理，2003（7）：56-58.

[15] 王准，祝文让. 打造 Facebook：亲历 Facebook 爆发的 5 年[M]. 北京：印刷工业出版社，2013.

第八章
权力与政治

 学习目标

> 区分权力、职权和威信
> 掌握权力的五种类型和基础
> 了解政治行为
> 了解权术和联盟的方法

引例

国美控制权之争

2010 年，国美电器创始人兼大股东黄光裕和董事局主席陈晓的控制权之争甚嚣尘上，引起了广泛关注。2008 年 11 月，黄光裕以操纵股价罪被调查，随后，陈晓接替黄光裕出任国美电器董事局主席，为国美控制权之争埋下了伏笔。为应对债务危机，陈晓主导了美国贝恩资本进入国美，接受了贝恩的苛刻条款，黄光裕在狱中对此投出反对票，否决贝恩资本的三名代表进入董事局，陈晓却率董事会推翻股东大会的结果，重新委任贝恩资本的三名董事加入国美电器董事局。至此，陈晓完全控制董事局，黄光裕和陈晓二人的矛盾也公开并激化。

2010 年 8 月 4 日，黄光裕发表公开函，要求召开股东大会，罢免陈晓等公司执行董事的职位；次日，国美董事局在中国香港起诉黄光裕，并要求索赔。在媒体的推动下，国美的控制权之争迅速上升为全民关注的社会热点。黄光裕和陈晓的战略分歧、贝恩债转股、董事局的股份增发权、大股东为防止股权稀释而增持……国美之争，可谓跌宕起伏。9 月 28 日，国美股东大会表决，黄光裕的提案除了取消董事局增发授权获得支持外，罢免陈晓职务等四项提案均被否决。但是由于国美商标和三百多家未上市门店由黄光裕持有，国美的未来仍然扑朔迷离。12 月 17 日举行的国美特别股东大会上，通过了委任两名由国美控股股东 Shinning Crown Holdings Inc.提名的董事和增加许可的董事最高人数（从 11 人增至 13 人）的决议案，任命邹晓春为执行董事、黄燕虹为非执行董事。至此，黄光裕终于在董事会内拥有了自己信任的两名代表。

2011 年 3 月 9 日，在国美董事局主席位上打拼了三年多的陈晓黯然离开了国美总部所在地北京鹏润大厦，黄氏家族相中的代理人邹晓春和黄氏家族的代言人黄燕虹如愿进驻国美董事会。外界以为，持续了 7 个月之久，轰轰烈烈的"国美内战"——"黄陈之争"，以陈晓的出走画上了句号。

（吴思娲，严军生，2011）

引例充分说明了组织中存在权力斗争和政治行为。权力和政治行为存在于任何组织中。组织中的权力主要有五大类：法定权、强制权、奖赏权、专家权和参照权。企业员工必须善于运用权力，通过适当的政治手段来达到组织和个人的目标。

第一节　权　　力

很长时间以来，一谈起权力，我们就会将它与政府、政治、政客，甚至一些权术和阴谋联系在一起，很少会认为它和企业组织之间有着密切关联。但大量企业活动表明，组织内利益的分配是由组织权力群体控制的。组织的正式权力等同于法理权力，产生于组织的劳动分工，其生产性功能是整合组织、协调内外关系，并决定与此密切相关的利益分配。近二十年来，越来越多的学者认识到组织中的权力在组织运作、组织目标的实现以及提高组织绩效方面扮演着重要角色。

一、权力概述

（一）权力的定义

在组织中，权力是指个人或群体（A）影响或控制其他个人或群体（B）行为的能力。不管这些人（B）是否愿意合作，都会依照（A）所希望的去做。例如，如果工人的受雇用与否、工资水平高低等方面受到厂长的控制，那么即使工人不愿意调换工作岗位，也要服从厂长所做出的职位调换的安排。

从另一个方面来说，权力并不是固定的，而是动态的。它会随着个人和环境的改变而改变。例如，某些权力是赋予某个职位或职务的，一旦一个人不再拥有这个职务，他也就失去了与之相伴的权力。部门主管能够控制和影响自己的下属，但是对于其他部门的职员可能只能产生间接影响，甚至没有影响。

（二）权力、职权与威信

权力可以分为强制性权力和非强制性权力。强制性权力是随着领导所担任的职务而来的，即职权，具有法定性和强制性，这种权力的实施主要由个人在组织中的地位所决定。而非强制性权力，也就是人们所说的"威信"，主要靠领导者的主观努力取得，如领导者具有良好的素质使人产生信赖感，从而使下属心悦诚服地接受领导，实现真正意义上的领导。

1. 权力和职权

职权是一种法定权，是组织正式授予管理者并受法律保护的权力，与职务相联系。

职权是管理者实施领导行为的基本条件，没有这种权力，管理者就难以有效地影响下属，实施真正的领导。与职权相对照，权力是指一个人影响决策的能力。

个人的职权大小取决于他的职务职能范围和他在组织中所处的纵向职位层次。在组织中所处的层次越高，这个人的职权也就越大。权力则是由他的纵向职位和他与组织权力核心或中心的距离所决定的。一个人距离权力核心越近，他对决策的影响就越大。

这种由职权产生的权力都不是领导者的现实行为造成的，而是外界赋予的，它对下级的影响带有强制性和不可抗拒性。正因为职权是通过组织正式的渠道发挥作用的，这种权力来自领导者的职务或者职位，所以，一个人只要拥有一定的职位，那么权力也就随之而来，当领导者失去其管理职位时，这种权力也就大大削弱甚至消失。可见，职权带来的权力对被领导者的作用主要表现为被动和服从，而对他人的心理和行为的激励作用比较有限。

2. 威信

威信是指由管理者的品德、知识、才能、感情等个人因素所产生的影响力。这种影响力与特定的个人相联系，是靠领导者自身的威信和以身作则的行为来影响他人的，与其在组织中的职位没有必然联系。威信既没有正式的规定，也没有组织授予的形式，是与合法权力相对的。因此，威信又称为非权力性的影响力。

一般而言，威信的内容包括两个方面，即专长和品质。专长方面的威信是指由于领导者具有各种专门的知识和特殊的技能或学识渊博而获得同事及下属的尊重和佩服，从而在各项工作中显示出在其专长方面一言九鼎的影响力。专长方面的威信影响面通常比较狭窄，被单一地限定在专长内。品质方面的威信是指由于领导者优良的领导作风、思想水平、品德修养，而在组织成员中树立的德高望重的影响力。由于来源于威信的权力是基于下属对于领导者的认同，它通常与具有非凡魅力的领导者相联系。一个人威信的高低受领导者个人的品德、知识、才能和感情等方面因素的影响。

要实现有效的领导，领导者应拥有一定的权威，即权力加上威信。权力是强加的，必须服从；威信是使人自愿服从和接受的影响力。职位带来的权力只是为领导者提供实现有效领导的可能性和必要的客观条件，要将可能性转化为现实性，还需要依靠与领导者个人因素紧密相关的影响力，即威信。

（三）领导和权力的比较

领导是指影响一个群体实现目标的能力。权力是影响他人行为的能力。在组织中，领导和权力密切相关，群体目标的实现需要权力，领导者把权力当作促成目标达成的一种手段。

但二者又有区别。一个主要的区别就是，领导始终以目标为基础，领导需要领导者与被领导者双方对目标有一致的看法。而权力可以在没有目标的情况下存在，只要有依赖性存在即可。领导着重由上往下对部属的影响力，而对于水平或向上的影响，其重要性相对较低，权力则不一样。从研究重点来说，领导方面的研究，多强调领导者的风格、特质，下属对决策的参与等方面。而权力研究的范围更广泛，重点在于获得部属顺从的权力战术应用。因为权力也可以运用到团体、组织和国家等群体，所以对它的研究已经超越个人的层次和范畴。

二、权力的来源和类型

被誉为"现代管理理论之父"的马克思·韦伯（Max Weber）根据合法权力的主要来源将其分为三种主要类型（Max Weber，1999）：① 传统型权威，是由习俗和已接受的行为所授予的，即"君权神授"；② 魅力型权威，是指由领袖人物所具有的与其追随者建立特殊关系的能力而导致的权力，一定程度上来自精英人士的个人魅力，即"举臂一挥，八方响应"的力量；③ 法理型权威，即以合法性原则建立起来的理性权威。选举或任命的领导者和一个正式组织的领导者都拥有这种类型的权力。教皇约翰·保罗二世是一个集这三种合法权力于一体的例子。作为一个年长的男子，他具有一定的传统型权威；作为罗马天主教的首脑，他具有法理型权威；而作为一个具有智能和个人魅力的人，他还具有魅力型权威。当然，在大多数情况下，通常只有一种类型的权威占主导地位。

佛伦奇（J. French）和瑞文（B. Raven）等人则将组织中的权力基础划分为五大类：法定权、强制权、奖赏权、专家权和参照权（J. French，B. Raven，Cartwright，1959），如表 8-1 所示。

表 8-1　权力基础的测定

一个人具备一种还是多种权力基础？对下列问题的确定性反应可以回答这个问题	
考虑到他（她）的职位和你的工作职责，这个人有权力期望你服从法规的要求	法定权
这个人可以为难他人，但你总想避免惹他生气	强制权
这个人能够给他人以特殊的利益或奖赏，你知道和他保持密切关系是大有好处的	奖赏权
这个人的知识和经验赢得了你的尊重，在一些事情上你会服从于他（她）的判断	专家权
你喜欢这个人，并乐于为他（她）做事	参照权

（一）法定权

在正式的群体与组织中，通过组织职位所拥有的法定权力即法定性权力。领导者以其法定权领导组织或影响他人，使组织成员的工作完成组织目标。这种类型的权力也称为"制度型的权力"，因为它来源于管理人员在组织机构中的职位结构，是最普遍的权力来源。仅有合法性还不足以使指令得以执行，职位权威的另一个重要的构成要素就是拥有惩罚和奖励手段，也就是说，法定权实际上已包含强制权和奖赏权，但是，法定权的涵盖面比强制权和奖赏权更为宽泛。例如，它还包括组织成员对通过组织职位所拥有的法定权的接受和认可。

（二）强制权

强制权主要是指通过使用或威胁使用惩罚手段来影响他人的能力。它建立在畏惧的基础上。这种权力取决于权力主体拥有使权力客体的身心受到伤害的能力。例如，肉体伤害、精神打击、基本需要的控制和剥夺等。组织会有各种惩罚方式，如谴责、降级、调职或解雇，但除非是某些特殊的组织，如监狱、军队等，有时会给予身体上的惩罚外，其他组织已经较少实施生理上的惩罚。但不论施予何种惩罚,强制权的使用都会使人受到伤害,产生敌意、愤恨甚至报复,破坏信任和人际关系。

(三)奖赏权

与强制权相对的是奖赏权,即通过使用奖赏的办法来影响他人。当你拥有别人所期望得到的东西时,你就拥有了权力。在组织中,当领导者拥有足以控制他人的具有价值的事物时,如薪资、晋升、福利、名望或地位、休假和培训等,领导者就拥有了奖赏权。通常奖赏权能够提升部属的满足感和减少部属的抗拒。当然,奖赏权不仅局限于物质的范围,如认可、友好、激励和赞扬等也是奖赏。而这些并不是只有领导者才能给予,组织中任何一个人都可以使用。

(四)专家权

专家权来源于专门知识、专业技术和特殊技能的影响力。当某人拥有专门的知识或技能,足以处理某些事件,而使他人信服时,此人就具有专家权。专业知识和技能是权力的主要来源之一,特别是在技术导向的社会中。通常是越专精亿或技术取向越强的工作,就越需要具有专家权的成员。

例证 8-1

比尔·盖茨独具特征的领导艺术

要重视技术,公司就必须有一个最高的技术决策者。作为微软的首席架构师,比尔·盖茨的工作是制定公司的长期技术路线图,并确认公司每一个行政部门的科研计划是互补而不是重叠的。因此,他要求公司的每一个产品和技术部门都向他做技术汇报,这些汇报大多是"头脑风暴"式的讨论。做这样的汇报,除了可以得到比尔·盖茨的回馈外,每一个项目团队还可以在准备过程中受益匪浅。因为项目团队为了准备回答比尔·盖茨可能问到的各种问题,必须在报告前彻底调研市场、技术、竞争对手等信息,也因此避免了闭门造车的风险。

(李开复,2009)

(五)参照权

参照权的基础是对于拥有理想素质和人格、特殊背景和阅历、良好感情关系的人的认同。如果我赞赏并且认同你,你就可以对我行使此项权力,因为我希望取悦你。参照权基本上是通过认同而来,如果你认同、欣赏某人到了想仿效他的态度与行为时,此人对你就有了参照权。参照权通常是与那些具有令人羡慕的个性、魅力或良好声望的个人联系在一起的。它一般包括以下三种类型:① 个人魅力权,它是建立在对个人素质的认同及其人格的赞赏基础之上;② 背景权,它是指那些由于辉煌的经历或特殊的人际关系背景、血缘关系背景而获得的权力;③ 感情权,它是指一个人由于和被影响者感情融洽而获得的一种影响力。参照权通常涉及信任、相似性、接受性、情感、追随者的意愿和情绪上的投入。参照权有时也显现在模仿上。这些都是诸如电影明星、运动健将或其他名人常常会出现在影响购买行为的广告中的原因。

从组织行为角度对这五种权力类型进行比较，结果如表8-2所示。

表8-2 权力类型比较

权力类型	权力来源		权力过程	下属和领导者关系模式	要求的条件	领导者行为特征	优点	缺点
法定权	法定的		内在化和外在化的统一（认同和服从的统一）	领导者与下属的一致性	领导者与下属拥有相似的价值观	做出决策，下属自愿服从	具有较为明确、和谐的领导关系，行动比较迅速	领导者难以引起变革
强制权	下属的恐惧（手段—结果控制）		服从	下属被动执行，渴望获得一种安全感	领导者必须对下属进行监督和控制	对下属采取威胁和命令的态度	迅速有效	成本较高
奖赏权	下属的期望（手段—结果控制）		服从	下属想从领导者那里获取某种反应，即渴望得到奖励	领导者必须对下属进行监督和控制	给与不给自愿，以求服从	迅速有效	成本较高
专家权	信任		内在化认同	一致性关系	领导者与下属拥有相似的价值观	下属自愿执行	有效、可信	不能绝对保证效果的充分性
参照权	个人魅力权	吸引力	辨认	渴望与领导者建立关系	领导者必须在下属面前具有显著的优越地位	下属自愿执行	成本较小，具有内在鼓舞力	因缺乏有形的奖励，会侵犯领导者的权威
	背景权	相关性（社会关系）	辨认	渴望与领导者建立关系	领导者必须在下属面前具有显著的优越地位	下属自愿执行	安全系数较高	权威基础过于单一
	感情权	相关性（社会关系）	辨认	渴望与领导者建立关系	领导者必须在下属面前具有显著的优越地位	下属自愿执行	成本较小	不能绝对保证效果的充分性

三、权力的关键是依赖

（一）依赖性的基本假设

权力关系产生于相互依赖，也就是说，权力最重要之处在于它的依赖性。B越依赖A，则A对B的控制力越大，也就是A对B的影响力越大。如果你拥有别人所需要的资源，而你是唯一的控制者时，不对称的依赖格局就产生了，你就拥有了对他们的权力。这种依赖关系是基于知觉到自己有多少其他选择机会，以及对于受控于别人的选择机会重视的程度。假如B对A没有依赖关系，或B有自己另外的意愿时，B可以不受A的控制或影响，而自由选择或决定自己的行为。对资源的不同控制形式导致因渴望获得资源而形成依赖，不平衡的依赖和摆脱依赖的有限可能性则导致权力和服从。

依赖性与个体还有其他可替代性资源（即摆脱依赖的可能性）成反比。在组织中，如果下属认为上司控制着自己渴望得到的晋升机会、培训机会、加薪、发展前途等资源，那么该上级对下属具有的权力就比较大。如果下属更注重于自己的选择，开发自己的技巧和设法保持自己在多个组织机构中的欢迎程度，那么上级对他所具有的权力就会大幅度减少。对下属而言，这是一个非常有利的策略，因为下属手中掌握的可替代资源越多，别人手中的权力就越小。它减少了下属对组织机构的依赖性，组织机构对他的权力也相应地减少了。

（二）影响依赖性的因素

依赖是如何产生的？当你控制的资源是重要的、稀少的且不可替代的时，别人对你的依赖就产生了，而资源的重要性、稀少性和不可替代性三者共同决定了权力与依赖关系的性质和强度。

1. 重要性

要想创造依赖性，必须使人们感觉你所控制的事物或资源是相当重要的。在组织中，那些能够消除或避免组织不确定性发生的个人或群体，被认为是控制了重要的资源，从而增加了组织对他们的依赖性，提高其权力。例如，如果某公司面临的最大不确定性是销售产品，那么该公司的市场部就是一个最有权力的部门；而在一个高技术导向的公司，工程师们则是最有权威的群体，因为他们使公司的产品在质量和技术上保持优势，降低不确定性。重要性是依情境的不同而有所变化的，不同的组织情况不一样，即使是同一组织在不同的情况下，重要性也会发生变化。例如，工会在工人罢工时肯定比平时拥有更大的权力。

2. 稀少性

人们常说"物以稀为贵"，说的就是这个道理。例如，在工厂里，有的老工人级别较低，但拥有几十年丰富的经验，在某些方面，特别是关键性的技术方面，别人要依赖于他们，因此，他们比别人更有权力。在此，资源的稀少性就体现在几十年丰富的经验上。

例证 8-2

英特尔的工程师

权力是资源依赖的系数。资源的重要性、稀缺性和不可替代性是权力的关键。工程师作为一个群体在英特尔公司，要比在宝洁公司更有权力。像英特尔这样的公司是高度技术化的，是非常稀缺的，为保持其产品在质量和技术方面的领先优势，他们不得不依赖其工程师。因此，在英特尔公司，工程师是一个很有权力的群体。

（李中斌，杨成国，胡三嫚，2010）

3. 不可替代性

一种资源越是没有替代品，因实现对它的控制而带来的权力就越大。假如企业中某一部门的功能可以由其他部门、个人或者企业外部某些机构来承包或者完成，外包程度越高，那么，该部门潜在的权力就越小。

总之，如果在组织中，某个部门越能解决重要问题，而它所具有的专业知识和技能越独特且不可替代，组织内其他部门对它的依赖程度越高，则拥有该知识技能的个人或部门就会获得更大的权力，且对组织决策具有较大的影响力。

第二节 政　治

政治就是权力的运用。员工要想在组织中获得快速提升和发展，必须掌握一定的政治行为和权术。

一、政治行为

（一）政治行为的定义

组织中政治行为（Political Behavior）的定义有很多种。从本质上来说，组织中的政治行为是指超出个人正式角色的工作要求，运用权力去影响组织决策，影响或试图影响组织内部的利益分配的行为，这些行为有时是为自我利益服务和未经组织批准的（罗宾斯，2018）。这一定义涵盖了大多数人在谈及组织政治行为时所包含的关键因素。它包括各种政治行为，如扣留决策者所需的信息；揭发、散布谣言；向新闻媒体泄露组织机密；为了一己私利与组织中的其他成员交易好处；游说他人以使其支持或反对某人或某项决策等。这些和组织利害分配有关的行为排除在个人的具体工作要求范围之外，因此，它需要人们试图使用权力基础。

政治行为分为正当的政治行为和不正当的政治行为。每天会发生一些正当的政治行为，如上司抱怨、形成联盟、借口等。不正当的政治行为是指那些极端且违反游戏规则的行为，从事这些行为的人通常会不择手段，如说谎、欺诈、陷害别人、谋杀。

（二）政治行为的现实

组织中的政治行为是不可避免的。这是因为组织是一个政治体系，关于选择和行动的意见不一致和不确定性会自然地随时发生。抛开所有的政治行为是不可能的，那只能对它进行管理。一个有效的组织管理者应该明白并接受组织的政治本质。通过运用政治观点来评价组织中的各种政治行为，预测组织中其他成员的活动，努力消除或降低这些活动给组织造成的消极影响，并运用这些手段和信息为你或你的部门带来好处。

政治行为可能会导致各种结果，产生各种决定，而要避免政治行为的消极作用则需要付出某些代价。而其正面的功能则表现为政治行为，能够从以下两个方面来协助组织的发展。

（1）各个管理者和团体为了赢得本身在组织中的权力地位，会在各种不同的政策方案上进行竞赛，并且运用他们既有的权力和资源去强化所提方案的影响力；在这种充分竞争的过程中，组织内部会产生创新机能，能够有效改善组织的决策品质，并且使组织的资源获得最有效率的运用。

（2）组织的政治活动能够进一步激发组织的变革，以增进组织对变迁环境的适应力。面对瞬息万变的环境，管理者或团体为了生存和发展，往往会联合具有共同利益目标的管理者和团体，在组织内部推行各种革新策略或进行结构变革，通过权力的运用让组织摆脱过去的包袱，走出新的路径。

从组织中政治行为影响组织发展的运作过程来看，政治行为的负面影响体现在组织中的个人或团体，为了掌握决策制定的主导权和争取到更多的资源，必然会采取许多具有攻击性的权力手段，进而引发组织内部的冲突，其结果轻则排挤掉其他个人或团体原先应享有的资源，重则影响组织的协调运作并损及组织整体的利益。

（三）引发政治行为的因素

组织中政治行为发生的原因往往可以从组织情况和员工个体特征两个主要角度来进行考察。组织情况包括组织环境、组织文化、组织结构、政治管理等方面，而员工个体特征往往与个体差异、权力需求、控制地位、冒险倾向等因素相联系。

1. 组织因素

有研究表明，当决策制定和执行过程具有高度的不确定性和复杂性，而个人和群体之间又为争夺稀缺资源展开的竞争十分激烈时，经理和员工采取政治行为的可能性较高；在比较稳定而不太复杂的环境里，决策过程很透明，竞争行为很少，这时，极端的政治行为就不太可能会发生，如图 8-1 所示。

图 8-1　组织中政治行为的可能性

罗宾斯（2018）认为，影响滋生组织内部政治行为活跃程度的因素主要有以下八个。

（1）组织信任度低。组织中政治行为发生的频率和组织信任度成反比。组织信任度越低，政治行为就越容易发生，非法的政治行为就越多；而高信任度可以抑制政治行为，特别是非法的政治行为。

（2）角色模糊。如果组织对员工的行为范围、职权缺乏明确界定，那么，员工的政治行为的范围和功能几乎不会受到限制。因为政治行为是指那些正式角色要求范围之外的行为，因此，员工角色越模糊，员工在不被注意的情况下进行政治活动的可能性越大。

（3）不明确的绩效评估系统。组织在绩效评估中所用的主观标准越多，且强调单一结果的衡量，或者绩效评估的间隔或周期拖得过长，则员工参与政治行为且能蒙混过关的可能性就越大。

（4）非得即失的零和报酬分配体系。非得即失的零和报酬分配方式是把分配量看成固定的数额，任何个人或群体的所得必须以另外一个人或群体的所失为代价，即我得你必失。因此，人们总是力图使自己显得劳苦功高而贬低他人的价值，容易产生政治行为。

（5）民主化决策。民主化决策可以降低组织的专治程度。管理者为了谋取权力往往绞尽脑汁，付出高昂代价，必然不愿意与他人分享权力，实现民主化决策。这样就导致领导者有可能利用团队、委员会、讨论大会和小组会议来施展各种手腕、玩弄权术。

（6）以高压手段追求高绩效。员工感到干好工作的压力越大，他们越有可能卷入政治行为。如果一个人觉得他一生的事业或终生的幸福都取决于他下个季度的销售额或产量报告，那么他就会想尽办法来确保结果对他有利。

（7）自私自利的高层管理者。上层管理者热衷于政治行为，并获得成功和一定回报，那么组织中就会形成接受和支持政治行为的氛围，这时，员工也许就会被诱导去从事政治行为，以获得某些好处。

（8）合作组织的政治文化。组织的政治文化不同，政治活动也会不同。有研究表明，当两个政治环境很差的企业一起合作时，参与合作项目的人员会更容易滋生政治行为；同时当两个员工内部政治行为都较少的公司合作时，即使参与合作项目的人员之间存在一些政治纠缠，也不会导致合作项目业绩下降。因此，企业与内部政治行为活跃度高的企业合作时要保持警惕。

例证 8-3

ERP 的多重目的

当 ERP（企业资源计划）触及了不同的利益集团并被不同的利益团体所利用时，引进 ERP 就演化成一场公司政治运动。

某大公司高层希望通过实施 ERP 将公司的管理水平提升到一个高透明度的可考量的层次，改变目前企业运作中人为造成的各种不可控因素。而一个拥有 ERP 系统的中国公司在海外投资者眼中也将是一个很好的卖点。

这是 ERP 对公司的战略性意义，而现实层面的问题是借 ERP 彻底改变原来公司的管理体系，降低过高的管理成本。这家公司通过设在全国的二十多个分公司来管理各级经销商，管理费用非常高，加上各分公司在执业时会更多地考虑自身的利益，往往造成管理失控。鉴于 ERP 系统一旦开始运作，总公司对分公司的管理控制能力将会有很大的提高，不少分公司负责人对此持抵触态度。

抵触情绪最强烈的是营业额最大的广州分公司。这时，该分公司的一位副总私下里向公司总裁请缨，希望协助公司完成 ERP 实施工作，并且保证业务不会受到大的损失，ERP 逐渐上升为路线斗争。很快地，广州分公司的老总被明升暗降，只得另谋高就。在顺利完成 ERP 在广州分公司的实施工作后，原分公司副总被任命为总公司副总裁。公司 ERP 工作很大程度上依靠各地分公司中这样一批人的出现。他们在这场运动中升职加薪，而原来极力反对公司此项决定的那些人则黯然离去。

（贺志刚，2002）

2. 员工个体因素

不同的人从事政治行为的概率也不尽相同，某些人很可能会比其他人更多地从事政治行为。就性格特征而言，有高度自我监督、内控型性格以及高度权力需求的人，比较可能从事政治行为。此外，个人在组织中所做的投资、知觉到出路的多寡，以及对政治行为是否成功的预期等因素，都会影响其采取不正当政治行为的意愿。

在黑尔里格尔和斯洛克姆（Hellriegel & Slocum）等人的著作中讨论了以下四种与政治行为有关的个性品质。

（1）对权力的需求。这是一种影响和领导其他人，以及控制当前环境的动机或基本愿望。对权力具有高度需求的人很可能会在组织中从事政治活动。对权力的需求有两种不同的体现形式：个人权力和制度权力。强调个人权力的领导者要求下属对自己忠诚，而不是对组织忠诚。一旦这种类型的领导离开，工作班子可能会崩溃；强调制度权力的领导者使其下属产生对组织的理解和忠诚，创造了一种有效工作的良好风气和文化。有研究表明，与男性领导者相比，女性领导者在制度权力方面具有更大的需求，而在个人权力方面则需求较小。

（2）为达到目的而不择手段的倾向。马基亚维利（N. Machiavelli）是 15 世纪意大利著名的政治思想家和哲学家，其思想在西方政治思想史上占有重要的地位，其主要理论是"政治无道德"的政治权术思想，在他的著作中包含了一系列对于获取和掌握政府权力的建议。长久以来，人们把那些为达到自己目的，缺乏对常规道德的关心，而不惜在人际关系中使用欺诈和机会主义手段，审视和摆布别人的人称为"马基亚维利主义者"，也就是为达到目的而不择手段者。曾有研究表明，在组织中马基亚维利主义与政治行为高度相关，它是许多组织中具有政治行为的良好预报器。

（3）控制点（Locus of Control）。根据控制点可将人们分为内控型和外控型两类。内控型的人认为，事情的结果基本上是由他们自己的行为所决定的，他们往往乐于假定自己的努力会成功。而外控型的人认为，事情的结果基本上并非由他们的行为所决定，而是由外部的其他因素（如环境）所决定。因此，内控型的人比外控型的人对于从事政治活动的偏好更为强烈，更可能试图去影响其他人。

（4）冒险倾向。从事政治活动往往要冒风险，它可能会带来与当初目的相反的结果，因此避免冒险倾向的风险回避者比具有明显冒险倾向的风险爱好者更不愿意从事政治行为。

二、印象管理和防御性行为

（一）印象管理

印象管理（Impression Management，IM）又称印象整饰，是指有意识地控制别人对自己印象的形成过程。高度自我监督者最关心印象管理。印象管理的范围广泛，凡是在交往过程中（包括日常生活）行为者选择一定的装束、适当的言辞举止、得体的表情或态度，使知觉者对自己产生某种特定的看法，这些都是印象管理。美国社会学家戈夫曼（L. Goffman）把这种互动的方式称为戏剧模型。他认为社会交往就像戏剧舞台，每个人都在扮演某个角色，演出一定的节目，当个人在别人面前出现时，他总是企图控制别人对自己形成的印象和交往的性质。社会赞许的需要和控制交往结果的愿望促进人们进行印象管理。

社会情境是舞台。不同的情境有不同的演法，有不同印象管理的方式。在组织中，得到他人的积极评价会给自己带来许多好处。例如，求职应征时，可以使自己被录用的机会增加；在绩效评估时，可以提高自己的评估等级，进而获得职务的提升等有利于自己的结果。

在组织中进行印象管理，就要善于使用一些印象管理的技术。罗宾斯（2018）给七种印象管理技术下了定义，并用实例进行了解释。我们在此基础上对印象管理的技术进行阐述。

1. 自我描述

自我描述是指由个人所做的陈述，用以描述个人特征，如特质、能力、观点和个人生活。例如，求职者对面试者说："尽管我承受着说不出的痛苦，但依然拿到了哈佛大学的工商管理硕士学位（MBA）。"自我描述要尽量表现一些积极的、正面的、好的方面，这样能够增加自己的价值和吸引力，而且要保持适当的谦虚。

2. 从众

从众是指同意别人的观点以获得他人的赞同和认可。例如，一个管理者告诉他的上司："你的西部地区机构重组计划绝对正确，我再同意不过了。"人们喜欢那些在信念、态度和行为方面与自己相似的人，个体若表示与他人有相同的看法和行为，等于为别人的观点和行为提供支持，因此往往会给对方留下好的印象。

3. 辩解

辩解又称借口，是指解释造成困境的原因，以降低他人对事态严重性的估计。例如，销售经理对上司说："我们未能及时登出那些广告，但是没人对那些广告做出反应。"

4. 道歉

道歉是指主动承担不良事件的责任，及时请求谅解。例如，员工对上司说："对不起，我在报告中犯了一个错误，请原谅。"

5. 宣扬

宣扬是指对有利的事进行解释，以扩大对自己有利的影响。例如，销售员对他的同事说："自从我来了以后，我们部门的销售量已翻了 3 番。"

6. 吹捧

吹捧是指赞扬他人的优点，使别人都觉得自己有眼力，惹人喜欢。例如，一个新来的销售员对他的同事说："你对那个客户的投诉处理得真是太高明了，我永远都做不了那么好。"人们很难不喜欢那些高看他们的人，所以恭维、吹捧是可行的，但恭维要真诚、自然，而且在对方需要时使用效果最好。

7. 恩惠

恩惠是指为别人做点好事以获得他人的好感。例如，销售员对潜在的顾客说："我这儿有两张今晚的戏票，我没有时间去，给你吧！权当我对你花时间和我交谈的感谢。"互惠互利原则是人类社会生活的重要法则，"投之以李，报之以桃"，人们往往喜欢那些给予自己好处或为自己办好事的人。

（二）防御性行为

组织政策包含自我利益的保护和提升，但个体常常从事反击与保护性质的防御性行为，以避免行动或受责。站在组织的立场，防御性行为最大的缺点是很可能会降低效率。防御性行为依其目标可以分为下面两类。

1. 避免行动

有时最佳政策是避免行动。最佳的行动就是不行动。常见的有六种方法：① 过度顺从；② 推诿责任；③ 装聋作哑；④ 轻描淡写；⑤ 不切正题；⑥ 借故拖延。

2. 避免受责

为了不受到责备，发展出以下五种战术：① 建立缓冲；② 寻求安全；③ 正当化；④ 找"替罪羊"；⑤ 说谎。

三、权术和联盟

（一）权术：权力的战术

"权"，原意是指古代衡器及其称量行为。"权"的特点是根据不同的重量随时移动秤锤以保持平衡，即"权，然后知轻重"。引申为审时度势，因事制宜。因此，权术的本意指一种灵活运用的谋略和手段，即"弄权有术"。一般认为，在政治上，权术是为了达到夺取并巩固政权，或获取并巩固权位（君位、官位）等政治功利目的，而采取的具有隐晦、秘密特点的谋略和手段。在组织中，权术指的是员工如何将权力基础转换为具体的行动，也可称为权力的战术。

权力拥有者在试图去行使权力，或对别人的行为施加影响时，几乎都会采取标准化的方式。有研究调查了一百多位经理人，询问其如何影响老板、同事或部属，研究结果发现主要有以下七种权术或影响策略。

1. 合理化

合理化（Reason）是指使用事实和数据来证明自己的想法合乎逻辑、合情合理，是理性的意见。

2. 友情

友情（Friendliness）是指在提出要求之前，先称赞、奉承、讨好对方，表示亲善，并显露出谦卑的一面，以获得认可。

3. 联盟

联盟（Coalition）是指获得组织中其他人的支持和帮助以拥护其要求。

4. 谈判

谈判（Bargaining）是指通过讨价还价使双方的利益达到一致。

5. 独断

独断（Assertiveness）是指采取直接而强硬的方式。例如，强调规章、命令，要求服从、重复提醒对方、命令他人做其所要求的事等强制方式。

6. 高层权威

高层权威（Higher Authority）是指获取组织高层人员的支持，强化要求，以尽快达到要求和目标。

7. 规范的约束力

规范的约束力（Sanctions）是指运用组织的奖惩规定或绩效评估等形式来迫使对方就范。例如，不准或答应加薪、威胁给予不佳的绩效评估，或暂停其升迁的机会。

在这些权术策略中，面对不同的情境和影响对象，不同权术策略所使用的频率也不一样。表 8-3 就是当管理者面对上级和下属时，从最常用的权术策略到最少用的权术策略的排列。

表 8-3　按使用频率高低排列的权术

使 用 频 率	当领导者欲影响上级时	当领导者欲影响下属时
最常用	合理化	合理化
	联盟	独断
	友情	友情
	谈判	联盟
	独断	谈判
	高层权威	高层权威
最少用		规范的约束力

权术的运用与下述四个情境变量有关：① 领导者的相对权力；② 领导者想影响的目标；③ 领导者预期对方会顺从的意愿；④ 组织文化。那些权力较大、处于支配地位的领导者相对权力较小的领导者更多地使用权术，而且后者更频繁地使用强制独断的权术。如果领导者预期对方有较大顺从的机会，则会降低使用权术的概率。如果组织中形成接受和支持运用权术的氛围，领导者使用权术的行为就较容易发生。

（二）如何获取权力

获取权力可通向领导者之路。西方学者杜柏林提出获取权力的策略与途径可以归纳为如下九种。

（1）同有权势的人建立联盟。假如你想要更多的权力，就要发展权力接触，努力成为拥有权力的人物的朋友。

（2）笼络或消灭。为达到目的不择手段，或者笼络并赢得周围的人，或者使他们从你前进的道路上滚开（如离职、降职、明升暗降或使其失去原有的权力）。

例证　8-4

福特的权术

艾柯卡曾登上美国福特汽车公司总经理的宝座，并越来越受到董事会成员的赞赏。

树大招风，艾柯卡声望越高，也就越来越受到公司老板亨利·福特的猜忌与戒备。由于艾柯卡功勋卓著，福特不便明目张胆地赶他走，便暗地玩弄权术，羞辱艾柯卡，迫使他自动离职。开始，福特不惜花费 200 万美元，对艾柯卡及其朋友的业务活动和个人生活进行调查，结果一无所获。继而，福特以莫须有的罪名把艾柯卡的密友一个个解雇，试图孤立艾柯卡。接着又采用削权的办法，使艾柯卡在公司的地位从第二位降到第四位。

（叶进文，2005）

（3）离间分裂。既然建立联盟是取得权力的一种途径，那么破坏别人的同盟就是另一种选择。在上司和他最亲密的圈子之间制造矛盾，并取而代之。

（4）控制重要信息，操纵经过整理分类的消息。通过控制重要信息，你既可以使想从你那里获取信息的人寸步难行，又可以使那些得到信息的人亏欠你的人情。

（5）尽早表现你自己。及早干好一项工作，使有权势的人对你有良好的第一印象。

（6）累积和利用"施恩图报"。为别人做好事，但确保他们明白有朝一日要回报这一恩情。

（7）循序渐进。缓慢、从容地前进，而不是用激进的手段，避免翻船，赢得人们的信任。先做出微小的变化，使你有立足点，以争取更大的变化。

（8）事情在变好之前必须先变坏。这意味着利用坏消息去引起人们的注意并取得合作去实施你的策略。

（9）谨慎纳谏。征求下级的建议固然很重要，但要非常小心，以免使你对他们产生依赖感或变得脆弱易击。

上述观点具有太强的功利性，其目的就是直接获得权力，并没有将如何获得职位权力和个人权力有效地区分开来。国内学者刘建军（2013）对这两个方面进行了归纳和总结，得出下述结论。

1. 获得职位权力的策略与途径

（1）通过完成关键工作获取职位权力。

（2）通过正常的晋升获取职位权力。

（3）在克服危机中获取职位权力。

（4）通过上级领导者的赏识、信任获取职位权力。

2. 获取个人权力的策略与途径

（1）通过人格感染力获取个人权力。

（2）通过自身专长的提高获取个人权力。

（3）通过感情和利益的投放获取个人权力。

（4）通过特殊关系获取个人权力。

（三）联盟：取得和增加权力的重要战术

对于那些没有权力而又想追求权力的人，首先将会试图增加个人权力。非必要时，一个人是不会与他人分享其战果的。但若这条路行不通，他一个人无法取得权力时，就可以采取联盟的方式，通过"人多"达到"势众"，联盟的逻辑就是：团结就是力量。联盟是通过积极地追寻某单一目标而结成的非正式团体，它是取得和增加权力的重要战术。例如，下属可以想办法同其他具有类似的或互补的依赖关系的人合作，并努力改变长期以来处于劣势的依赖与服从倾向，谋求更好的待遇和福利。历史上就有这样的先例，组织中的蓝领工人以自己的名义与管理者谈判破裂，转而求助于劳工组织为他们谈判。近年来，白领员工和专业技术人员在仅靠个人力量难以达到提高报酬和完善工作保障的目的后，纷纷转向了工会组织。

在什么样的组织中容易产生联盟？

首先，组织中的联盟为了施加权力以达成自己的目标，它就要寻求组织中广泛的民意支持，这就意味着扩大联盟范围，尽可能多地把有兴趣的人囊括进来，尽量扩充其规模。在那些注重合作、承诺，以及参与决策权的组织中，联盟的扩展比较容易达成共识；若处于专制和等级森严的组织中，扩大联盟的规模就很难做到。

其次，联盟与组织内的依赖性程度有关。如果组织中的工作任务繁重且资源之间相互依赖，那么，联盟比较容易形成。相反，如果组织中资源充足，且部门可以自我控制，那么由于部门之间的相互依赖性较弱，在组织中联盟的数量就较少。

最后，联盟的形成受员工所从事的实际工作的影响。群体任务的常规性越强，联盟的可能性就越大。这是因为常规性强的工作，员工之间的替换性就越强，导致他们之间的依赖性就越强。为了降低这种依赖性，他们求助于联盟的可能性就越大。这也是工会对低技能和非专业技术人员的吸引力，远远大于对高技能和专业技术人员的吸引力的主要原因。

 本章小结

➢ 在组织中，权力是指个人或群体（A）影响或控制其他个人或群体（B）行为的能力。
➢ 权力基础划分为五大类：法定权、强制权、奖赏权、专家权和参照权。
➢ 组织中的政治行为是指超出个人正式角色的工作要求，运用权力去影响组织决策，影响或试图影响组织内部的利益分配的行为，这些行为有时是为自我利益服务和未经组织批准的。
➢ 七种印象管理技术：自我描述、从众、辩解、道歉、宣扬、吹捧、恩惠。
➢ 七种权术策略：合理化、友情、联盟、谈判、独断、高层权威、规范的约束力。

思考练习题

一、选择题（一）

1．权术是指不择手段获取目的的一种方式。（   ）
　　A．是　　　　B．否
2．权力的关键是双方之间存在依赖。（   ）

A．是　　　　B．否

3．从性格特征来看，高度自我监督、内控型性格以及高度权力需求的人，从事政治行为的可能性要高。（　　）

A．是　　　　B．否

二、简答题

1．什么是组织中的五种权力基础？

2．为什么说依赖是权力的关键？

三、选择题（二）

1．印象管理技术包括（　　）。

A．道歉　　　　B．吹捧　　　　C．谈判　　　　D．找借口

2．滋生政治行为的组织具有（　　）特征。

A．组织信任度低　　　　　　B．以高压手段追求高绩效

C．职权和角色明确　　　　　D．高层领导非常自私自利

四、学以致用

请举一个你自己经历或者观察到的事件，在该事件的过程中，为达到目的或者目标（如评先进、评优秀、面试、人际交往等），你或者当事人进行了政治行为和印象管理。对此事件做出适当评价（包括有无必要从事政治行为和印象管理，政治行为是否正当，对结果有何影响）。

公司权力阶梯游戏

你在公司是否具备了往上爬的潜质？下面将提供在公司里发生的五种情境，每种情境有四种可能的行为选择，请做出你的选择。

1．你认识到某问题正在危害公司的利益，当你告诉上司时他或她却一点也不在意。你决定发一个电子邮件给：

A．上司的上司，并给上司备份，陈述问题。这将有助于做某些事并让上司的上司知道自己是积极进取的

B．上司，并给上司的上司备份。陈述在此问题上你还是需要你的上司的帮助

C．上司，并直接向上司的上司汇报。如此仍无效果，你的上司也不会说自己不知道问题

D．向上司的上司直接汇报

2．你的办公室里似乎没人真正在乎或注意人们是什么时间到的，但大家都注意人们是什么时候离开的，那些走得最晚的人受到赞许。你是一个早走者，你想早一点离开去接放学的小孩。你：

    A．早点上班，让别人知道你很早就开始工作，并说服他人来得早或晚是公司弹
        性工作时间制的一部分，是受到鼓励的

    B．早点上班，接完小孩后折回办公室，等大家差不多离开了再回家

    C．拒绝采用老一套的办公室政治。早去早走，让工作说话

    D．按时上班，早走去接小孩回家

3．你的部门未能达到上司的期望，当要你对此做出解释时，你：

    A．指责下属工作表现差

    B．作为领导自己承担责任，并表示尽快改变局面

    C．讲明部门员工短缺并指责人力资源部门未能找到足够的应聘者

    D．讲明目标和任务的要求高，达成比较困难

4．经理说节日（如春节、中秋）不要买礼物给他。你：

    A．不买礼品给他，不作任何表示

    B．给他买一个小礼物

    C．给他买几种礼品

    D．不买礼品给他，但电话或者短信问候

5．一个同事给你一块家里自制的烙饼，但你并不是很喜欢吃。你：

    A．说下班后要抽血，之前不能吃东西

    B．说你正在节食

    C．说这烙饼很好看，并问是怎么做的

    D．吃一口，说很好吃，等他或她离开后，再把它丢到垃圾桶里

 管理游戏

公司小品

场景设计：部门副经理跳槽离开公司，需要选拔一位新副经理。

选拔流程：部门经理推荐，人事经理民意调查、考核，呈送意见给总经理，总经理
呈送意见给董事长，下发人事经理，发任命书。

1．董事长、董事长太太、总经理、总经理太太、人事经理、部门经理、员工五名以上。

2．每位员工都希望自己能胜任。

3．由学生扮演不同的角色，自己设计台词对话。

4．A、B、C、D、E五名员工各有所长。

5．A、B、C、D、E五名员工具有不同的特点：A员工的资历高，已在公司工作了
15年，且任劳任怨，但能力平平；B员工是总经理太太的表侄，在公司工作3年，但人
缘不好；C员工的技术和管理能力很强，但有点不服领导的管教；D员工刚来公司工作
两年，能力很强，学历高，硕士毕业；E员工工作努力，能力也不错，但家里有个9岁
的小孩儿需要自己照顾，丈夫经常出差。

分享：

角色扮演后分享自己对权力与政治的体会，谈谈公司内各种政治因素对副经理选拔的影响。

 **案例分析**

万科控制权之争

1984 年深圳特区经济发展公司的子公司深圳现代科教仪器展销中心建立，当时王石任展销中心经理。1988 年展销中心完成股份改制，就此万科成立，深圳特区经济发展公司持其 30% 股份。1991 年万科上市，并进行了一系列扩股，逐步地稀释了国有股比例，至 2000 年，深圳特区经济发展公司的持股仅为 8.11%。

1994 年，以君安证券为首的几个股东联合"逼宫"，企图夺取公司控制权，这件事使王石及万科管理层意识到了股权过度分散可能带来的风险。这导致了万科 2000 年在中国香港的两家企业——新鸿基和华润集团之间，选择央企华润集团作为新任大股东，同时深圳特区经济发展公司也将所持股份全部转让给了华润集团。华润集团的央企背景和中国香港式经济文化使其在与万科职业经理人的多年合作中，逐步形成了目前的纯粹财务投资者身份。在 2014 年之前，以王石为代表的万科的员工持股比例始终很少，这种情况下职业经理人与万科的联系并不密切。

2014 年 4 月 23 日，万科推出了事业合伙人制度，盈安财务作为事业合伙人的代表，对万科持股。这使得小股东以及经理人更能够呈现健康的态势，而且使得经理人和万科紧密联系起来。

2014 年 6 月，万科的 B 股完成 H 股转换，目的是为了使万科可以在国际平台进行发展，这使得万科更加国际化，也使得股权更加分散。

2015 年，7 月初股灾时期姚振华的宝能集团开始间接收购万科股份，2015 年年底，宝能集团已经持有万科的 24.29% 股份，取代华润集团，成为万科的第一大股东。王石此时意识到了姚振华收购万科的意图，"宝万之争"拉开帷幕。

2016 年 3 月，万科定向增发股票，欲引入深圳地铁集团作为战略投资人。这本是一个很好的解决方案，因为宝能集团当时在董事会并没有席位，只要当时的第二大股东华润集团赞成，引入计划肯定板上钉钉，姚振华控制万科的想法肯定泡汤。但是，戏剧性的一幕来了，华润集团竟然投了反对票！此时华润集团做出如此举动，表明华润集团对万科管理层不尊重自己的意见，以及其所表现的绝对控制权与话语权的深深不满。"宝万之争"进入白热化阶段。

2016 年 8 月，恒大从二级市场收购大量万科股票，成为了仅次于宝能系和华润第三大股东，恒大站位摇摆不定，万科股权争夺越演越烈。"宝万之争"引起了国家监管部门的密切关注，此事件也被看成了实体经济与资本力量博弈的标杆性事件。

2016 年 5 月，深圳证券交易所同时对万科与宝能集团发出监管函，批评万科违规透露了未公开的重大信息，对宝能集团严重警告，称"经多次催促，仍未按要求上交股份权益变动书"。

2017 年 2 月，中国银行保险监督管理委员会发布处罚公告，姚振华 10 年内不得进入保险业。至此，事件的结局渐渐明朗化。华润集团、恒大将所持有的所有股份全数转让给深圳地铁，深圳地铁一跃成为万科的第一大股东，长达两年的"宝万之争"落下帷幕。

（杨继伟，张奕敏，2017）

问题讨论：

1. 2014 年之前，万科的权力结构有何特点？这种权力结构对企业管理和经营产生了哪些影响？

2. 2015—2017 年，万科的权力结构发生了哪些变化？这些变化对万科的发展有何影响？

3. "宝万之争"对中国股权治理有何启示？

 本章参考文献

[1] 斯蒂芬·罗宾斯，蒂莫西·贾奇. 组织行为学[M]. 孙健敏，王震，李原，译. 16 版. 北京：中国人民大学出版社，2018.

[2] FRENCH J R P, JR RAVEN B, CARTWRIGHT D. Studies in social power[M]. Oxford, England: University Michigan, 1959.

[3] WEBER M. Essays in economic sociology[M]. Princeton, N. J.: Princeton University Press, 1999.

[4] 贺志刚. 公司政治典型情境[J]. IT 经理世界，2002，10（20）：60-65.

[5] 李开复. 微软的成功之道[J]. 企业文化，2009（2）：79.

[6] 李中斌，杨成国，胡三嫚. 组织行为学[M]. 北京：中国社会科学出版社，2010：193-194，200.

[7] 刘建军. 领导学原理——科学与艺术[M]. 4 版. 上海：复旦大学出版社，2013.

[8] 吴思嫣，严军生. 国美控制权之争的管理启示[J]. 现代管理科学，2011（1）：39-40，59.

[9] 杨继伟，张奕敏. 中国混合所有制公司股权治理及控制权——基于万科的案例[J]. 财会通讯，2017（05）：97-99.

[10] 叶进文. 从福特到克莱斯勒——汽车巨子艾柯卡的传奇故事[J]. 大众心理学，2005（1）：39-41.

第九章
领导理论

 学习目标

➤ 了解领导与管理的区别
➤ 掌握领导的六种权力
➤ 掌握领导的行为理论
➤ 掌握领导的权变理论
➤ 了解领导理论的新进展和应用

引例

用兵法治商——中国最神秘企业家任正非

近年来，华为的发展壮大，使思科、爱立信等电信巨头视其为"最危险"的竞争对手。而华为的迅猛发展，自然离不开任正非过人的领导能力，以及对企业经营、贸易竞争的独特思考。

众所周知，任正非很喜欢读古今兵法，一有时间就琢磨传统和现代兵法怎么样能成为华为公司的战略，以至于形成了华为军队般的企业纪律。最典型的一个例子是华为初期"农村包围城市"战略的运用。1992 年，华为自主研发出交换机及设备。当时，阿尔卡特、朗讯、北电等洋巨头把持着国内市场。

面对当前激烈的国际市场竞争，也随处可见任正非"兵法战略思维"的影子。2019 年，中美贸易战升级，华为遭受明显不公正打压，任正非对国家基础研究基础教育的焦虑愈加强烈。他表示，"我关心教育不是关心华为，是关心我们国家。如果不重视教育，实际上我们会重返贫穷的。一个国家有硬的基础设施，一定要有软的土壤，没有这层软的土壤，任何庄稼不能生长。如果没有从农村的基础教育抓起，如果没有从一层层的基础教育抓起，我们国家就不可能在世界这个地方竞争。"他认为口美贸易的根本问题还是科技教育水平，国家一定要开放才有未来，但是开放一定要自己强身健体，强身健体的最终是要有文化素质。这正体现出任正非军人般广阔的胸襟，以及宏伟远见。

华为的员工说，任正非对管理的天才领悟来自他对人情世故、人心人性的深刻洞察。他对直接领导的华为高层，态度往往显得暴躁和不留情面。人们对任正非总是能够摸准产业脉动的战略判断能力表示深深的佩服。

（资料来源：央视专访任正非：中美贸易摩擦的根源在教育 而国家强大的基础也在教育 [EB/OL]. [2019-05-27]. http://news.cctv.com/2019/05/27/ARTIb5Y86CC89gFKxP5fTQCp190527.shtml.）

引例中的任正非是否天生就具有领导潜质？他的领导行为（专权、批评甚至指责、严厉等）是否有效？他能否继续带领华为公司走得更好、更远？领导理论有助于我们对这些问题的回答。

领导是指领导者对下属施加影响以完成他们的目标和任务的过程，与管理具有一定的区别。领导理论的发展经历了特质理论、行为理论和权变理论三个阶段，近年来有新发展。领导有效性受制约于某些因素（如心态、道德、信任、情境），因此，针对这些因素对领导者进行相应的知识、心态和行为培训也就变得可能。

第一节　领　导　概　述

一、领导的概念

孔茨认为，领导是领导者促使其下属充满信心、满怀热情地完成任务的艺术。领导包括四个方面的内容：① 领导是领导者对下属施加影响的过程；② 领导作为一种组织行为，指向组织目标和任务；③ 领导作为组织导向行为，具备引导组织发展方向的作用，其中包括制定目标、制定规范和用人方面；④ 领导是领导者对下属进行激励和鼓舞的一种行为。

二、领导与管理的区别

日常生活中人们容易将领导与管理混淆起来。近年来学术界出现了将领导与管理看作独立体系分别加以研究的学术倾向，一般认为领导的功能是推进变革，而管理的功能是维持秩序。但对现代组织来说，管理与领导都是不可或缺的，需要两者的有效合作。领导与管理的区别可用表 9-1 体现出来。

表 9-1　领导与管理的区别

类　　型	产 生 方 式	所处理的问题	主 要 行 为	影响下属的方式	思 维 特 点	目　　标
领导	正式任命，或从群众中自发产生	变化、变革问题	开发愿景、说服、激励和鼓舞、制定目标和规范、用人	正式权威或非正式权威	直觉、移情、冒险、独处、创造	变革、建构结构、程序或目标，制定战略
管理	正式任命	复杂、日常问题	计划、监督、员工雇用、评价、物资分配、制度实施	正式权威	理性、规范、合作、安全、程序	稳定组织秩序，维持组织高效运转

三、领导者的影响力

领导者（Leader）是指实施领导过程的人。领导者的影响力是指领导者影响下属接受目标或命令，自愿服从或强制服从的力量。领导者的影响力分为职位性影响力（即与领导者的正式职位所赋予的权力相联系）和非职位性影响力（即与个人的才智、经验、领导能力和过去的业绩相联系）。

心理学家佛伦奇（J. French）和瑞文（B. Raven）将领导的影响力分为五种：法定权（Legitimate Power）、强制权（Coercive Power）、奖赏权（Reward Power）、专家权（Expert Power）和参照权（Referent Power）。俞克（G. A. Yukl）在此基础上增加了信息权（Information Power；Yukl & Falbe，1991）。表 9-2 列出了这六种影响力的内容和影响方式。

表 9-2　领导的六种影响力

六种影响力	含　义	影响力类型	内容和影响方式
法定权	领导掌握支配下属的职位和责任的权力，期望下属服从法规要求	职位性影响力	任命、罢免等权力，具有明确的隶属关系
强制权	领导随时可以为难下属，下属避免惹他生气	职位性影响力	对不服从要求或命令的人进行惩罚，使之惧怕，如批评、训斥、降薪、降级、解雇，是一种负性强化的方式
奖赏权	领导能给下属以特殊的利益或奖赏，下属知道与他关系密切，有好处	职位性影响力	对合理期望者分配给有价值的资源，如鼓励、表扬、发奖金、晋级，是一种正性强化的方式
专家权	领导的知识和经验使下属尊重他，服从他的判断	非职位性影响力	专业知识在决策、运营等方面的影响，影响方向可能是平行或自下而上的
参照权	下属喜欢、拥戴领导，并乐意为他做事	非职位性影响力	人格魅力和社交技能使人欣赏、喜欢、服从，示范和模仿是影响力产生的主要方式
信息权	领导掌握和控制对下属而言非常有价值的信息，下属依赖领导的信息分享而行事	职位性影响力	以是否分享信息作为奖惩手段，领导掌握分享信息的主动权

四、西方现代领导理论的发展

西方现代领导理论的发展大致经历了以下三个阶段。

（一）第一阶段：领导特质理论阶段

该阶段产生于 20 世纪初期至 40 年代。特质理论是指通过对领导者的身体、性格、气质、智力等方面的分析，找出好的领导者所必须具备的特性。该理论用以预测领导效果和指导选拔领导者，显得并不可行。其原因主要有：① 特质理论把个人特质看作领导成败的主要因素，而忽视了环境的影响；② 从成功的领导者身上鉴别出来的特质非常多，如按某种特质清单选拔领导者，没有人具备当领导者的条件；③ 对领导者特质测定的信度和效度令人不满意，这样可能遗漏了某些重要的领导者特质，调查结果也可能并不十分客观。

（二）第二阶段：领导行为理论阶段

该阶段从 20 世纪 50 年代开始。因特质理论的有效性受到怀疑，研究者们转而致力于研究领导者实际工作中可观察的行为。该理论认为，领导者做什么和怎样做是领导效果的决定因素，只要其行为得当就能取得好的领导效果。其研究的主要倾向是以工作任务为中心和以关心人为中心的两种领导风格如何相互结合以取得最佳的领导效果。

（三）第三阶段：领导权变理论阶段

该阶段从 20 世纪 60 年代开始。前两种理论都过分强调了领导者对领导效果的主导作用，而忽视了被领导者和环境的影响。权变理论则综合考虑了领导者、被领导者和环境的影响，认为领导者必须按照不同的被领导者和环境调整领导行为或风格，才能取得好的领导效果。如今该理论成为领导理论研究的主流。

第二节　领导特质理论

从古希腊亚里士多德开始，领导特质理论（Trait Theories of Leadership）经历了由传统的领导特质理论向现代的领导特质理论的转变。传统的领导特质理论认为，领导者的素质是与生俱来的，不具备天生领导素质的人不能当领导。这个观点到 20 世纪 70 年代逐步被现代的领导特质理论所取代。人们认识到领导者的大多数素质是在实践中培养形成的，因此，现代的领导特质理论家根据现代企业的要求，提出领导者素质的标准，并开发相应的专门训练方法，培养相关素质。如今领导者素质研究仍具有现实意义。人与工作、组织、环境相匹配理论的有效性支持了这一点。

一、西方领导特质理论的研究

早期的领导特质理论研究成功的领导者与他们所具备的特质之间的关系。斯多基尔（R. M. Stogdill，1904—1978）对 1904—1970 年有关领导者素质的研究做了综述（R. M. Stogdill，1974）。他将找到的有关领导素质分为六大类：① 身体特征，如体格强壮、精力充沛、充满活力、仪表出众、打扮整洁；② 社会背景，包括接受过高等教育和具有良好的社会地位；③ 智慧和才能，如过人的智慧、专业知识和技能；④ 性格，如自信、支配、进取、独立、自制、创造；⑤ 工作特点，如渴望获得成就，责任感强，有事业心和以工作为荣；⑥ 社会技能，如善于交际，有行政能力和能够与人合作。

在排除了身体特质与成功的领导无关之后，领导特质理论家认为某种心理或情感方面的特质与领导存在某种关系。这些特质包括智力、远见、明确、灵活、想象力强、道德、胆大、风度好、精力充沛、知识渊博。

二、中国领导特质理论的研究

古代对国家栋梁之材的选贤标准体现在像唐太宗所主张的"德行学识"并重和荀子所提倡的"全、尽、粹"。根据荀子的思想，"全"是指人的知识、才智和品质要完全、全面；"尽"是指人的知识、才智和品质要得到彻底、极度的发展；"粹"是指人的知识、才智和品质纯而不杂，精而不乱（林秉贤，2004）。

从 20 世纪 90 年代开始，我国学者开始对中国领导人才的特质进行概括和实证研究，采用卡特尔 16PF、CPI（居民消费价格指数）、"大五"人格、EPQ、M3TI 等个性测量工具或者自编的个性测量工具。沈俊英（2016）认为优秀领导的特质主要表现在有思想、有实招、有情怀、有风格和有后劲。马庆霞、李铮（2013）用创新性、稳定性、社会性、进取性、领导性、包容性、计划性、敏感性、自信心、果断性、责任心和掩饰性十二项要素对党政机关和企事业单位领导进行测评，发现领导者的人格特质存在年龄、性别、职级的差异。于米（2015）对我国央企高管进行人格测评，发现央企高管在人格特质、与人沟通和团队领导方面的共性：① 基于实感，获取信息；② 处理信息，思考为先；③ 领导者是否具有从事领导工作的能力和个人素质，是领导工作提出的要求。但是，领导者具备了这些良好的素质，只是具备了作为有效领导者的必要条件，并不能充分保证他们能够成为真正有效的领导者。

三、女性领导

2019 年瑞信研究院发布的 *CS Gender 3000* 报告显示，全球女性高管比例为 17.6%。女性高管比例最高的 10 个国家中，有 7 个来自亚太，其中菲律宾（34%）、泰国（28%）和澳大利亚/新西兰（25%）一直稳居前三。值得关注的是，印度（8%）、韩国（4%）和日本（3%）女性高管比例名列 8～10 名。在中国大陆企业中，女性高管比例从 2016 年的 15.8%下降到了 2019 年的 15.2%。同时，董事会女性成员占比为 11.0%，相比 2010 年的 10.1%只提高了不到一个百分点。可见，女性领导者仍然是少数。这与传统男权文化、妇女家庭负担过重、公司文化等因素密切相关。我们必须认识到让女性进入领导岗位对组织的发展是有利的。因此，组织如何培养女性走向领导岗位是一个比较迫切的问题。

女性领导与男性领导是否偏好不同的领导风格？大量研究表明，女性领导与男性领导的相似性多于差异性。女性似乎更喜欢采用民主型的领导风格，而男性则更喜欢采用指导型的领导风格。当然女性领导受传统文化、家庭等因素的影响，可能出现进取心不足、角色固着障碍、恐惧成功、事必躬亲、寻求赞许、追求完美等问题，这些问题须加以克服，使自己成为自尊、自信、自立、自强的成功女性领导。

例证 9-1

高潜质女性领导人才的发展困境

王朱紫来 A 市的欧明科技有限公司工作已三年了，她的前一份工作是在某跨国软件企业向华东区的中小型企业客户提供解决方案。2012 年，王朱紫帮助公司完成了一项重大项目，为公司在全国范围内开展业务打下了很好的基础。

项目开始前，公司已明确表示项目组将会有一位成员获得提拔。为此，王朱紫十分努力。但公司在项目结束后却迟迟没有发出升迁的任何信号。王朱紫十分不解。最近，王朱紫的直接主管和她进行了一次谈话，向她传达了公司的决定——这次升迁决定提拔张正刚。为了安抚王朱紫，公司同时决定将王朱紫的薪资上调一个级别，外加年终的一次性奖金。虽然条件看似很不错，但王朱紫并不觉得公平。王朱紫先生也不赞同她再去争取，原因是不希望两人的生育计划被打乱。

后来，王朱紫在和领导交流时无意得知，张正刚和领导是球友，两人经常去打球，一来二去便有了很多交流，张正刚也很好地利用这些机会推销了自己。领导再考虑到王朱紫结婚数年没有生育，担心王朱紫马上要安排生育计划，没那么多精力投入工作，而王朱紫、张正刚两人之前的能力、以往业绩的差异也不是很大，所以，最后公司决定提拔张正刚，而只是给王朱紫加薪作为奖励。

（案例来源：杨良得. 高潜质女性领导人才的困境和对策[EB/OL]. [2012-07-22]. http://www.chinavalue.net/media/Article.aspx?Article Id=95018 articledetails.aspx?ArtId=315462500834. ）

四、领导的道德

近年来领导的道德问题越来越受到研究者的关注。其原因主要有三个：① 某些领导的道德问题（如贪污受贿、滥用权力等）引致公众的广泛关注，也引发了研究者的兴趣。② 领导的道德缺陷影响了其领导的有效性，更有学者认为道德决定领导力。③ 人性化的关怀日益得到提倡，被领导者的权益和生活质量受到前所未有的关注。

领导有效性应当强调手段和目的的统一，但在实践中这种统一经常被打破。通用电气公司的前总裁杰克·韦尔奇被认为是富有成效的领导者，为股东们带来了很好的回报，但每年的《财富》杂志都会将他列为最令人憎恨和被人责骂的 CEO 之一。通过高强度工作的公司文化，比尔·盖茨成功地领导微软成为一家主导软件行业的公司的领导人，但微软文化要求员工长时间工作，使得那些想平衡工作和个人生活的人无法忍受。

自古以来，中国人重视领导者的道德问题，特别强调"德才兼备"。普通百姓对那些刚正不阿、大公无私、秉公办事的清官倍加称赞，而对欺压百姓的贪官污吏则讽刺鞭挞，深恶痛绝。这种观念至今仍深深地影响着现代人的思想。一个领导者的道德修养很差，尽管他很有才能，也很难得到人们的好感和支持。我国现行的领导干部的选拔和考核都非常强调道德标准。如何考察一个人的道德和了解其道德发展变化的规律，按照"德才兼备"的原则选拔领导，以及如何依法领导，对领导加强监督，这是我国领导科学在新时期的重要研究课题。

例证 9-2

道德是一种无形的领导力量

索尼公司每当招纳新人时，他们都会在索尼公司的东京总部举行隆重的入会仪式，公司总裁盛田昭夫总是充满深情地对新人们说："索尼是个亲密无间的大家庭，每个家庭成员的幸福都靠自己的双手来创造。在这个崭新的生活开始之际，我想对大家提出一个希望：当你的生命结束的时候，你们不会因为在索尼度过的时光而感到遗憾。"

当年，索尼在英国设厂之前，把包括工程师在内的英方人员请到东京，让他们接受索尼家庭成员式的企业文化培训，大家都穿一样的工作服，都在不分等级的食堂吃饭。这对那些习惯了森严的级别制度的西方经理人员来说不是一件容易的事。索尼工厂的任何一位行政管理人员都没有个人的办公室，甚至厂长也不例外。公司主张管理人员与他的办公室职员坐在一起办公，共同使用办公用品和设备。在车间里，每天早晨上工之前，领班都要和他的同事开个短会，向他们交代当天的工作。开会时，他向他们报告前一天的工作。报告中，他会仔细观察工人的面部表情。如果有人气色不好看，领班也一定要弄清这个人是病了，还是有心事。总之，这里的气氛和家庭里一模一样。

（案例来源：严正. 道德是一种无形的领导力量[EB/OL]. [2013-08-05]. http://blog.ceconlinebbs.com/BLOG_ARTICLE_ 205141.HTM. ）

第三节　领导行为理论

领导行为理论在于了解有效领导者的行为是否有独特之处。领导行为理论的提出为领导者培训提供了广阔的天地，通过对具体行为的培训，可获得大量的有效领导者。

一、俄亥俄州立大学的研究

最全面且重复较多的行为理论来自1945年俄亥俄州立大学斯多基尔和沙特尔提出的领导行为理论。通过收集大量的下属对领导行为的描述，他们将领导行为分为两个维度，分别称为结构维度和关怀维度。

结构维度（Initiating Structure）是指领导者更愿意界定和建构自己与下属的角色，以达成组织目标。它包括设立工作、工作关系和目标的行为。

关怀维度（Consideration）是指领导者尊重和关心下属的看法和情感，更愿意与下属之间建立相互信任的工作关系。

以此为基础而进行的大量研究发现，高结构—高关怀的领导者常常比其他三种类型的领导者（即高结构—低关怀、低结构—高关怀、低结构—低关怀）更能使下属取得高工作绩效和高满意度，但并非总能产生效果。

二、密歇根大学的研究

与俄亥俄州立大学的研究差不多同一时期，密歇根大学调查研究中心进行了类似的研究。密歇根大学的研究者也将领导行为划分为两个维度，称为员工导向和生产导向。员工导向（Employee-Oriented Leader）重视人际关系，他们总会考虑到下属的需要，并承认人与人之间的不同。相反，生产导向（Production-Oriented Leader）更强调工作的技术或任务事项，主要关心群体任务的完成情况，并把群体成员看作达到目标的手段（Likert,1961）。

密歇根大学研究者的结论肯定了员工导向的领导者的有效性。他们认为，员工导向的领导者与群体的高生产率和高工作满意度呈正相关；而生产导向的领导者则与低群体生产率和低工作满意度联系在一起。

三、管理方格理论

管理方格理论（Management Grid Theory）是研究企业的领导方式及其有效性的理论，是由美国得克萨斯大学的行为科学家罗伯特·布莱克（R. R. Blake）和简·莫顿（J. S.

Mouton）在《管理方格》一书中提出的（R. R. Blake & J. S. Mouton，1964）。这种理论倡导用方格图表示和研究领导方式。他们认为，在企业管理的领导工作中往往出现一些极端的方式，或者以生产为中心，或者以人为中心，或者以 X 理论为依据而强调靠监督，或者以 Y 理论为依据而强调相信人。为避免趋于极端，克服以往各种领导方式理论中的"非此即彼"的绝对化观点，他们指出：在对生产关心的领导方式和对人关心的领导方式之间，可以有使两者在不同程度上互相结合的多种领导方式。为此，他们针对企业中的领导方式问题提出了管理方格法，使用自己设计的一张纵轴和横轴各九等分的方格图，纵轴和横轴分别表示企业领导者对人和对生产的关心程度。第 1 格表示关心程度最小，第 9 格表示关心程度最大。全图总共 81 个小方格，分别表示"对生产的关心"和"对人的关心"这两个基本因素以不同比例结合的领导方式，如图 9-1 所示。

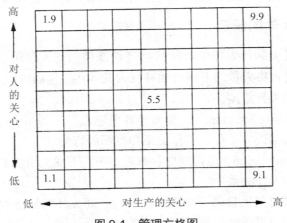

图 9-1　管理方格图

管理方格图中，1.1 定向表示贫乏的管理，对生产和人的关心程度都很低；9.1 定向表示任务管理，重点抓生产任务，不太注意人的因素；1.9 定向表示俱乐部式管理，重点在于关心人，企业充满轻松友好的气氛，不太关心生产任务；5.5 定向表示中间式或不上不下式管理，既不偏重于关心生产，也不偏重于关心人，完成任务不突出；9.9 定向表示理想型管理，对生产和对人都很关心，能使组织的目标和个人的需要最理想、最有效地结合起来。

布莱克和莫顿认为，9.9 管理方式表明，在对生产的关心和对人的关心两个因素之间，并没有必然冲突。通过对自由选择、积极参与、相互信任、开放的沟通、目标和目的、冲突的解决办法、个人责任、评论、工作活动九个方面的比较，他们认为 9.9 定向方式最有利于企业提高绩效。所以，企业领导者宜客观地分析企业内外的各种情况，把自己的领导方式改造成为 9.9 理想型管理方式，以达到最高的效率。

例证　9-3

"无为而治"的管理

1994 年，当 Gordon Bethune 接手美国大陆航空担任 CEO 时，摆在他面前的是个巨大的烂摊子：这个全美第五大航空公司每月亏损将近 5 500 万美元。它的准时起飞率常年排名倒数后十位，每个月为了支付行李丢失赔偿费、为晚点乘客预订酒店费用、取消航班赔偿费，还得损失 600 万美元。在 10 年内，这家公司 3 次处在倒闭边缘。

Gordon Bethune 接手后，完成了历史上最戏剧性的一次企业起死回生的大逆转，很大程度上是因为他激活了大陆航空 4.5 万名员工的潜在价值，他主张的管理方式是"无为而治"。"最差的管理方法是逼着员工干活，这会导致他们毫无斗志。"Gordon Bethune 说："你不能像对待仆人那样对待员工。"Gordon Bethune 主张赋予员工价值，"如果我让一个技工不高兴了，他就会花两倍的时间去修理机械，这是人性使然。如果员工带着敌对情绪，他们肯定会用自己的方式让你下不来台。"若当月大陆航空的航班准点率名列交通部公布名单的前五位，Gordon Bethune 会给每一个员工发放奖金。他还发起了分红制，只要能盈利，员工都可分成。

到了 1995 年，大陆航空的航班准点率名列所有航空公司第一位，获得了 10 年来的第一次盈利。公司连续 11 个季度取得创纪录的收入，股价从 3.25 美元直升 50 美元。

（案例来源：Rob Reuteman. 公司领袖指南：领导力值多少钱？ [EB/OL]. [2014-06-29]. https://www.cyzone.cn/article/110699.html. ）

四、PM 理论和 CPM 理论

（一）PM 理论

PM 理论由日本学者三隅二不二在 20 世纪 60 年代初提出。PM 是指团体机能，任何一个团体都具有两种机能：一种是指团体的目标达成机能，也指工作绩效，简称 P（Performance）；另一种是指维持强化团体的机能，也指团体维系，简称 M（Maintenance）。

P 包括计划性和压力等因素。为了完成团体目标，不仅要求领导者有周密可行的计划和组织能力，而且要求对下级严格规定完成任务的期限，制定规章制度和各级职责范围，对执行情况进行检查。

P 机能会造成压力，使下级产生紧张感，甚至引起上下级的对抗。M 机能的作用就在于通过对下级的关怀体贴，消解人际关系中的不必要的紧张感，缓和工作中所产生的对立和抗争，对下级进行激励支持，给下级以发言和表达意见的机会，刺激员工的自主性，增强成员之间的友好和相互依存性，满足部下的需求，以维护组织的正常运营，保证组织目标的实现。

PM 理论认为，领导者的作用在于执行这两种机能，其行为均包括这两种机能。如果以 P 为横坐标，M 为纵坐标，并在 P 和 M 坐标中点各画一条平行线，就可划分出 PM（两者兼备型）、Pm（执行任务型）、Mp（机体维持型）、pm（两者俱无型）四种领导类型，如图 9-2 所示。一般地，PM 型组织生产量高，对工会和公司的信赖度也高，凝聚力最强，效果最好；Pm 型、Mp 型居中；pm 型最差。但从事单调无意义的工作时，Mp 型效果最差。

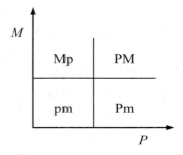

图 9-2　PM 领导的四种类型

（二）CPM 理论

徐联仓、凌文辁（1983）在 PM 理论的基础上提出了 CPM 理论。该理论认为，领导行为应包括工作绩效 P(Performance)、团体维系 M(Maintenance)和个人品德 C(Character and Moral)。C 因素起着一种模范表率的作用，通过角色认同和内化作用，可以激发被领导者的内在工作动机，使其努力去实现组织目标。榜样的力量是无穷的，领导者的模范表率行为对被领导者来说，是一种无声的命令，其影响力往往胜于命令、指挥、控制和监督。可以认为，C 机能对 P、M 机能起着一种增幅放大的作用，C、P、M 三者的机能如图 9-3 所示。

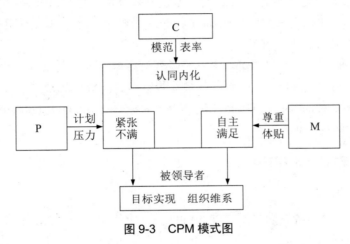

图 9-3　CPM 模式图

第四节　领导权变理论

领导权变理论认为，要找到一个适合于任何组织、工作、任务和下属的领导者特质或领导行为是不切实际的。要根据具体情况来确定有效的领导类型和方式。领导的有效性是领导者、被领导者、环境的函数。

一、菲德勒权变理论

美国学者弗雷德·菲德勒（F. E. Fiedler）于 20 世纪 60 年代初提出了"有效领导者的权变模式"，简称菲德勒权变理论（F. E. Fiedler，1967）。菲德勒认为，领导风格是影响领导效果的关键因素之一。每个领导者的领导风格由其人格特征所决定，因而是相对稳定的，可以用"最不受欢迎的同事"问卷（Least-Preferred-Coworker，LPC；见本章末心理测试）作为测量工具来鉴别，高 LPC 分数的领导者为工作取向型领导，而低 LPC 分数的领导者为关系取向型领导。

菲德勒认为，有效的领导行为依赖于情境对领导者是否有利。情境的有利程度由下面三种因素决定。

（1）领导者与下属的关系。关系好坏是指领导者受其团体成员喜爱、信任、乐意服从的程度。

（2）工作结构。工作结构以是否明确为指标，其内容包括：每位成员是否了解工作所需要的条件是什么，是否有实现目标的多种途径，是否有独特的处理问题的正确解决方案，是否清楚决策的正确性。

（3）领导者的职权。以强弱为指标。职权主要指领导者有多少权力，有无雇用、辞退、奖惩下属的权力，任职期限有多长，能否得到上级的支持等。

在上述三种情境因素中，领导者与下属的关系最为重要。三种情境因素相互组合构成八种情境类型，如表9-3所示。

表 9-3　八种情境类型

情　　境	1	2	3	4	5	6	7	8
领导者与下属的关系	好	好	好	好	差	差	差	差
工作结构	明确	明确	不明确	不明确	明确	明确	不明确	不明确
领导者的职权	强	弱	强	弱	强	弱	强	弱
有利程度	最为有利	比较有利	比较有利	中等有利	中等有利	中等有利	不太有利	最为不利

研究表明，工作取向型领导在非常有利或比较有利和非常不利或不太有利的情境（如情境1、2、3、7、8）中，领导效果较好，关系取向型领导在中等有利的情境（如情境4、5、6）中，最能发挥领导作用。

二、领导行为连续体理论

坦南鲍姆（R. Tannenbaum）和施米特（W. H. Schmidt）于1958年提出了领导行为连续体理论。他们认为，经理在决定何种行为（领导作风）最适合处理某一问题时常常很困难。为了使人们从决策的角度深刻认识领导作风的意义，他们提出了下面这个连续体模型。

领导风格与领导者运用权威的程度和下属在作决策时享有的自由度有关。在连续体的最左端，表示的领导行为是专制的领导；在连续体的最右端，表示的是将决策权授予下属的民主型的领导。在管理工作中，领导者使用的权威和下属拥有的自由度之间是一方扩大而另一方缩小的关系。在高度专制和高度民主的领导风格之间，坦南鲍姆和施米特划分出以下七种主要领导模式。

（1）领导做出决策并宣布实施。

（2）领导者说服下属执行决策。

（3）领导者提出计划并征求下属的意见。

（4）领导者提出可修改的计划。

（5）领导者提出问题，征求意见做决策。

（6）领导者界定问题范围，下属集体做出决策。

（7）领导者允许下属在上司规定的范围内发挥作用。

在上述各种模式中，坦南鲍姆和施米特认为，不能抽象地认为哪一种模式一定是好的、哪一种模式一定是差的。成功的领导者应该是在一定的具体条件下，善于考虑各种因素的影响，采取最恰当行动的人。通常，管理者在决定采用哪种领导模式时要考虑以下三个方面的因素。

（1）管理者的特征，包括管理者的背景、教育和知识等。

（2）员工的特征，包括员工的背景、教育、知识和经验等。

（3）环境的要求，包括环境的大小、复杂程度和目标等。

根据以上因素，如果下属有独立做出决定并承担责任的愿望和要求，并且他们已经做好了这样的准备，能够理解所规定的目标和任务，并有能力承担这些任务，领导者就应给下级较大的自主权。反之，领导者就不会把权力授予下级。

例证 9-4

松下幸之助的领导风格变化

松下公司的创始人松下幸之助先生作为领导者，在公司解决了生存问题进入发展期时，转变了自己的领导风格，从初创期的"笃信佛教"的家族式领导风格逐步走向强化企业命运共同体建设，以"纲领、信条、七大精神"为基础，这样的领导风格在管理系统中起到了巨大的积极作用。同时，把培养人才作为重点，强调将普通人培训为有才能的人。而在20世纪30年代，松下公司步入成熟期，其内部的管理体系得以确立，松下幸之助先生的领导风格再次转变，其积极成分构成了松下公司整体管理氛围的骨架，使其完全脱离了家族亲情式领导力风格。随着企业规模的扩大，家族股权降到了3%以下，并确立了"自主自立的个人""建立培养专家型人才"和以"成果主义"为核心的人事制度，并配以适应经营环境变化的组织体制，领导力风格最终平稳地过渡到制度化，更加适应企业未来的发展。

（麦肯纳利，2008）

三、领导生命周期理论

心理学家科曼（Karman，1966）将工作与关系两个领导行为维度与下属的成熟度结合起来提出了领导生命周期理论（Life Cycle Theory of Leadership）。赫西（P. Hersey）和布兰查德（K. H. Blanchard）于1976年发展了该理论，称为"情境领导理论"（Situational Leadership Theory）。领导生命周期理论认为，领导类型应该适应组织成员的成熟度。这里所指的成熟主要是指心理成熟。成熟度是指成就动机、承担责任的意愿（包括愿望、热情、信心等）和能力（包括学识、技能和经验等），表9-4列出了成员不成熟和成熟的表现。随着组织成员由不成熟趋于成熟，领导行为应按以下四个步骤推移：高工作、低关系→高工作、高关系→低工作、高关系→低工作、低关系；相应的四种领导方式依次是：命令型→说服型→参与型→授权型，如图9-4所示。

表 9-4　成员不成熟和成熟的表现

不成熟的表现	成熟的表现
消极	积极
依赖	独立
有限的行为	多样的行为
对工作的兴趣缺乏	对工作的兴趣浓厚
目光短浅	目光长远
低的、从属的职位	高的、显要的职位
缺乏自知之明的	自我意识强的

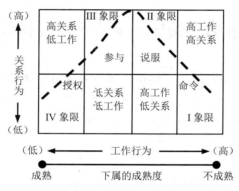

图 9-4　有效的领导方式

由图 9-4 可以看出，当下属很不成熟时，采用高工作、低关系的专制型领导方式最有效；当下属不太成熟时，采用高工作、高关系的说服型领导方式最合适；当下属比较成熟时，采用高关系、低工作的参与型领导方式最有效；当下属的成熟度相当高时，采用低工作、低关系的授权型领导方式最合适。

四、道路—目标领导理论

这一理论由加拿大学者豪斯（R. J. House）于 1971 年提出。豪斯把期望理论与俄亥俄州立大学的领导行为理论结合起来，发展出道路—目标领导理论（Path-Goal Theories of Leadership）。豪斯等人认为，领导是激励下属的过程。领导者的责任就是通过明确指出如何实现工作目标的途径，来帮助下属并为下属扫清通向目标的各种障碍，从而使下属顺利达到目标。

根据道路—目标领导理论，领导者要激励下属，必须做到：① 使下属认识到实现目标后所能获得的利益；② 提高下属对实现目标的期望值，明确要求下属做什么，帮助下属掌握实现目标的方法，使其明确通向目标的途径；③ 使下属的需要在实现目标的过程中得到满足，刺激他们的工作动机。为此，必须根据下属的情况和环境的特点采用不同的领导方式。以下是一些具体情境和与其相适宜的领导方式。

例①：外控型下属（指依赖性比较强的人），对指导型领导比较满意。
例②：内控型下属（指相信自己能掌握命运的人），对参与型领导比较满意。

例③：对经验比较丰富或能力比较强的下属，授权型领导比较适合。

例④：对经验不足或能力比较差的下属，指导型领导比较适合。

例⑤：在工作性质和任务不明确，下属也不知如何做，压力较大时，指导型领导比较适合。

例⑥：在工作性质和任务比较明确，下属也知道如何做时，支持型领导比较适合。

例⑦：当群体成员内部存在激烈冲突时，指导型领导可能比较有效。

例⑧：组织中的正式权力关系越明确、越官僚化，领导者越应表现出支持型行为，减少指导型行为。

第五节　领导理论的新发展和应用

近年来领导理论有了新发展，主要包括领导—成员交换理论、领导替代模型、交易型领导理论、变革型领导理论和公仆型领导理论。在具体实施领导的过程中，要学会选择与领导者、下属、任务、环境相适宜的领导方式。

一、领导—成员交换理论

领导—成员交换理论（Leader-Member Exchange Theory）由乔治·格里恩（George Graen）提出（Liden & George Graen，1980）。该理论认为，由于时间压力，领导者与下属中的少部分人建立了特殊关系，这些下属成为圈内人。一般地说，领导倾向于将个人特点（如年龄、性别、态度）与自己相似、有能力、性格外向的下属选为圈内人。他们受到信任，得到领导更多的关照，也更可能享有特权，得到的绩效评估等级更高，离职率更低，对领导更满意。

二、领导替代模型

科尔和杰迈尔（Kerr & Jermier，1977）创立的领导替代模型（Substitutes for Leadership）认为，在某些情境下，领导过程可能对下属没有产生影响，或者被其他因素替代。使领导过程失去作用的变量被称作"中和"因素。例如，下属对领导者提供的报酬漠不关心，会使领导者增加报酬影响下属的方法失效；领导与下属之间的物理空间距离远，容易导致下属没有太多的机会接受领导的指令等。科尔等人还发现，许多"替代"因素将使领导变得可有可无。例如，如果员工的能力强、经验丰富、知识面广等。表 9-5 列举出了领导的中和因素与替代因素。

表 9-5　领导的中和因素与替代因素

因　　　素	支持型领导	指导型领导
1. 下属特征		
（1）经验与训练	替代	
（2）职业化	替代	替代
（3）对组织的报酬漠不关心	中和	中和

续表

因　　素	支持型领导	指导型领导
2. 任务特征		
（1）任务明确	替代	
（2）反馈直接	替代	
（3）工作任务挑战性强	替代	
3. 组织特征		
（1）团队有凝聚力	替代	替代
（2）领导缺乏权力	中和	中和
（3）标准化与正规化	替代	
（4）组织缺乏灵活性	中和	
（5）领导与下属之间的空间距离远	中和	中和

三、交易型领导理论与变革型领导理论

交易型领导（Transactional Leader）通过明确角色和任务要求来指导和激励下属朝着既定的目标工作，根据下属表现的恰当性对下属加以奖励或约束。前面所谈的大多数理论，如俄亥俄州立大学的研究、菲德勒的权变模型、道路—目标理论等所谈的都是交易型领导。

另一种类型的领导者是变革型领导（Transformational Leader；Tichy & Devanna，1986）。他们鼓励下属为了组织的利益而放弃自身利益，并能对下属产生深远而不同寻常的影响。表 9-6 描述了交易型领导与变革型领导的特征。

表 9-6　交易型领导与变革型领导的特征

交易型领导	变革型领导
● 权变奖励：努力与奖励相互交换原则，良好绩效是奖励的前提，承认成就 ● 通过例外管理（主动）：监督、发现不符合规范与不标准的行为，并改正 ● 通过例外管理（被动）：等待偏差、错误出现，才进行干预，采取正确行动 ● 自由放任：放弃责任，回避决策	● 领导魅力：榜样，牺牲自我，行动一致，高道德标准 ● 感召力：为下属工作提供意义和挑战，热情乐观，使下属预见未来，通过言行激励下属 ● 智力激发：提出假设，重新定义问题，用新视角和方法处理老问题；从不公开指出下属的过失；对事不对人 ● 个性化关怀：把下属当作一个完整的人，而不仅是一个雇员，平等对待每一个人，并根据其不同情况给予培训、指导和建议

有学者认为如通用电气公司前任总裁杰克·韦尔奇就是名副其实的变革型领导，曾国藩则是典型的交易型领导（张抒，陈国权，2004）。有些领导虽具备变革型领导的某些特征，但并非变革型领导，有时甚至是变态的变革型领导，像希特勒、墨索里尼就是这样的例子。就变革型领导而言，领导魅力和智力激发对额外努力、对领导的满意度和领导的有效性有正面的影响，个性化关怀对额外努力有正面的影响（李超平，时勘，2003）。

四、公仆型领导理论

公仆型领导以员工为导向，他们关心员工，并把服务员工和帮助员工成长与发展放

在第一位（Parris & Peachey, 2013；van Direndonck, 2011），在此基础上使员工变得更为"健康、明智和自由"。

在员工创造力受到组织高度重视的今天，这种领导方式变得尤为重要。一方面，提高自身创造力水平是员工自我成长和发展的一个重要方面，由于公仆型领导会关心并帮助员工实现自我成长，所以公仆型领导会帮助员工提升创造水平；另一方面，公仆型领导关心员工，积极地给员工授权，鼓励员工进行自我决策，持有很高的道德准则，并让员工明白所做工作的价值和重要性，并在员工情绪低落时予以情绪抚慰，这些行为在某种程度上会激发起员工的内在工作动机，从而使其表现出更高的创造力水平（林钰莹，许灏颖，王震，2015）。

五、对新型员工和新生代员工的领导

（一）对新型员工的领导

在知识经济时代中，知识是最重要的经营资源。维持知识经济发展的动力的则是掌握知识的员工，即知识型员工，他们成为当前新型员工群体的重要组成部分。知识型员工最早由彼得·德鲁克（1956）提出，并将其定义为"利用知识或信息工作的人"。由于知识型员工自身工作的特殊性，对这一群体的领导也具有新的挑战。具体来说，知识型员工的特性表现在知识员工的流动性、工作环境的不确定性和成果的无形性三个方面。因此，对知识型员工的领导需要做到：① 承认知识型员工的进步，激发其潜能和热情；② 处置绩效不佳的员工，以免知识型员工受到牵连；③ 听取知识型员工内心的想法，及时调整工作目标；④ 帮助知识型员工发现问题，吸取经验，防止问题恶化。

此外，新型员工也包括另外两种群体：一种是劳务派遣员工。当企业发展到一定规模之后会选择将非核心员工外包给劳务公司，这部分员工与劳务公司签订劳务合同，但是向用人单位提供劳务，这种员工群体被称为劳务派遣员工。劳务派遣员工的人事关系虽然不在用人单位，但是在用人单位工作期间，用人单位的领导该如何对这部分新型员工实施有效领导，也是一个值得探讨的课题。而另一种新型员工指的是具有法律效应的自然人。我国法律规定自然人也属于商业活动的主体，能与企业之间签订合作协议，这样，企业领导和该自然人之间就存在一种新型关系，即自然人只需按合同要求提供劳务，并不是企业员工。如今，以个人名义与企业签订合作协议的自由职业者越来越多，企业领导该如何在没有劳务合同的情况下对其进行影响，提高其劳务产出质量，成为企业领导和管理学界思考解决的重要课题之一。

（二）对新生代员工的领导

新生代员工是指 1990 年以后出生的员工，一般我们习惯将其称之为"90 后"，与老一代员工相比较，他们有如下特点：① 自我意识非常强烈，敢于冒险打破现状；② 懂得把握住机会，能够敏锐观察社会规则；③ 不循规蹈矩，有较强的自主性、创新性和兴趣导向性。与前辈相比，"90 后"表现鲜明的性格特征，但这也使其存在一定缺点，例如自尊心较强、责任心较弱、缺乏团队意识等。尽管"90 后"员工存在着不足，但随着时间流逝以及自我技能的提升和知识的沉淀，他们终将成为企业的主导力量。这就需要企业内部管理人员对与"90后"员工之间的关系进行及时的调节，使他们尽快成长为企业的中坚力量（朱思萁，2018）。

 例证 9-5

立华彩印：用心管理"90后"

成立于1996年的立华彩印，如今已是拥有昆山遂宁两个工厂、近两千名员工、年产值超过四亿元的中国印刷百强企业。

立华彩印针对"90后"员工有很多特殊的管理模式，首先给他们提供一定的上升通道，让员工觉得工作比较有希望。为此，公司会组织一些培训，也提倡绩效改善率，就是鼓励员工在工作中发现问题，然后提出改善方案。在实际检测后，如果确实为公司节省了费用，就会按比例得到现金奖励，同时会记录到他的档案中去，对他以后的升迁和工资调整都有很大帮助。其次，每个月管理层都会找几个员工代表做访谈，听听员工的心声。例如，以往吃饭时间，因员工人数多，时常会出现员工因排队时间长耽误休息时间的情况。经过员工反映之后，该企业就改成15分钟一批进食堂用餐，共四批，问题就得到了解决。

此外，立华彩印还会组织一些兴趣班，每个月定期举行活动。刘正清说："我相信很多公司在这些方面大同小异，如举办拔河比赛、羽毛球比赛、篮球友谊赛……通过这些集体活动提高他们的参与性和热情，也能提高年轻人的工作积极性。"

（王晓莎，2014）

六、领导方式的选择

领导者的领导方式对领导有效性有着重要影响。按以任务为中心和以关系为中心两个维度，可将领导方式划分为四种，即影响型（高任务，高关系）、指导型（高任务，低关系）、合作型（低任务，高关系）、授权型（低任务，低关系），如图9-5所示。影响型和指导型可归为集权型领导方式，合作型和授权型可归为民主型领导方式。在组织中采用何种领导方式最有效并无一定的规则，应该根据实际情况灵活调整，一般来说，可以根据下列五种情况进行调整。

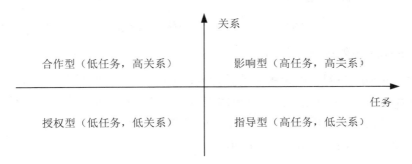

图9-5 四种领导方式

（一）情况是否紧急

情况越是紧急（如危机处理），或者完成任务的急迫程度越高，越应采用集权型领导方式（影响型和指导型）。但这也并不尽然。如果任务复杂，非集体智慧不能解决，那就用民主型领导方式，如图9-6所示。

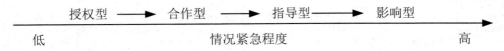

图 9-6　情况紧急程度与四种领导方式的选择

（二）任务是什么

任务越复杂，越重要，越有难度，或者任务比较明确，就应采用民主型领导方式（合作型和授权型）。这样就可以集中集体智慧，增强集体战胜困难的意志力，增强预测事态变动的准确性，如图9-7所示。

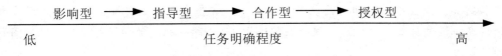

图 9-7　任务结构与四种领导方式的选择

（三）领导的成熟度

一般而言，领导能力越低，就越应采取民主型领导方式（合作型和授权型）；领导能力越高，越应采取集权型领导方式（影响型和指导型）。当领导处于低动机、低能力的情况下，授权型领导实质上就成为变相的放任型领导，如图9-8所示。

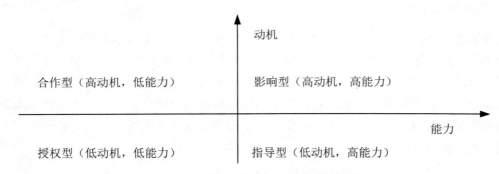

图 9-8　领导的成熟度与领导方式的选择

（四）下属的成熟度

对能力水平或任务目标的理解和熟悉程度比较高的下属，宜采取民主型领导方式（授权型和合作型）。这样可以充分调动下属的工作积极性，有效地完成任务。对于那些能力较低或有习惯性地被领导的下属，宜采用集权型领导方式（影响型和指导型），然后再逐步向民主型领导方式转变，如图9-9所示。

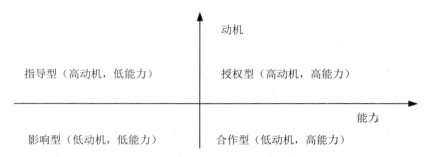

指导型（高动机，低能力）　　　　　授权型（高动机，高能力）

影响型（低动机，低能力）　　　　　合作型（低动机，高能力）

图 9-9　下属的成熟度与领导方式的选择

（五）民族文化

民族文化影响领导方式的选择，同时领导方式的选择需要考虑多元化员工不同的民族文化。影响型和指导型领导方式适合于高权力距离的文化，如阿拉伯国家和拉丁美洲、亚洲的一些国家。而合作型和授权型领导方式适合于低权力距离的文化，如挪威、芬兰、丹麦、美国、加拿大和瑞典等国家。

绝大多数的领导理论是北美研究者在北美的被试基础上得出的，而美国、加拿大等国的权力距离分数较低。这些领导理论是否适合其他国家和民族，必须进行跨文化的比较研究。

 本章小结

➢ 领导是指领导者对下属施加影响以完成他们的目标和任务的过程，与管理具有一定的区别。

➢ 领导理论的发展经历了领导特质理论、领导行为理论和领导权变理论三个阶段。

➢ 领导特质理论经历了由传统的领导特质理论向现代的领导特质理论的转变。传统的领导特质理论认为，领导者的素质是与生俱来的，而现代的领导特质理论认为领导者的大多数素质是在实践中养成的。

➢ 领导行为理论在于了解有效领导者的行为是否具有独特之处。俄亥俄州立大学斯多基尔和沙特尔发现领导行为可分为结构维度和关怀维度；密歇根大学的研究者也将领导行为划分为两个维度，称为员工导向和生产导向；管理方格理论将领导行为分为对生产的关心和对人的关心两个基本因素，并以这两个因素的不同比例结合呈现不同的管理风格。

➢ 领导权变理论认为，要找到一个适合于任何组织、工作、任务和下属的领导者特质或领导行为是不切合实际的。要根据具体情况来确定有效的领导类型和方式。领导的有效性是领导者、被领导者、环境的函数。

➢ 近年来领导理论有新发展，主要包括领导—成员交换理论、领导替代模型、交易型领导理论、变革型领导理论和公仆型领导理论。

➢ 在具体实施领导的过程中，要学会选择与领导者、下属、任务、环境相适宜的领导方式。

思考练习题

一、选择题

1. 领导的人格魅力属于哪种影响力？（　　　）

    A. 法定权　　　　B. 专家权　　　　C. 信息权　　　　D. 参照权

2. 对经验不足或者能力比较差的下属，下面哪种类型的领导比较合适？（　　　）

    A. 参与型　　　　B. 授权型　　　　C. 指导型　　　　D. 支持型

3. 有学者认为，历史是由伟人创造的，这种领导的伟人论（Great Man Theory）类似于（　　　）。

    A. 领导的行为理论　　　　　　　　B. 领导的特质理论

    C. 领导的权变理论　　　　　　　　D. 领导的生命周期理论

二、简答题

1. 什么是领导？领导与管理有何区别与联系？

2. 领导理论的发展主要经历了哪三个阶段？

3. 如何看待女性领导？女性领导与男性领导在领导方式上可能存在哪些差异？

心理测试

"最不受欢迎的同事"（LPC）分级表

想一想和你一起共事最难把工作干好的那个人吧。他可以是现在跟你一起工作的人，也可以是你过去认识的人。他未必是你最不喜欢的人，可却是跟他一起最难把事办成的人。请你描述一下他是什么样子的。请利用表 9-7 菲德勒的 LPC 问卷中的 16 对意义截然相反的形容词来描述他。每对形容词之间分成 8 个等级，除了由这对形容词所代表的两种极端情况外，还有一些中间状态。请圈出最能代表你要描述的那个人真实情况的等级数。

表 9-7　菲德勒的 LPC 问卷

快乐 ——	8 7 6 5 4 3 2 1	——不快乐
友善 ——	8 7 6 5 4 3 2 1	——不友善
拒绝 ——	1 2 3 4 5 6 7 8	——接纳
有益 ——	8 7 6 5 4 3 2 1	——无益
冷淡 ——	1 2 3 4 5 6 7 8	——热情
紧张 ——	1 2 3 4 5 6 7 8	——轻松
疏远 ——	1 2 3 4 5 6 7 8	——亲密
冷漠 ——	1 2 3 4 5 6 7 8	——热心
合作 ——	8 7 6 5 4 3 2 1	——不合作
助人 ——	8 7 6 5 4 3 2 1	——敌意

续表

无聊 ——	1 2 3 4 5 6 7 8	——有趣
好争 ——	1 2 3 4 5 6 7 8	——融洽
自信 ——	8 7 6 5 4 3 2 1	——犹豫
高效 ——	8 7 6 5 4 3 2 1	——低效
郁闷 ——	1 2 3 4 5 6 7 8	——开朗
开放 ——	8 7 6 5 4 3 2 1	——防备

要是你的小计分是 64 分或更高，你就可以算是一位把处理好与人的关系放在首位的领导，小计分是 57 分或更少，你就是一位更重视完成任务的领导。

管理游戏

影视拓展（《亮剑》）

目的：了解团队文化的形成和发展规律

材料：剪辑《亮剑》影视李云龙的部分片段

时间：50 分钟

问题讨论：

1. 谈谈李云龙的个性特点和独立团的文化特点。

2. 团长李云龙对独立团的文化形成有何影响？谈谈你对"团队文化＝老板文化"的理解。

案例分析

华为总裁任正非的特质

《走出华为》折射出任正非特殊的领导方式，《华为的冬天》透露出任正非始终持有的危机意识，《我的父亲母亲》述说着任正非的至孝至忠。这就是任正非，一个"毛泽东"式典型的中国企业的领导，一个变革型的领导，一个以自己的人生准则感性地影响员工，同时又异常重视科学管理的理性的领导。

一、能力

1. 学习能力

任正非的学习能力相当出众，这突出表现在他求学期间自学了三门外语，从军期间做出了大量技术发明创造并两次填补了国家空白。创立华为之初，这种学习能力显得尤为重要。华为的定位是自主研发，作为创立者的任正非不可避免地需要学习一些 IT 业的最新技术，了解当时全球 IT 产业的发展状况，以此为基础才有可能深谋远虑，确定华为的战略方向。以今天华为的发展情况来看，任正非的学习能力毋庸置疑。

2. 战略眼光

企业的发展方向有赖于一个具有战略眼光的领导者。任正非在这方面也是合格的，华为做通信网络设备的选择使它持续发展，乃至在国际市场上占有一席之地，继而建设3G网络。华为稳扎稳打应该说是任正非在市场变化上的战略眼光的功劳。

3. 发现缺点的能力

这是有效领导者必备的能力之一。在一个看似运转良好的企业中，在获益几十亿飞速发展的光环下，能够发现企业的短板，这需要冷静分析和自我批评的精神。任正非在这一点上做得很好，每年为员工敲警钟、提示缺点，也指出了改进的方向，让企业获得继续发展的动力。

4. 人际能力

领导者向下属传递自己的目标并能使下属愿意追随自己为目标而奋斗，这种沟通反映出人际交往的能力。他通过"危机管理"和个人魅力使下属认同自己的目标、跟随自己，通过严格的制度、严厉的批评和慈爱的关怀让员工坚定信念，当然，不自私的品质也让他的员工无怨无悔地为华为效力。

二、人格

1. 孝敬

《我的父亲母亲》中任正非的真情流露震撼人心，作为长子，在与父母同甘共苦的日子里，他继承了父母做人的原则，因袭了父母的优秀品质，对父母的感恩之情更是在心中生根发芽。孝敬本身与领导并无多大关系，但这种品质却是增加领导者人格魅力的砝码，从其中流露出的浓浓的人情味让领导者变得可敬。

2. 低调

任正非的低调早已广为人知，这或许与他早年的生活经历有关。父母在"文化大革命"期间受打压，自己在部队时也因政治成分问题而得不到应得的奖励，久而久之养成低调的性格。任正非个人的低调随着他对华为的领导渗透下去，成为华为低调的文化。低调也不再仅是任正非的性格，而成为一种领导风格。有很多媒体记者抱怨说任正非总是不接受采访，有点不近人情。而任正非却回应道："我知道自己的缺点并不比优点少，并不是所谓的刻意低调。这些年华为有一点成绩，是在全体员工的团结努力，以及在核心管理团队的集体领导下取得的。只是整个管理团队也很谦虚，于是就把一些荣誉虚拟地加到了我的头上。"

3. 危机感

任正非的危机意识同样植根于早年生活，三年自然灾害中艰难的生存和"文化大革命"期间承受的精神压力培养出了这种危机感。与低调的性格相同，危机意识也属于任正非的专利，他甚至有意识地将危机意识应用于华为的管理中，形成独特的"危机管理"的领导方式。

4. 坚定执着

任正非的坚定执着是他一贯坚持的品质。大学时能把樊映川的高等数学从头到尾做两遍，这是执着；从军时能排除万难做出那么多科技创新，这是执着；创华为时能翻越一座高峰，这是执着。对目标、对事业的执着当属有效领导者必备的品质之一，任正非不仅自己做到了，也带动他的下属坚定不移地追求华为的不断进步。

5. 责任感

任正非在《我的父亲母亲》中说到，华为不必公示社会，但须"对政府负责，对企业的有效运行负责"。大而观之，任正非有一种以天下为己任的情怀，无论是效忠军队，还是企业履行责任，都反映了他对这个国家的责任感。细而观之，日日呕心沥血为企业操劳，千方百计保障企业的生存发展，也体现了对企业、对员工、对自己事业的强烈的责任感。

6. 不自私

不自私的品质源于三年自然灾害时期家中严格的分配制度，这种近乎残酷的制度保住了全家 9 口人的性命，也在任正非的生命中刻下烙印。也许在他心中，不自私就等于生存，只有不自私、利益共享、保证每个人都有饭吃，才能使整个集体在严酷的环境中生存。任正非这些优秀品质保证了他对华为有效的领导和华为的发展，但华为管理中存在的问题似乎也映射了任正非的部分人格品质与领导的需要不协调的一面。

7. 宽厚

21 世纪之初，华为就面临了人员过多的压力，甚至称得上一次危机。任正非写的《华为的冬天》和一年一度的告员工书之类的文章中无数次提出裁员的必要性，宣传得人心惶惶，却始终未裁员（《走出华为》）。这其中是任正非的宽厚为怀起了极大作用。他的不自私和宁可同甘共苦、不丢一兵一卒的信念使得他勒紧裤腰带也不愿赶走员工。

（张玉清，2009）

问题讨论：

1. 通过上述案例，你认为任正非具有哪些领导特质？
2. 在任正非的领导特质中，你认为哪一点对他的成功最为重要？

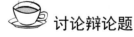 **讨论辩论题**

社团领导能否成为社会领导

在高校社团组织锻炼出来的领导能否成功地走下去，成为社会上的领导？

正方：能够。

反方：不能够。

 本章参考文献

[1] 北晨. 用毛泽东兵法治商——中国最神秘企业家任正非[J]. 科学大观园，2005

（11）：56.

[2] 哈罗德·孔茨，海因茨·韦里克. 管理学：国际化与领导力的视角（精要版）[M]. 马春光，译. 9 版. 北京：中国人民大学出版社，2014.

[3] YUKL G, FALBE C M. Importance of different power sources in downward and lateral relations[J]. Journal of applied psychology, 1991, 76(3): 416-423.

[4] STOGDILL R M. Handbook of leadership: a survey of theory and research[M]. New York: Free Press, 1974.

[5] 林秉贤. 中国古代管理心理思想[J]. 社会心理科学，2004，19（2）：3-19.

[6] 沈俊英. 优秀领导的特质和问题领导的表象[J]. 宁波通讯，2016（01）：55-56.

[7] 马庆霞，李铮. 领导者人格特质特点分析与研究[J]. 中国人力资源开发，2013（07）：59-63.

[8] 于米. 央企高管的领导特质与行为及其启示——基于 MBTI 与 FIRO-B 的综合考察[J]. 中国人力资源开发，2015（20）：39-45，84.

[9] LIKERT R. New patterns of management[M]. New York: McGraw-Hill Companies, 1961.

[10] BLAKE R R, MOUTON J S. The managerial grid: key orientation for achieving production through people[M]. Houston, Tex.: Gulf Pub. Co., 1964.

[11] 徐联仓，凌文辁. 日本心理学会第 45 届年会概况[J]. 心理科学通讯，1982（03）：63-64.

[12] FIELDER F E. A theory of leadership effectiveness[M]. New York: McGraw-Hill, 1967.

[13] 弗朗西斯·麦肯纳利. 走出松下幸之助——松下 V 字形崛起之谜："足球"理论与破坏性创新[M]. 刘芳，译. 上海：东方出版社，2008.

[14] HOUSE R J. A path goal theory of leadership effectiveness[J]. Administrative science quarterly, 1971(9): 321-328.

[15] LIDEN R C, GRAEN G. Generalizability of the vertical dyad linkage model of leadership[J]. Academy of management journal, 1980, 23(3): 451-465.

[16] KERR S, JERMIER J M. Substitutes for leadership: their meaning and measurement[J]. Organizational behavior and human performance, 1977(22): 375-403.

[17] TICHY N M, DEVANNA M A. The transformational leader[M]. New York: Wiley, 1986.

[18] 张抒，陈国权. 从曾国藩看交易型领导风格[J]. 领导科学，2004（24）：36-37.

[19] 李超平，时勘. 变革型领导与领导有效性之间的研究[J]. 心理科学，2003（1）：115-117.

[20] PARRIS D L, PEACHEY J W. A systematic literature review of servant leadership theory in organizational contexts[J]. Journal of business ethics, 2013, 113(3): 377-393.

[21] VAN DIERENDONCK D. Servant leadership: a review and synthesis[J]. Journal of management, 2011, 37(4): 1 228-1 261.

[22] 彼得·德鲁克. 知识管理[M]. 杨开峰, 译. 北京: 中国人民大学出版社, 1999.

[23] 林钰莹, 许灏颖, 王震. 公仆型领导对下属创造力的影响: 工作动机和领导——下属交换的作用[J]. 中国人力资源开发, 2015 (11): 50-57.

[24] 朱思其. 90 后新生代员工的员工关系管理[J]. 智库时代, 2018 (43): 12-13+15.

[25] 王晓莎. 立华彩印: 用心管理 90 后[J]. 印刷经理人, 2014 (02): 37-38.

[26] 张王清. 特质理论视角下的任正非[J]. 经营管理者, 2009 (9): 168.

第十章
组织文化

学习目标

- ➤ 了解组织文化的概念
- ➤ 了解组织文化的结构和类型
- ➤ 掌握组织文化的作用
- ➤ 掌握组织社会化过程
- ➤ 掌握组织文化建设的方法
- ➤ 了解组织公民行为的概念和作用

引例

在西南航空——"员工第一"

在美国西南航空公司的组织文化中，"员工第一"的信念对于激发员工的工作积极性起着至关重要的作用。公司董事长 Herb Kelleher 认为信奉顾客第一的企业是老板可能对员工做出的最大背叛之一。公司努力强调对员工个人的认同，如将员工的名字雕刻在特别设计的波音 737 上，以表彰员工对西南航空公司做出的突出贡献；将员工的突出业绩刊登在公司杂志上；访问员工等。通过这些具体的做法，让员工认为公司以拥有他们为荣。美国西南航空公司不仅是泛泛地强调重视员工整体，而且对每个员工都很关注。美国西南航空认为公司所拥有的最大财富就是公司的员工和他们所创造的文化，人是管理中第一位的因素。

"让员工享受快乐，成为热爱和关心工作的'真正'的员工。""在美国西南航空，我们宁愿让公司充满爱，而不是敬畏。""不仅仅是一项工作，而是一项事业"。从这一系列口号中可以看出美国西南航空公司组织文化的特质。在其员工培训中强调员工应该"承担责任、做主人翁""畅所欲言"，在组织文化中真正引导员工形成一种主人翁意识，让其认为公司的发展也就是个人的发展，促使员工愉快地投入到工作中去。

（刘亚洲，2012）

引例中美国西南航空公司"员工第一"的文化极大地激励了员工。可见，每个组织都有自身的组织文化，而且组织文化对员工和企业的发展至关重要。本章将介绍组织文化及其类型，探讨它的作用以及如何塑造良好的组织文化。

第一节 组织文化概述

组织文化分为表层文化、中层文化和深层文化三个层面，又可分为学院型、俱乐部型、棒球队型、堡垒型和学习型五种类型。它由组织的愿景、目标和价值观念、礼仪和仪式、英雄人物、故事、语言等要素构成。组织文化的影响因素主要包括社会文化背景、组织创业者和领导者的素质、组织成员的素质、组织特征和管理过程。

一、组织文化的概念

组织文化是指组织成员的共同价值观体系，为组织所有的成员所接纳，成为组织的一种群体意识，表现为组织的共同的信仰、追求和行为准则。组织文化是在企业的长期经营发展过程中逐步形成的，具有组织的经营特色，能够推动组织可持续发展的群体行为规范。它包括企业精神、经营思想、价值观、道德规范、行为规范、管理制度、历史传统、英雄故事、产品外观和企业形象等内容。

二、组织文化的结构

组织文化的结构，是指组织文化各种内容和形式之间的层次关系。如果把组织文化体系看成一个由内向外辐射的球形体，并将其逐级解剖，组织文化大致可以划分为三个层次：表层文化、中层文化和深层文化。

（一）表层文化

表层文化又称实体文化，是指具体、直观、外在化、形式化的组织文化的结构，它由企业员工创造的产品和各种物资设施等构成。作为组织文化系统的重要组成部分，组织的表层文化通常包括厂容厂貌、产品样式和包装、设备特色、建筑风格、厂旗、厂服、厂标、厂歌、厂容厂貌、纪念品、纪念建筑、文化娱乐设施等。

组织表层的物质文化是组织和员工的理想、价值观、精神面貌的具体反映，它集中体现了组织在社会上的外在形象。

 例证 10-1

松下的公司歌曲

日本松下公司（http://www.panasonic.com/flash.html）是在美国第一家有公司歌曲的企业。公司的信条是只有通过每个员工的共同努力才能实现进步和发展。因此，通过公司歌曲向员工灌输公司的精神价值观：工业报国，光明正大，团结一致，奋斗向上，礼貌谦让，适应形势，感恩报德。公司的一位高级管理人员说："这在西方人看来可能是愚蠢的，但在每天早晨八点钟，我们好像已经融为一体了。"

（二）中层文化

中层文化又称制度文化，是指组织内部的各种规章制度、行为习惯、经营风格、行为规范、员工修养，以及组织内部的一些特殊典礼、仪式、风俗等。这些内容以固定或者不固定的方式为组织中所有的员工在工作中所遵守。

（三）深层文化

深层文化又称精神文化，是指组织在生产经营活动过程中形成的具有组织特征的文化观念和意识形态。它包括组织精神、组织哲学、价值观念、组织道德、组织风气、组织目标等。精神文化往往是一个组织长期积累和沉淀的结果。

三、组织文化的类型

美国艾莫瑞大学的桑南菲尔德（J. A. Sonnenfeld，1954—）通过对不同组织结构的研究，提出了一套标签理论（学院型、俱乐部型、棒球队型、堡垒型），用于分析和认识组织文化之间的差异。彼得·圣吉在《第五项修炼》一书中提出了学习型组织的概念。由此，可将组织文化分为学院型、俱乐部型、棒球队型、堡垒型和学习型五种类型。

（一）学院型

学院型组织喜欢雇用刚毕业的大学生，公司为他们提供大量专门培训，然后指导他们在特定的职能领域内从事各种专业化的工作。

（二）俱乐部型

俱乐部型组织非常重视员工的忠诚感和承诺，在公司资历是关键因素，年龄和工作经验也非常重要，这种公司按照通才型方向培养员工。

（三）棒球队型

棒球队型组织是冒险家和创新者的天堂，组织从不同年龄段和不同工作阅历的人群中寻求合适的人选，根据员工的实际产出状况支付报酬。

（四）堡垒型

堡垒型组织主要将工作重心放在组织的生存方面，由于这种类型的企业以往大多是学院型、俱乐部型或者棒球队型的，但是现在衰退了，于是希望通过努力来尽量保存自己尚未被消蚀的财产，这种类型的组织工作安全缺乏保障，但对于喜欢挑战的人来说，却是一个令人兴奋的工作环境。

（五）学习型

学习类型的组织文化是比较理想的，因为它集中了上述四种类型的优点。

许多企业组织不能完全归为上述五种类型中的一种。有的是一种混合文化，如通用电气（http://www.ge.com），不同的部门就有明显不同的文化。苹果电脑公司（https://www.apple.com.cn）的企业文化起初为棒球队型，后来变为学院型。中国联想集团公司的企业文化（http://www.lenovo.com.cn）属于棒球队型（管一新，2005）和俱乐部型的混合。

四、组织文化的影响因素

组织文化的影响因素主要包括社会文化背景、组织创业者和领导者的素质、组织成员的素质、组织特征以及管理过程。

（一）社会文化背景

任何组织都存在于特定的社会环境中，组织文化是整个社会文化的一部分，在很多方面是一脉相承的。社会主流的价值观、道德取向都直接反映在组织文化的内容中。

（二）组织创业者和领导者的素质

组织创业者或者现行领导者的个人素质对企业文化的形成具有相当重要的影响。组织创业者的风格形成了相应的企业文化类型，并通过各种形式得以延续和流传。稳定的企业往往在一定程度上带有创业者的痕迹。创业者的教育背景、领导风格、处事方式和作风决定了组织初期的组织文化。经过组织的生存和发展，组织文化不断得到发展，并体现各个阶段领导者的风格。

例证 10-2

联想集团组织文化的变化

联想集团创始人柳传志的性格、军人的做事风格、思维模式和价值观形成了以严谨、高效、务实、集体主义和目标导向为主基调的相当强大的联想文化。这种文化在联想前期的飞速发展与崛起时扮演着至关重要的角色。在杨元庆执掌联想后，由于战略导向的改变，联想由生产型企业向服务型企业转变，提出"科技的联想、服务的联想和国际的联想"战略，并开始在强大的联想文化里引入亲情文化。此外，联想还在企业文化里突出社会责任，支持公益事业发展，积极创造条件，鼓励更多的员工投身志愿者活动，为社会奉献才智和爱心。

（尹生，2004）

（三）组织成员的素质

组织成员虽然是组织文化的受影响者，但组织成员的素质也影响着组织文化的形成。组织成员的知识水平、文化素养决定了其工作的自觉程度和对参与决策的热情程度，这便形成了组织文化的重要内容。

（四）组织特征

组织文化也受组织特征的影响，如组织的规模和复杂性等。大型组织往往倾向于高度的专业化和非个人化。复杂的组织往往雇用更多的专业人员和专家，这会改变问题解决的一般方式。另外，大型和复杂组织还会制定出更多规定和程序。

（五）管理过程

组织文化也会受到管理过程的影响。报酬和绩效直接挂钩的企业素誉形成追求成功的文化；开发和自由的沟通制度容易促成参与和创造性的文化；对冲突的容忍度和处理风险的态度对团队工作有很大的影响，它们往往决定着企业革新和发明的数量。

五、组织文化的构成要素

组织文化的一些典型、重要、可观测的构成要素是组织的经营目标和价值观、礼仪、英雄人物、故事和语言等。

（一）组织的经营目标和价值观

组织的经营目标是组织向前发展的动力，也是组织内成员强大的凝聚力的前提，组织的经营目标的确定有助于激发组织成员的积极性和创造力，为组织创造价值，组织成员也能实现自我价值。

组织的价值观念是一个组织的共同思想和信念的集成，也是组织文化的核心。组织的价值观一旦形成，组织的员工们就将其直接体现在自己的具体工作中，成为他们自身价值体系的一部分。

（二）礼仪

礼仪和仪式是组织文化的重要表征。组织的文化礼仪活动既体现了组织对于员工的期望和要求，又以生动形象的形式向员工灌输组织的价值观念和经营理念。

经常在组织中使用的礼仪有四种类型，即进阶、增进、复兴和整合，如表10-1所示。这些礼仪和仪式可以被高层管理者用来强化组织的重要文化价值观。

表 10-1　组织礼仪的类型及其社会后果

礼仪的类型	示　例	预 期 效 果
进阶	入伍及基本训练	社会角色和地位的转化
增进	年终的颁奖晚会	增加社会认同感
复兴	组织发展活动	改善组织功能
整合	春节晚会	产生对组织的共同感

例证 10-3

组 织 礼 仪

在一家大银行中，能选为主管被视为成功职业生涯中的重要事件。一系列的活动将伴随着雇员向银行主管的每次晋升而发生，包括通知提升的一种特殊方式，把新主管第一次带到官员就餐室就餐，在通知公布后由新官员出资举办周末餐饮会。这属于进阶仪式。

MaryKay 化妆品公司（http://www.marykay.com）举办了精心安排的颁奖典礼，把金质和钻石别针、毛皮、粉色卡迪拉克汽车颁发给成果优异的销售顾问。他们中间最成功的顾问由公司管理人员以类似于娱乐界向被提名者颁奖的方式介绍出场。这是一种增进仪式。

麦当劳公司（http://www.mcdonalds.com）每年都要在全美国内进行竞赛来决定谁是全国最优秀的汉堡包烤制团队。这项比赛鼓励了麦当劳所有的连锁店重新检查制作汉堡包的每个流程。仪式是高度可见的，其价值在于向全体员工传递注重汉堡包质量的麦当劳价值。这是一种复兴仪式。

（三）英雄人物

每一个组织都有自己的英雄人物，组织的英雄人物可以是组织的创始人或者领导人，也可以是工作出色的员工。作为组织的杰出代表，英雄人物被赋予了超乎常人的经营智慧和能力，成为组织文化的旗帜，其一举一动、思想、行动乃至语言被组织奉为至理名言，其本人被赋予组织行动的评判，具有裁决他人行动的权威。

（四）故事

每一个组织都有自己的故事，故事的内容大多是与组织的创业者、重大经营事件联系在一起的。故事使公司的基本价值观保持长久的活力，并且为全体员工提供了一种共享理念。亨利·福特二世在担任福特汽车公司董事长时，他会经常骄傲自大地提醒下属：
"福特公司的大楼上写的是我的名字"，其意义非常明确——主宰福特公司的是我亨利·福特二世。

（五）语言

语言作为企业文化的一个载体，不同于一般意义上的交流语言，指的是企业内部广泛存在的各种隐语、口号、标语和其他特殊用语等。这些语言，既可以口头相传，也可以见书面材料。

例证 10-4

淘宝的"侠气"语言

在职工平均年龄只有 26 岁的淘宝网内部，每位职工都有"花名"，如"郭靖""乔峰""令狐冲""风清扬"等，每到举办派对时，他们根据自己的花名参加各大"帮派"，在这期间没有隶属关系，只为夺取"天下第一帮"。而这样的"侠气"在公司随处可见，如"光明顶""桃花岛"是开会、会客的地方，"舞林大会"是淘宝周年庆活动的名字。

（鲍茹萍，2017）

第二节 组织文化的作用

组织文化在一个组织中发挥着重要作用，主要表现在如下五个方面：激励功能、凝聚功能、导向功能、规范功能以及协调功能。

一、组织文化的激励功能

组织文化的激励作用是指组织文化本身所具有的通过各组成要素来激发员工动机与潜在能力作用，它属于精神激励的范畴。组织文化之所以能够对员工产生激励作用，其主要原因是：① 各种纠纷比较少，工作绩效自然提高；② 优良的组织文化能够满足员工的精神需求，调动员工的精神力量，使他们产生归属感、自尊感和成就感，从而充分发挥他们的巨大潜力，有效激发出企业内部各部门和所有员工的积极性。

二、组织文化的凝聚功能

组织文化是一种"软性"的协调力和黏合剂，能够形成巨大的向心力和凝聚力。组织文化以大量微妙的方式来沟通组织内部人们的思想，使组织成员在统一思想和价值观的指导下，产生对作为组织成员的身份感和使命感，产生对组织目标、道德规范、行为准则和经营观念等的认同感。同时在组织氛围的作用下，使组织成员通过自身的感受，产生对本职工作的自豪感和对组织的归属感，使组织成员乐于参与组织的事务，发挥各自的潜能，为组织目标做出贡献。

例证 10-5

宜家通过平等理念和人性化管理留住人才

宜家主张平等，反对等级观念和官僚制度。宜家公司的总部是一座平房，地下有一个多功能的停车场。在这里，所有的同事都穿着 T 恤和牛仔裤。办公室都是敞开的。在这种氛围中，分不出谁是经理，谁是普通员工。宜家的创始人英格瓦·坎普拉德（Ingvar Kamprad）痛恨任何形式的等级制度。巡视商店时，他鼓励大家直呼其名，以示他和大家是平等的。在宜家，经理对员工不称"员工"，而称"同事"，以体现"宜家人人都是重要"的平等理念。

宜家不鼓励员工加班，因为他们认为员工工作与生活的平衡对公司很重要。公司鼓励员工在工作上提出挑战，即便偶然失误也不会受到处罚。在这样一个文化氛围里，员工们快乐地工作。

因为宜家能够充分重视人、合理使用人、精心培养人、全面开发人、有效激励人，所以宜家的员工流失率是比较低的。例如美国西雅图的宜家店，员工的流失率是 25%，而据 2001 年零售联盟的调查，美国专卖店平均员工流失率为 78.4%。

（智百，2010）

三、组织文化的导向功能

组织文化作为员工的共同价值观念一旦形成，就会产生一种思维定势，必然对员工具有强烈的感召力，这种感召力将员工逐步引导到组织的目标上来。这种功能往往在组织文化形成的初期就已经存在，并长期引导员工为实现组织目标而努力。

当组织文化在整个组织内部成为一种强势文化以后，其对于员工的影响力就会增大，组织文化通过一系列管理行为来体现，如企业战略目标的透明性、内部分配机制的公平性等，均能反映一个企业所倡导的价值观，其员工的行为也就越发自然。

四、组织文化的规范功能

在一个特定的组织文化氛围中，组织文化可以起到有效的规范作用。组织文化的规范功能主要体现在如下三个方面：① 组织文化能够规范、统一组织的外部形象；② 组织文化能够规范公司的组织制度，让员工的行为规范化；③ 可以让组织的全体员工产生一致的精神信仰，把个人和组织的发展目标进行有效的结合。组织文化的规范功能是通过员工自身感受而产生的认同心理过程而实现的，它不同于外部的强制机制，组织文化通过员工的内省产生一种自律意识，从而自觉遵守组织管理的各种规定。自律意识比强制机制有优势的地方在于员工是心甘情愿接受无形的、非正式的和不成文的行为准则，自觉地接受组织文化的规范和约束，并按照价值观念的指导进行自我管理和控制。

IBM 电脑帝国的企业文化

IBM 是有明确原则和坚定信念的公司。这些原则和信念似乎很简单、很平常，但正是这些简单、平常的原则和信念构成了 IBM 特有的企业文化。

老托马斯·沃森在 1914 年创办 IBM 公司时设立了"行为准则"。正如每一位有野心的企业家一样，他希望他的公司财源滚滚，同时希望能够借此反映出他个人的价值观。因此，他把这些价值观标准写出来，作为公司的基石，任何为他工作的人，都明白公司要求的是什么。

老托马斯·沃森的信条在其儿子时代更加发扬光大，小托马斯·沃森在 1956 年任 IBM 公司的总裁，老托马斯·沃森所规定的"行为准则"，由总裁至收发室，没有一个人不知晓，包括：① 必须尊重个人；② 必须尽可能地给予顾客最好的服务；③ 必须追求优异的工作表现。

（小淇，2009）

五、组织文化的协调功能

组织文化的协调功能是指组织文化可以强化组织成员之间的合作、信任和团结，培养亲近感、信任感和归属感，从而促进组织内部各个部门、个体与个体之间、个体与群体之间、群体与组织之间、员工与组织之间的有机配合。

第三节　塑造完善的组织文化

对于处于发展中的组织来说，如何创造良好的组织文化？如何保持已经取得的文化建设的成果？如何优化或更新本组织的文化以适应变化环境的挑战？这些问题是人们最为关心的。

一、加强企业家的培养

随着对现代企业经营活动认识的逐步深入，我们越来越意识到企业经营活动的优劣主要取决于企业是否具有一定数量和水平的企业家。就多数企业来说，企业领袖，特别是创始人对组织的早期文化有着巨大影响。组织现行的惯例、传统、行为处事的一般方式，在很大程度上都是创始人以前的努力，以及这些努力所带来的成功。在创业初期，创始人往往不受传统的习惯做法和思想的束缚，而且新组建的企业一般规模较小，使得创始人能够用自己的思想和意识直接影响其他成员。

企业家之所以在企业管理中取得很高的成就，是因为他们摆脱了传统管理的各种束缚，企业家和传统管理者在主要动机、时间导向、活动、风险倾向以及对失败和错误的观点等方面存在明显区别，如表 10-2 所示。

表 10-2　企业家与传统管理者的比较

项　　目	传统管理者	企　业　家
主要动机	晋升、传统的公司奖赏	独立性、创新机会、财务收益
时间导向	实现短期目标	实现 5～10 年的企业成长
活动	授权和监督	直接参与
风险倾向	低	高
对失败和错误的观点	避免	接受

企业家自身的形象对企业的整体形象会产生重要影响，企业家的形象直接代表和反映着他所领导的企业形象。因此，企业家有必要关注自身形象。世界微型计算机销量第一的戴尔公司（http://www.dell.com）的创始人麦克尔·戴尔具有很强的进取心，富有竞争精神，自制力很强，而这些特点也正是戴尔公司留给人们的印象。

组织的高层管理人员对组织文化的影响同样不可低估。这是因为高层管理者往往通过自己的所作所为，将企业精神、价值观和行为准则等渗透到组织中去。所以，要注重企业家的培养和企业家精神的培育。如果在企业前期的发展过程中，尚未产生有影响力的企业家，或是新组建的公司，那么通过如下三种途径可获得与培养其高层管理者：① 企业家通过自我学习、探索，完善超越自我来实现，目前很多企业家通过参加 EMBA（高级管理人员工商管理硕士）培训等方式提高自身素质正是这方面的体现；② 组织为企业家的成长创造良好的环境和条件，包括在职培训、职务轮换、挑战性的工作等；③ 面向社会招纳英才，目前国内许多公司开始面向全国甚至全世界招揽精英管理人才。

例证　10-7

张瑞敏和海尔文化

张瑞敏是一位喜欢哲学的企业家。在哲学和宗教方面，张瑞敏似乎是一位儒家式的人物，因为他视发展海尔、振兴民族工业为己任。在对北京大学的学生演讲时，他曾说，如果民族工业都支撑不住的话，海尔愿做最后一个倒下的，大有"风萧萧兮易水寒，壮士一去兮不复返"的感觉，给人以"扶大厦之将倾"的大丈夫气概。

他给海尔浇灌的是"海尔是海"，吸纳百川的博大胸怀和永不停息的奋斗精神；他给员工的是"赛马不相马"，将公司建成一个情深似海的大家庭，每个人都有一种归属感，深化工作的意义和增添生活的价值；他给顾客的是"真诚到永远"，没有最好，只有更好，你的幸福就是海尔的幸福。一个响亮的名字，传遍五洲四海，洁白晶莹的骄子飞向世界；从"铁锤定乾坤"到"海尔·中国造"走向世界，张瑞敏带领海尔艰难而稳定地从无到有、从弱到强，对海尔的起死回生功不可没。如果没有这位儒雅而有意志，能很好经营企业又不完全陷入金钱陷阱的企业家，海尔的历史可能会改写；他没有愧对海尔人的期望。

（彭烨，2004）

二、改善组织内外部环境

组织文化的外壳物质文化设施一旦设定就不会轻易变动，但是在设定之后就能反映设定者的价值观、文化品位、艺术修养等，并从中反映一定的文化价值。它主要包括企业容貌、劳动环境和生活娱乐设施三个方面。

1. 企业容貌

企业容貌是企业文明的一种标志和象征。从厂房的建筑造型、色彩装饰到空间结构布局，从环境整洁到各种物品安排是否井然有序，都能反映一个企业的管理水平和风格，体现企业文化的个性特点和企业领导人的文化品位。

2. 劳动环境

劳动环境包括办公室布置、生产流水线顺序、色彩、照明、设备安排、保险装置等。一个优化的环境不仅能够提高生产效率，保证劳动安全，而且还能够提高员工的劳动兴趣，激发员工对企业的忠诚和责任。

3. 生活娱乐设施

生活娱乐设施是指文娱场所、体育设施、图书馆、职工培训中心、食堂等。选择什么样的生活娱乐设施既应与职工需求相一致，又要与企业价值观和精神相一致。美化企业员工的生活娱乐环境，能够使职工感到大家庭的和谐和温暖，增强企业的凝聚力。

三、提高组织的产品文化内涵

组织的产品文化是组织文化中的基本物质文化内容。组织文化的载体，通常被理解为具有价值和使用价值的物品，然而产品结构和产品外观的美学成分又使产品体现出企业的文化特色。

组织的产品文化内容涉及面很广，但大体可以概括为以下十个方面：① 组织产品一般来说分为实质层、形式层和扩展层三个层次；② 企业产品构成的要素、零件与部件的整合方式与系统结构（主要指其物理结构）；③ 企业产品所具有的物理、化学、生物等性状与功能；④ 企业生产经营产品的造型、综合观感、包装、商标等方面的选择、组合与特色；⑤ 企业产品结构、产品系列的现状、未来和特征；⑥ 企业产品投入—产出状况、成本控制手段与特色；⑦ 企业产品开发和创新的能力、潜力、方向与方式；⑧ 企业产品成长周期（或生命周期）的形成、保持和利用；⑨ 企业产品的物质技术前提和工艺基础；⑩ 企业产品生产与消费的生态与环境影响。

组织产品文化管理就是围绕上述几个方面进行和展开的，就是要在这诸多方面，甚至产品管理过程中的每一项具体活动都形成一种相对稳定的、富有魅力又颇具特色的文化，以使组织的顾客和消费者只要接触和使用到公司的某种产品，就会产生一系列美好的联想，获得一种发自内心深处的愉快和舒适感。

日本的东芝公司、索尼公司和丰田公司，美国的 IBM 公司、惠普公司，德国的大众汽车公司，都只有一种中心产品或中心产品线、一个中心市场、一和中心技术。所有这些大公司都有一种明确的使命、一项重点，在一个领域中具有一和特长、一种市场，而且基本上是一条产品线。在英国，那些成功的公司干脆把这一点视为企业经营的制胜之道。

组织产品个性文化能否形成，一方面涉及企业的常规经营管理，另一方面涉及组织经营的战略规划和战略管理。如果说产品质量是组织的生命线，产品的价格、品种、造型、包装、牌子等方面的优势则是组织生产经营的基本，产品的开发创新、产品的生态性质、产品的生命周期会对企业未来的经营、发展产生影响，那么，企业产品生产经营过程中的成本控制、企业的产品结构与系列的建立和完善、企业产品的技术基础则直接影响企业的日常经营。

事实上，不论经济环境、社会环境发生怎样的变动，始终坚持和维护企业已有的优良产品文化，并不断把它发扬光大，这是企业经营得以成功并立于不败之地的基本条件之一。

例证 10-8

iPhone 的魅力

自从苹果公司首席执行官史蒂夫·乔布斯（2011 年 10 月份去世）在 2007 年 1 月 9 日宣布推出 iPhone 系列手机之后，iPhone 的四款产品目前占全球手机市场份额的 5.6%，却赚得全球手机市场利润总额的近 2/3。如此强大的吸金能力着实令人敬佩。在中国，价格 4 900 元左右的 iPhone 4 在手机市场出现断货的情况已不少见，手上拿着 iPhone 4 早已经是富裕的代名词。在美国，有一半的美国人在选择智能手机时会倾向于 iPhone；在英国，甚至有一位男子为了买到最新一代 iPhone 而提前一个多月在苹果零售店门口搭帐篷排队。

iPhone 有个"杀手锏"，叫 App Store。简单地说，它就是一个内置于 iPhone 的下载软件的程序。你只需轻轻点击就可以在 App Store 下载你所喜爱的程序，有些软件需要付费，但付费方式极为简单：你只需将 App Store 与你的银行卡绑定，即可实现轻松下载。凭借着如此便捷的软件下载方式和 App Store 中高质量的软件，让 iPhone 一下子成为全球最受欢迎的智能手机。软件开发者们可以为 iPhone 研发软件，再提交苹果审核后最终放到 App Store 上供用户下载，如果下载收费，利润由苹果与应用开发商 3∶7 分成。这不仅让那些优秀的软件开发商赚得盆满钵满，更使得苹果公司从中赢取了一笔相当大的收入。

和 App Store 类似，iTunes 只是把 App Store 的应用程序换成了歌曲和专辑，却建造了苹果的音乐帝国，也使得众多歌手有了一种更酷的赚钱方式。他们在 iTunes 上销售自己的专辑和单曲，每首歌下载支付 0.9 美元，既宣传了歌曲，又赚到了钱。iTunes 用户也只需在手指的轻触之间完成歌曲的购买。与此同时，iTunes 也为歌曲数字化和正版化做出了贡献，让我们看到了未来歌曲的营销模式。

iPhone 以它创新的技术和经营模式引领着手机的潮流和时尚的方向，让我们期待未来更加完美的 iPhone 吧。

（至秦，2011）

四、培育优良的组织精神

组织精神是区别于物质、财富或经济价值观的组织观念体系的核心。组织精神是组织的员工群体在长期生产经营中形成的一种信念和追求，是组织基于自身的性质、任务、宗旨、时代要求和发展方向，为使组织获得更大发展，经过长期精心培育而逐步形成的。组织精神是组织价值观的外化，它用简洁的语言表现出组织在一切行为和观念中的主导意识，体现了群体的价值取向。

由于企业精神是某个特定组织的精神，它应该在本组织的特定条件下创设并形成，反映本组织的追求和一定的精神面貌。组织精神应有其个性，而不是千篇一律。

例证　10-9

美国 IBM 公司的企业精神

美国 IBM 公司（http://www.ibm.com）的企业精神就是服务，就是根据公司主营的计算机的行业特点，并综合企业宗旨和价值观提炼出来的。就计算机开发研制而言，软件开发、人员培训、周到维修要比单纯出售硬件设备重要得多，其竞争也更为激烈。IBM公司正是根据这一特点，确立了以服务为内涵的企业精神，同时也确立了公司经营方向是以提供顾客满意的服务来开展所有的经营活动，近年来 IBM 公司的主营业利润均来自服务而不是计算机硬件的销售。

我国的一些著名企业集团也提出了自己的组织精神口号，青岛海尔集团则根据电器行业售后服务质量这个顾客最为关心的问题，提出"真诚到永远"的企业精神，使顾客无后顾之忧而乐于购买其产品。

组织精神需要用简明而寓意丰富、深刻的语言来表述，这种表述要符合以下五点要求：① 具有组织个性；② 符合时代与民族的特点；③ 体现组织的价值观；④ 寓意深刻；⑤ 便于记忆与宣传。

企业精神形成之后，不能停留在口号上，而应让企业的每一位员工去了解、接受和履行。通常采取以下四种方法。

（1）强化灌输法。如日本松下集团，每天早上上班前，员工都要站在厂门口背诵反映企业价值观的司训。也可以通过培训班的方式向员工讲解企业精神。

（2）领导引导法。企业领导要将企业精神外化为日常行为，引导和感染员工。如遇到困难，就要用企业价值观去鼓励大家知难而上；员工之间发生了矛盾，就要用企业精神去化解；员工犯了错误，就用企业精神去帮助他改正和克服。

（3）触目可见法。把企业精神印在企业简介中，印在信封上，挂在办公室里，刻在建筑物上，使员工触目可见，形成一种企业精神无时不在、无处不在的感觉。

（4）文化宣传法。举办各种文化娱乐活动，或大型社会文化活动，如赞助文艺晚会、体育比赛、向灾区捐款、扶贫救弱、支持希望工程等方式向全社会宣传企业精神。把企业社会责任作为新时期企业文化整合和再造的重要内容，这已成为国际企业文化发展的趋势。

五、建设稳定的组织制度文化

组织的制度文化是企业制度的演进、规范、内容、运转、创新等的统称，具体表现为企业组织、运营、管理一系列行为的规范化和制度化。从制度文化的层次结构上说，企业制度文化包括三方面内容：企业产权制度文化、企业组织制度文化和企业管理制度文化（查玮，2012）。

（1）企业产权制度文化，企业产权制度的发展经历了三种形态，即业主制产权制度、合伙制产权制度和公司制产权制度。

（2）企业组织制度文化，如企业的领导体制、组织结构等。企业的组织制度建设主要包括领导体制建设和组织结构建设。首先，一个好的领导体制可使企业管理者形成一致的目标，产生强烈的动机，并能在员工中产生较强的号召力和影响力。建立领导结构需遵循法定原则、权责分明原则、协调运转原则和有效制衡原则。其次，组织机构的设置更多地倾向于分权化，发挥部门员工的创新性和自主性，提高管理效率。建设组织机构具体需要把握三个原则：① 机构设置要与组织战略相协调；② 组织机构要与企业外部相适应；③ 机构设置要与合理的人员控制界限相配合（北京仁达，2009）。

（3）企业管理制度文化，如人力资源管理制度、安全管理制度、财务管理制度、行政管理制度等。企业管理制度的制定要立足于企业的实际经营情况，充分考虑企业内外因素可能造成的影响。制定企业管理制度需要遵循五个原则：① 合法性原则；② 平等性原则；③ 可行性原则；④ 稳定性原则；⑤ 严肃性原则。

六、组织社会化过程

（一）组织社会化过程的概念

组织社会化过程是指个体学习组织的价值观、基本准则和必要的行为，并使组织允许他作为组织的一名成员而参与活动的过程。

（二）影响新员工组织社会化的因素

影响新员工组织社会化的因素很多，主要有组织能够控制的与组织不能控制的两大类。

1. 组织能够控制的因素

组织能够控制的因素主要包括五个方面：① 管理层对社会化的认识；② 对新员工的招聘面试；③ 正式的新员工定向培训；④ 各种工作培训；⑤ 组织的监督。

2. 组织不能控制的因素

组织不能控制的因素主要包括四个方面：① 新员工的个性；② 员工对企业的第一印象；③ 其他员工给新员工留下的印象；④ 新员工个人需要的满足。

（三）组织社会化过程对组织的意义

组织社会化过程对组织的意义主要包括以下五个方面（胡君辰，1997）。

（1）有利于企业长盛不衰。

（2）有利于提高企业的生产效率。

（3）有利于降低企业员工的流动率。

（4）有利于满足员工的心理需求。

（5）有利于员工的职业发展。

（四）组织社会化过程的三阶段模型

组织社会化过程主要包括以下三个阶段。

1. 原有状态阶段

新员工进入组织前的所有学习活动。在这一阶段，每一个员工还带有原先形成的价值观念、工作态度和期望。

2. 碰撞阶段

新员工在进入组织之后，他们可能会发现自己的期望与现实存在矛盾，这时员工就必须经过组织社会化过程，使自己从以前的假设中摆脱出来，代之以另一套期望，即新组织的期望。在极端情况下，新员工可能会对他的工作现状彻底失望，甚至会辞职。有效的员工甄选过程应该尽量减少后一种情况发生的可能性。

3. 调整阶段

通过管理人员的努力，在组织文化正规化、集体化、固定化的影响下，新员工的个性和员工之间的差异就越可能被抹掉，员工行为的标准化和可预测程度就越高。通过控制新员工的组织社会化过程，管理人员可以造就顺从型员工，也可以造就富有创新精神的创造型员工。

例证 10-10

华为公司的服从文化

总部位于深圳市的华为集团公司（http://www.huawei.com.cn）是一家从事通信网络软件和硬件的研究、开发、生产与销售的大型公司，2004年销售额已达33亿美元。其发展历史贯穿着总裁任正非的个人理想、对员工的严格要求、企业的前进方向。为了实现这一切目标，都需要员工的"服从"。华为招聘的大学生，到华为报到后，就要进行包括为期一个月的军事训练和五个月严格的封闭式培训。负责训练的主教官是优秀的退伍军人，凡是在训练过程中遭到淘汰的员工将被辞退。员工在这个过程中就如同军人，树立对上级命令的绝对服从是天职的意识。在进入岗位后，还要不断地"洗脑"，以至于有人说华为具有将不同的人招募后训练出有相似气质员工的神秘力量。对此，任正非并不否认——最自信的企业最自信的就是有改造人的力量。

（孙友运，2005）

（五）组织社会化过程的维度

人们已从各种视角分析过组织社会化过程，并且按一系列维度指标将其概念化，这些维度指标突出地揭示了不同的组织怎样对待该过程的变异。美国学者范马南提出了组织社会化过程能够促进组织文化形成和变动的七个分析维度指标。

1. 群体与个体

新员工可以通过个别社会化，如在音乐家培养过程中；也可以将员工结合成一定的群体接受同样的训练内容，如在军队新兵的训练过程中。

2. 正式与非正式

组织社会化过程被正式化的程度，如在培训课程中；或者通过由顶头上司、同事施行的学徒、个人教练等加以非正式培训的程度。

3. 授权式和集权式

授权式是指假设新员工的素质和资格足以能够应付工作的要求，因此在评估员工应该具备的资格以后，应授予员工一定的工作权力；而集权式则是指通过摧毁员工自我个性的一些不利因素，训练员工的组织观念。

4. 有序性和随意性

有序性是指组织通过设计一定的角色模式来训练和鼓励新进员工，如在学徒或辅导课程中；随意性是指组织故意不提供角色模范的程度，如在"不是下沉就是游泳"类的培训中，新成员被期待想出他自己的解决办法。

5. 顺序性和非顺序性

组织社会化过程以指导新成员的不同方法构成的程度，例如，通过一系列审慎的步骤和角色；或者开放式的，即从来不让新成员预测下面将出现哪一个组织角色。

6. 固定和可变动

培训过程的每个阶段有无固定时间表的程度，如在军事学院、新兵训练中心或轮训课程中；或者是开放式的，如在典型的晋升系统中，直到人们"准备好了"之前，他们都不会被提升到下一个阶段。

7. 锦标赛和达标赛

在锦标赛中，每个阶段都是一次淘汰，即谁输谁被剔除出该组织；或者在达标赛中，人们在建立自己的成绩纪录和打破平均纪录。

第四节　组织公民行为

员工自愿做出的、没有任何正式的规定强制他们这样做的行为称为组织公民行为，这些行为总和的累积效应为组织带来利益。因此，组织要对员工的组织公民行为进行适当的教育、鼓励、支持、引导和管理。

一、组织公民行为的概念、特点和维度

（一）组织公民行为的概念和特点

组织公民行为是在组织正式的薪酬体系中尚未得到明确的或直接的确认，但就整体

而言有益于组织整体运转成效的行为总和（Organ，1988）。它主要具有如下三个方面的特点。

（1）自愿自发。

（2）组织中正式的报酬系统未作明确规定。

（3）行为总和的累积效应。

单个组织公民行为的影响可能微不足道，但是这些行为的总和却可以产生很大的作用，这就是行为总和的累积效应。

（二）组织公民行为的维度

组织公民行为具有多维度的结构（罗明亮，2007）。Organ 提出了组织公民行为的五因素模型：① 助人行为，是指自发地帮助同事，预防和解决与工作相关问题的行为；② 公民道德，是指员工作为组织中的一个"公民"应有的道德行为，包括对组织的工作感兴趣、节约组织资源、保护组织财产、愿意参加组织的各项活动、参与组织战略计划的制订、监控来自环境的威胁和机会等；③ 文明礼貌，是指对别人表示尊重的礼貌举动；④ 运动员精神，是指员工在非理想化的工作环境中毫无抱怨，仍然保持积极的态度，为了组织的利益而坚守岗位的一种意愿行为；⑤ 责任意识，是指严肃认真、尽心尽力地对待工作的行为。

樊景立等人（Farh，Early & Lin，1997）认为中国文化背景下组织公民行为可划分为十个维度：① 对组织的认同；② 对同事的利他行为；③ 责任意识；④ 人际和谐；⑤ 维护组织资源；⑥ 自我教育；⑦ 通过自学增加自身的知识和技能；⑧ 参加社会公益活动；⑨ 保持环境卫生；⑩ 表达意见。他们并没有发现 Organ 描述的另外两个维度（文明礼貌和运动员精神），却发现了有着中国文化渊源的两个维度（维护人际和谐、保护和节约公司资源），体现了组织公民行为的文化独特性。他们还将组织公民行为多种表现形式按照其发生的不同层面构建成一个同心圆状模型，如图 10-1 所示。

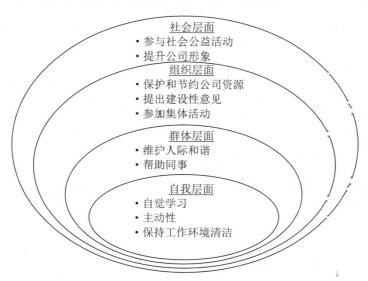

图 10-1　组织公民行为的同心圆状模型

二、组织公民行为的作用

组织公民行为对组织的重要性日益显著。由于组织公民行为充当了组织运行的"润滑剂"，减少了组织各个"部件"运行时的相互摩擦，从而促进了整个组织效率的提高（Podsakoff，Ahearne & Mackenzie，1997）。Podsakoff 等人将组织公民行为对组织有效运行的作用总结为以下五个方面。

（1）作为组织运行的"润滑剂"，组织公民行为有助于减少人际矛盾和冲突。

（2）自愿合作行为能够使组织更有效地利用资源，优化资源结构，降低资源的投入成本，减少不必要的资源争夺，特别是能够更有效地利用稀缺资源，使其更符合生产的目的，减少对纯粹基于维护功能的有限资源的需求，投入到各种生产活动中去。

（3）能够促进同事和管理者生产效率的提高。

（4）能够有效协调团队成员与工作群体之间的活动。

（5）能够创建良好的企业文化，增强组织吸引和留住优秀人才的能力。

三、组织公民行为的影响因素

影响组织公民行为的因素主要包括个体特征、家庭环境、工作特征、组织特征和领导特征（罗明亮，2007）。

1．个体特征

与其他年龄段相比，25 岁以下员工的组织公民行为表现得更多、更积极。个体的责任意识对一些组织公民行为具有预测作用。

2．家庭环境

家庭环境对员工的行为表现、组织的绩效和发展，都会产生直接或间接的影响。由于一个人的工作成就和家庭密不可分，所以要让员工在工作中得到快乐，在社会做个好公民，在单位做个好职工，在家庭做个好成员。这种相互影响是显而易见的，在心理学上被称为行为的溢出。当家庭氛围紧张时，可能不利于产生组织公民行为，而愉悦的家庭氛围则可能有利于组织公民行为的产生。

3．工作特征

任务重要性、任务反馈、提供内在满意感与组织公民行为之间存在着正向关系；工作任务的重复单调性与组织公民行为之间存在着负向关系。

4．组织特征

国有企业员工比民营企业员工更频繁地展现出组织公民行为；组织凝聚力与组织公民行为之间存在正向关系；员工感知到工作情境中具有符合社会期望的价值观以及激励性的工作特性与组织公民行为之间存在正向关系；组织公正性、管理人员的支持与组织公民行为之间存在正向关系。

5．领导特征

支持型领导、变革型领导特征与组织公民行为之间存在正向关系；领导—下属交换与组织公民行为之间具有正向关系；员工的社会交换意识是组织支持感知与组织公民行为之间以及领导—下属交换与组织公民行为之间的调节变量。领导者的模范作用对下属的组织公民行为表现也具有积极的作用。

 **本章小结**

- 组织文化主要表现为一个组织中所有成员所共享并传承给组织新成员的一整套价值观念、共同信念、共同目标和行为准则。
- 组织文化可以划分为三个层次：表层文化、中层文化、深层文化。
- 组织文化分为学院型、俱乐部型、棒球队型、堡垒型和学习型五种类型。
- 组织文化的影响因素主要包括社会文化背景、组织创业者和领导者的素质、组织成员的素质、组织特征以及管理过程。
- 组织文化的构成要素主要是组织的经营目标和价值观、礼仪和仪式、英雄人物、故事和语言等。
- 组织文化在一个组织中发挥着重要作用，主要有五种功能：① 激励功能；② 凝聚功能；③ 导向功能；④ 规范功能；⑤ 协调功能。
- 塑造完善的组织文化主要包括加强企业家的培养、改善组织内外部环境、提高组织的产品文化内涵、培育优良的组织精神、建设稳定的组织制度文化以及组织社会化过程等方面。
- 组织社会化过程主要包括三个阶段：① 原有状态阶段；② 碰撞阶段；③ 调整阶段。
- 组织公民行为是在组织正式的薪酬体系中尚未得到明确的或直接的确认，但就整体而言有益于组织整体运转成效的行为总和。
- 中国文化背景下组织公民行为可划分为十个维度：① 对组织的认同；② 对同事的利他行为；③ 责任意识；④ 人际和谐；⑤ 维护组织资源；⑥ 自我教育；⑦ 通过自学增加自身的知识和技能；⑧ 参加社会公益活动；⑨ 保持环境卫生；⑩ 表达意见。
- 影响组织公民行为的因素主要包括个体特征、家庭环境、工作特征、组织特征和领导特征。

思考练习题

一、选择题

1. 组织精神、组织哲学属于（   ）。
   A. 表层文化   B. 中层文化   C. 深层文化   D. 核心文化
2. 通常有"堡垒型"组织文化的组织有（   ）。
   A. 房地产   B. 广播电视公司   C. 百货公司   D. 保险公司

3．属于组织公民行为的同心圆状模型的社会层面的是（　　　）。

  A．提升公司形象   B．保护和节约公司资源

  C．维护人际和谐   D．自觉学习

二、简答题

1．组织文化包含哪些要素？

2．什么是组织社会化过程？它包括哪几个阶段？

3．什么是组织公民行为？它有何作用？

三、学以致用

  请使用本章心理测试（组织文化调查表）对你所在高校的组织文化进行调查。然后从你所在高校的组织文化中找到能够帮助你实现组织目标的元素，并找到妨碍组织实现目标的文化元素。然后与你的同学讨论克服这些障碍的办法，向所在高校提出意见和建议，以完善你所在高校的组织文化。

组织文化调查表

  这份问卷可以帮助你辨识你的组织文化——你所在组织（单位/学校）中的做事方式和现有心态。它的基础是"文化网络"：凝聚组织的六类成分（莎拉·库克，2004）。

  请独自完成这份调查表，再和组织中其他人的回答进行比较。

  然后在你的文化中能够帮助你实现组织目标的元素上打钩，在妨碍组织实现目标的文化元素上打叉。

  最后和你的同事或同学讨论克服这些障碍的办法，以改进你的组织文化。

成分一：仪式

  仪式是不断重复的活动和行为，以至于它们成为共同的习惯。你的组织内部的仪式有哪些？举例说明，完成表10-3。

表10-3　仪式示例

仪　　式	是帮助，还是障碍	变　革　行　动

成分二：传说

  在你的组织中有什么故事是传奇性的？例如，关于过去有什么说法？哪些人被谈起？在你的组织中谁是英雄？有哪些成功或失败的故事？完成表10-4。

表 10-4　传说示例

传　说	是帮助，还是障碍	变 革 行 动

成分三：庆典

什么仪式是公开举行的？庆祝什么？有什么奖励是针对整个组织的？完成表 10-5。

表 10-5　庆典示例

庆　典	是帮助，还是障碍	变 革 行 动

成分四：标识

看看你组织中的标识，如饭堂、舞厅、设备、工作/学习场所、停车场、名称。举例说明，完成表 10-6。

表 10-6　标识示例

标　识	是帮助，还是障碍	变 革 行 动

成分五：权力

谁在你的组织中掌权？哪些是正式的和非正式的？你怎样才有资格掌权？在组织中权力的透明度如何？谁从权力中获利？完成表 10-7。

表 10-7　权力示例

权　力	是帮助，还是障碍	变 革 行 动

成分六：系统

描述你的组织系统。例如，什么是组织中的交流系统？哪些是正式的以及非正式的？什么系统用于满足顾客或学生的需求？完成表 10-8。

表 10-8　系统示例

系　　统	是帮助，还是障碍	变　革　行　动

 管理游戏

巨人脚步

目的：使学生明白团队或组织的口号越简单越好

形式：集体参与

时间：10 分钟

道具：无

场地：不限

游戏程序：

1. 所有的学生分成若干组。

2. 各个小组设计自己的行动口号，一起行走并大声呼喊自己的口号。

3. 选择观察员对各小组的统一性、一致性程度进行评分。

4. 分享为什么某小组会获得第一名。

 案例分析

阿里巴巴的员工集体婚礼

2014 年 5 月 9 日，就在阿里巴巴在美国提交备受期待的 IPO 申请后的第三天，阿里巴巴在杭州举办了一场员工集体婚礼，马云在婚礼上发表了致辞。102 对新人呼应马云提出的阿里巴巴发展 102 年的目标。马云身穿红毛衣，一身休闲打扮，牵着童男童女踏过红地毯，并向新人们敬酒称贺。

像这样的联谊活动只是阿里巴巴企业文化的一小部分，正如阿里巴巴在申请文件中所述，这种文化对该公司的成功至关重要。阿里巴巴也从最初只有 18 个成员的团队滚雪球般扩张至如今拥有 24 000 名员工的企业巨头。一些早年初创时期的文化要素一直保留至今。

首要一点就是公开透明。所有的阿里巴巴员工，不管职位高低，都可以在公司内部交流平台"阿里味儿"（Aliway）上对问题产品反复挑刺，产品开发团队则可以在上面自我辩护。员工一天花数小时在这些讨论上也是常有的事。通常，一些尖锐的批评意见会刷出数百页，最初用户体验不尽如人意的"支付宝钱包"发布时就是如此。员工也可以在"阿里味儿"上通过征求大家的想法，就自己感到不满的绩效考评结果提出意见。管理人员比普通员工更多地诉诸这一手段。报复行为被明令禁止，但参与者可以通过虚拟积分对评论者予以奖励或惩罚——马云自己也常因发表不受待见的言论而被减"芝麻"（一种虚拟积分的名字）。

除了公司内部对批评意见采取开放态度外，该公司也实行一种扁平的层级结构。阿里巴巴员工新入职时要做的事情中，就包括为自己取个花名。就连金字塔顶端的人也被以花名称呼，以弱化高低等级。张勇的花名是"逍遥子"，人称"老道"；马云的花名是"风清扬"，只是好像用得不太多。早年这些花名全都取自中国武侠小说，但随着员工规模的扩大，武侠小说里的名字很快就不够用了。

阿里企业文化的第三大特征就是一种团结一致的家庭氛围。集体婚礼就是一例。阿里巴巴细心地为员工提供一种家庭般的支持。2011年10月，该公司创建"iHome"置业贷款基金，允许员工为买房首付申请免息贷款。截至2014年4月，共计3 852名雇员获得了1.5亿美元的贷款。拖欠贷款现象并不是没有，但阿里巴巴表现得颇为宽大：只规定"对离职90天后仍未偿还贷款的员工，阿里巴巴有权决定不再予以雇用。"

（案例来源：从员工集体婚礼管窥阿里巴巴企业文化[EB/OL]. [2014-05-16]. http://www.360doc.com/content/14/0516/11/535749_378190776.shtml.）

问题讨论：

1. 结合案例，归纳出阿里巴巴的企业文化内容，并简要阐述阿里巴巴企业文化的作用。
2. 假如你是一家企业的员工，怎样的企业文化会吸引你？

 录像教学：

海尔砸冰箱——质量意识

1985年，青岛电冰箱总厂生产的瑞雪牌电冰箱（海尔的前身），在一次质量检查时，库存不多的电冰箱中有76台不合格，按照当时的销售行情，这些电冰箱稍加维修便可出售。但是，厂长张瑞敏当即决定，在全厂职工的面前，将76台电冰箱全部砸毁。当时一台冰箱800多元钱，而职工每月平均工资只有40元，一台冰箱几乎等于一个工人两年的工资。当时职工们纷纷建议：便宜卖给工人。

张瑞敏对员工说："如果便宜卖给你们，就等于告诉大家可以生产这种具有缺陷的冰箱。今天是76台，明天就可能是760台、7 600台……因此，必须解决这个问题。"

于是，张瑞敏决定砸毁这76台冰箱，而且是由责任者自己砸毁。很多职工在砸毁冰箱时都流下了眼泪，平时浪费了多少产品，没有人去心痛；但亲手砸毁冰箱时，感受到这是一笔很大的损失，痛心疾首。张瑞敏通过这种非常有震撼力的场面，改变了职工对质量标准的看法。

观看录像后，讨论如下问题：

1．冰箱该不该砸?
2．如果你是被砸冰箱的责任人，你亲手砸了这个冰箱，会有何感受?
3．不管计件还是计时的工作，员工对产品和服务质量应该承担责任吗?
4．为什么一些企业的产品品质的控制、监管跟不上客人的要求?
5．海尔砸冰箱事件对你有何启示?

 本章参考文献

[1] 莎拉·库克. 培训的100件工具——培训师、管理者的问卷与评估表[M]. 吴咏蓓，等，译. 上海：上海交通大学出版社，2004.

[2] FARH J L, EARLEY P C, LIN S C. Impetus for action: a cultural analysis of justice and organizational citizenship behavior in chinese society[J]. Administrative science quarterly, 1997, 42(3): 421-444.

[3] ORGAN D W. Organizational citizenship behavior: the good soldier syndrome[M]. Lexington, Mass: Lexington Books, 1988.

[4] PODSAKOFF P M, AHEARNE M, MACKENZIE S B. Organizational citizenship behavior and the quantity and quality of work group performance[J]. Journal of applied psychology, 1997(82): 262-270.

[5] 彼得·圣吉. 第五项修炼[M]. 郭进隆，译. 上海：上海三联书店，2002.

[6] 北京仁达方略管理咨询有限公司. 建设企业制度文化[J]. 企业文明，2009（04）：32-36.

[7] 鲍茹萍. 阿里巴巴的企业文化研究[J]. 纳税，2017（02）：108-113.

[8] 查玮. 企业制度文化的逻辑体系[J]. 企业改革与管理，2012（03）：43-45.

[9] 管一新. 联想创新型企业文化[J]. 企业改革与管理，2005（2）：49-50.

[10] 胡君辰. 管理心理学[M]. 上海：东方出版中心，1997.

[11] 刘亚洲. 餐巾纸上的伟大公司[J]. 东方企业文化，2012（1）：49-50.

[12] 罗明亮. 组织公民行为研究理论与实证[M]. 北京：经济管理出版社，2007.

[13] 彭烨. 企业家在企业文化中的角色[J]. 化工管理，2004（5）：35.

[14] 孙友罡. 存在与悖论——华为企业文化冷思考[J]. 企业管理，2005（06）：16-21.

[15] 小淇. IBM的绩效管理[J]. 中国质量技术监督，2009（10）：74-75.

[16] 尹生. 柳传志就是联想文化[J]. CO.公司，2004（4）：41-45.

[17] 至秦. iPhone的魅力[J]. 信息化建设，2011（9）：49.

[18] 智百. 宜家是一种家居文化[J]. 企业文化，2010（11）：35-38.

第十一章
组织变革与发展

 学习目标

➤ 掌握组织变革和组织发展的概念
➤ 了解组织变革过程的勒温模式和科特模式
➤ 掌握组织变革的力场分析法
➤ 了解组织变革的方式
➤ 掌握组织发展干预技术

引例

永辉超市的合伙人制

近几年来，激烈的市场竞争让零售企业更多地关注于如何获取外部客户，既包括维系老顾客，又包括吸引新客户。但是过度的竞争却让企业忘了它的"内部客户"，也就是员工。尽管内部客户给企业带来的是"间接受益"，但他们对消费者的购买、购买行为有着很大的影响。如果非要按照数据来折算的话，那么内部员工的意义是，他们到底是让 80%的客户能多买一点，还是让 80%的客户少买一点。为此，永辉超市结合企业实际，探讨实行：一线员工合伙和专业买手股权激励。

1. 一线员工合伙

永辉合伙人制度的精髓：总部与经营单位（合伙人代表）根据历史数据和销售预测制定一个业绩标准，如果实际经营业绩超过了设立标准，增量部分的利润按照比例在总部和合伙人之间进行分配。永辉一般是以门店或柜组为经营单位的，它们代表基层员工参与合伙人计划，与总部讨论至关重要的业绩标准与考核，超过业绩标准的增量部分利润会被拿出来按照合伙人的相关制度进行分红：或三七，或四六，或二八。店长拿到分红之后就会根据其门店岗位的贡献度进行二次分配，最终使得分红机制照顾到每一位基层员工。

在合伙制下，企业的放权不止这些，对于部门、柜台、品类等人员招聘、解雇都是由员工组的所有成员决定的。这一切都将永辉的一线员工绑在了一起，大家是一个团体，而不是一个个单独的个体，极大地降低了企业的管理成本，员工的流失率也显著降低。

2. 专业买手股权激励

在一线员工中，企业还有一些具有专才的重要一线员工，对于永辉来说，其中最重要的是和生鲜相关的这部分。在合伙制基础上，永辉对这些专才买手们进行了更大的利益分享——股权激励。买手就是永辉超市在供应链底端的代理人，对于买手来说，经过多年的探索，他们对于当地的菜品非常熟悉。

由于买手们熟悉村镇的情况，对菜品的各种特征了如指掌，他们的工作非常容易开展，但这也容易导致买手们被其他企业所觊觎、以更高的薪水挖走。因此，永辉面临的最重要的问题就是保证买手团队的稳定性。对于买手团队，永辉做的不仅仅是建立合伙人制度，还应将合伙人制度推上一个新台阶，通过合伙人制，向买手们发放股权激励，借此将他们稳固在企业的周围，这也是一种"更高级的合伙制"。

（案例来源：因"店"制宜的永辉合伙制 买手实行股权激励[EB/OL]. [2016-01-29]. http://www.fjycw.com/news/20160129499890.shtml.）

引例说明为了应对激烈的市场竞争，留住优秀人才，企业必须进行组织结构等方面的变革。现代市场经济中越来越多的诸如持续改进、企业再造战略联盟，一直到虚拟制造、外包策略、缩小规模，甚至于裁员并购、兼并重组等，无不牵涉各种各样、程度不一的组织变革。是创新变革，还是慢性死亡？这是 21 世纪全球企业家共同面临的选择。面对纷繁复杂、变幻莫测、竞争激烈的新世纪，企业唯一的生存法则就是创新与变革。

第一节　组织变革概述

组织只有在变革中才能求得生存和发展。组织变革需要有具体的目标，在一定的组织变革理论和模型指导下，以达到预期的目标。

一、组织变革的概念

组织变革（Organizational Change，OC）是组织为了提高效率，改变现有状态并朝预期状态不断前进而进行的一系列活动（珍妮弗·M. 乔治，加雷思·R. 琼斯，2010）。组织原有的稳定和平衡不能适应形势变化的要求了，就要通过变革来打破它们，目的是建立适应新形势的新的稳定和平衡。狭义的组织变革是指组织根据外部环境的变化和内部情况的变化及时改变自己内在的正式结构，以适应客观发展的需要。广义的组织变革还包括行为变革和技术变革。

二、组织变革的目标

组织变革始于确定一个符合 SMART 原则的组织变革目标。SMART 意指 Specific（详细具体）、Measurable（可以衡量）、Achievable（可以实现）、Relevant（与变革行为密切相关）、Time-limited（期望时间内能实现）。

在互联网时代，先进的技术正在改造传统的商业模式，更多新型的商业模式正在涌现。组织在新的环境下面临诸多不适应，迫切需要进行组织模式变革。组织变革主要是围绕以下五个目标进行。

1. 高效率

效率始终是组织运行的重要目标。在变革的关键时期，企业对外部顾客、客户、市场的变化敏感、快速的反应尤为重要。企业组织必须始终保持高度的敏感度，特别是在本身面对诸多问题的环境下，更要首先打造好内部组织的运行，以高效的内部组织运转面对外部市场。

2. 低成本

组织成本问题往往是隐形的、难以计量的，需要综合反映组织运行问题。企业管理者必须高度重视组织运行的成本问题，这需要管理者的视角高度、系统把控、统筹把握。需要结合企业实际，把握住问题的关键点，以有效的关键点掌控、突破组织运行问题。

3. 无边界

在互联网环境下，企业面对丰富的线上资源、外部资源，必须要走出局限于企业内部、传统渠道寻找资源的模式。互联网正在创造的生态模式、共享模式、整合模式、平台模式和 SAAS 模式等正在颠覆许多传统的商业模式。新的互联网商业模式，其思维的基点就是无边界，打破传统企业的自我封闭的概念。在新的环境下，企业必须审慎考虑企业模式的重构问题。

4. 倒三角

传统的中心化、科层制的管理模式，造成企业的官僚体制、官本位体制。这与当前时期企业特别需要具备的快速反应机制和新生代员工理念严重背离，企业要尽快打破以上级为中心的科层制、中心化的管理模式，建立以顾客为中心、以客户为中心、以市场为中心、以员工为中心的"倒三角"组织模式。管理者的工作重心是激发下层组织的活力和创造力。

5. 网状化

网状化组织是当前企业组织变革的重要趋向。网状化组织是一种超横向一体化的组织，是扁平式组织的进一步深化，它把扁平式组织的上层完全去掉，取而代之的是虚拟总部，柔性的、灵活的虚拟组织应运而生。网状化组织有利于企业内部分工合作，也有利于借用外力和整合外部资源。海尔企业耗费多年才完成传统企业向互联网企业组织转变。变传统的自我封闭到开放的互联网节点，颠覆科层制为网状化组织（鲍跃忠，2017）。

三、组织变革理论

组织变革理论的形成有其社会背景。第二次世界大战后，特别是近三十年来，人类社会的组织面临着国际上政治、经济、社会、文化等方面的巨大变化。就企业组织而言，其面临的具体变化：① 知识经济特征日益突出；② 信息技术迅速发展；③ 经济全球化趋势不断加强；④ 市场环境发生深刻变化（朱传杰，2014）。由于上述这些剧烈的形势变化，就要求企业组织的经营管理工作和组织结构必须适时地进行变革和创新。因此，关于组织变革的理论也应运而生。

（一）系统理论

系统理论是将人类的社会组织看作一个开放、有机和动态的系统，企业组织是社会的子系统。它要从社会中输入其所需的原材料、资金、能源、劳动力和信息等资源，又要有产品或服务输出。在输入和输出之间，要经过生产、技术、组织结构以及认识等各分系统的转换过程。组织变革的指导思想是，对这些系统中的任何一个分系统的改变，都会影响其他有关分系统甚至整个系统的改变，而改变原动力往往要追溯至人的行为和人际关系。所以，系统理论认为，典型的组织变革计划是通过改变职工的态度、价值观念和信息交流，以使他们自己认识到推行组织变革的必要并参与实现组织的变革。

企业组织作为一个系统，一般来说，它由三个子系统所组成，即技术系统、管理和行政系统以及文化系统。这三个子系统相互作用，制约着人的行为和相互之间的关系，影响企业组织经营活动的最终成果。

（二）权变理论

权变理论认为，在组织管理中没有一成不变、普遍适用的最好的管理理论和方法。管理关系和行为应以环境情况作为中介变量。作为一个企业组织来说，要充分发挥管理的有效性，就要不断地分析组织的特殊情况，包括组织内人的心理情境的变化等，要有的放矢地使管理与具体的情境相适应，即不断进行组织变革。

（三）行为理论

行为理论认为，企业组织中的人的行为是组织和个人行为相互作用的结果。企业组织能够影响和控制人们的行为，同时，不同的组织结构可以产生不同的行为风格和价值取向。与此同时，还要改变管理人员的认知方式，以及他们考虑和解决组织问题的方法。

（四）组织再构造理论

组织再构造理论认为，市场的需求是企业组织行为的准则和目的，技术的高速发展使企业组织有可能最大限度地满足顾客的需求成为可能，技术的发展和变化会影响企业组织的各个方面，其中包括重新建立企业的组织结构。近几十年来，随着高新技术的大量涌现，进一步促进管理思想向系统化方向发展，管理体制向"集团制"方向发展，同时迫使企业的组织结构必须做相应的变革。在 21 世纪，一些工厂的组织结构已呈现多维的、网络式的特点，即一些小型的中心组织将依据顾客的合同，依靠其他公司和供货商进行生产、分配、营销或其他重要的流程式的经营活动。这种变革将是根本性的。这些新式的组织结构将牵涉在管理责任、方法、信息交往和传递等方面的根本改变，而不只是对现有的组织结构安排的微调。

四、组织变革的诊断

组织在什么时候才开始进行组织变革，田成杰（2011）认为，当组织具有以下特征时，就必须进行变革。

（1）管理层级的增加。

（2）经常谈论"跨部门工作"。

（3）过多的人参加过多的会议。

（4）人浮于事。

（5）协调者及助理存在的必要性。

（6）太多"蜻蜓点水"式的工作。

准确地诊断组织问题是组织变革的基础。在组织变革之前应该进行有效的组织诊断。组织诊断的内容主要包括以下几个方面。

（1）确定应变革的问题。

（2）确定进行变革的准备状态、实施能力，估计组织内人们对变革的态度、激励的程度，以及进行变革所具备的资源。

（3）鉴定变革专业人员的能力。

（4）确定过渡性的变革策略和目标。

组织问题诊断可以通过问卷、访谈或者实地观察，以及从组织各类记录中收集。上述信息收集方法往往被联合使用，信息收集过程的特点在于它增加了对组织变革需求的了解。

五、组织变革过程的模式

要有计划地实行组织变革，必须按照科学的变革程序办事。国外许多学者对组织变革过程提出了不同的模式，其中包括勒温模式、科特模式、沙因模式、唐纳利模式、罗斯维尔模式、梅耶模式、高丝模式和休哈特模式（王崴等，2010）。这里介绍勒温模式（黄培伦，2016）和科特模式（Kotter，1996）。

（一）组织变革过程的勒温模式

心理学家勒温（Lewin，1890—1947）是有计划变革理论的创始人。他特别重视组织变革过程中的人的心理机制，"解冻—移动—再冻"就是他针对组织成员的心理态度和行为而提出的变革三步骤。勒温认为，组织变革由以下三个阶段组成。

第一阶段：解冻——创造变革的动力。

创造变革的动力是一个包括三种特定机制的复杂过程，这三种机制都必须发挥作用，使组织的成员受到激励，从而否定目前的行为或态度。

机制1：必须明确否定目前的行为或态度或者在一段时间内不再强化或稳定。

机制2：这种否定必须建立足够的、能产生变革的迫切感。

机制3：通过减少变革过程中的障碍，或通过减少对失败的恐惧感来创造心理上的安全感。

这一阶段特别要注意收集有关令人不满的现状资料，与其他组织做比较，请外部专家来证明变革的必要性。这一步骤的主要目的在于减少保持组织行为与现状的力量。有时，通过引入信息以显示员工期望的行为和当前显现的行为之间的差异，解冻得以完成。

第二阶段：移动，又称变革——指明改变的方向，实施变革，使成员形成新的态度和行为。

第二阶段通过以下两种机制形成。

机制 1：对角色模型的认同。即学习一种新的观点，或确立一种新的态度的最有效的方法，就是观看其他人是如何做的，并以这些人作为自己形成新态度或新行为的榜样。

机制 2：从客观实际出发，对多种信息加以选择，并在复杂的环境中筛选出有关自己特殊问题的信息。

这一阶段要特别注意事先向成员提供的有关变革的情报资料，鼓励成员参与变革计划的拟订，提供对变革问题的咨询，与成员协商谈判变革所引起问题的解决办法。这一步将组织行为提到新的水平。它包括通过组织结构和过程的变革来发展新的行为、价值观和态度。

第三阶段：再冻——稳定变革。

当改革措施顺利进行后，还要采取种种手段不断强化新的心态、行为规范和行为方式，使之巩固并持久化。这个阶段要通过以下两个机制来完成。

机制 1：让成员有机会来检验新的态度和行为是否符合自己的具体情况。成员一开始对角色模型的认同可能很小，应当用鼓励的办法使之持久。

机制 2：让成员有机会检验与他有重要关系的其他人是否接受和肯定新的态度。群体成员彼此强化新的态度和行为，个人的新态度和新行为可以保持更久些。

这一阶段特别要注意系统地收集变革获得成功的客观证据，并把这些信息及时提供给变革的参与者，注意使参与变革的成员在物质需求和社会需求上得到利益。这将使组织行为在新的平衡中稳定下来。

（二）组织变革过程的科特模式

科特（1996）从领导的角度出发，提出了组织变革的八步骤模型。他认为，组织变革由以下八个步骤组成：① 建立危机意识；② 组建强有力的领导团队；③ 创建愿景；④ 与成员就愿景进行广泛沟通；⑤ 授权他人按愿景行事；⑥ 规划短期目标并创造短期成果；⑦ 巩固成果并深化变革；⑧ 新方法制度化。

该模型重点强调高层领导者对于组织变革的推动作用。他认为领导者在组织变革中应通过制定愿景作为组织变革的蓝图，有效增强组织成员对变革的接受度和认同感，从而提高变革的成功率。事实上，这八个步骤可以分为三个阶段：第①、②步是解冻的过程，第③～⑥步是变革的具体实施过程，第⑦、⑧步是再冻的过程。因此，可以将其看作勒温的组织变革三步骤的具体化和延伸。

在中国国有企业的成功组织变革过程中，领导者的特质与行为呈现出了与西方不同的特色。在解冻阶段，领导者不仅需要具有危机意识，对政治敏感，还要善于学习、开明进取；在变革阶段，领导者要具有设立目标、促进愿景共享的能力，决策过程中要奉行"先民主后集中"的民主集中制；在再冻阶段，领导者需要具有不满足现状、精益求精的精神，还要能够将企业最高领导者的终极价值观转化为企业的管理模式，落实到企业文化理念中（王崴等，2010）。

六、组织变革方式

采取什么样的方式进行组织变革，这是有计划变革过程所要注意解决的基本问题。

下面介绍格雷纳模式和莱维特模式，前者着眼于变革的过程，后者着眼于变革的对象。

（一）格雷纳模式

格雷纳（Creiner）依据组织内"权力分配丛集"来区分变革的方式，分为单方的权力、分享的权力和授权的权力。

1. 单方的权力

单方的权力是指组织的领导者依靠职位的权力和权威，单方面提出变革。其中包括如下三种不同的方式。

（1）凭借命令：由上级单方面宣布变革，传达至基层组织和职工。

（2）更换人员：在与下级无磋商的情况下，以其他人代替一个或更多职位上的人员，借以增进组织绩效。

（3）调整结构：通过改变组织的层级、部门等正式结构，来影响组织成员的行为和绩效。

2. 分享的权力

分享的权力是指在组织变革阶段，仍然注重职权和地位运用，并注意行使权力的主动与分享。主要有如下两种变革方式。

（1）群体决策：组织成员参与选择预先由上级所拟订的多种变革方案。

（2）群体解决问题：经由群体讨论的方法来确定组织存在的问题并提出解决问题的方法。

3. 授权的权力

授权的权力是指在变革阶段将变革的权力移交给下级主持变革。主要有如下两种方式。

（1）案例讨论：鼓励成员对变革案例提出自己的看法与分析，并研究可取的变革方案。

（2）敏感性训练：强调人际关系的相互了解，提高成员个体的自觉性，从而达到增进组织绩效的目的。

（二）莱维特模式

莱维特认为，组织是一个多变量的系统，其中任何一个变量发生变化，其他变量也将发生变化。在有计划地组织变革过程中，相互之间起显著作用的四个变量为：结构、任务、技术、人员，它们是相互依赖的。组织变革可以通过改变其中任意或改变几个综合变量来进行。在莱维特构想的基础上，一般将组织变革归纳为如下三种方式。

1. 以组织结构为重点的变革方式

结构的改变，也就是对组织成员及领导者所担负的责任和相互关系进行调整，包括划分和合并新的部门、协调各部门工作、调整管理幅度和管理层次、重新制定工作绩效的标准、订立新的规章制度等。组织结构的变革是完成组织变革任务的一种最直接和最基本的方式，一般见效快，可使组织发生根本改变。

2. 以工作任务和技术为重点的变革方式

主要是对组织部门、层次、工作任务进行重新组合，改变原有的工作流程；更新完成工作和任务的技术工具，改变解决问题的机制和研究解决问题的方法，以及采用这种新方法的程序。这种变革方式主要包括工作扩大化、工作丰富化和自治群体。

3. 以人为重点的变革方式

通常包括人员更新、改变激励的机制、素质的更新等内容。

结合变革的权力方式，理查德·L. 达夫特（R. L. Daft，2008）认为，在组织变革过程中，应该认识到组织变革有两种不同的类型：第一种是管理变革，主要属于组织自身的结构变革，包括组织结构重组、管理控制系统、小型化等，它涉及管理环境中的各种资源组合、人力资源管理、竞争战略等方面，管理变革主要采用自上而下的方式，以适应组织外部环境的变化。第二种是技术变革，主要内容为从原材料向组织产品或服务的转化，涉及管理环境中的顾客关系管理和技术部分，技术变革主要采用授予员工较大自主权进行自下而上的方式。

针对管理变革和技术变革的研究表明，机械式组织结构比较适合于经常性的管理变革，而有机式的组织结构则比较适合于技术变革。组织变革的二元核心模式如表 11-1 所示。

表 11-1　组织变革的二元核心模式

变革内容	管理变革	技术变革
变革的权力方式	自上而下	自下而上
变革的主要内容	组织战略、小型化等	生产技术、工作流程、新产品开发
最佳组织结构	机械式	有机式

第二节　组织变革的力场分析

通过勒温的力场分析法，能够有效地分析变革的动力和阻力，找出变革的突破口。通过增加变革的动力，减少个人和组织在变革中的阻力，尽量促使组织变革的成功。

一、勒温的力场分析法

力场分析法是由勒温创造的考察变革过程的一种方法，这种方法已经证明对注重行动的管理人员非常有用，主要用以分析变革的动力和阻力，找出变革的突破口。

勒温的基本观点：改革不是一种静止的状态，而是相反方向作用的各种力量的一种能动的均衡状态。对于一项变革，企业中存在着两种力量：一种是动力，即有利于变革实现的力量，它能引发一种变化，或使变化持续下去；另一种是阻力，它扼制了变革的发生或继续进行。当这两种力量对等时，就会达到平衡。

当变革遇到阻力时，如果用强硬的态度压制，可能会一时平息，但阻力因素会积聚力量，卷土重来。力场分析法就是列出变革的动力、阻力因素，按其程序排列，然后采取相应策略，或增加动力，或减少阻力，使变革顺利进行。

在实践中，一般采用减少阻力的策略，因为增加动力会增加紧张，再者，当引发变革的动力消失时，相应的变革也会失去，又恢复到解冻状态。因此，推动变革的最好办法是保持动力、减少阻力，当动力无法维持时，紧张会消除，但不会引起任何变化。

力场分析法的程序如下。

（1）寻找问题。

（2）分析问题，列出动力及阻力因素，并按强弱程度排列。同时注意，变革的动力、阻力数目不必相等，因两者的影响力不一定相同，有时一项阻力能抵消几项动力。

（3）制定变革策略，对其中两至三项阻力因素，找出减少阻力的办法。

例证 11-1

女工戴防护眼镜

第二次世界大战期间，勒温遇到这样一件事：某工厂要求全体女工戴防护眼镜，以保护眼睛，认为员工应与公司合作，按照规定办事，但是遭到了抵制。他经过调查研究，分析了两个方面的因素：驱动力和遏制力。勒温认为，为了提高生产力，推进某项改革，可通过如下三个途径来实现：① 提高驱动力；② 降低遏制力；③ 同时提高驱动力和降低遏制力。

于是，勒温逐个分析了反对因素，并采取了以下措施：① 对第一个反对因素（嫌戴上眼镜太重），经过了解只要花 5 美分，就能调换一种比较轻又舒适的镜架，企业领导同意这笔开支，于是问题解决了；② 对第二个反对因素（戴了不美观），他让每个女工自己设计美观合适的眼镜式样，并开展了竞赛，引起了大家的兴趣，有了新的式样，问题也解决了；③ 至于第三个反对因素（这类事应由自己决定），则随着①、②问题的解决，也得到了解决。这样，女工对公司的规定从消极和反对变为积极的支持。

（郑称德，2008）

用力场分析法来理解变革过程有两个好处：① 管理者和员工被要求分析目前情境，当个体变得有能力诊断变革压力和阻力后，他能够更好地理解变革情境的相关方面；② 力场分析法强调能够改变和不能够改变的因素，人们考虑与他们基本不能控制的力量有关的行动，是典型的浪费时间。当个体和团队集中于他们能够部分控制的力量时，则改变情境的可能性就增加了。

当然，仔细分析情境并不能保证变革成功。例如，有控制力的人们有一种自然倾向，即增加情境中的变革压力以产生他们希望的变革。增加变革压力可能导致很快变革，但可能导致高成本，导致组织冲突。做必需的变革的最有效的方法是识别出存在的变革阻力，集中力量消除阻力或尽可能降低阻力。

二、组织变革的压力和动力

组织变革的压力和动力主要体现在以下三个方面。

（一）社会环境的变化

随着社会环境和人们心理的变化，组织外部环境对组织的要求越来越高，也越来越严格。20 世纪 70 年代以来，西方发达国家产生了环境污染问题，随后社会对企业的作用重新进行了认识。人们对企业的认识已经从提供工业产品满足社会需要的角度转移到企业的经营活动还要符合社会效益的要求。于是企业的功能必须重新设计，社会责任已经成为每一个组织管理者必须考虑的首要问题，而经济效益成为次要问题。

1. 顾客需求的不断变化

随着科学技术的进步、社会生活水平的提高，消费者和顾客的需求水平、需求结构、价值观与生活方式、审美观等都发生了一系列的变化。工业 4.0 时代，人与人、人与厂商可以实现低成本无缝连接，从而让消费者的个性需求被放大，消费者越来越偏好个性化的商品。但个性化的商品通常是多品种、少数量，这就需要制造企业迅速实现小批量生产。因此生产制造企业必须应对这种顾客需求变化及时进行调整和变革。这样才能在激烈的市场竞争中占据主动和有利地位。

2. 科学技术的不断进步

随着现代科学技术的不断进步，机械化、自动化和智能化对组织管理产生了广泛的影响，对组织结构、体制、群体管理和社会心理系统等提出了变革要求，因此成为组织变革的推动力。机械化、自动化、人工智能以及物联网将重新构建劳动生态系统，原本灵活、分散、即时的劳动力可以适应快速的业务再造。组织和人才将采取自动化流程应对技术的瞬息万变和更新换代，从而在不确定的环境下达到长期目标和灵活性之间的平衡（肖儒风，2016）。同时，机械化、自动化和人工智能能够替代中层管理者承担常规性工作，中级管理层人员削减已然是未来企业组织变革的趋势之一。

信息技术对个体、团队和组织有着极其深刻的影响（俞文钊，2015）。信息技术对组织的影响包括如下五个方面：① 几乎改变了公司的所有方面，包括结构、产品、市场和过程；② 增加了无形资产的价值，如知识、能力和培训；③ 使公司民主化，因为员工获得了更多信息，能够和公司里的每个人交谈；④ 增加了工作柔性，允许更多人在家里工作、在路上工作，或适合他们的任何时间工作；⑤ 允许公司将其全球运作融为一体，在世界范围内每天 24 小时工作。

3. 新的管理理论、方法和技术大量涌现

第二次世界大战以后，由于科学技术的进步以及军事技术的扩散，同时大量的军事技术人才开始由军队进入民用事业领域，这一切都给世界经济发展带来了新的活力。特别是 20 世纪 60 年代以后，新的管理理论、方法和技术不断涌现，这些新的管理理论、方法和技术的引入使企业组织发生了变革。这些管理理论、方法和技术包括现代运作管理技术、学习型组织、人力资源绩效管理、物流技术和员工援助计划等。

4. 经济下行压力

我国经济当前面临着前所未有的严峻形势。从经济总体看，GDP 增速进一步下滑，2019 年三季度单季增速放缓至 6.0%，低于 2018 年三季度同比增速 0.5 个百分点，也是自 2018 年一季度以来连续 6 个季度处于下行通道。分领域看，无论是从投资、消费、进出口数据来观察，还是从企业盈利、创业、就业等数据来分析，经济已经进入下行通道。

虽然 2019 年的 GDP 增速为 6.1%，GDP 总值为 990 865 亿元，但 2020 年年初我国受"新型冠状病毒肺炎"疫情影响，年初经济损失惨重，2020 年的 GDP 增速是否还能够保持 6.1%，这还是个未知数。旅游、餐饮、航空等行业受到的直接影响和损失巨大，不少企业都在寻思着如何渡过难关，活下去。

（二）工作生活质量的变化

工作生活质量是组织成员通过他们在组织的工作经历来满足人们需求的程度，并且对工作组织而言是一个过程，它使得组织内各级别的员工能够主动地、积极地参与组织环境的营造、组织模式的塑造，以及组织成果的创造。这个过程有两个目标：改善员工的工作生活质量；提高员工的绩效水平，进而提升组织效率（马丽，姚垚，2016）。组织最高管理阶层、组织工作成员，甚至政府有关管理部门开始重视提高工作生活质量，同时更进一步地提出了如何进行组织变革的规划设计。随着社会经济的发展和进步，工作岗位上的工作生活质量在不断地提高和改善。随着新生代员工队伍的不断发展和壮大，这一群体已经进入就业高峰期，并日渐成为企业的主力军和社会财富的主要创造者。他们生活在信息丰富和网络发达的环境中，善于接受新鲜事物和新的观念，追求更高的工作生活质量。

（三）劳动力素质的变化和提高

20 世纪 80 年代以来，我国劳动力和劳动力素质发生了巨大变化，其中最主要的有以下方面。

（1）1985—2017 年间，全国劳动力人口的平均受教育程度从 6.2 年上升到了 10.2 年，其中城镇从 8.2 年上升到了 11.1 年，乡村从 5.6 年上升到了 9.0 年。同期，全国劳动力人口中大专及以上受教育程度人口占比从 1.3% 上升到了 17.6%，其中城镇从 4.7% 上升到了 26.7%，乡村从 0.2% 上升到了 5.5%（中央财经大学，2019）。

（2）21 世纪以来，由于我国劳动力素质提高，一大批外资企业和中外合资企业在中国大力兴办加工厂，给中国的税收和外汇收入贡献了不小的力量，甚至一些大型跨国企业把公司总部搬到了中国，就是因为中国的经济发展迅速、劳动力素质明显提高。

（3）改革开放后，党和政府为了提高劳动力素质，结合我国的基本国情采取了很多措施，劳动力素质有很大提高，特别是在产业化集群方面，劳动力素质贡献巨大。

随着经济全球化和产业集群化的迅猛发展，我国市场上涌现出了各种新产品、新产业，各种新型的科学技术及一些商业、贸易手段不断升级，使零售业、工商业、金融业等朝着现代化的方向迈进。

（4）随着经济改革的不断深入，出现了许多新的多样化生活方式和价值观念，人们对就业和生活的观念也不断地发生变化。劳动力不再单一地追求高薪酬，而更加注重生活和工作的平衡。劳动力在企业之间的流动性正在加大。

（5）中国加入 WTO 以后，国内的人才政策和发展环境吸引越来越多的外籍人士来中国工作，因此员工队伍的多元化导致管理思想和方式的多元化。同时，由劳动力素质提高而增加的外汇收入额吸引过来的外资达到了历史的高峰。

三、组织变革的阻力

现代管理者的主要问题是如何适应不断变化的环境对管理带来的影响。成功管理者的成功之处就在于能够不断探索出既能适应外部环境的变化，又能在一定程度上预测和积极地影响外部环境的组织结构。虽然组织变革已经具备了一定的动力，但并不是说组织就可以顺利地进行变革了。很多组织在变革中遇到了阻力，这些阻力主要包括组织内个体对变革的阻力和组织对变革的阻力两个方面。

（一）组织内个体对变革的阻力

组织内个体对变革的阻力如图 11-1 所示。

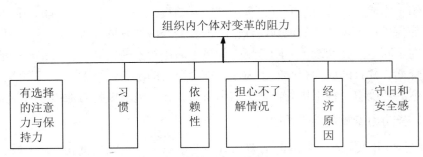

图 11-1　组织内个体对变革的阻力

（二）组织对变革的阻力

任何组织一旦形成或组成，就不再愿意进行任何变革和创新。这是因为：① 生产正规化的企业，其生产分工往往很细，而且配合紧密，如果这时进行任何变革都将会打破原有的生产秩序，所以组织可能会采用非常强烈的措施来阻碍变革；② 组织变革经常会影响很多既得利益，或者触犯组织在某一时期已经建立起来的并且为大家接受的地区性权力或决策权限。组织对变革的阻力如图 11-2 所示。

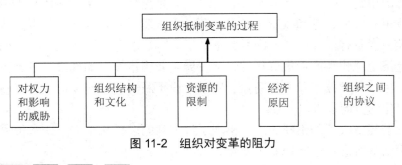

图 11-2　组织对变革的阻力

例证　11-2

惠普变革的阻力——人们的怀疑

2002 年 5 月 3 日，惠普正式宣布完成对康柏的兼并，成立"新惠普"，成为 IT 史上最大的兼并案，交易金额高达 190 亿美元。惠普在并购康柏之后，新惠普 HPQ 一直进行持续的改革——战略转型。在变革初期，惠普公司 CEO 卡莉·菲奥莉娜主导的变革不断遭遇来自华尔街投资者、市场以及惠普内部中高层管理者的不断质疑和挑战，彷徨和挫折感不断在惠普蔓延，侵蚀着惠普变革的动力。包括惠普创始人威廉·休利特和大卫·帕加德的家族成员，从一开始就对变革计划进行了严厉的批评，还一度以多种方式阻止变革，其中威廉·休利特的儿子甚至不惜重金以整版广告的方式大肆抨击与康柏的合并计划。无论是当时，还是现在，众多批评者认为，并购康柏导致惠普利润率最高的打印机及成像业务所带来的收益被进一步摊薄。卡莉·菲奥莉娜与董事会的裂痕由此被摆上了前台。终于，2005 年春天惠普公司董事会宣布，在任近六年的公司主席兼首席执行官卡莉·菲奥莉娜离职。

（马作宽，2009）

四、积极克服组织变革的阻力

克服组织变革的阻力包括以下六种主要方法。

（一）运用力场分析法，减缓组织变革的阻力

美国心理学家勒温认为，对组织变革中的阻力要采取"力场分析"，即将组织内部支持改革和反对改革的所有因素进行分类，比较其强弱，通过增强支持因素、削弱反对因素推进变革。

勒温认为，对于一项变革，组织中存在着两种力量：一种是推动力，是指有利于组织变革实现的力量，它能够引发一种变化或者使组织变革继续下去；另一种是抑制力，是指阻止或者降低变革的力量。当这两种力量相等时，就会达到平衡。

为了提高劳动生产率，或者推进某项变革，可以通过几个途径解决：增强推动力，降低抑制力，或者同时提高推动力和降低抑制力。

勒温指出，其他一些重要因素在克服变革阻力的过程中也发挥作用。研究表明成功地处理变革的方法通常包括以下成分：① 移情和支持。明白员工怎样体验变革是有用的。有助于识别出那些受变革困扰的人和理解他们存在的问题的性质。当员工感到那些管理变革对他们的问题开放时，他们更愿意提供信息。这种开放性有助于建立合作性的问题解决，帮助克服变革障碍。② 沟通。当人们对结果不能确定时，很可能抗拒变革。有效沟通能够降低流言蜚语和无根据的恐惧。充分的信息有助于员工准备好变革。③ 参与和卷入。克服变革阻力唯一的有效手段是让员工直接参与计划和实施变革。参与的员工更乐于承担义务去实施计划好的变革，比没有参与的员工更有可能保证他们工作。

（二）培育创新的组织文化

组织变革受到组织文化的强烈制约。只有切实在组织中形成勇于改革、创新的组织文化，并渗透到每个成员的内心中，才能使组织变革行为更加坚定、持久。

（三）合理安排组织变革的进程

首先，要选择变革的合适时机。在不同的时机或时间段推行变革，变革的动力和阻力可能会产生一定程度的变化。因此，要选择动力增加、阻力降低的时机进行变革。

其次，组织变革需要一定的时间来完成，适当安排变革推行的时间就非常重要。一般地，组织的管理者往往低估充分实行组织变革所需要的时间，也没有认识到组织中大部分工作是密切相关的。组织的员工之间、员工与上级之间的合作关系需要相当长的时间才能建立起来。因此，管理部门和管理者都要清楚地懂得人际关系影响组织变革的速度，否则，即使推行了变革，今后还会需要更多的时间和精力解决遗留问题。

（四）积极开展思想教育工作

组织在变革的过程中应该开展大量沟通工作，通过思想教育活动，帮助员工充分了解组织变革的动因。如果员工能够了解有关事实，组织变革的阻力将会在一定程度上消除或减弱。教育活动可以通过个别交谈、小组研讨、大会等方式实现。

（五）扩大员工参与组织变革的过程

员工对于事件参与的程度越大，就越容易承担相应的责任。个体一般很难抵制他们自己参与做出的决策，组织可以在变革决策之前，将持反对意见的人士吸收到决策过程中，这样一方面可以吸收员工的智慧，另一方面可以减少组织变革过程中的思想阻力，有利于变革的顺利进行。

（六）正确运用群体动力

运用"变革的群体动力学"，可以推动组织变革，主要是指利用群体来改变个体或者群体本身的行为，从而在群体内部形成强烈的归属感，树立群体的威望，影响群体成员的价值观、态度和工作行为，使得群体成员理解组织信息沟通的重要性。具体办法包括：① 加强群体凝聚力；② 增强组织归属感；③ 借助个人的威信；④ 促进认知的一致性。

例证 11-3

碧桂园升级版"合伙人计划"

继 2012 年推出"成就共享"的激励计划之后，为加速冲刺业绩的碧桂园又推出了名为"同心共享"的升级版合伙人计划。从 2014 年 10 月起，碧桂园所有新获取的项目均采取跟投机制，即项目经过内部审批定案后，集团投资占比 85%以上，员工可跟投不高于 15%的股权比例，共同组成项目合资公司。

新版合伙人制规定，除了集团董事、副总裁、中心负责人及区域总裁、项目经理需要对项目强制跟投外，其他员工在不超过投资上限的前提下也可自愿参与项目跟投，其中区域总裁、项目经理等仅需投资自己区域的项目，占比不高于 10%，集团员工可投资所有项目，但占比不高于 5%。

在回报机制上，当项目获得正现金流后，利润就可分配，所得利润可用于投资下一个项目，也可交给集团公司有偿使用；项目有盈利时，可进行分红；但如果项目出现亏损时，参与者不可退出。值得注意的是，在项目投资期间，参与者进出自由。

"在该制度设计下，核心管理班子成了项目公司股东，可以强化买地、设计、成本控制、销售以及间接费用控制的全过程管理力度，符合现代企业管理机制，分工合作，职责清楚，衔接流畅，有利于稳定员工队伍。"碧桂园人士表示，实行该制度之后，集团总部的管理将进一步简化，会腾出更多的时间关注战略、产业升级、流程再造、信息化建设等内容。

（案例来源：欲破规模瓶颈，碧桂园推升级版"合伙人计划"[EB/OL]. 凤凰财经，2014-12-27. http://finance.ifeng.com/a/20141227/13388971_0.shtml. ）

第三节　组织发展概述

组织变革与组织发展有十分密切的关系，组织发展可以看成实现有效组织变革的手段。那么，组织发展到底是什么？有什么特征及目标？组织发展的实行流程是怎样的？本章节给予探讨。

一、组织发展的概念

组织发展（Organizational Development，OD）是组织的自我更新和开发，是组织应付外界环境变化的产物，将外界压力转化为组织内部的应变力和解决问题的能力，以改善组织效能（Rothwell，et al，2001）。狭义的组织发展是指以行为科学研究和理论为基础，有计划、有系统地促成组织成员行为的变革。广义的组织发展还包括结构变革和技术变革。

组织发展具有以下八个特征：① 变革是有计划的、长期的，包括整个组织的各阶层；② 注重群体和组织的过程，而不是在任务部分；③ 工作小组是组织发展工作的基本单元；④ 强调工作群体的协作；⑤ 采用行动研究模型；⑥ 有变革专业人员的参与；⑦ 必须得到最高层领导的支持；⑧ 目标在于开发组织解决实际问题的潜力，而不是亲自去解决或提建议。

可见，组织变革与组织发展两者在狭义上有别，在广义上相通，统称组织变革与发展（OC & OD）。本书一般采用狭义的定义，但谈到它们的共性时则采用广义定义。与组织变革和组织发展密切相关的另一个概念是组织创新（Organizational Innovation），是指运用多种技能和组织资源，创造出所在行业或市场上全新的思路、产品或服务（王重鸣，2001）。

二、组织发展的目标

贝克哈特认为，从组织发展的观点研究管理问题，主要应该考虑三个方面，即解决问题、决策和沟通。因此，他认为组织发展的具体目标包括：① 组织的发展战略应有所变化；② 改变组织中不适应要求的工作风格和方法；③ 管理者要适应新的组织功能；④ 积极解决个体与群体之间的冲突；⑤ 切实消除组织管理结构上的缺陷；⑥ 提倡目标管理，按照计划要求改善管理工作。

通过以上具体目标的实现，来达到组织发展的主要目标，使得一个组织成为有效的组织。组织发展的主要目标是：① 促使企业组织结构和组织任务相配合；② 不断解决管理中的问题；③ 提高企业组织的创新能力。

三、组织发展的特征

组织发展是提高全体员工积极性和自觉性的手段，也是提高组织效率的有效途径。组织发展有以下五个显著的基本特征（罗倩文等，2015）。

（一）组织发展包含深层次的变革，包含高度的价值导向

组织发展意味着需要深层次和长期性的组织变革。许多企业为获取新的竞争优势，计划在组织文化的层次实施新的组织变革，这就需要采用组织发展模型与方法。由于组织发展涉及人员、群体和组织文化。这里包含着明显的价值导向，特别应注重合作协调而不是冲突对抗，强调自我监控而不是规章控制，鼓励民主参与管理而不是集权管理。

（二）组织发展是一个诊断—改进周期

组织发展的思路是对企业进行"多层诊断""全面配方""行动干预""监控评价"，从而形成积极健康的诊断—改进周期。因此，组织发展强调基于研究与实践的结合。组织发展的一个显著特征是把组织发展思路和方法建立在充分的诊断、裁剪和实践验证的基础之上。组织发展的关键部分之一就是学习和解决问题，这也是组织发展的一个重要基础。

（三）组织发展是一个渐进过程

组织发展活动有一定的目标，是一个连贯的不断变化的动态过程。其重要基础与特点是，强调各部分的相互联系和相互依存。在组织发展中，企业组织中的各种管理与经营事件不是孤立的，而是相互关联的；一个部门或一方面所进行的组织发展，必然影响其他部门或方面的进程。因此，应从整个组织系统出发进行组织发展，既要考虑各部分的工作，又要从整个系统协调各部分的活动，并调节其与外界的关系。组织发展着重于过程的改进，既解决当前存在的问题，又通过有效沟通、问题解决、参与决策、冲突处理、权力分享和生涯设计等过程，学习新的知识和技能，解决相互之间存在的问题，明确群体和组织的目标，实现组织发展的总体目标。

（四）组织发展是以有计划的再教育手段实现变革的策略

组织发展不只是有关知识和信息等方面的变革，而更重要的是在态度、价值观念、技能、人际关系和文化气氛等管理心理各方面的更新。组织发展理论认为，通过组织发展的再教育，可以使干部员工抛弃不适应于形势发展的旧规范，建立新的行为规范，并且使行为规范建立在干部员工的态度和价值体系优化的基础之上，从而实现组织的战略目的。

（五）组织发展具有明确的目标与计划性

组织发展活动是订立和实施发展目标与计划的过程，且需要设计各种培训学习活动来提高目标设置和战略规划的能力。大量研究表明，明确、具体、中等难度的目标更能够激发工作动机和提高工作效能。目标订立与目标管理活动，不但能够最大限度地利用企业的各种资源，发挥人和技术等两个方面的潜力，还能产生高质量的发展计划，提高长期的责任感和义务感。因此，组织发展的一个重要方面就是让组织设立长远学习目标和掌握工作计划技能，包括制订指标和计划、按照预定目标确定具体的工作程序以及决

策技能等。

四、组织发展的工作流程

组织发展过程包括进入与签约、组织诊断、设计与执行干预措施、评估干预效果四个阶段。

（一）进入与签约

进入与签约是组织发展过程的第一步，内容涉及界定组织问题的性质，建立良好的合作关系。组织发展过程通常始于某一组织的成员和组织发展专家进行接触，希望专家能够帮助解决组织遇到的问题。组织成员可以是管理者，也可以是普通员工。组织发展专家通常是外部顾问，也可以是内部专业人员。双方能否建立组织发展合作关系，涉及的主要问题包括：① 弄清楚组织的问题；② 确定相关人员；③ 选择组织发展专家。双方达成合作意向后，一般要签订书面合同。合同的内容应包括双方的权利和义务、项目完成的时间以及应注意的事项等。

（二）组织诊断

组织诊断是指评估组织当前的状况，为制定组织的变革措施提供必要信息的过程。组织诊断一般包括如下三种类型：① 组织水平诊断，是指对整个组织、大型组织的分部或战略经营单位的诊断，内容涉及组织战略和结构的设计；② 群体水平诊断，是指对部门、小群体或团队的诊断；③ 个体水平诊断，是指对个体的工作或职位的诊断。

搜集、分析和反馈诊断信息是组织诊断的三个中心环节。搜集信息的方法主要有问卷、访谈、观察、查阅二手资料等。资料分析技术包括定性分析和定量分析两种类型。信息的有效反馈既有赖于反馈内容，也有赖于反馈过程。

（三）设计与执行干预措施

干预措施是一套旨在提高组织有效性的、有计划的行动或事件。有效的干预措施包括：① 建立在关于组织运作的有效信息的技术上；② 能够带来预想结果；③ 能够提高组织成员管理变革的能力。干预措施主要分为四种：① 人类过程干预；② 技术结构干预；③ 人力资源管理干预；④ 战略干预。

（四）评估干预效果

评估组织发展干预效果涉及判断干预是否按计划执行、是否取得了预期结果，如在提高员工满意度和组织绩效方面的效果。越来越多的管理者要求对组织发展干预进行严格的评估，以决定是否继续投资于组织变革的项目。

第四节　组织发展干预技术

组织发展干预技术可分为人类过程干预技术、技术结构干预技术、人力资源管理干预技术和战略干预技术四种类型。

一、人类过程干预技术

人类过程干预技术主要包括 T 小组、过程咨询、第三方干预、团队建设、组织面临会议、群际关系干预、大群体干预、方格训练、目标管理和调查反馈。

（一）T 小组

T 小组又叫敏感性训练（Sensitivity Training），是开发最早的组织发展技术。通过面对面的小组互动，使参加者深入地了解和认识自己及他人的情感和意见，增强自我意识和认知能力，提高对人际互动的敏感性。

T 小组通常由 10～15 个陌生人组成，由专业培训师主持，通过实验学习共同探索群体动力、领导和人际关系。大致可以分为以下步骤：① 不规定正式的讨论议程，自由讨论，相互启发，增进了解；② 调练者坦率地谈出自己的看法，就学员行为做出反馈；③ 增进人际关系，相互学习，促进新的合作行为；④ 根据工作中的情境和问题，巩固学习效果。

（二）过程咨询

过程咨询是一种帮助组织成员提高沟通、人际关系、决策、领导、群体动力等过程的通用模型。主要通过群体内部或者群体与咨询顾问之间的有效交流与工作过程而进行，从而帮助诊断和解决组织过程中所面临的重要问题。

通常分为以下六个步骤：① 最初接触，委托人与顾问交换意见，介绍存在的问题；② 签订协议，达成一致意见；③ 选择咨询的背景和方法；④ 收集资料、进行诊断；⑤ 进行咨询干预；⑥ 结束咨询、撤离。

（三）第三方干预

第三方干预着重解决组织中发生的人际冲突。这是一种有效的方法，因为在发生冲突的双方之间加入一个第三方因素时，冲突必然会有所缓和或转移。

根据人际冲突的循环模式（Cyclical Model），冲突解决包括四种策略：① 策略是通过对引发冲突的原因的了解，阻止冲突的出现；② 限制冲突的形成；③ 帮助冲突各方正确处理冲突；④ 根除引发冲突的根本原因。

（四）团队建设

团队建设是指一系列旨在提高团队完成任务的方式，提高团队成员人际与问题解决的有计划的活动，即班组建设或班组发展。其目的是以群体成员的相互作用来协调群体工作的步调与规范，提高群体的工作效率。组织是由永久性的和临时性的团队组成，因此团队建设是改善团队工作和任务完成情况的一种有效途径。一般分为四个步骤：① 预备活动；② 诊断活动；③ 团队参与；④ 顾问促进。

（五）组织面临会议

组织面临会议是一种动员整个组织的人力资源去识别问题、制定行动方案的干预技术。该技术主要用于组织遭遇压力、困境或危机时。

组织面临会议一般有九个步骤：① 召集有关人员参加会议（5～15 人，代表各职能部门），识别面临的主要问题；② 分组讨论组织存在的问题；③ 持续 2~2 个小时讨论，坦诚公开，避免相互指责；④ 各小组汇报讨论情况，报告发现的问题及相应的对策；⑤ 问题汇总，进行分类；⑥ 针对每类问题，组成一个小组；⑦ 小组讨论、分析各自的问题，并制定解决方案；⑧ 所有小组汇报制订的行动计划；⑨ 制定解决问题的时间表，定期进行检查。

（六）群际关系干预

群际关系干预技术包括微缩群体和群际冲突解决两类。

1. 微缩群体

微缩群体是指由若干与问题有关的有代表性的个体组成的群体，常被用来解决沟通和种族关系问题。使用微缩群体解决问题的步骤如下：① 识别问题；② 组成群体；③ 提供群体训练；④ 解决问题；⑤ 解散群体。

2. 群际冲突解决

群际冲突解决的一个基本策略是消除彼此的误解，用以改进群际关系。具体有十个步骤：① 聘请外部组织发展顾问；② 确定见面的时间和地点；③ 顾问向群体提出三个问题，即我们的群体有何主要特征，另一群体有何主要特征，对方将会如何描述我们；④ 两群体分别写下以上三个问题的答案；⑤ 群体代表宣读三个问题的答案；⑥ 双方听完宣读，一般会发现对方对自己有误解；⑦ 顾问分析对方对自己的看法有误解的原因；⑧ 种群相互指出对方对自己的误解之处；⑨ 群体共同制定改善双方关系、解决分歧的方案；⑩ 安排后续会议，检查行动方案的执行情况，发现新出现的问题。

（七）大群体干预

大群体干预的关键特征是有 100 名以上的组织成员参加为期 2~4 天的大会。会上，成员们共同识别与解决整个组织面临的问题、设计组织管理的新方法或提出组织未来的新方向等。大群体干预主要有三个步骤：① 筹备大群体会议；② 召集会议；③ 追踪会议结果。

（八）方格训练

布莱克和莫顿使用领导方格培训管理人员，创立了方格训练（具体见第九章第三节）。

（九）目标管理

在组织发展中，目标管理是一个重要内容。目标管理也可简写为 MBO（Management By Object）。它从目标论发展起来，通过设置和实施具体的、中等难度目标的过程，提高员工的积极性和工作效率。其参加者已由早先的只限于管理人员，发展到可以由工作群体或个人参与，成为组织发展的有效手段之一。一般有以下四个步骤：① 管理部门提出总体目标；② 各部门订立目标；③ 订立个人目标；④ 定期评价结果。

（十）调查反馈

调查反馈法是以数据为基础的一种组织发展和改革的方法。实际上是调查法和"行动研究"的综合应用。通常要在外来咨询专家和企业工作人员的合作下进行。这种方法主要有以下步骤：① 收集和分析数据（收集解决问题的意见和方法）；② 小组讨论（讨论调查反馈结果）；③ 过程分析（诊断存在的问题，制订解决问题的行动计划）。

二、技术结构干预技术

常用的技术结构干预方法包括结构设计、裁员、平行结构、高投入组织、全面质量管理和社会技术系统。

（一）结构设计

传统的组织结构包括职能结构、分部结构、矩阵结构和网络结构等，近些年全球流行的是基于过程的结构。基于过程的结构是围绕组织核心过程，形成跨职能工作团队，它把生产一种产品或提供一种服务的所有相关职能集中起来，由"过程所有者"统一管理。

基于过程的结构层次很少，高层主管的人数不多，消除了许多部门和层次之间的边界，使得管理成本大大降低。基于过程的组织一般具有以下几个方面的特征：① 过程驱动；② 工作变化；③ 团队基础；④ 顾客导向；⑤ 团队报酬。

（二）裁员

裁员是一种旨在减少组织规模和员工数量的组织发展干预技术。裁员的主要方式有通过解雇、提前退休等方式减少员工人数，或通过外包、并购等方式减少部门或层次数目。一般要采取四个必要步骤：① 弄清楚组织战略；② 选择裁员方式；③ 执行变革；④ 做好思想工作。

例证 11-4

松下的电视生产外包

2012年6月上任的津贺一宏社长面临着松下史上最严重的经营赤字，对此，津贺一宏社长毅然打出了"结构改革"大旗——去电视化、放弃等离子技术、从 B2C（商家对个人）转向 B2B（企业间的）。

电视机业务一直是松下的支柱，特别是等离子技术曾占据垄断优势，甚至被称为"等离子之父"。然而，面对液晶面板冲击，等离子却面临淘汰，这种战略失误是导致松下巨额亏损的主因之一。"去电视"不是取消该业务，而是削减成本，将企业资源集中到高附加值产品上，从而扭亏为盈。

2015年2月2日，松下日本总部正式宣布，月底终止山东松下电子信息有限公司的电视机生产事业，这标志着松下停止了中国的电视机生产制造。松下打算将生产外包，但会继续在中国销售松下电器品牌的超薄型电视机。松下表示将生产制造外包能增强超薄型电视机事业整体的收益能力，同时谋求在该市场中提高影响力从而扩大销售。

（案例来源：松下式变革：将零散产品外包，扩大住宅汽车业务[EB/OL]. [2014-09-17]. http://finance.sina.com.cn/chanjing/gsnews/20140917/221720323336.shtml. ）

（三）平行结构

平行结构是员工投入活动的一种方式。员工投入试图促进组织成员参与对组织绩效和员工幸福有重大影响的各类决策，它涉及四个方面的内容：① 权力；② 信息；③ 知识与技能；④ 报酬。

一般来说，平行结构包括一个执行委员会和数个小群体，执行委员会提供指导，小群体提出建议。平行结构要求所有信息渠道公开、畅通，管理者和员工不用正式渠道就能直接沟通；所有人员在附属结构中工作，并从正式结构中得到任何人的帮助；但最终决策是在正式结构中做出的。其运作包括六个步骤：① 确定目的和范围；② 成立执行委员会；③ 与组织成员沟通；④ 成立问题解决小组；⑤ 提供问题解决建议；⑥ 执行和评估变革。

平行结构的主要形式有劳资合作项目和质量小组。

（四）高投入组织

高投入组织具有以下九个方面的特征：① 扁平、精干的组织结构：团队结构、劳资委员会等结构形式为员工参与决策创造了条件；② 工作设计：员工的工作具有多样性、自主性、反馈及时等特征；③ 开放信息系统：为员工和团队提供参与所需的信息，绩效目标和指标也由员工参与设置以增加完成的动机和信心；④ 事业制度：提供各种咨询、信息帮助员工选择事业路径，以促进员工的事业发展；⑤ 选拔：招聘员工时提供真实的有关职位的信息，团队成员将参与选拔过程以发现合适人员；⑥ 培训：员工将获得参与决策所必需的知识与技能；⑦ 报酬制度：实行技能工资、收益分成、弹性福利等报酬制度，提高员工的绩效；⑧ 人事政策：努力提高雇员的稳定性以增加员工的组织承诺；⑨ 物质布局：物质设计支持团队结构、减少地位差异以促进员工参与。

（五）全面质量管理

全面质量管理（TQM）强调组织的所有成员、所有部门都应重视和追求顾客所需要的卓越的产品质量和服务质量。其实施需要注意五个关键性步骤：① 高级主管的长期承诺；② 培训质量控制方法；③ 开展质量改进项目；④ 测量进步；⑤ 奖励员工。

（六）社会技术系统

在组织发展中，应该把社会与技术的协调作为重要的任务，使组织在技术、组织结构和社会相互作用诸方面达到最佳的配合。人们在完成任务时涉及两个部分：一个是社会部分，是指执行任务的人及人际关系；另一个是技术部分，是指完成任务的工具、技术和方法。前者遵循生物和心理规律，后者遵循机械和物理规律。

社会技术系统的理论可用于工作设计。其来源于两个方面的理论和实践：① 科学管理学和工业工程学的研究，注重改善物理环境和提高工效方面；② 管理心理学的研究，关注群体动力、员工之间的关系和个体需求及才能的发挥。

三、人力资源管理干预技术

人力资源管理干预技术主要包括目标设置、绩效评估、报酬制度、事业发展、劳动力多样化和员工援助计划。

（一）目标设置

具体参见第五章第二节"三、洛克的目标设置理论"部分。

（二）绩效评估

绩效评估是一种正式的员工评估制度，它是通过系统的原理和方法来评定和测量员工在职务上的工作行为和工作成果。其主要目的为：① 为员工晋升、降职、调职和离职提供依据；② 组织对员工的绩效考评反馈；③ 对员工和团队对组织的贡献进行评估；④ 为员工的薪酬决策提供依据；⑤ 对招聘选择和工作分配的决策评估；⑥ 了解员工和团队的培训和教育的需要；⑦ 对培训和员工职业生涯规划效果的评估；⑧ 对工作计划、预算评估和人力资源规划提供信息。其方法包括等级评价法、目标考评法、序列比较法、相对比较法、小组评价法、重要事件法、评语法、强制比例法、情境模拟法和综合法。

（三）报酬制度

报酬制度是指调整具有劳动关系而使劳动者得到各种报酬的法律规范。报酬不仅是拉动人们行为的诱因，且是满足个体需要的物质基础。所以公平、合理的报酬结构对于激发员工的工作积极性至关重要。

（四）事业发展

事业发展是帮助员工实现事业目标与规划的活动，以此来确保员工的行为服务于组织目标。事业规划则是员工在各事业阶段选择职业、组织和职位的过程。其事业阶段一般分为建立、发展、维持和退出。

事业发展主要有十个干预技术：① 真实工作概述；② 工作路径；③ 绩效反馈与教练；④ 评价中心；⑤ 导师；⑥ 开发培训；⑦ 工作生活平衡计划；⑧ 工作轮换和挑战性分派；⑨ 双事业调节；⑩ 分期退休。

（五）劳动力多样化

由于劳动力的构成越来越多样化，组织需要重新设计自己的人力资源系统以处理员工在宗教信仰、价值观念、需要、偏爱、期望和生活方式等方面的差异。针对劳动力在年龄、性别、性向、残疾、宗教信仰、价值观念、文化等方面的变化，组织应设计和运用相应的干预措施。例如，消除性别、残疾人、变性人的歧视，提供公平就业机会。

（六）员工援助计划

员工援助计划见第十二章第二节"员工援助计划"。

四、战略干预技术

常用的战略干预技术包括开放系统规划、整合战略的变革、跨组织发展、自我设计变革战略和组织学习。

（一）开放系统规划

开放系统规划一般由高级主管实行，他们常用 2~3 天的会议时间来分析环境变化并考虑应对措施。组织发展专家帮助他们建立相互信任的关系，让他们分享对环境的不同看法和意见。其主要有以下步骤：① 评估每一外部群体；② 决定组织应对每一外部群体的期望和要求；③ 确定组织核心使命；④ 假设环境和组织不会发生变化和均发生变化，分别描述对环境的未来期望，分别指出组织采取的反应；⑤ 比较现在与未来的环境期望，制定今后的行动。

（二）整合战略的变革

整合战略的变革强调组织战略必须和组织设计一起变革以应对环境的威胁，提高组织的有效性。整合战略变革的步骤包括进行战略分析（组织环境、战略与组织的匹配、组织绩效）、确定战略选择（制定新战略、设计新组织）、制订战略变革计划（变革的方法、步骤）和执行战略变革计划（激发动机、分配组员、克服抵制、提供反馈）。

（三）跨组织发展

跨组织发展旨在帮助组织制定与其他组织之间的合作战略，如合资、战略联盟等。跨组织发展的实行阶段包括识别（识别潜在的跨组织系统）、会议（面对面商谈合作，求同存异，达成一致意见）、组织（组建跨组织系统）和评价（定期评价跨组织运作情况）阶段。

（四）自我设计变革战略

自我设计变革战略涉及改变组织的各个方面（如结构、人力资源、技术等）并使其支持组织战略，同时注意提高组织自身的变革能力。这就要求领导推动变革顺利实施，一般包括以下步骤：① 在组织中制造变革势在必行的压力；② 建立指导组织变革的团队；③ 确定组织变革的愿景；④ 组织内部的有效沟通；⑤ 充分授权；⑥ 创造组织变革的短期成效；⑦ 继续推进变革；⑧ 巩固变革成果。

（五）组织学习

组织学习是指旨在帮助各类组织开发、使用各种知识以持续提高组织有效性的变革过程。组织学习能使组织比竞争对手更快速、更有效地获得与使用这种知识，取得竞争优势。其学习方式划分为单环学习、双环学习和三环学习。单环学习，即将组织运作的结果与组织的策略和行为联系起来，并对策略和行为进行修正，使组织绩效保持在组织规范与目标规定的范围内；双环学习，即重新评价组织目标的本质、价值和基本假设；三环学习，指的是组织应该学习如何学习，这是最深程度的学习。

 本章小结

> ➢ 组织变革是组织为了提高效率，改变现有状态并朝预期状态不断前进而进行的一系列活动。
>
> ➢ 关于组织变革的理论主要有系统理论、权变理论、行为理论和组织再构造理论。

- ➢ 勒温提出的组织变革的三个步骤是：解冻—移动—再冻。
- ➢ 科特提出的组织变革的八个步骤是：① 建立危机意识；② 组建强有力的领导团队；③ 创建愿景；④ 与成员就愿景进行广泛沟通；⑤ 授权他人按愿景行事；⑥ 规划短期目标并创造短期成果；⑦ 巩固成果并深化变革；⑧ 新方法制度化。
- ➢ 克服组织变革的阻力包括以下六种主要方法：运用力场分析法，减缓组织变革的阻力；培育创新的组织文化；合理安排组织变革的进程；积极开展思想教育工作；扩大员工参与组织变革的过程；正确运用群体动力。
- ➢ 组织发展是组织的自我更新和开发，是组织应付外界环境变化的产物，将外界压力转化为组织内部的应变力和解决问题的能力，以改善组织效能。
- ➢ 组织发展的特征主要有：组织发展包含深层次的变革，包含高度的价值导向；组织发展是一个诊断—改进周期；组织发展是一个渐进过程；组织发展是以有计划的再教育手段实现变革的策略；组织发展具有明确的目标与计划性。
- ➢ 组织发展的工作流程包括进入与签约、组织诊断、设计与执行干预措施、评估干预效果四个阶段。
- ➢ 组织发展干预技术可分为人类过程干预技术、技术结构干预技术、人力资源管理干预技术和战略干预技术四种类型。
- ➢ 人类过程干预技术主要包括 T 小组、过程咨询、第三方干预、团队建设、组织面临会议、群际关系干预、大群体干预、方格训练、目标管理和调查反馈。
- ➢ 常用的技术结构干预方法包括结构设计、裁员、平行结构、高投入组织、全面质量管理和社会技术系统。
- ➢ 人力资源管理干预技术主要包括目标设置、绩效评估、报酬制度、事业发展、劳动力多样化和员工援助计划。
- ➢ 常用的战略干预技术包括开放系统规划、整合战略的变革、跨组织发展、自我设计变革战略和组织学习。

思考练习题

一、简答题

1. 什么是组织发展？组织变革与组织发展有何联系和区别？
2. 简述勒温的力场分析法。
3. 组织发展有哪些干预技术？

二、选择题

1. 下面哪个步骤不属于勒温提出的组织变革的三个步骤？（　　　）

　　A. 解冻　　　　　B. 再冻　　　　　C. 移动　　　　　D. 再移动

2. 根据美国学者理查德·L.达夫特（R. L. Daft）的观点，技术改革的方式主要是（　　　）。

　　A. 自上而下　　　　　　　　　B. 自下而上

3. 第三方干预是属于组织发展干预技术的哪一种？（　　　）

A．人类过程干预技术　　　　　B．技术结构干预技术

C．人力资源管理干预技术　　　D．战略干预技术

三、学以致用

观察或者分析你所在的组织（高校），预计一种可能或者正在经历的组织变革（如考勤、学分制、导师制、双语教学、校企合作培养），采用力场分析法对组织变革的动力和阻力进行分析，并提出增加组织变革动力和克服组织变革阻力的具体办法。

 案例分析

海尔的组织变革之路

1984—1998 年，海尔分别处于名牌战略（1984—1991）和多元化战略（1992—1998）阶段。前一阶段的目标是聚焦冰箱，7 年只做一个产品，打造名牌；后一阶段，扬帆多元化，将产品扩展到洗衣机、冷柜、空调和白色彩电等。

1996 年，由于原有工厂制组织模式存在"大一统而不够灵活"的问题，启动了事业部制改革。1997 年，又采取细胞分裂的方式进行组织模式整改。这一阶段，海尔意识到事业部制有一定的效果，但存在"一放就乱，一收就死"的固有问题，企业组织改革仍在探索中。

1999—2005 年是海尔的国际化战略阶段。1998—2005 年，是海尔实施市场链机制的第一阶段和第二阶段。其中，2000 年，正式退出内部市场制。这一阶段海尔重塑了市场关系，内部市场制形成。同时，海尔尝试推动"人人成为经营者"的做法，但最终以失败告终。

2006—2012 年是海尔的全球战略阶段。海尔采用内部市场化'人单合一'全球化发展策略。这一时期，海尔的战略发展进入了新的高度。

2012 年 12 月，海尔发布网络化战略，正式宣布进入互联网时代，全面对接互联网。平台式的海尔开始开放：一边是开放的用户交互，另一边是开放的资源涌入。用户方面，是打造"虚实交互平台"，通过海尔社区、微信平台、Facebook 以及海尔虚拟展厅等网络工具纳入粉丝的体验，听取吐槽。卡萨帝品牌、天樽空调等产品，都是与用户交互出来的，而生产之前的交互，是这一时期的海尔最强调的。资源方面，是打造"开放式创新平台"，HOPE（Haier Open Partnership Ecosystem）就是海尔联合全球创新资源的一个平台，其建立了一流的资源超市，可以对接全球专家和解决方案的资源，目前已经实现了与 200 多万名专家资源信息的无缝对接。海尔引以为豪的"无尾厨电"就是在这一平台上得到的解决。

这条改造之路也的确艰辛，截至 2014 年年底，海尔集团只有 20% 左右实现了小微化，共成立了 212 家小微公司。这些刚刚成立一年甚至更短时间的小微公司们，只有少数几个从无到有的创业小微公司拿到了风投，其他转型小微公司大都还处于艰难摸索阶段。

海尔集团董事局主席、首席执行官张瑞敏已经为这条平台化模式设计了下一步。未来，海尔将聚焦创建两大平台：投资驱动平台和用户付薪平台。平台主和小微公司、小

微成员，平台为小微公司们提供资金、资源、机制和文化等支持；员工们不再直接由企业发工资，而是与用户交互，通过给用户创造价值获取薪酬。

（案例来源：深度好文：海尔的科层改造与组织转型狂想曲[EB/OL]. [2015-04-25]. http://www.360doc.com/content/15/0425/15/16921388_465908368.shtml.）

问题讨论：

1．海尔组织变革的压力和动力有哪些？

2．海尔组织变革过程中遇到的阻力有哪些？你认为海尔接下来要如何实施变革才能提高变革成功率？

 **本章参考文献**

[1] KOTTER J P. Leading change[M]. Boston: Harvard Business School Press, 1996.

[2] 鲍跃忠. 互联网时期，企业组织变革十大目标[J]. 时代经贸，2017（08）：65-67.

[3] 黄培伦. 组织行为学[M]. 广州：华南理工大学出版社，2001.

[4] 理查德·L. 达夫特. 组织理论与设计精要[M]. 李维安，译. 北京：机械工业出版社，2002.

[5] 马丽，姚垚. 新生代员工工作生活质量、工作投入与工作绩效的关系[J]. 企业经济，2016（03）：99-104.

[6] 中央财经大学. 中国人力资本报告 2019[R]. 人力资本与劳动经济研究中心，2019.

[7] 马作宽. 组织变革[M]. 北京：中国经济出版社，2009.

[8] 威廉·J. 罗思韦尔. 组织发展的实践[M]. 吕峰，张静梅，译. 天津：南开大学出版社，2001.

[9] 罗倩文，等. 组织行为学[M]. 重庆：西南师范大学出版社，2015.

[10] 田成杰. 需进行组织变革的六个征兆[EB/OL]. [2011-06-25]. http://www.chinavalue.net/BookInfo/Comment.aspx?CommentID=41263.

[11] 王崴，芦青，宋继文. 组织变革不同阶段的领导风格特点——我国国有大型企业的多案例分析[J]. 管理学家（学术版），2010（5）：3-15.

[12] 王重鸣. 管理心理学[M]. 北京：人民教育出版社，2001.

[13] 肖儒风. 不久的将来，推动组织变革的是这 5 种基本力量和 4 种工作模式[EB/OL].（2016-08-11）. http://www.managershare.com/post/283914.

[14] 俞文钊. 管理心理学[M]. 5 版. 大连：东北财经大学出版社，2015.

[15] 珍妮弗·M. 乔治，加雷思·R. 琼斯. 组织行为学[M]. 于欣，章文光，等，译. 5 版. 北京：北京大学出版社，2010.

[16] 郑称德. 商业组织与过程[M]. 北京：机械工业出版社，2008.

[17] 朱传杰. 环境变化与当代企业组织变革[J]. 合作经济与科技，2014（11）：72-74.

第十二章
员工心理健康

 学习目标

- ➢ 掌握心理健康的概念和标准
- ➢ 掌握员工心理保健的方法
- ➢ 掌握员工援助计划的内容和实施方法
- ➢ 了解员工心理咨询

引例

富士康员工跳楼事件

从 2010 年 1 月 23 日起至 5 月 26 日，深圳富士康集团连续发生 12 起跳楼事件，这一幕幕人间惨剧，让我们心痛扼腕。"富士康事件"中自杀者的年龄几乎都在 19～24 岁。根据埃里克森心理社会期发展论，18～25 岁是自我意识形成和发展的最重要时期，也是儿童向成人的过渡期，最容易产生自我意识和自我认同的危机。心理学家勒温则将此年龄阶段的个体称为"边缘人"，指出其特点是缺乏安全感，容易神经过敏和处于紧张状态，他们常常靠自己的文化来对抗成年人的主流文化，以取得某种安全感。富士康的这些自杀者都是"80 后"甚至"90 后"的新生代打工族，他们一般思维活跃，生活的道路较为平坦，阅历也比较简单，他们在心理上的一个特征就是自我排斥。当他们怀着梦想参加工作后，发现理想与现实的差距巨大，认为没有达到社会、父母、自我的期望而产生压力，往往会产生否定自己、压抑自我、拒绝接纳自我的心理倾向。尤其是面对乏味枯燥的工作环境、情感挫折和重大事件时，很容易出现情绪消沉、孤僻、抑郁、焦虑等心理问题，进而产生过激行为，酿成悲剧。

（李连杰，2010）

引例告诉我们，为了避免类似恶性事件的发生，企业需要重视员工的心理健康及其维护，采取必要的危机干预措施加以防范。

第一节 员工心理保健

随着社会进步和人民生活水平的提高，人们越来越关心自己的身心健康。企业员工也不例外，必须学会缓解压力、管理情绪、应对挫折、提升工作生活品质，积极进行自我心态的调节，维护心理健康。

一、心理健康的概念

人是生理与心理的统一体，生理素质和心理素质决定了人的健康程度和发展水平。世界卫生组织（WHO）对健康下的定义是：健康不仅仅指身体不虚弱或没有疾病，而必须是个体在身体、心理上和社会适应上保持良好状态。1986年世界心理卫生协会在年会上又发出宣言，健康还要包括良好的道德品质。由健康的定义和现代生物—心理—社会健康模式可以推知，心理健康是指一个人的生理、心理与社会处于和谐状态。

综合各方面的研究结果，评判一个人的心理健康状况良好，一般包括六个方面（陈国海，许国彬，肖沛雄，2005）：① 智力正常；② 情绪稳定和愉快；③ 行为协调统一；④ 自我意识客观；⑤ 人际关系和谐；⑥ 社会适应良好。

为维护员工的心理健康，员工需要学会缓解压力、管理情绪、应对挫折、提升工作生活品质。

二、缓解压力

任何需要去适应的情境都会构成压力或应激。在急剧变化的现代社会，面对市场竞争的加剧，企业员工的工作负荷也随之增大，心理压力成倍增加，面对来自工作、家庭和社会变革等的种种压力，常常出现内心矛盾和冲突，带来不适应感、焦虑感、压抑感等消极心理体验，甚至产生心理障碍，损害身心，导致严重的后果。联合国国际劳工组织发表的一份调查报告认为："心理压抑将成为21世纪最严重的健康问题之一。"员工压力管理有利于减轻员工过重的心理压力，保持适度、最佳的压力，从而使员工提高工作效率，进而提高整个组织的绩效，增加利润。

（一）正视压力

无论人们怎样努力减少应激事件的发生，但在一定的压力下工作和生活，也许是现代和未来生活的一个重要特征。生活中如果没有压力，或压力不足，不管是在生理、心理方面，还是在社会方面，我们都无法适当地成长，变得百无聊赖，丧失斗志。如果工作缺乏压力，就难以保持适当的效率。适当的压力可以产生强大的动力，有积极的一面，可以顶着压力走向成功，如图12-1所示。但是，如果压力太大，积极的激发力就会被疲惫所取代，我们会逐渐觉得难以对付。长期过度的压力负荷会造成精疲力竭和最终的崩溃。过度的压力也会影响工作效率，问题频繁出现。例如，焦虑、失眠、烦躁和效率下降等。

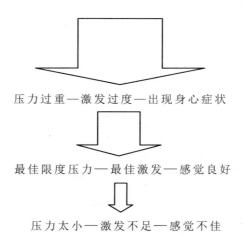

压力过重—激发过度—出现身心症状

最佳限度压力—最佳激发—感觉良好

压力太小—激发不足—感觉不佳

图 12-1　压力三层次与身心健康的关系

国外对压力与健康关系的理论模型中，最著名的是福克曼和拉扎拉斯的压力应对模型（Folkman，1984），如图 12-2 所示。该模型认为，是人们对压力的评定而不是压力本身引发了压力反应或后果。其基本假设是，当人们遭受压力时，首先对压力做出评定，然后根据评定做出情绪或行为上的不同反应。如果把压力解释为积极的，就会产生积极情绪；如果认为压力是对身体或心理的威胁，就会产生消极情绪。接着，人们根据评定来思考如何开发自身的应对能力，以减少压力事件带来的危险、破坏或损失。压力知觉和应对反应是压力事件及其潜在后果的重要中介变量。其他的中介变量还有 A 型行为、控制感以及社会支持等。

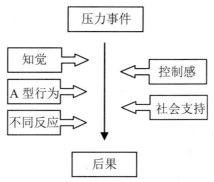

图 12-2　压力应对模型

（二）探求压力来源，进行压力管理

美国心理学家 Lazarus 等人从日常生活琐事层面对普通人压力的来源进行了调查和分析（Lazarus，et al，1985）。结果表明，在日常生活中成为生活压力的琐碎事件可归纳为家庭支出、工作职业、身心健康、时间分配、生活环境和生活保障六个方面。这六个方面相互联系和渗透，有的事件是几个方面相关联，因此，在探求员工心理压力的来源时，有时无法确切地指出问题出自哪个具体方面。我们大致从个人、组织管理和家庭三个方面探讨员工心理压力的来源，侧重点在工作组织管理因素上，如表 12-1 所示。

表 12-1　员工心理压力的来源

个 人 因 素	组织管理因素	家 庭 因 素
（1）追求完美，过高期望 （2）缺乏安全感 （3）总是不断变换角色 （4）与人沟通不够 （5）学习新课程的紧迫 （6）外部表现与内心想法相矛盾	（1）工作繁重和各种不现实的最后期限 （2）指令太多，干扰太多 （3）工作分配与酬劳不合理 （4）缺乏提升机会，工作前景不明朗 （5）与上司和同事之间的冲突 （6）组织决策和管理缺乏民主 （7）恶劣的工作条件（噪声、空间和设备等方面）	（1）缺乏情感支持 （2）所背负的责任太多 （3）与家人缺乏沟通 （4）被指望无所不能 （5）工作时间以外，太多工作事务侵犯私人生活

找出压力来源后，就可以着手修正或消除应激物，制订压力管理计划。该计划包括以下三个方面。

1. 个体心理调节

个体心理调节主要包括六个要点：① 消除错误的认知方式（如对完美的过分追求等）；② 进行事前计划和时间管理；③ 寻求外界的心理帮助（如亲友支持、心理咨询等）并帮助他人；④ 发展健康的兴趣或爱好；⑤ 制订具体的健身计划并实践；⑥ 学习放松技术。

2. 组织管理改善

组织管理改善主要包括九个要点：① 改变工作负荷和最后期限；② 重新进行工作设计、组织结构以消除应激物；③ 建立畅通的工作沟通渠道；④ 开展对时间管理、目标管理、角色分析等方面的研讨会；⑤ 让员工参与对他们产生影响的组织变革；⑥ 物理工作环境的改善；⑦ 对员工进行职业生涯咨询和规划以及其他辅助训练；⑧ 建立心理支持系统，推广心理咨询和培训；⑨ 组织开展文娱和体育活动。

3. 家庭协调

家庭协调主要包括五个要点：① 多花时间和家人在一起；② 进行有效的沟通；③ 真诚地向家人表达感情并成为习惯；④ 营造理解、温暖的家庭氛围；⑤ 将工作和家庭分开，并采取措施使之平衡。

学会管理压力是相当重要的，因为一旦您承认压力，并学会管理它，便能使压力朝有利的方向发展。"向压力要动力"，不仅仅是一种愿望，而且完全可以通过科学的手段达到这个目标。

三、管理情绪

情绪和情感是人类重要的心理活动形式。它们不仅对个体其他的心理和行为活动起着影响和调节作用，而且对社会交往和适应具有交流和协调功能。良好的情绪不仅使人精神振奋，提高效率，而且对个体身心的健康发展有着促进作用；而不良的情绪则使人精神萎靡，有害身心的正常发展。在工作中，员工的情绪也会失去控制，使其做出损害自己和公司利益的事，有时会由于情绪的原因而破坏工作，甚至离职。因此，企业组织管理部门要重视员工的情绪管理，努力使员工保持良好的心情，这样才能提高工作效率。

（一）改变认知角度

心理学家认为，发生的事情本身不是导致情绪障碍的原因，人们对所发生的事情所持的看法、解释、信念才是引起人的情绪和反应的直接原因。

20 世纪 50 年代美国心理学家艾利斯在美国创立了合理情绪疗法，ABC 理论是它基本的观点。在 ABC 理论模式中，A 是指诱发性事件；B 是指个体在遇到诱发事件之后而产生的信念，即他对这一事件的看法、解释和评价；C 是指特定情境下，个体的情绪及行为结果。通常人们会认为，人的情绪的行为反应是直接由诱发性事件 A 引起的，即 A 引起了 C。ABC 理论则指出，诱发性事件 A 只是引起情绪及行为反应的间接原因，而人们对诱发性事件所持的信念、看法、解释 B 才是引起人的情绪及行为反应的更直接的原因。合理、积极的信念会引起人们对事物恰当、适度的情绪和行为反立；而不合理、消极的信念则往往会导致不适当的情绪和行为反应。当人们坚持某些不合理的信念，长期处于不良的情绪状态之中时，最终将产生情绪障碍。以下是三种典型的不合理信念。

1. 绝对化要求

绝对化要求是指人们以自己的意愿为出发点，对某一事物怀有认为其必定会发生或不会发生的信念。它通常与"必须""应该"这类字眼连在一起。例如，"我必须表现良好，并受到某重要人物的赏识""这项工作应该是很容易的""我不应该求人帮助"等。

2. 过分概括化

过分概括化是一种以偏概全、以一概十的不合理思维方式的表现。以自己做的某一件事或某几件事的结果来评价自己整个人、评价自己作为人的价值，其常常会导致自责自罪、自卑自弃的心理及焦虑和抑郁情绪的产生。过分概括化的另一个方面是对他人的不合理评价，即别人稍有差错就认为他很坏、一无是处，这会导致一味地责备他人，以致产生敌意和愤怒等情绪。

3. 糟糕至极

糟糕至极即认为某事情发生了会非常可怕，是灾难性的，以至于使个体陷入极端不良的情绪体验（如耻辱、自责自罪、焦虑、悲观、抑郁的恶性循环）之中，而难以自拔。

因此，要想改变人的情绪和反应，就要改变人们对所发生的事件所持的看法、解释，调整自己所持有的不合理信念，改变认知角度，从而避免不良情绪的产生，保持良好心境。

（二）学会放松训练

放松技巧是通过逐渐松弛全身各部位的肌肉组织，使全身上下消除紧张的一种控制应激，促进健康的技术。放松训练简便易行，不需要花很多时间学习。它对于应付紧张、焦虑、不安、气愤的情绪与情境非常有用，可以帮助人们振作精神，恢复体力，消除疲劳，稳定情绪。放松技巧有很多，如呼吸放松法、肌肉放松法、想象放松法、音乐放松法等。这里给大家介绍一种有效的呼吸——腹式呼吸。

一般来说，人们在感到焦虑、紧张或惊恐时，往往会呼吸过急。这是一种无用呼吸，而且它极有可能会形成一种很难改变的习惯，产生恶性循环，即感到焦虑、紧张或惊恐—呼吸急促—产生焦虑感、紧张感或惊慌感—呼吸过急—感到更加焦虑、紧张或惊慌，而腹式呼吸则是一种有效缓解紧张或焦虑的呼吸。

首先，尽量让自己坐得舒服。让双手放松，不要折叠，这会妨碍你呼吸。一定要感到脖子是放松的。可以闭上你的眼睛（如果这样能够使你感到更放松的话）。然后轻轻地从鼻孔吸气，再轻轻呼出。以这个放松的方式呼吸数次。确保气流的运动只发生在胸脯的下部（你的腹部区域）。要检查你是否做得正确，可以把一只手放在胸前，另一只手放在你的腹部，感觉气流的运动。如果你从腹部呼吸，胸的上部应是放松和静止的。

其次，保持呼气的时间比吸气的时间稍长。在下次吸气之前，稍微屏一下气。不要着急，体会一下平静的感觉。继续从腹部轻轻、慢慢地呼吸，有意识地体会气流的运动，直到你感到完全放松。

（三）疏泄不良情绪

生活不易，每个人都有可能产生一些不良情绪，如愤怒、郁闷、焦虑、消沉甚至绝望。这些情绪反应其实是人体内的一种自我保护机制。从心理健康的角度讲，发泄不但是消除心中不快的极为有效的手段，还可以减轻精神疲劳，有利于人精力充沛地投入到工作中去。但是，发泄不良情绪要注意选择恰当的方式，否则就可能导致令人不快的后果。下面介绍发泄不良情绪的几种方法：① 进行剧烈运动，或来一次长途步行；② 到一个隐蔽的地方，你可以跺脚、尖叫、大吼、狂喊发泄烦恼；③ 大哭一场；④ 捶坐垫或枕头，拧一条毛巾或类似物，然后再用它猛击墙壁；⑤ 找一个你信得过的朋友，倾诉你想说的一切；⑥ 在说出任何话前先低声数到 10，这会给你足够的时间冷静下来，以免说错话；⑦ 将一张空椅子放在你的面前，假装惹火你的那人正坐在你对面，把你对那人的感觉发泄出来；⑧ 把愤怒或羞于启齿的方面写下来，过后毁掉。

（四）掌握情绪劳动策略

Hochschild 最早提出情绪劳动的概念，并把情绪劳动（Emotional Labor/Work）界定为"管理好情绪以创造公众可以观察到的面部和肢体表情"（Hochschild, 1983）。简单地说，情绪劳动是指员工根据组织制定的情绪行为管理目标所进行的情绪调节行为。员工怎样调节自己的情绪行为呢？Zapf 提出了四种调节策略：① 自然表现，这种调节不需要意志努力，是人的自然反应；② 表层行为，是指员工尽量调节自己的表情以表现组织所要求的情绪，而内心的感受并不发生改变；③ 深层行为，是指为了按照组织制定的情绪进入角色，员工尽量去体验必须产生的情绪，在这种情况下，表情行为是发自内心的；④ 蓄意失调行为，是指员工满足了制定的情绪行为要求，表达出了适当的行为，但员工的内心情绪感受却保持独立（Zapf, 2002）。

四、应对挫折

挫折是指人们在有目的的活动中，遇到无法克服或自以为无法克服的障碍或干扰，使其需要或动机不能得到满足而产生的消极反应。挫折的产生一般应具备以下四个条件：① 个体有具体的目标和实现目标的动机；② 个体有达到目标的行动和手段；③ 有挫折的情境发生；④ 个体知觉到实现目标的行为受到了阻碍并产生了相应的情绪和行为反应，如焦虑、愤怒、沮丧、攻击或躲避等。

挫折会带来种种不利于工作的消极因素和消极行为，直接影响员工的工作积极性能否充分调动，间接影响组织的效率和员工的生活质量，因此，管理者要充分重视员工的挫折应对。

（一）挫折的来源

在现实生活中，由于主客观因素的限制，个体往往会遇到"恶者不能避，好者不能取，恨者不能除，爱者不能得"等各种不如意的事情。凡是预期目的没有达到都会引起挫折，但挫折仅仅在超出人的挫折忍受力时才以挫折感表现出来。美国心理学家 Holmes 等人曾通过调查研究和测试，选定 43 项生活事件，按其给人的挫折感的强弱排序，各项目评分标准 LCU（Life Change Unit，即生活事件单位）以虽有压力但无伤害的生活事件——"结婚"为中点，给 50 分，编成了生活事件的社会再适应评定量表（Holmes & Rahe，1967），如表 12-2 所示。根据表中所列的生活事件，可以发现，在日常生活中，人们随时随地都可能遇到挫折情境，会产生不同程度的挫折感。

表 12-2　生活事件与挫折感量表

顺序	生活事件	LCU	顺序	生活事件	LCU
1	配偶死亡	100	23	儿女离家	29
2	离婚	73	24	司法纠纷	29
3	夫妻分居	65	25	个人有杰出的成就	28
4	坐牢	63	26	配偶开始或停止工作	26
5	亲人死亡	63	27	入学或毕业	26
6	个人受伤或生病	53	28	生活状况改变	25
7	结婚	50	29	个人习惯改变	24
8	解雇	47	30	和上级有矛盾	23
9	复婚	45	31	工作环境、时间的改变	20
10	退休	45	32	搬家	20
11	家人患病	44	33	转学或换学校	20
12	怀孕	40	34	改变娱乐方式	19
13	性生活问题	39	35	改变宗教活动	19
14	家庭增加新成员	39	36	改变社交活动	18
15	工作调动	39	37	少量借贷	17
16	经济状况改变	38	38	睡眠习惯改变	16
17	好友死亡	37	39	家庭成员聚会	15
18	职业性质改变	36	40	饮食习惯改变	15
19	夫妻不和睦	35	41	放假	13
20	贷款超过一年净收入	31	42	过圣诞节	12
21	抵押或贷款到期	30	43	轻微违法	11
22	工作职责改变	29			

（二）挫折的心理防御机制

在遭遇挫折、冲突和严重的生活事件时，人们都有一种摆脱困境、减轻不安、稳定情绪、重新达到心理平衡的倾向，总会有意无意地运用心理防卫方式，又称挫折防御机制。它是指个体在经受挫折后，保持情绪平衡和稳定的心理机能。

由于个人的个性特征、生活态度以及所面对的情境不同，每个人所使用的防御机制也有差异，常见的自我防御机制有以下八种。

1. 合理化

合理化又称为"文饰"，是指既定目标未达到时，寻找各种理由或值得原谅的借口来替自己辩护或争取社会认可。合理化有三种常见的形式：① 酸葡萄心理。吃不到的葡萄就说是酸的，得不到的东西就说是坏的，达不到的目标就说是不喜欢达到或本来就没想达到。② 甜柠檬心理。得到的柠檬就说柠檬是甜的，夸大既得东西的好处，缩小不足之处，以减轻得不到自己原先想得到东西的失望与痛苦心理。③ 援例。即引用某些事实为据，试图使自己不合理的行为合理化、不合法的行为合法化，以解脱面临的困境，减轻自己因过失而产生的内心焦虑和愧疚感。这些理由都不是真实的理由，而且往往不合逻辑，有悖常理，但其本人却能以此安慰自己，从而得到心理上的安慰和平衡。

2. 压抑

压抑是指一个人在受到挫折之后，用意志力压制住愤怒、焦虑的情绪反应，或者把意识所不能接受的使人感到困扰或痛苦的思想、欲望、体验等，在不知不觉中自动地压抑到无意识中或通过延期来满足，使自我避免痛苦，保持心境的平和。压抑比较常见，虽然能够暂时减轻焦虑和获得安全感，但按捺住内在的情绪纷扰，久而久之可能使人变得性情暴躁或孤僻、沉默，甚至形成心理疾病，对身心危害较大。

3. 投射

投射是指以自己的想法、感受去推想别人也是如此，把自己的过失行为或内心存在的不良动机和思想观念转移到别人身上，以此来减轻自己的内疚和焦虑，化解自己的心理困境。即"以小人之心度君子之腹"。一个对领导有成见的人，可能会散布说领导对自己有成见，有意刁难他。

4. 补偿

补偿是指个体在追求目标、理想的过程中受挫后，改变活动方向，以别的目标代替原来受阻的目标，以新的活动方式代替原来的活动方式，以弥补因失败而丧失的自尊和自信，减轻挫折造成的痛苦，起到"失之东隅，收之桑榆"的目的。

5. 认同

当一个人在生活中无法获得成功感时，把别人具有的、使自己感到羡慕的品质加在自己头上，或是将自己比拟成其他成功的人，借以在心理上分享他人的成功感，提高自己的信心和声望，从而消除因挫折而产生的痛苦。如在生活中，有的人遭遇挫折之后，通过想象自己崇拜的英雄或偶像的形象来鞭策和激励自己，走出心理困境。

6. 幽默

当一个人遇到挫折、处境尴尬时，用幽默来化解困境，摆脱失衡状态，也是一种积极的心理防御机制。

7. 反向

反向又称"矫枉过正"现象，是个体为了防止自认为不好的动机外露，于是以相反的行为取而代之，使内在动机与外在行为不一致的现象。它实际上也是对个体的冲动和欲望进行压抑的一种心理表现。例如，内心过于自卑者则常常过分炫耀、抬高自己。

8. 升华

将遭遇的失败导向比较崇高的方向，转移理想到另一项更有价值的事业上去，使其具有建设性并有利于本人和社会时，便是升华。例如，司马迁遭受凌辱，身陷囹圄，却以《史记》传世。升华使原来的欲望得到间接宣泄而消除了焦虑感，还可以使个体获得成功的满足，所以它是一种非常积极的心理防御机制。

（三）应对挫折的方法

挫折不可避免，企业员工总会出现因心理受挫而降低工作积极性、怠工、士气低落，甚至缺勤、闹事、罢工、自杀等事故。面对挫折，如何去应对，企业管理者又如何帮助员工进行挫折心理调适，降低负面影响，从而提高工作效率，是值得重视并付诸实践的一个问题。

克斯和夫格森结合应对的两种功能（针对问题和情绪）和两种形式（认知和行为），提出了较为全面和具体的应对方式（Cox & Ferguson，1991），如图 12-3 所示。

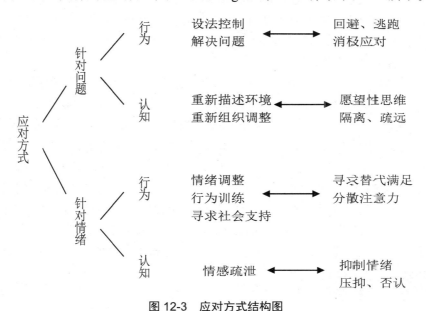

图 12-3　应对方式结构图

1. 针对问题的应对方法

行为方面要设法控制和解决问题。例如，正确归因，学会升华或替代；找出并排除造成挫折的根源；创造条件，改变挫折产生的情境；改善组织管理等，而不是回避、逃跑，消极应对。认知方面则要加强引导，提高认识，变换视角和出发点，正确对待挫折。例如，重新描述环境、重新组织调整、吸取经验教训等。

2. 针对情绪的应对方法

人的情绪和心理活动有关。当人遇到挫折时，心里会产生一种自我保护的需求，目的是使人减轻痛苦和不安，从而达到心理平衡。这种心理活动又称为心理防御机制。心理防御机制分为两种：一种是健康的防御机制，如替换目标、榜样效应等；另一种则是消极的心理机制，如自欺欺人、怨天尤人等。在遭遇挫折时，健康的防御机制可以缓解压力、减轻负担，帮助员工勇敢地面对和解决挫折。而消极的心理机制则会起到反作用。企业可组织员工进行挫折教育，帮助员工改善受挫心境。在挫折教育中，良好的心理咨询主要可以采用以下三种方法：① 幽默交流法。管理者要与员工建立友好的朋友关系，并用幽默风趣的语言缓解员工的压力，利用轻松和谐、畅所欲言的气氛，使员工将心中的苦闷和遭受的挫折都释放出来。② 替换目标法。替换目标是指当个体因为目标确立得过大或者不切实际而遭遇挫折时，应当鼓励个体放弃大而不实的目标，并且帮助个体树立一个切实可行的目标的办法。③ 榜样效应法。榜样的力量是无穷的，榜样示范法是指员工遭遇挫折时，管理者可以引用他人成功的经验，以增强员工获得成功的信心，以咨询对象崇拜的榜样来鼓励员工不断前进、不断努力（方鸿志，陈馨仪，2016）。

五、提升工作生活品质

注重员工工作生活品质（Quality of Working Life，QWL）的缘由，在于人力资源管理及组织发展学者发现，组织的目的不应该只是追求绩效的提升，也应该重视员工所共有的心态和需求，即重视员工的满意度，甚至是增进组织全体人员的幸福感，因此，有学者提出了工作生活品质的概念。

工作生活品质大致包含下列几个方面的内容：① 工作环境；② 薪资、奖金与福利（个人生活适应困扰的申诉和劳资争议的协助）；③ 工作安全卫生；④ 升迁与前途发展；⑤ 休闲、社交活动；⑥ 沟通和人际关系（同事合作）；⑦ 教育与职业训练；⑧ 工时和工作量；⑨ 上司的领导方式（管理方式）；⑩ 企业形象与企业文化等。企业只有满足员工的需求，提高员工的工作生活品质，对员工做"全人关怀"，帮助其成长、提升，增加员工的快乐感受和向心力，才能调动他们的生产积极性，进而提高组织绩效，创造出更多的财富。企业如何改善员工的工作生活品质，可以归纳为以下七个方面：① 良好的工作和人际环境；② 完善的薪资、奖金与福利制度；③ 休息娱乐需要的满足；④ 工作与家庭生活的平衡；⑤ 教育与职业训练的提供；⑥ 人性化管理方式的实施；⑦ 企业文化的建设。

例证 12-1

海底捞的人本化管理

在海底捞的发展过程中，其基本经营理念是服务员都能像老板一样用心。一个家庭中不可能每个人都是家长，但不妨碍大家都对这个家尽可能做出最大的贡献，因为每个家庭成员的心都在家里。海底捞的员工，住的都是正规住宅，有空调和暖气，可以免费上网，步行20分钟就能到达工作地点。不仅如此，海底捞还雇人给员工宿舍打扫卫生，换洗被单。海底捞在四川简阳建了海底捞寄宿学校，为员工解决子女的教育问题。海底捞还想到了员工的父母，优秀员工的一部分奖金，每月由公司直接寄给在家乡的父母。这样，员工就把心放在工作上了。事实上，企业的这一系列行为不是刻意推行创新，只是努力创造让员工愿意工作的环境，海底捞的独特管理智慧和企业文化作用的成果使得员工工作时充满激情，结果创新就不断涌现出来了。如何加强与员工的情感交流与沟通，从而以情感管理为基础实现"人本化管理"？正如董事长张勇所说："答案很简单，把员工当成家里人。"

（胡慧萍，2009）

第二节　员工援助计划

员工援助计划是由企业组织为其成员设置的一项系统的、长期的服务项目，解决员工及其家人的心理和行为等问题，以促进员工成长，提高组织绩效，实现组织目标。

一、员工援助计划的概念及发展演变

（一）员工援助计划的概念

员工援助计划（Employee Assistance Program，EAP）是由企业组织出资为员工及其家属设置的一套系统的、长期的福利与支持项目，是心理卫生服务的一种。它根据企业具体情况，通过专业人员对组织进行诊断，提供专业指导、培训和咨询，为企业管理者和员工提供管理以及个人心理帮助的专家解决方案，旨在帮助员工及其家庭成员解决各种职业心理健康问题和行为问题，提高员工在组织中的工作绩效、开发工作潜能以及改善组织气氛和管理。

（二）EAP的发展历程

EAP是企业用于管理和解决员工个人问题，从而提高员工与企业绩效的有效机制。从最初简单地解决工人的不良嗜好，发展到现在的为员工提供系统的、长期的援助与福利项目，EAP的发展主要经历了以下三个阶段。

1. EAP的萌芽阶段

EAP于20世纪40年代起源于欧美国家，最初的对象是二战老兵。随后也有一些企业注意到员工的一些不良嗜好（如过度抽烟、酗酒、吸毒以及其他一些药物滥用问题）影响员工和企业的绩效。于是，有的企业出钱聘请专家帮助员工解决这些个人问题，逐渐建立了一些项目，这就是员工援助计划的雏形。

2. EAP的快速发展阶段

20世纪60年代，由于美国社会变动剧烈，工作压力、家庭暴力、婚姻问题、法律纠纷等问题越来越影响企业员工的情绪和工作表现，一些比较进步的组织采用了EAP，获得了显著效果。此后EAP发展逐渐迈向了专业化和产业化的道路。1971年，一个最初目的是为了帮助员工解决酗酒等不良行为问题的EAP专业组织在美国洛杉矶成立了，即现在国际EAP协会的前身。

2001 年，日本劳务省认定有 143 人过劳死。此后，日本政府开始修改过劳死标准。同时，政府还制定了加班时间与疾患关系图：每月加班 45 小时以内对身体有轻微影响，超过 100 小时影响就很大了。以上政策出台后，日本公司都开始为减少和根除过劳死出招，主要的办法有：① 严格控制加班时间；② 配备心理医生，让员工随时进行咨询；③ 增加福利运动设施，修建游泳池、网球室等；④ 定期给员工做健康检查，以前都是身体检查，如今加上了心理健康检查；⑤ 部门主管要掌握员工的体检结果，与医生保持联系，调节员工的工作量；⑥ 若有烦恼，员工或家属可以去"防止过劳死中心"咨询，这种机构遍布日本。

3. EAP 的成熟阶段

自 20 世纪 80 年代以来，EAP 在欧美发达国家得到了蓬勃发展和广泛应用，并日益完善。实践证明 EAP 是一种行之有效的解决职业心理健康的方案，对企业提高劳动生产率和形成健康积极的企业文化产生了积极有效的作用，成为现代企业人力资源管理的重要手段。据相关资料显示，在 1972 年，世界财富 500 强中 25% 的企业使用了 EAP，截至1994 年，500 强企业中建立了 EAP 项目的企业达到了 90% 以上。

（三）EAP 在中国企业的应用

对于绝大多数的中国企业来说，EAP 是一个比较新的概念。我国的 EAP 是在 20 世纪 90 年代被引入的，最早被引入港澳台地区，大陆地区的 EAP 起步于 1997 年。随后，一些外资企业在中国的分支机构也开始采用 EAP 项目，如摩托罗拉、惠普、宝洁等。后来，国内的企业也纷纷采用 EAP 项目，如中国移动、广州地铁、东风日产等。目前，我国也成立了一些专业的 EAP 服务机构，如上海外服心理援助中心、上海亚太 EAP 中心、北京易普斯咨询有限公司。2018 年 10 部委在《全国社会心理服务体系建设试点工作方案》中提出要将社会心理服务体系建设试点作为推进平安中国、健康中国建设的重要抓手。这说明社会心理健康问题越来越受国家重视。EAP 作为先进的心理卫生服务项目，将会在中国企业得到越来越广泛的应用。

二、EAP 的作用

EAP 的发展历史和实践证明，EAP 不仅能够帮助企业解决具体的、现实的员工心理和个人问题，而且能够帮助企业发现和解决问题，改进生产管理，提高生产效率，改善组织气氛和企业文化，对企业具有重要价值（刘勇，周琳，2007）。

（一）个体方面

EAP 帮助解决的个人问题主要有压力、情绪、人际关系以及心理困扰等。具体来说，表现在以下四个方面。

（1）减轻工作压力，改善工作情绪，预防过激事件的发生，提高工作积极性。

（2）学会有效协调工作与家庭生活的关系，促进家庭和睦，提高心理健康水平。

（3）增强员工的自信心，提高适应能力，并且改善沟通和人际关系。

（4）掌握解决下属个人心理困扰的实用技术。

（二）组织管理方面

EAP 对企业问题的帮助涉及裁员心理危机、灾难性事件、工作中的公平感、降低意外事故的出错率、问题员工、降低缺勤率、提升满意度指标、降低离职率、协助进行绩效沟通等方面。具体来说，主要表现在以下四个方面。

（1）建立有效的员工心理管理机制，从而降低缺勤率和病假率，改进生产管理，提高生产效率，降低企业运营成本。

（2）树立良好的企业形象。提高员工士气，增强员工对企业的认同。

（3）促进各部门、各层次员工之间的沟通，改善组织气氛。

（4）提升管理者的"员工心理管理"技能，实现从传统管理者向教练型管理者转变。

三、EAP 的内容与组织实施

（一）EAP 的内容

EAP 的内容主要包括工作环境设计与改善、心理压力应对、沟通和人际关系改善、职业心理健康问题、职业生涯规划、心理危机干预六个方面。

（二）EAP 的组织实施

EAP 的组织实施流程如图 12-4 所示。

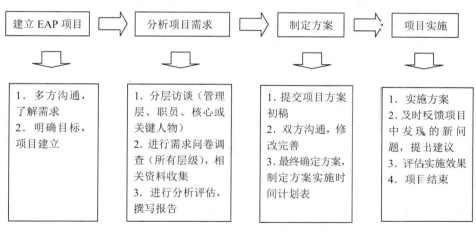

图 12-4　EAP 的组织实施流程

EAP 组织实施的具体过程包括如下四个步骤。

1. 建立 EAP 项目

首先要与目标企业的相关部门和员工进行多方面的沟通，初步了解企业需求，明确 EAP 服务的目标，并正式建立项目。

2. 分析项目需求

首先对管理层、职员、核心或关键人物进行调查访谈，并进行需求问卷调查。通过访谈、问卷调查等方式多方面地了解企业的不同部门、不同层次管理者与员工的需求，在系统分析企业员工的心理现状和导致问题产生的原因后，对员工进行专业分析评估。

3．制定方案

提交项目方案的初稿后，双方将做进一步的沟通，修改完善项目方案。在最终确定方案后，制订具体时间计划。

4．项目实施

确定方案后，就可以在企业开展 EAP 了。例如，员工心理咨询、员工职业生涯规划等。在实施过程中必须及时发现新问题，并提出建议，与企业有关部门进行沟通协调。在 EAP 实施过程中，定期评估项目实施效果也是必要的。在整个 EAP 实施后，就可以完成整个 EAP 流程了。

例证 12-2

联想 EAP 的实施

联想客户服务中心的员工因需要直接与客户沟通，承受了较大的心理压力，造成员工的流失率居高不下。为了解决这个问题，联想客户服务部邀请了北京师范大学心理系为联想客户服务部门的员工提供 EAP 服务。实施方案包括：

1．初级预防——宣传（小册子，电子邮件）

初级预防的目的是减少或消除任何导致职业心理健康问题的因素，建立一个积极支持性的和健康的工作环境。为此，项目组印制了 EAP 宣传小册子，散发到各个客服中心站点，同时也定时向全国客服员工个人发送特定的电子邮件。初级预防员工能使员工对自身的心理健康和心理性质逐渐形成重视的态度和科学的认知。

2．二级预防——培训（管理层，一线员工）

2001 年 2 月，联想对管理层员工进行了"心理健康和交互作用"等专题培训；同年3 月份，对联想客户服务部本部中层管理人员进行了"心理健康与人才发展"的专题培训；紧接着，又两次对联想客户服务部本部员工进行了"作为咨询式的管理者——亲情的专业化"培训。这些培训引导员工学习了自我控制、情绪管理、人际沟通等自我调整的实际技能和技巧，极大地提高了员工的心理健康水平。

3．三级预防——咨询（线上，线下）

2001 年 4 月联想提供团体咨询服务；2001 年 4—6 月，项目组为联想客户服务部所有员工开通了电话咨询热线，聘请国内心理专家担任热线咨询师；2001 年 6—7 月，项目组为联想客服部北京地区的员工提供了二十多人次的个别咨询服务。参与者在充分沟通的基础上，解决了工作中的压力、冲突和自我效能感的丧失问题。

（鲍立刚，2008）

第三节 员工心理咨询

在竞争激烈的社会中，企业员工必将承受种种心理压力，产生不同形式和程度的困惑与心理问题，心理健康水平起伏不定。如何使员工的心理减压，使员工正确处理心理问题，消除种种不良情绪和偏离行为，从而使企业化解生产活动中的人际冲突，增强团体凝聚力，激发员工潜能，提高生产效能，是所有企业关心的问题。心理咨询作为员工心理援助计划的一项重要内容和形式，在企业压力和员工心理问题的管理和干预方面是非常重要和有效的。

一、心理咨询的概念和特征

心理咨询是指受过专业训练的心理咨询人员运用心理学的理论、方法和技巧，通过良好人际关系的建立，帮助来询者找出心理问题产生的原因，探讨摆脱困境的对策，缓解心理冲突，恢复心理平衡，从而认识自我、发掘潜能，促进人格成长以达到自立自强的过程。

张小乔（1998）归纳出心理咨询的五个基本特征：① 心理咨询解决的是来询者心理或精神方面存在的问题，而不是帮助他们处理生活中的具体问题（如请假）。例如，一个受到处分的员工要求咨询人员替他向主管领导说情等。② 心理咨询不是一般的助人行为，而是运用心理学的知识、理论与方法从心理上为来询者提供帮助的活动，咨询人员必须是经过专业训练的职业人员。③ 心理咨询强调良好的人际关系氛围。在来询者与咨询人员之间有了一定程度的相互理解和信任后，来询者才会坦述自己的问题，接受咨询人员的帮助。④ 咨询是一种学习和成长过程，主要表现为人格或个性方面的成长。⑤ 寻求心理咨询是基于来询者心理需要的自愿行为。

二、心理咨询的类型

员工心理咨询可依据咨询的目的、对象、途径，对象数量来分类。① 按咨询的目的，可分为发展性咨询、适应性咨询和障碍性咨询。② 按咨询的对象，可分为直接咨询和间接咨询。③ 按咨询的途径，可分为门诊咨询、电话咨询、信函咨询、专题咨询、现场咨询和网络咨询等。④ 按咨询对象的数量，可分为个别咨询和团体（集体）咨询。

三、心理咨询的原则

心理咨询的原则指的是心理咨询人员在工作中必须遵守的基本要求，它是心理咨询师在长期咨询实践中不断认识并逐步积累的宝贵经验。正确理解心理咨询原则、熟悉心理咨询原则、践行心理咨询原则是每一个心理咨询师必须具备的职业核心素质（张建峰，斯艳红，2018）。心理咨询主要有以下三个原则。

1. 灵活性原则

灵活性原则是指咨询人员因人因时因地制宜，灵活地应用各种咨询理论和工作技术，采用灵活的步骤，来获得最佳的咨询效果。心理咨询的工作技术指的是咨询师在咨询时运用的技术和方法。在咨询过程中，心理咨询师运用适当的工作技术，可以更好地和来访者建立相互信任的关系，从而达成理想的咨询效果。心理咨询常见的工作技术主要有尊重、热情、真诚、共情、积极关注和倾听等。

2. 保密性原则

保密性原则既是咨访双方确立相互信任的咨询关系的前提，也是咨询活动顺利开展的基础。这一原则要求心理咨询师有责任和义务替来访者保守一切个人的秘密，在没有得到对方同意时，不得将在咨询场合下对方的言行随意泄漏给任何人或机关。包括不能在任何场所谈论来访者的隐私；除了来访者触犯刑律，并经公检法（公安局、检察院、法院的简称）机关认定出据证明外，任何机构和个人不得借阅心理咨询档案等。

3. 情感中性原则

情感中性原则是指咨询师在咨询中应保持中立的立场，确保心理咨询的客观与公正，不得把私人的情感掺杂进去，要保持冷静的、清醒的头脑，尽最大努力与来访者形成良好的、具有治疗作用的咨访关系，通过这种良好的咨访关系来促使来访者充分地展示自己的思想、情感和行为。

四、心理咨询的基本步骤

心理咨询是一个渐进发展的过程，具有一定的步骤和阶段。一般来讲，心理咨询有五个步骤：建立咨询关系、探讨咨询问题、确定咨询目标、解决咨询问题和延续性结束（张志刚，2009）。

1. 建立咨询关系

当事人来访，咨询人员应该热情接待，介绍咨询的性质和原则，双方交流、沟通，建立融洽、和谐的咨询氛围和咨询双方初步的信任关系。

2. 探讨咨询问题

一般求询者不能向咨询人员准确道出自身真正的问题和困扰，造成这种情况的原因有两个：① 求询者不能准确找到"元问题"。咨询人员要稳定求询者的情绪，厘清求询者各种问题之间的关系，找到问题的根源。② 求询者出于顾虑，无法"和盘托出"。遇到这类求询者，咨询人员需要进一步加强与求询者的咨访关系，获取求询者的信任。

3. 确定咨询目标

心理咨询是一个长期过程，咨询效果在短期并不显著，咨询人员要学会确定咨询目标，这样有助于提高咨访双方的信心。确定咨询目标时，需要注意整个咨询目标、阶段咨询目标和单次咨询目标之间的联系。咨询目标的确定首先要明确求询者迫切需要解决的问题，咨询人员可以向求询者建议，但最终由求询者决定。

4. 解决咨询问题

从咨询人员角度来看，心理咨询就是用心理咨询的专业方式陪伴求询者度过心理适应不良的阶段，协助求询者看清自己，激发并运用自身资源，克服自己的认知、情感或行为问题，摆脱痛苦，获得成长。一般意义上的心理咨询就是帮助求询者解决问题。解决求询者的问题，咨询人员需要思考：我该提供一种怎样的关系，营造一种怎样的氛围，以便求询者能够借助这种关系和氛围，解决自己的问题，实现成长。

5. 延续性结束

一旦设定的问题基本解决了，心理咨询师就应该果断地中止心理咨询，结束咨访关系。咨询师在结束咨访关系的时候，可以给来访者一些积极的反馈，告诉来访者在心理咨询过程中他（她）发生的变化和成长，也可以将相关心理学知识作为背景，告知当事人在他（她）的人格中所蕴涵的积极成分，以对来访者形成积极暗示。

五、解雇和离职心理管理

（一）解雇心理管理

企业变革中的组织结构调整必然会涉及员工分流问题。面对解雇（不同于因为职工个人理由的离职或开除性解雇），员工常常缺乏必要的思想准备，感到难以承受，甚至会引起诸如离婚、自杀、偷盗、犯罪等社会问题。再者，如果对于被裁人员安置不当，没有适当地处理裁员中的心理问题，则会影响留职员工的心态，可能会降低他们对企业的忠诚度，并会对组织的信任和工作的安全感产生怀疑。因此，在企业中进行解雇心理管理，包括针对裁员的心理辅导和失业人员的心理调适两个方面。

1. 裁员的心理辅导

（1）裁员沟通。在实行裁员时，组织管理者如何告知员工是一个重要问题。通常的做法是由企业管理层做出决定后直接通知被解雇的员工。其实东方人的心理更加敏感和细腻，加上几十年来经济制度所养成的心理惯性，中国企业的员工一般很难接受被解雇的现实——无论是解雇的或是未被解雇的，因此，如何告诉员工公司裁员就非常关键。在这个环节中，还要注意裁员的公平性和透明度以及时间、情境的安排等。

（2）裁员和裁员环境的心理调查、培训和辅导，其中包括裁员执行者的专门培训，解雇通知的时间、地点的安排，员工反应的应对等。另外，要积极关注被解雇员工的家庭经济、个人心理状况和家庭关系等问题，对有需要的员工，可联合工会和社会服务机构，适时提供帮助和咨询。

（3）顾及留用员工的感受。解雇发生后，对留下来的员工要尽快减轻他们心理上的压力和对裁员的消极情绪，努力帮助员工恢复积极心态。借助与员工真诚的沟通，向员工解释裁员的目的，假如可以，告诉员工企业未来的计划，使他们感受到是组织的一部分，进而重建他们对企业的忠诚度，可以避免因裁员带来的许多负面后果。

（4）增强员工的心理承受能力。注意培养员工的心理抗挫能力，提高他们的心理承受能力，使他们面对外界环境的变化，工作、生活中的突发事件时，可以泰然处之，从容应付，不至于出现心理创伤和较大的挫折感。

例证　12-3

滴滴裁员裁出"幸福感"

2018 年滴滴全年亏损了 109 亿元，为了节约成本，扩大安全合规的投入，提升效率，滴滴不得已决定裁员。2019 年 2 月 15 日，滴滴在 2019 年第一次"在一起"月度全员大会上，公开宣布公司将进行优化减员，裁员比例达 15%，涉及 2 000 人左右。随后滴滴的 HR（人力资源部）对员工进行了一对一约谈，做好了裁员沟通工作。相比于其他互联网公司背地里搞小动作的做法，滴滴开诚布公的宣布和对员工的尊重得到了大部分员工的理解，认为滴滴是良心公司，就算裁员也做得光明磊落。根据滴滴员工发布在脉脉上的相关帖子，滴滴的裁员补偿有两个选择：一般为 N+1，离职时间到 3 月底，给了被裁员工足足一个月时间找工作；如果一周内确认，则是 N+2。即确认被裁的员工所能拿到的补偿金总额=N+1+3 月份工资+年假双倍薪资折现。滴滴员工称，在得知裁员补偿方案之后，大家都希望自己"中奖"，滴滴内部甚至开始疯抢被裁员的资格，有被裁员的员工还声称被裁出了幸福感。

（搜狐网，2019）

2. 失业人员的心理调适

（1）正视现实，自觉调整认知方式。失业人员由在岗变成了待业，很可能会产生了一些错误认知，如自己无用、无能等想法。要正视自身处境，自觉调整不良认知结构，失业人员失去的是工作，而不是自身价值。

（2）调节情绪，及时宣泄不良情绪。失业人员面对职业丧失和经济情况的改变，对新情况往往无所适从，从而产生恐惧、孤独、失落、无助和焦虑等情感。要及时疏导这些不良情绪，通过向亲朋好友倾诉或参加一些活动和运动，进行适度宣泄和调节。

（3）积极参加一些培训和训练，提高适应能力。培训内容可能包括再就业的技能培训、寻找工作的渠道和技巧、再就业的心理辅导。既可将注意力合理转移，又可调整自己的心理状态并提升自己。

（4）如有需要，可以找一些心理专业人士或相关人员进行咨询和沟通，如心理咨询人员、医生、专家等。

（5）寻求社会支持系统的帮助，积极寻找新职业。厘清问题后，重新规划个人的职业生涯，为自己绘制一份蓝图，并利用人际网络去推销自己。

（二）离职心理管理

经济的快速发展使企业之间的竞争更加激烈，企业之间实力的较量主要集中在人才的比拼上。公司对员工的投资属于软投资，员工的流失会导致公司的人力、财力蒙受损失，甚至会导致企业的运作瘫痪。所以，做好员工入职前、任职时、离职前、离职后的离职心理管理极其重要。

1. 员工入职前的离职心理管理

在招聘过程中，招聘负责人要真实清楚地向员工介绍他们比较关注的薪酬福利、工作环境和职业发展等内容，切勿承诺企业不存在或无法实现的条件，要尽可能地让他们正确认识企业的责任和义务。同时，招聘负责人要尽可能充分了解应聘者的技能、兴趣、应聘动机和对组织的期望等，尽可能做到人职匹配，预防员工入职后因心理预期得不到满足导致的离职行为。

2. 员工任职时的离职心理管理

在员工进入企业后，企业管理者尊重员工、关心员工，促进员工对企业的感情，增强员工的主人翁意识。与此同时，应该尽量让员工了解企业的战略规划。在企业遇到困难时，让员工明白企业的困难是暂时和可解决的，美好的发展前景是会到来的，以此来提高员工的组织凝聚力。同时，企业要积极地给员工提供必要的学习和培训，完善企业晋升制度，让他们在实现自我价值的过程中提高对企业的认可度和依赖度，从而防止或减少员工离职倾向（杨昌顺，2015）。

3. 员工离职前的离职心理管理

员工产生了离职意向，并不意味着他就会真正离开，组织应以积极、合作、真诚的态度与员工交流，通过双方的沟通和共同努力来解决问题。对通过离职面谈得到的影响雇员离职或产生离职意向的因素及时进行管理，对其中的一些弊端努力加以改善，避免再因这些问题发生员工离职。

4. 员工离职后的离职心理管理

如有员工离职，企业应运用一些方法来降低留下的员工因为离职者的离开而体验到的角色应激，如心理咨询和辅导、企业恳谈会等。企业对留下的员工的工作要及时进行认可和肯定，对留在组织多年的员工，应适当改变一下他们的工作环境或增加薪金；对员工未来的发展做出适当的承诺等。通过这些方法，建立员工的忠诚度，从而降低员工离职率。

 **本章小结**

➢ 员工心理保健主要包括：缓解压力、管理情绪、应对挫折、提升工作生活品质。

➢ 员工援助计划（EAP）是由企业组织出资为员工及其家属设置的一套系统的、长期的福利与支持项目，是心理卫生服务的一种。

➢ EAP 不仅能够帮助企业解决具体的、现实的员工心理和个人问题，而且能够帮助企业发现和解决问题，改进生产管理，提高生产效率，改善组织气氛和企业文化。

➢ EAP 的内容主要包括工作环境设计与改善、心理压力应对、沟通和人际关系改善、职业心理健康问题、职业生涯规划、心理危机干预六个方面。

➢ EAP 组织实施的具体过程包括以下四个步骤：① 建立 EAP 项目；② 分析项目需求；③ 制定方案；④ 项目实施。

➢ 心理咨询是指受过专业训练的心理咨询人员运用心理学的理论、方法和技巧，通过良好人际关系的建立，帮助来询者找出心理问题产生的原因，探讨摆脱困境的对策，缓解心理冲突，恢复心理平衡，从而认识自我、发掘潜能，促进人格成长以达到自立自强的过程。

思考练习题

一、选择题

1. 关于工作生活品质的内涵，不包含（ ）。
   A．工作环境 　　　　　　B．休闲、社交活动
   C．教育与职业训练 　　　D．超越别人的感觉
2. 人们常常在达不到目标时，说自己本来就没想达到这个目标，这是一种（ ）。
   A．酸葡萄心理 　　　　　B．甜柠檬心理
   C．援例心理 　　　　　　D．诡辩心理

二、简答题

1. 什么是员工援助计划（EAP）？如何组织实施？
2. 什么是工作生活品质？如何处理好工作与家庭生活的冲突？
3. 什么是心理咨询？它包括哪些具体步骤？

三、学以致用

有很多幽默资源（如笑话书、幽默网站、幽默图片、漫画、动漫）可供利用，谈谈你将如何利用、欣赏和分享这些幽默资源，缓解自己的情绪和人际压力。

心理测试

应对幽默量表

本问卷调查的是有关你表达和感受幽默的方法（陈国海 & Martin，2005）。显而易见，因各人的看法迥异，故这些问题的答案无对错之分。下面共有六项陈述，根据你对这些陈述同意或不同意的程度，请在每句开头的空白处，按下列程度等级，选择标示从1~4的数字。

1=完全不同意
2=中等程度不同意
3=中等程度同意
4=完全同意

（ ）1．当我遇到问题时，我往往会失去幽默感。
（ ）2．我经常发现，当我试图从遇到的问题中找到一些趣事时，这些问题则在很大程度上被缓解了。
（ ）3．当面临紧张的局面时，我通常会找一些滑稽的事情来说说。
（ ）4．我经常感到，如果我处于非哭即笑的情况下，选择笑会更好。
（ ）5．即使在艰难的情况下，我都常常能找到一些东西来说笑一番。
（ ）6．我的经验是，幽默常常是缓解压力的有效方法。

得分：将第2~6题的得分加起来，然后减去第1题的得分，再加上10分，即为总

分。对 354 名中国大学生的初步测试表明，应对幽默量表的内部一致性系数（Cronbach Alpha）为 0.70。

解释：

总分>25：用幽默处理压力的能力高于平均值。

总分介于 19～25：用幽默处理压力的能力处于平均水平。

总分<19：用幽默处理压力的能力低于平均水平。

表 12-3 是中国大学生常模测试表，供参考。

表 12-3　中国大学生常模测试表

分　　类	人　　数	均　　值	方　　差
男大学生	124	23.1	2.9
女大学生	230	22.2	3.0
总样本	354	22.5	3.0

注：经 t 检验，男女幽默应对能力在 0.01 水平上存在显著差异，男性的幽默应对能力高于女性，也就是说，与女性相比较，男性更多地使用幽默来应对困难、压力和挫折。

 管理游戏

人类工程

这个游戏要求参与者找出改进工作场所（如学习场所和宿舍）设计的方法，以提高绩效和改善心情。

参与人数：集体参与

时间：15 分钟

道具：纸和笔

场地：不限

应用：员工健康管理

游戏规则和程序：

1. 提示学生，舒适的工作场所可以提高士气和工作效率。让学生至少写下一项能使人更舒适的对现有工作环境的改进。让一些人一起交流他们的观点。

2. 下面是一些可以在办公室/学习环境中添加的简单设施，能制造更舒适的氛围：① 电话用头戴送受话器；② 个人计算机触控板；③ 轨迹球鼠标；④ 人体工程键盘；⑤ 振荡式后背按摩器；⑥ 屏蔽强光的屏幕；⑦ 缓解后背紧张的搁脚板；⑧ 桌面下的键盘抽屉；⑨ 支撑后背下部的椅子垫枕；⑩ 可以放日常物品的文件柜等。

问题讨论：

1. 你目前的工作条件/学习环境如何影响你的心情和绩效？

2. 你的工作/学习环境可以做哪些改进，从而使你工作/学习得更舒适？

3. 你的哪一个建议是最可行的？哪一个是最不可行的？

 **案例分析**

广州地铁车务中心 EAP 项目实践

广州地铁车务中心是直接面向乘客提供服务的生产单位，负责向乘客提供安全优质的乘车、客运和票务服务。截至 2016 年，广州地铁有员工 2.3 万人，主要岗位包括车站站务工作人员、司机、调度人员等，基本为轮（倒）班制的工作制度。

一、员工面临的压力

2019 年，广州地铁线日均客流 905.71 万人次左右，最高日客运量达 1 156.9 万人次，承担了广州市超过 50%的公交客流运送任务。随着广州地铁运营里程的不断延伸、客流量大增，给员工带来了许多无形的压力。

车站站务员工微笑平和地服务乘客，面对无理乘客和特殊乘客（醉酒、怄气、精神异常的乘客）指责、谩骂、人身攻击，甚至动手打人的行为，心里非常委屈。司机和调度等安全压力大的岗位，员工担心因自身应变能力不强导致未处理好应急事故而影响地铁运营，造成不好的影响。

员工职业发展过程中存在人际关系不好、工作质量差、长时间得不到晋升等工作压力。车务 50%以上为异地员工，青年员工在广州生活压力较大，现在全国很多城市都在建地铁，一些异地员工困惑自己是否应留在广州地铁继续发展。

车务工作的性质是 24 小时运作，轮班及行业的特殊性导致员工越是节假日越是忙得不可开交，难与家人团聚，生活有时也不规律，同时面临亲人对自己工作的不理解、不支持以及身体疾病带来的压力。异地单身员工较多，上班时间不稳定，难交到异性朋友，婚恋压力大。

二、广州地铁车务中心 EAP 工作实践

广州地铁车务中心针对员工面临的压力和由此导致的问题，有针对性地开展 EAP 工作，通过专业的指导、培训和咨询，帮助员工更好地自我认识、自我调节，减少负面情绪的产生，学会控制自己的负面情绪。具体内容有以下几个方面。

（1）提供 24 小时专家咨询热线电话。与专业的心理健康中心合作开通的 24 小时专家咨询热线电话，随时接受员工和家庭成员的电话咨询，并根据情况进行进一步的心理辅导和治疗。

（2）大型员工 EAP 知识讲座。针对全体员工进行科普讲座和针对性的专题辅导讲座，讲座主题涉及员工最关注的婚恋情感、压力管理、职场人际、身心健康、阳光心态等方面，通过不断地疏导和培训，来培养员工的阳光心态，指导员工解决工作与生活中的困扰。

（3）开展 EAP 宣传。通过内部网页、电子邮件、宣传栏、电子杂志、宣传海报、小画册等多种宣传形式，帮助所有的员工了解 EAP、接受 EAP，使员工主动去寻求 EAP 的帮助，关注自己的心理健康，减少负面情绪的影响。

（4）开办基层员工 EAP 工作坊。深入基层，在每个车辆段或正线上，开展 EAP 小型工作坊，由 EAP 专员针对员工所普遍关注的问题举行小型互动分享活动，以员工喜闻乐见的方式，营造安全、开放、接纳、相互关爱的气氛，使大家的情感得到抚慰，增强员

二的归属感。

（5）员工心理调研。为深入了解各部门存在的心理层面问题，对员工进行了身心健康、工作满意度、工作压力、组织承诺、团队效能等方面的调查，并对调查数据进行了统计分析，以便更有针对性地开展 EAP 服务。

（6）工作场所再设计。根据心理学的特点，通过改进计算机的摆放、工作空间的布置和再设计，营造出轻松、愉悦、健康、安全的办公环境，提升员工对组织的认同感。

（7）班组长成长训练及新员工心理健康培训。EAP 配合班组长成长训练，将心理学的人际沟通、员工心理管理、团队建设与融合等课程结合到班组长的成长训练中，提升基层班组长自我调适和对员工的心理管理能力，帮助基层员工应对各种压力。

（8）将 EAP 融入员工年度度假。倡导员工新型度假方式，在各中心员工年度度假中，加入团体建设和心理拓展、身心保健等内容，带领员工进行趣味性康体活动和心理拓展训练等，从而使员工的度假活动变得更加充实、丰富、有收获。由于身心注入了新的能量，员工变得更加强大，抗压能力也有所提高。

（9）将 EAP 融入党建工作。广州地铁员工平均年龄 30 岁，30 岁以下员工占 64.5%，员工主题以"80 后""90 后"为主，传统的思想政治工作很难在他们身上奏效。而 EAP 通过将管理职能化、工作体系化、服务特色化，疏导了员工心理困惑，培养和引导了员工阳光心态。

（谢俏，吴建梅，2012）

问题讨论：

1. 广州地铁车务中心的 EAP 项目主要包括哪些内容？实施这些项目内容可能遇到什么困难？

2. 广州地铁车务中心的 EAP 项目给企业带来了哪些方面的好处？

3. 广州地铁车务中心的 EAP 项目对中国地铁服务企业有何启示？

 本章参考文献

[1] COX T, FERGUSON E. Individual differences, stress and coping[M]//COOPER C L, PAYNE R. Personality and stress：individual differences in the stress process. New York: Wiley, Chichester, 1991.

[2] FOLKMAN S. Personal control and stress and coping processes: a theoretical analysis[J]. Journal of personality & social psychology, 1984, 46(4): 839-852.

[3] HOCHSCHILD A R. The managed heart[M]. Berkeley: University of California Press, 1983.

[4] HOLMES T H, RAHE R H. Quantitative study of recall of life events[J]. Journal of psychomatic research, 1967(11): 215-217.

[5] LAZARUS R S, DELONGIS A, FOLKMAN S, et al. Stress and adaptional measures[J].

American psychologist, 1985(7): 770-779.

[6] ZAPF D. Emotion work and psychological well-being: a review of the literature and some conceptual considerations[J]. Human resource management review, 2002, 12(2): 237-268.

[7] 鲍立刚. 员工帮助计划的运作[J]. 企业管理，2008（06）：86-88.

[8] 陈国海，Martin R. A. 应对幽默量表在 354 名中国大学生中的初步测试[J]. 中国心理卫生杂志，2005（5）：307-309.

[9] 陈国海，许国彬，肖沛雄. 大学生心理与训练[M]. 2 版. 广州：中山大学出版社，2005.

[10] 方鸿志，陈馨仪. 思想政治教育方法在挫折教育中的应用[J]. 新疆社科论坛，2016（03）：97-100.

[11] 胡慧萍. 企业人本化管理探讨——以海底捞火锅店为例[J]. 经营管理者，2009（22）：104.

[12] 李连杰. 从"富士康事件"看员工自杀心理及其预防[J]. 社会心理科学，2010（8）：82-85.

[13] 刘勇，周琳. 现代企业心理与行为创新[M]. 广州：中山大学出版社，2007.

[14] 滴滴裁员赔偿方案出炉，有人心酸，有人却裁出"幸福感"[EB/OL]. [2019-02-21]. https://www.sohu.com/a/296134921_120006778.

[15] 谢俏，吴建梅. EAP 促进思想政治工作开展的实践和探讨[J]. 东方企业文化，2012（16）：142.

[16] 杨昌顺. 企业技术型员工的离职原因和管理对策研究——以心理契约为视角[J]. 领导科学，2015（05）：54-56.

[17] 张小乔. 心理咨询的理论与操作[M]. 北京：中国人民大学出版社，1998.

[18] 张志刚. 心理咨询的五大步骤——做好心理咨询的几个基本技术问题（一）[J]. 大众心理学，2009（1）：16-19.

[19] 张建峰，斯艳红. 心理咨询的原则与工作技术[J]. 课程教育研究，2018（24）：240-241.

参 考 答 案

思考练习题 1-1：选择题 1　1．A；2．A；3．A。

思考练习题 1-3：选择题 2　1．B；2．A；3．B；4．B；5．B；ᵯ．B；7．A；8．B；
ᵯ．A。

思考练习题 2-1：选择题　1．A；2．B。

管理游戏：九点问题

答案见下图。先从左下角到右上角，然后从右上角水平向左到第一个点，并继续向左超出第一个点大约一个点的间距，然后 45°向右下角，穿过第一列第二个点和第二列最后一个点，并达到第三列最下边一个点再往下一个点的间距，然后竖直向上，连上最后三个点。

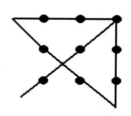

思考练习题 3-1：选择题　1．A；2．B；3．B。

思考练习题 4-1：选择题　1．B；2．B。

思考练习题 5-1：选择题　1．B；2．A；3．B。

思考练习题 6-1：选择题　1．A；2．B；3．A。

思考练习题 7-1：选择题　1．D；2．D。

思考练习题 8-1：选择题 1　1．B；2．A；3．A。

思考练习题 8-3：选择题 2　1．A，B，D；2．A，B，D。

测试：公司权力阶梯游戏

参考答案：1．B；2．B；3．B；4．D；5．C。

思考练习题 9-1：选择题　1．D；2．C；3．B。

思考练习题 10-1：选择题　1．C；2．C；3．A。

思考练习题 11-2：选择题　1．D；2．B；3．A。

思考练习题 12-1：选择题　1．D；2．A。